शून्य से शिखर की ओर

सेकंड हाफ़

शून्य से शिखर की ओर

सेकंड हाफ़

ब्रह्मेन्द्र गुप्ता

Sarvatra

An imprint of Manjul Publishing House

Sarvatra
An imprint of Manjul Publishing House

◆ द्वितीय तल, उषा प्रीत कॉम्प्लेक्स,
42 मालवीय नगर, भोपाल-462 003
◆ सी-16, सेक्टर 3, नोएडा, उत्तर प्रदेश, 201301
वेबसाइट : www.manjulindia.com

यह संस्करण 2024 में पहली बार प्रकाशित
द्वितीय आवृत्ति 2024

शून्य से शिखर की ओर : सेकंड हाफ़

ISBN 978-93-5543-389-3

ब्रह्मेन्द्र गुप्ता इस पुस्तक के
लेखक होने की नैतिक ज़िम्मेदारी वहन करते हैं

मुद्रण व जिल्दसाज़ी : सनत प्रिंटर्स

मेरी माँ और पिता (नन्ना जी)
को समर्पित जिनके अथक
परिश्रम ने सदैव आगे बढ़ने हेतु
प्रेरित किया है...

अनुक्रम

भूमिका

श्री ब्रह्मेन्द्र गुप्ता की पुस्तक 'शून्य से शिखर की ओर सेकेण्ड हाफ' जीवन के उस रहस्य को समझाती है जिसे सामान्य रूप से हम नज़रअंदाज करते जाते हैं। वह रहस्य है कि हर व्यक्ति सामान्य जीवन तो जी ही रहा है परंतु एक ऐसा समय आता है जब उसके जीवन का विशिष्ट अध्याय शुरू होता है, तब वह संसार में किसी भी लक्ष्य को हासिल कर कर सकता है। लेखक ने इसे 'सेकेण्ड हाफ' कहा है। यह सेकेण्ड हाफ किसी भी उम्र, परिस्थिति में शुरू हो सकता है। यह प्रेरणा, अवसाद, सुख या दुःख की अवस्था, आकस्मिक घटना, ग़रीबी, बीमारी आदि किसी भी कारण से प्रारंभ हो सकता है। आवश्यकता है कि लोग उस अवसर को पहचानें जो उनके जीवन के विशिष्ट अध्याय को प्रारंभ करने के लिए ईश्वर ने दिया है।

इसी अवसर को पहचानने के लिए पुस्तक में सैकड़ों लोगों की कहानियाँ दी गई हैं जो पहले तो सामान्य जीवन जी रहे थे परंतु उनके जीवन में कुछ ऐसा घटा कि वे असाधारण हो गये और उनका नाम इतिहास में अमर हो गया। इन घटनाओं के प्रकाश में यह भी स्पष्ट होता है कि जो इस अवसर को नहीं पहचान पाते उनके जीवन में सेकेण्ड हाफ़ आता ही नहीं है और वे निरर्थक जीवन व्यतीत कर अंत में निराशा और विषाद की ज़िन्दगी जीते हुए संसार से विदा हो जाते हैं। सेकेण्ड हाफ़ केवल व्यक्तियों के जीवन में ही नहीं बल्कि समुदायों, समाजों और राष्ट्रों के जीवन में भी आता है। विश्व में महिलाओं के जीवन में 80 के दशक के बाद सामूहिक रूप से सेकेण्ड हाफ़ तब आया जब गर्भनिरोधक गोली और तकनीकी विकास के कारण उनके लिए घर से निकलकर काम करना आसान हो गया।

जीवन का सेकेण्ड हाफ़ एक संभावना है और इसे पहचानने की कुंजी है यह पुस्तक, जिसे लेखक ब्रह्मेन्द्र गुप्ता ने वर्षों के शोध के बाद अथक

मेहनत से लिखा है। सेकेण्ड हाफ़ को पहचानने के बाद आवश्यक है अपने सपने ज़िंदा रखते हुए अथक मेहनत और समर्पण से उसे पाने का प्रयास किया जाए। पुस्तक में सफल व महान लोगों के जीवन से कहानियाँ ली गई हैं व समझाया गया है कि कैसे उनके जीवन में सेकेण्ड हाफ़ शुरू हुआ। इन व्यक्तियों में खेल, मनोरंजन, राजनीति, व्यवसाय, अध्यात्म, सेना, प्रशासन आदि सभी क्षेत्रों से पात्रों का चयन किया गया है। इन पात्रों में हनुमान्, बाल्मीकि, राम, कृष्ण जैसे पौराणिक और धार्मिक पात्र लिए हैं वहीं आधुनिक काल के सुभाषचंद्र बोस, महात्मा गांधी, जगदीशचंद्र बसु तो वर्तमान काल के एलन मस्क, ओपरा बिनफ्रे आदि शामिल हैं। सूची सैकड़ों में है और इसमें विश्व के सभी क्षेत्रों के सभी विख्यात लोग शामिल हो गये हैं। एक ही स्थान पर इतनी जानकारी एक साथ मिलना अद्भुत है। इन सभी के जीवन की केवल घटनाएँ ही नहीं दी गई हैं बल्कि उनके पीछे का दर्शन, टर्निंग प्वाइंट के कारणों का भी विश्लेषण किया गया है। आप किसी भी क्षेत्र में सफल होना चाहते हों तो उस क्षेत्र के दिग्गज के जीवन की घटनाओं और उसके सेकेण्ड हाफ़ की परिस्थितियों से प्रेरणा ले सकते हैं।

पुस्तक पढ़ने से स्पष्ट होता है कि जो भी महान लोग हुए हैं उनकी ज़िंदगी कभी भी सीधी-सरल रेखा में नहीं चली। अनेक उतार-चढ़ाव आते रहे परंतु उन्होंने अपने लक्ष्य को नहीं छोड़ा, परिस्थितियों का बेहतर उपयोग किया और जीवन के सेकेण्ड हाफ़ को सार्थक कर लिया। सभी को कोई न कोई माध्यम मिला, किसी को माता या पिता, किसी को मित्र, किसी को गुरु और किसी को तो अनजान व्यक्ति। हमें भी ऐसा माध्यम सदैव उपलब्ध होता है, ज़रूरत है समय पर उसे पहचानने और उसका उपयोग करने की। जगदीशचंद्र बसु ने स्वास्थ्य कारणों से विषय बदला, स्टीफ़न हॉकिंग ने एएलएस नामक गंभीर बीमारी में चलफिर न पाने के कारण मिला समय सैद्धांतिक भौतिकी के सिद्धांतों पर विचार करने में लगाया, चंद्रशेखर वेंकटरमन ने साइनबोर्ड देखकर भविष्य की दिशा तय कर ली और इनके जीवन का सेकेण्ड हाफ़ शुरू हो गया। ऐसे ही सैकड़ों उदाहरण पुस्तक में दिये हैं।

इतना अवश्य है कि परिवर्तन को पहचानकर निर्णय हमें स्वयं लेना पड़ता है। जब लगता है कि सामान्य जीवन बहुत हो गया, मन कहता है कि

बस अब और नहीं, कुछ करने के लिए मन व्याकुल हो जाए तब सेकेण्ड हाफ़ शुरू हो जाता है। हमें अब तक के जीवन की समीक्षा करते रहना चाहिए। जीवन में कभी भी देर नहीं होती। सेकेण्ड हाफ़ कभी भी शुरू हो सकता है। यह समय विल गेट्स, स्टीव जॉव और जुकरवर्ग के जीवन में 19 या 20 वर्ष की उम्र में आया तो मैकडॉनल्डस के संस्थापक रे क्रॉक के जीवन में 53 वर्ष और केएफ़सी के संस्थापक सांडर्स के जीवन में 62 वर्ष में आया।

पुस्तक केवल कहानियाँ ही नहीं बताती बल्कि यह भी बताती है कि हमें करना क्या है। पुस्तक के अनुसार हर चीज़ की शुरूआत एक विचार से होती है। एक विचार को पकड़ें और उस पर काम करें, उस पर अपना सर्वस्व झौंक दें। अपने अनूठेपन को पहचानें। यह अनूठापन प्रकृतिप्रदत्त होता है। इसे पहचानने के लिए अपने बचपन के दिनों को याद करें तब आप क्या पसंद करते थे। अपने माता पिता या ऐसे व्यक्ति से पूछें जिसने आपके बचपन को देखा हो। स्वयं से प्रश्न करें। आप इस प्रकृतिप्रदत्त अनूठेपन के साथ काम करेंगे तो सफल होने की संभावना सर्वाधिक होगी।

सेकेण्ड हाफ़ के संबंध में स्थान-स्थान पर सिद्धांत दिये गये हैं और विभिन्न जीवन चरित्रों के माध्यम से उनका व्यवहारिक उपयोग समझाया गया है। जैसे 'आपके विचार चुम्बक की तरह होते हैं जो अपने जैसी चीज़ों, परिस्थितियों और व्यक्तियों को आकर्षित करते हैं'। 'यह विश्वास करें कि आपके साथ सर्वश्रेष्ठ होनेवाला है'। 'प्रशिक्षण में जितना पसीना बहाएँगे युद्ध के मैदान में आपका खून उतना ही कम बहेगा'।'सफलता का कोई शार्टकट नहीं होता' 'Its never too late'. "Impossible is nothing'. आदि। इन उद्धरणों में गैरी हैल्वर्ट, वारेन वफेट, ब्रायन ट्रेसी, अल्वर्ट आइंस्टीन, अरस्तू, कन्फ्यूसियश से लेकर रामचरितमानस तक के उद्धरण शामिल हैं जो प्रोत्साहित करते हैं और मार्गदर्शन देते हैं।

जीवन के लिए सबक/सीखें तो पुस्तक में ऐसे गुथीं हैं जैसे धागे में मोती। ऐसी ही कुछ बातों का उल्लेख किया जा सकता है जैसे ज़िंदगी का स्टेयरिंग व्हील खुद सँभालें, ज़िम्मेदारी, नियंत्रण और खुशी मिलकर जीवन का स्वर्णिम त्रिकोण बनाते हैं, भविष्यदृष्टा बनें, अपने जीवन का आदर्श कैलेंडर तैयार करें, आपदा भी अवसर हो सकती है, आहार कैसा लें,

निरोगी कैसे रहें, खुश रहने की विधि आदि। पुस्तक केवल प्रोत्साहन ही नहीं देती बल्कि हमारी अपनी आर्थिक, शैक्षणिक, शारीरिक सीमाओं की ओर ध्यान भी आकर्षित करती है और उनके रहते हुए सर्वोत्तम प्रयत्न करने का रास्ता दिखाती है।

पुस्तक की सबसे बड़ी विशेषता है इसकी प्रमाणिकता। सभी उद्धरण प्रमाणिक स्रोतों से लिए गए हैं। लेखक ने इसके लिए वर्षों मेहनत की है, संदर्भ पुस्तकें पढ़ीं हैं, उनके जीवन पर बनी फ़िल्में और सैकड़ों इन्टरव्यू देखे हैं। स्थान-स्थान पर विभिन्न शोधों और उनके आँकड़ों का जिक्र है जिनके माध्यम से सेकेण्ड हाफ़ के कांसेप्ट की पुष्टि की गई है।

पुस्तक की भाषा प्रांजल है। सैकड़ों पात्र हैं उनकी सैकड़ों कहानियाँ हैं परंतु वह सेकेण्ड हाफ़ के कांसेप्ट और उसके सिद्धांतों के साथ इस तरह गुथी हुईं हैं कि कहीं भी न तो बोरियत होती है और न ही मूल विषय से ध्यान ही भटकता है। बीच बीच में प्रसिद्ध कवियों की कविताओं के उद्धरण पुस्तक में चार चाँद लगा देते हैं। आपके हाथ में यह पुस्तक होना ही इस बात का संकेत है कि आपके जीवन का सेकेण्ड हाफ़ शुरू होने के लिए आपको पुकार रहा है बस ज़रूरत है तो पुस्तक को आद्योपांत पढ़कर अपना लक्ष्य तय करना और उसे पाने के लिए अपना सर्वस्व झौंक देना। यह सच्चाई है कि आप ईश्वर की अद्भुत कृति हैं, आप जैसा दुनिया में दूसरा कोई नहीं है। हो सकता है कि आपका सेकेण्ड हाफ़ इस तरह हो कि इस पुस्तक के आगामी संस्करणों में आपकी भी कहानी छपे कि किस तरह आपने सेकेण्ड हाफ़ में शून्य से शिखर तक का सफ़र तय किया।

–ओमप्रकाश श्रीवास्तव
आईएएस अधिकारी एवं
धर्म तथा अध्यात्म के साधक

दो शब्द

मेरे लिए यह बहुत ही गौरव का क्षण है जब आपके हाथों में यह पुस्तक शून्य से शिखर की ओर सेकंड हाफ़ पहुँची है। इसे मंजुल पब्लिकेशन भोपाल के श्री कपिल सिंह जी के पास मुझे मेल करने का सुअवसर 25 दिसम्बर 2023 को प्राप्त हुआ है। आप सभी जानते हैं कि पच्चीस दिसम्बर प्रभु यीशु का जन्मदिवस है। इसी दिन एक और महापुरुष का जन्म हुआ था जिन्हें हम प्यार से अटलजी कहते हैं। भारतरत्न अटल बिहारी वाजपेयी जी के बारे में पंडित नेहरू ने भविष्यवाणी करते हुए कई दशक पहले कह दिया था कि वे भारत के प्रधानमंत्री बनेंगे। उनके जीवन में साधारण से असाधारण बनने की यात्रा-सेकंड हाफ़ स्पष्ट दिखाई देती है। उन पर प्रत्येक भारतीय को गर्व है लेकिन ग्वालियर क्षेत्र का होने के कारण उन्हें नज़दीक से देखने-सुनने के अवसर को पाकर मैं स्वयं को भाग्यशाली मानता हूँ।

इस पुस्तक को लिखने की शुरुआत मैंने आज से चार साल पहले उस भाव-दशा में की थी जब कोरोना वायरस के कारण ऐसा लग रहा था कि मौत मानो चारों तरफ़ घूम रही हो। चाहकर भी अपनों से न मिल पाने की मजबूरी को देखकर सबको यह अहसास हो रहा था कि जीवन में धन-सम्पत्ति का सेहत के सामने कोई मोल नहीं है। मुझे एक दिन लगा कि क्यों व्यक्ति का जीवन सदैव एक सा नहीं रहता? क्यों कुछ लोग प्रतिभावान होने के बाद पीछे रह जाते हैं और क्यों कुछ लोग अपनी मेहनत के दम पर प्रतिभा को पछाड़ डालते हैं। मैंने जब इस विषय पर सोचना और पढ़ना शुरू किया तो मैंने जाना कि किसी व्यक्ति के जीवन के दो स्पष्ट रूप से विभाजित हिस्से होते हैं जिनमे से एक हिस्से में गुमनामी होती है और दूसरे हिस्से में किसी ट्रिगर या स्पार्क के मिलने से जीवन में चमत्कार होता दिखाई देता

है। जैसे-जैसे मैं सफल लोगों की ऑटो बायोग्राफ़ी, जीवन-परिचय और अख़बारों से लेकर पत्र-पत्रिकाओं के लेख पढ़ता गया, मेरी धारणा मज़बूत होती गयी। मैंने कई स्रोतों से इंटरव्यू देखे, सुने और पढ़े जिनसे मुझे सेकंड हाफ़ के पीछे एक थ्योरी और एक पैटर्न देखने को मिला जिसे मैं आपके हाथों में सौंपकर बहुत रोमांचित हूँ। इस पुस्तक के लेखन में मैं एकदम मौलिकता का दावा नहीं कर रहा हूँ लेकिन सफल लोगों के जीवन को एक अलग दृष्टि से देखने का प्रयास मेरी ओर से किया गया है। मैं चाहता हूँ कि इस पुस्तक को प्रतियोगी परीक्षा की तैयारी कर रहे छात्र और जीवन में नया रास्ता खोज रहे मित्र अवश्य पढ़ें ताकि अपने सपनों को साकार करने की दिशा में आगे बढ़ सकें। पुस्तक में सुधार की गुंजाइश हमेशा रहेगी इसलिए मुझे आशा ही नहीं बल्कि पूर्ण विश्वास है कि आप अपने सुझाव देकर अवश्य अनुग्रहीत करेंगे।

इस पुस्तक की प्रस्तावना लिखने का अनुरोध स्वीकार करने के लिए मैं 'शिवांश से शिव तक' और 'शिवम् चतुर्दश सूत्र जालम' जैसी पुस्तकों के रचयिता आदरणीय ओमप्रकाश श्रीवास्तव, आई ए एस का हृदय से आभारी हूँ। इसके साथ ही मेरी इस कृति के संबंध में अपने विचार व्यक्त करने हेतु मैं प्रदेश की प्रथम महिला डी.लिट. उपाधि प्राप्त करने वाली और सेवंढा क्षेत्र का नाम प्रदेश एवं देश में गैरवान्वित करने वाली ख्यातिलब्ध साहित्यकार डॉ. कामिनी के प्रति हार्दिक आभार व्यक्त करना चाहूँगा। उनके प्रेम और वात्सलय से सदैव प्रेरणा की अनुभूति होती है।

इस पुस्तक को अंतिम रूप देने में मेरी सहधर्मिणी सुधा का अत्यधिक योगदान है क्योंकि उनके सहयोग के बिना मेरी यह कृति कभी पूर्ण नहीं होती। मेरे दोनों भाइयों इंजीनियर नरेंद्र और डॉक्टर सुरेंद्र के साथ-साथ परिवार के बच्चों-अपूर्वा, श्रेया, स्नेहा, विनायक, शुभ, समर्थ, विदित और समृद्धि के स्नेह का मैं सदैव ऋणी रहूँगा क्योंकि इस पुस्तक के लेखन में मैंने उनके हिस्से के समय का उपयोग किया है। पुस्तक को लिखने में मेरे वरिष्ठ अधिकारियों आदरणीय कलेक्टर श्री रवीन्द्र कुमार चौधरी और ज़िला पंचायत सीईओ श्री उमराव सिंह मरावी के सहयोग के लिए मैं हृदय से आभार व्यक्त करना चाहूँगा, जिनके सहयोग के बिना इस कृति की पूर्णता असंभव थी ।

मैंने जिन लेखकों को देखकर पढ़ना–लिखना सीखा उनमें स्वर्गीय सीता किशोर खरे और डॉ. श्याम बिहारी श्रीवास्तव सेंवढ़ा क्षेत्र की शान रहे हैं। प्रो. गोविन्द नारायण दीक्षित जी के द्वारा जो जीवनमूल्य सिखाये गये उनके कारण ही आज इस पुस्तक को लिखने में सक्षम महसूस कर पा रहा हूँ। इस पुस्तक के शीर्षक से लेकर अन्य विषय वस्तु पर अमूल्य सुझावों के लिए में मनीष कुमार पांडेय जी (क्षेत्रीय ग्रामीण प्रशिक्षण केंद्र शिवपुरी) का बहुत आभारी हूँ। मैं अपने अनुज पत्रकार रमाशंकर नगरिया जी के प्रेरक जीवन और सहयोग के लिए भी कृतज्ञता ज्ञापित कर रहा हूँ।

मुझे आशा ही नहीं पूर्ण विश्वास है कि इस पुस्तक को पढ़ने के बाद आपके जीवन में अपने सपनों की ओर अग्रसर होने की इच्छा बलवती होगी। शुभकामनाओं सहित

–ब्रह्मेन्द्र गुप्ता

उपायुक्त (विकास)

ज़िला पंचायत, शिवपुरी म.प्र.

जमीर को जगाने वाली कृति
"सेकंड हाफ"

बहुआयामी प्रतिभा के धनी हैं श्री ब्रह्मेन्द्र। एक संवेदन शील और सजग लेखक। जागरण का संकल्प लेकर लिखी गई यह नव्य पुस्तक केवल एक किताब नहीं है, अनुभवों का महाकोश है। जीवन का महाकाव्य और रचनाशास्त्र है। लोगों के टूटे-बिखरे हताश जीवन में ख़ुशियों की एक दिव्य ज्योति है। भाषा की सरलता और अभिव्यक्ति कौशल भ्रम पैदा करता है कि एक प्रशासनिक अधिकारी की कलम इतनी संप्रेषणीय, सहज और प्रस्तुतीकरण में अद्वितीय? जीवन का कायाकल्प करने के लिए लेखक की संवेदन शीलता और प्रतिबद्धता स्तंभित करती है।

29 अध्यायों में वर्गीकृत पुस्तक का कलेवर विस्तृत आकार लेकर आया है। विचारों, चिंतन और भावों की जुगलबंदी ने इसे दार्शनिकता के उत्कर्ष तक पहुँचा दिया है। शून्य से शिखर तक की यात्रायें, नये विश्वास, नई सोच और परिवर्तन का शंखनाद करती है। हम ज़िंदगी अच्छे से जियें, खुश रहें का संदेश देती है। ढेर सारे अनुभव अति महत्वपूर्ण है।

'सेकंड हाफ़' जगाती है। पोर-पोर सहलाती है। विद्वानों का आशीर्वाद ब्रह्मेन्द्र को मिला है। जो पुस्तक की श्रेष्ठता को प्रमाणित करता है। परिवार के अच्छे संस्कारों से ब्रह्मेन्द्र की निर्मिति हुई है। घुप्प अंधेरे में दीपक की यह रोशनी वातावरण को प्रकाशवान बनाने में सहायक है । जैसे जल- यान में कोई 'दिया' जल रहा हो।

'सेकंड हाफ़' की मूल अवधारणा निराशा और आत्मघाती प्रवृत्ति को छोड़कर आगे बढ़ जाना है। संघर्षशील मनुष्य के पक्ष में खड़ी है 'सेकंड

हाफ़'। यह लेखक के सामाजिक सरोकारों से जोड़कर मनुष्य को आत्म निर्भर बन कर सम्मान से जीने का संदेश देती है। ब्रह्मेन्द्र ने अपनी अनुभूतियों के तमाम रंगों से इसे सजाया है। ढेर-ढेर इन्टरव्यू कृति की गरिमा बढ़ाते हैं। परिस्थितियों, समस्याओं तथा समाधान का मार्ग दर्शन कराते हैं।

एक पुराने दुख ने पूछा,
क्या तुम अभी वहीं रहते हो,
उसने कहा चले मत आना,
मैंने वो घर बदल दिया है

यह बदलाव ही 'सेकंड हाफ़' की मूल आत्मा और मर्म है। बूंद-बूंद से घट भर गया। अन्र्तमन से कण-कण का जलाभिषेक किया है। लक्ष्य की पावनता और सार्थक उद्देश्य ने 'सेकंड हाफ़' की महत्ता बढ़ा दी है। भटके हुए लोगों को राह दिखाई है ।

सत्य, शिव और सुंदर की कल्पना साकार हुई है। आशा, विश्वास और संभावनाओं के मोती पिरोकर सुंदर बनाने का प्रयास है। विपरीत हालातों में नव-क्रांति की उद्घोषक है। 'सबको पूरा आसमान मिले', 'जीवन सुशियों से भर जाये', 'सब अच्छा लगने लगे' की प्रेरणा है। पीछे मुड़कर नहीं देखना है। थको नहीं, रुको नहीं। चाँदनी बनकर जियो, अंधेरा छा न जाये रोशनी बनकर जियो। चिड़िया तिनका-तिनका जोड़कर घोंसला बनाती है, थकती नहीं है। पतझर के बाद वसंत की अगवानी होती है ।

इतना टूटकर, तेरे सामने खड़ा हूँ,
ज़िंदगी देख, मैं तुझसे कितना बड़ा हूँ

चुनौतियों और अनास्था के कठिन दौर में प्यार की संस्कृति की आवश्यकता है। प्रेम ही विस्तार का आधार है। 'सेकंड हाफ़' दो शब्द नहीं है। समग्र विचार है। चिंतन है। जीवन शैली है। नये जीवन की शुरुआत है। सकारत्मक दृष्टि-बोध है। प्रतिकूल परिस्थितियों में जीने का अहसास है। राष्ट्रीयता की परिकल्पना का गुलदस्ता है। वर्तमान का प्रारंभ है। विचार-विमर्श का

दस्तावेज है। इक-इक शब्द में लेखक के जज्बात बोलते हैं ।

इस दिव्य, रम्य, अद्भुत सारश्वत अनुष्ठान और साधना के लिये ब्रह्मेन्द्र को हार्दिक बधाई, स्नेह और अशेष मंगल कामनायें ।

पंछी शाख पर आकर बैठ गये और
कहने लगे, इस बगीचे की खुशबू अलग है

–**डॉ. कामिनी,** डी.लिट्.
सेवढा (दतिया) म.प्र.

अभ्युदय

"जब मैं ओहियो में ग्रेजुएट स्कूल में गया, तो मुझे यह देखकर आश्चर्य हुआ कि हमारी कक्षा में आधे से अधिक विदेशी थे, जिनमें से कई भारत से थे। मैंने दो साल के कोर्सवर्क के बाद अनिवार्य व्यापक परीक्षा उत्तीर्ण कर टोमोयासु तनाका के मार्गदर्शन में सॉलिड-स्टेट थ्योरी में काम करना चुना। अपने रिसर्च के लिए, मैंने जैविक प्रणालियों पर कुछ सैद्धांतिक काम करने पर विचार किया था, लेकिन हम दोनों ही जीव विज्ञान के बारे में कुछ नहीं जानते थे, इसलिए हम आगे नहीं बढ़ पा रहे थे। मुझे पोटेशियम डाइहाइड्रोजन फ़ॉस्फेट में फ़ेरोइलेक्ट्रिक फ़ेज़ ट्रांजिसन्स पर रिसर्च करना थी। यह मेरे लिए विशेष रूप से कठिन समय था, क्योंकि मुझे इस समस्या का या यहाँ तक कि मूल प्रश्नों का भी कोई अंदाज़ा नहीं था। कई सालों में यह पहली बार था जब मुझे लगा कि मैंने ग़लत क्षेत्र चुना है। उसी समय, मुझे साइंटिफ़िक अमेरिकन में छपे जीवन विज्ञान के लेख अत्यधिक रुचिकर लगने लगे, जिसकी मैंने वर्षों से सदस्यता ले रखी थी। मुझे ऐसा प्रतीत हुआ कि जीव विज्ञान में बड़ी सफलता के बिना शायद ही कोई महीना बीत रहा है, जबकि भौतिक विज्ञान में कोई मौलिक प्रगति करने में कठिनाई हो रही है। निश्चित रूप से मुझे लगा कि यदि मैं भौतिकी में आगे बढ़ता रहा, तो मैं वास्तव में मनमाफ़िक प्रगति करने के बजाय उबाऊ और थकाऊ गणनाएँ करूँगा। परिणाम यह हुआ कि मुझे इतनी निराशा हुई कि मैंने अपने थीसिस कार्य से हाथ खींच लिया और रिसर्च के अलावा अन्य गतिविधियों पर बहुत अधिक समय बिताने लगा। मैं अपने अच्छे दोस्त और सहपाठी सुधीर कैकर के साथ लंबी पैदल यात्रा करने और मालगाड़ियों पर चढ़ने, एक अन्य दोस्त एंथोनी ग्रिमाल्डी से पश्चिमी शास्त्रीय संगीत के बारे में सीखने, शतरंज टीम में खेलने, साहित्य पढ़ने और संगीत कार्यक्रमों में जाने

में रूचि लेने लगा। संक्षेप में, मैंने अपने काम में प्रगति करने के अलावा अन्य सब कुछ किया। मेरे गाइड टोमोयासु बहुत दयालु और धैर्यवान थे, लेकिन फिर भी वह हर कुछ महीनों में चिंतित हो जाते थे और पूछते थे कि मेरा जीवन कैसा चल रहा है? मुझे उन्हें यह बताने में बहुत शर्म आ रही थी कि मैं उनके अनुसार बिल्कुल भी प्रोग्रेस नहीं कर पा रहा हूँ। मैं अक्सर मज़ाक़ में कहता हूँ कि अगर उनकी जगह मैं होता तो ख़ुद को कभी का भगा देता। *इसी दौरान मेरी मुलाक़ात वेरा रोसेनबेरी से हुई, जो पेंटिंग में स्नातक थी और आपसी मित्रों ने मेरा उनसे परिचय कराया था। असामान्य रूप से 1970 के दशक की शुरुआत में ओहियो में उस समय पढ़ने वालों में, हम दोनों शाकाहारी थे। कुल मिलाकर केवल 11 महीने तक रुक-रुक कर चले प्रेमालाप के बाद, 1975 में हमारी शादी हो गई।*

23 साल की उम्र में मेरी शादी के बाद, मैं अब अकेला नहीं रह गया था, बल्कि मेरी पत्नी और पाँच साल की सौतेली बेटी थी। मेरी ज़िम्मेदारियों में अचानक आए इस बदलाव ने मुझे एहसास दिलाया कि मुझे अपने करियर के साथ आगे बढ़ना है। मैंने अगले वर्ष एक थीसिस तैयार की और हमारे बेटे रमन के जन्म से ठीक एक महीने पहले 1976 में पीएच.डी. प्राप्त की। लेकिन उस समय तक मैंने तय कर लिया था कि मैं जीव विज्ञान में स्विच करने जा रहा हूँ।

चूँकि मैं जीव विज्ञान शायद ही जानता था, मुझे लगा कि मुझे किसी तरह जीव विज्ञान की औपचारिक पढ़ाई करनी होगी। मेरे सामने दो विकल्प थे-मैं दूसरी पीएच.डी. प्राप्त करने के लिए फिर से स्नातक विद्यालय जाऊँ या मेडिकल कॉलेज जाऊँ। आपको बता दूँ कि मेरे पिता बचपन में मुझे डॉक्टर बनाना चाहते थे और मैंने सिलेक्शन होने के बाद भी प्रवेश नहीं लिया था क्योंकि उस समय मैंने फ़िज़िक्स को अपने शेष जीवन के लिए चुना था। अब मैं चाह रहा था कि मुझे जीव विज्ञान में प्रवेश मिल जाए। मैंने MC-T (एक राष्ट्रव्यापी मेडिकल कॉलेज प्रवेश परीक्षा) दी, लेकिन सभी विषयों में 99 प्रतिशत अंक प्राप्त करने के बावजूद, मुझे केवल एक साक्षात्कार (येल विश्व विद्यालय में) मिला। लेकिन साक्षात्कार में मेरा चयन नहीं हुआ। मैंने कई स्नातक कार्यक्रमों के लिए प्रयास किया लेकिन उनमें से कई ने कहा कि वे किसी ऐसे व्यक्ति को स्वीकार नहीं करेंगे जिसके पास

पहले से ही पीएच.डी. है। अंततः मैंने कैलिफ़ोर्निया विश्वविद्यालय, सैन डिएगो (यूसीएसडी) में जाने का फ़ैसला किया। पहले वर्ष के दौरान, मैंने जीव विज्ञान में कई प्रयोगशालाएँ बदलीं और जितना संभव हो सके उतने स्नातक पाठ्यक्रम लिए, जिनमें जेनेटिक्स और जैव रसायन शामिल था। इसी दौरान मैंने साइंटिफ़िक अमेरिकन में डॉन एंगेलमैन और पीटर मूर द्वारा उनके राइबोसोम कार्य के बारे में एक लेख पढ़ा, और इसमें मेरी आजीवन रुचि शुरू हुई लेकिन इसके बाद भी संघर्ष बाक़ी था क्योंकि मेरी नौकरी के पचास आवेदनों को रिजेक्ट कर दिया गया था।''

2009 में कोशिका के अंदर प्रोटीन का निर्माण करने वाले राइबोसोम की कार्यप्रणाली व संरचना के उत्कृष्ट अध्ययन के लिए केमिस्ट्री के नोबल पुरस्कार को प्राप्त करते समय जब वेंकटरामन रामकृष्णन अपनी कहानी बता रहे थे, तब समूचा विश्व यह सोच रहा होगा कि वैज्ञानिक माता-पिता के घर भारत के तमिलनाडु में जन्मे और आई.आई.टी. और वेल्लोर मेडिकल कॉलेज की प्रवेश परीक्षाओं में असफल रहने के कारण बड़ोदा विश्वविद्यालय से स्नातक इस व्यक्ति का जीवन कितना परिवर्तन शील रहा। क्या कोई व्यक्ति पीएच.डी उपाधि प्राप्त करने के बाद भी अपना विषय बदलने की सोच सकता है? और क्या कोई व्यक्ति एक विषय में पीएच.डी. करने के बाद दूसरे नए विषय को शुरु से पढ़कर केवल दो वर्ष के भीतर इतना समझ सकता है कि आगे चलकर नोबल पुरुस्कार प्राप्त करने के स्तर तक पहुँच सके बावजूद इसके कि उसकी शादी हो चुकी हो और उस पर दो बच्चों की ज़िम्मेदारी हो?

आप ठीक समझ रहे हैं वर्ष 1976-78 वेंकी रामकृष्णन के जीवन में भारी उथल-पुथल के साल थे। अस्तित्व के संकट से भरे इस समय को ही हम सेकंड हाफ़ की शुरुआत कहते हैं और इसका मक़सद है जीवन में सार्थकता की खोज। जब इस खोज की तड़प गहरी होती है और लगता है कि इसके बिना तो जीवन व्यर्थ है तब व्यक्ति ऐसा क़दम उठाता है कि देखने वाले दाँतों तले अंगुलियां दबा लेते हैं। यह बेचैनी जितनी गहरी होती है, ऊँचाई उतनी ज़्यादा होती है। जब व्यक्ति सेकंड हाफ़ की दिशा में बढ़ रहा होता है तो उसकी तड़प वैसी ही होती है जैसे कि मजनू लैला के लिए, रोमियो जूलियट के लिए या फिर फरहाद शीरीं को पाने के लिए व्याकुल

हो रहा हो। स्वाति नक्षत्र में चातक पक्षी की ओस की बूँद के लिए प्यास ही जीवन के इस परिवर्तन के लिए कारण बनती है।

हम में से हर एक यह चाहता है कि जब वह मृत्युशैय्या पर हो तो उसे यह अफ़सोस न हो कि वह अपना मनचाहा जीवन जी नहीं पाया। हम सब चाहते हैं कि मृत्यु के उस क्षण में हमें इस बात का दुःख न हो कि जीवन निरर्थक बीत गया। उन क्षणों में शायद हम यही याद करते हैं कि थोड़ा और लोगों की भलाई की होती, थोड़ा और मुस्कुराया होता, थोड़ा और स्वास्थ्य का ध्यान रखा होता या थोड़ा और प्रभु का स्मरण किया होता।

लेकिन अपने अंत को अनदेखा करते हुए आज हम अपने समय को इस तरह से गंवा रहे हैं जैसे कि हमारे पास अनंत समय हो। हम औसतन छः-सात घंटे सोशल मीडिया और मोबाइल पर बेसिर पैर का कंटेंट देखते हुए बिता रहे हैं। दिन गप्पें लगाते हुए कैसे बीत जाता है इसका अंदाज़ा तक हममें से अधिकांश को नहीं होता जबकि हम हर समय इस बात का रोना रोते रहते हैं कि हमारे पास समय की कमी है। हम अपनी दिनचर्या को संतुलित करने, रिश्तों को निभाने, योग-प्राणायाम करने, कोई सार्थक काम करने, यहाँ तक कि ध्यान से खाना खाने में समय की कमी महसूस करते हैं जबकि व्यर्थ की चर्चा करने, आलोचना करने और टिकटॉक देखने जैसे फालतू काम करने में कभी अपने समय की बर्बादी पर अफ़सोस नहीं करते। तो प्रश्न यह है कि क्या करें कि इस क्षण के बाद आपकी ज़िंदगी बदल जाए?

इस पुस्तक को लिखने का क्रम 2019 में मैंने शुरू किया था लेकिन आप ही की तरह मुझे भी संकल्प शक्ति के अभाव के कारण लगातार असफल होना पड़ा है और आज सोलह अक्टूबर 2023 को इस सोच के साथ इसे अंतिम रूप देने का निर्णय किया है कि जनवरी तक पुस्तक छप कर आपको फ़रवरी 2024 में पढ़ने को मिल जाए।

इस पुस्तक में आप पाएंगे कि केवल परिवर्तन के विचार से तब तक कुछ नहीं होगा जब तक कि आप उस दिशा में कुछ करना शुरू नहीं कर देते। आपने कई बार महान दार्शनिक लाओत्से के इस विचार को पढ़ा होगा कि हज़ार मील की यात्रा पहले क़दम से शुरू होती है। यह पुस्तक एक यात्रा है जिसमे आप चलते हुए न केवल अपने जीवन के सार्थक परिणाम

तक पहुँच पाएंगे बल्कि मैं यह आश्वासन भी दे रहा हूँ कि पुस्तक के अंत से पहले आप यह जान लेंगे कि आपके जीवन को सार्थकता देने वाला विचार कौन सा है। आप को महानता के रास्ते पर भले ही मैं न पहुँचा सकूँ लेकिन मेरा प्रयास रहेगा कि आपके अंदर विचारों का एक आंदोलन उत्पन्न कर सकूँ ताकि आप जब इस पृथ्वी को अलविदा कहें तो मन में एक शांति रहे कि आपने अपने जीवन को भरपूर तरीक़े से प्रसन्नता, शांति, प्रेम, सद्भाव और परोपकार के काम करके संतोषपूर्वक जिया।

इस पुस्तक को लिखने का मेरा मक़सद आपके जीवन से निराशा को दूर कर आपको एक नए जीवन की शुरुआत करने हेतु प्रेरित करना है। आपको अपने बचपन के अनूठेपन को पुनः तलाशने में सहयोग करने की मेरी मंशा है। मैं चाहता हूँ कि आप जीवन में अपने उद्देश्य को प्राप्त करने में सफल हों तथा जब आप इस पृथ्वी को अलविदा कहें तो एक शानदार धरोहर छोड़कर जाएँ। पुस्तक के अंत तक पहुँचते-पहुँचते आप उन रहस्यों को समझ सकेंगे जिनके कारण ज़िंदगी में सेकंड हाफ़ की शुरुआत होती है। इसके लिए मैंने इस पुस्तक में विभिन्न क्षेत्रों के सौ से अधिक महारथियों के जीवन के सेकंड हाफ़ का विश्लेषण करके कारण, प्रक्रिया और परिणाम को जानने का प्रयास किया है। तो आइये शुरुआत करें-

1

सेकंड हाफ़ का अर्थ और समझ

सदियों से ऐसे व्यक्ति रहे हैं, जिन्होंने नई राहों पर जब पहला क़दम उठाया, तो उनके पास अपने सपने के सिवा कुछ नहीं था।

–आयन रैंड

सेकंड हाफ़ या परिवर्तन बिन्दु की कहानी मानव के इतिहास जितनी पुरानी है। मानव ने जिस दिन अग्नि की खोज की उस दिन से प्रारम्भ हुई विकास की गाथा आज तक जारी है। अपने घुमन्तु जीवन से आगे बढ़कर, एक स्थान पर स्थायी रहकर कृषि कार्य करने से लेकर पशु पालक समाज का निर्माण और व्यापर–वाणिज्य के लिए सुदूर स्थानों की यात्रा करना मनुष्य के विकास के सेकंड हाफ़ की कहानी के विविध चरण हैं। विकास की ओर अग्रसर हम इलोन मस्क के सपनों को साकार होते हुए देखने की स्थिति की तरफ बढ़ रहे हैं जिसमे मंगल पर मानव की कॉलोनी निर्माण के प्रयास से लेकर ड्राइवरलेस कार, आर्टिफिशियल इंटेलिजेंस, सुपरसोनिक विमान जैसे अद्भुत आविष्कार शामिल हैं।

परिवर्तन के इस दौर से राम, कृष्ण, ईसा मसीह, बुद्ध, महावीर स्वामी या हजरत मोहम्मद साहब जैसे महापुरुष भी अछूते नहीं रहे। यह परिवर्तन महाकवि वाल्मीकि से लेकर कालिदास, तुलसीदास जैसे कवियों; न्यूटन, एडिसन, आइंस्टीन, स्टीफ़न हाकिंग जैसे वैज्ञानिकों; स्टीव जॉब्स, बिल गेट्स और ज़करबर्ग जैसे तकनीकी विशेषज्ञों तथा हेनरी फ़ोर्ड, जेफ़ बेजोस

और वारेन बफ़े जैसे उद्योगपतियों में स्पष्ट रूप से देखा जा सकता है। सच्चाई तो यह है कि जीवन का कोई भी क्षेत्र इससे अछूता नहीं रहा है। हर युग में सबसे महान प्रतिभाएं सामान्य स्तर से उठकर उस स्तर को पाने में सफल हुईं जिसका स्वप्न उन्होंने देखा था। उनके जीवन में घटी किसी घटना, किसी मार्गदर्शक से मुलाक़ात, किसी अपमान, किसी अभाव, प्रेरणा या ज्ञान ने उन्हें जीवन में सर्वोच्च स्तर पर पहुँचा दिया।

कुछ महान व्यक्तियों के जीवन में यह अवस्था अनायास ही घटित हो गयी जिसे सामान्य भाषा में हम दैवयोग कह सकते हैं। सेकंड हाफ़ अयोध्या के युवराज राम के मर्यादा पुरुषोत्तम राम बनने की कहानी है। इसे भगवान कृष्ण के साधारण ग्वाले से द्वारिकाधीश बनने और प्रभु यीशु के चरवाहे से महान उपदेशक बनने की प्रक्रिया में समझा जा सकता है। दरअसल सेकंड हाफ़ की कहानी मनुष्य के असाधारण स्तर को प्राप्त कर लेने की कहानी है।

परिवर्तन की यह रेखा इन असाधारण व्यक्तियों के जीवन को दो भागों में विभक्त करती है। पहले भाग में एक गुमनाम प्रतिभाशाली या प्रतिभाशून्य व्यक्ति होता है और दूसरी तरफ़ एकदम से विलक्षण व्यक्ति जिसकी ज़िंदगी में मिला एक स्पार्क, एक नयी दृष्टि या एक अवसर ज़िंदगी को पूरी तरह से बदलकर उसे शिखर पर पहुँचा देता है। हालाँकि यह परिवर्तन कभी-कभी एक क्षण में तो कई बार वर्षों में अपना आकार लेता है। सेकंड हाफ़ के इस मार्ग में दृढ इच्छा शक्ति, कठोर परिश्रम, लगन, और असफलता से मिले परिणामों को अपने मनोबल पर हावी न होने देना जैसी विषेशताएं सबमें कॉमन देखने को मिलती हैं।

आपने फुटबॉल या हॉकी का मैच देखा होगा। क्या आपको याद है कि मैच के कितने हिस्से होते हैं? आप सही कह रहे हैं, मैच के दो हिस्से निश्चित समय के होते हैं। लेकिन जहाँ तक जीवन का प्रश्न है तो भारतीय आश्रम व्यवस्था के अनुसार मनुष्य के जीवन के चार चरण होते हैं। ब्रह्मचर्य, गृहस्थ, वानप्रस्थ और सन्यास। इन सबका अंतराल 25-25 वर्ष का होता है और भारतीय मनीषियों ने प्रत्येक आश्रम में मनुष्य के क्या-क्या कर्तव्य होते हैं, यह निर्धारित किया हुआ है। हमारा जीवन धीरे-धीरे बहता हुआ मृत्यु की ओर बढ़ता जाता है। हम जन्म के समय सूक्ष्म कोशिका से विस्तृत होते हुए अंत में संकुचित होकर सूक्ष्म में विलीन हो जाते हैं। जन्म के साथ

मृत्यु की शुरुआत और मृत्यु के साथ जीवन के प्रारम्भ का क्रम लाखों वर्षों से अनवरत जारी है। एक अनुमान के अनुसार हम पृथ्वी पर अब तक जन्मे लोगों का केवल छह प्रतिशत हिस्सा हैं जो इस समय जीवित हैं।

मेरा ऐसा मानना है कि मनुष्य के कार्मिक जीवन के दो हिस्से होते हैं। प्रथम हिस्से में वह अपना विकास दुनियादारी के हिसाब से करता है और इस दौरान उस पर कामकाज, रोज़मर्रा की समस्याएं एवं उसके ख़ुद के अनुभव हावी रहते हैं। वह अपने जीवन की सार्थकता के मूल प्रश्न को लगभग भूल चुका होता है और उसका सामना वास्तविकता, जैसे कि पेट भरने के लिए काम करना, एक मकान बनाना, बच्चे पालना, उनकी पढ़ाई-लिखाई की व्यवस्था करना और उनकी शादी करना होता है और अधिकांश लोगों के जीवन में इस दौरान ही दुःख, तकलीफ या बीमारियाँ आ जाती हैं जिसका परिणाम मृत्यु होती है और इसे ही हम अपना जीवन समझ लेते हैं।

हम में से ज़्यादातर के जीवन का कोई उद्देश्य सच्चे अर्थों में नहीं होता और यदि होता भी है तो भी हम उसे पाने के लिए कोई कोशिश नहीं करते। हमारे स्वप्न या तो युवावस्था तक आते-आते दम तोड़ देते हैं या दूसरे शब्दों में कहें तो हमारा कोई स्वप्न होता ही नहीं है। हम पशु-पक्षी की तरह भोजन, बच्चे पैदा करने, एक घोंसला बनाने और मरने को ही जीवन मान बैठते हैं और अपने जीवन की सार्थकता को सिद्ध किये बिना ही यहाँ से चले जाते हैं। हमें अन्तरात्मा की आवाज़ सुनने या स्वयं की खोज करने का न तो वक़्त ही मिल पाता है और न कभी इन कठिन प्रश्नों की तरफ़ ध्यान देने की इच्छा ही हो पाती है। हम में से ज़्यादातर लोग इन बातों को कोरा दर्शन या संत-महात्माओं की बातें मानते हुए जीते हैं और सच्चे अर्थों में अपने जीवन को भविष्य में जीने के लिए कल पर टालते जाते हैं और वह कल कभी आता नहीं है। दौड़ते-भागते एक ऐसी मंज़िल की तलाश में सुबह जागने से लेकर रात को सोने तक निरुद्देश्य या खोखले लक्ष्यों के पीछे दौड़ते हुए निराशा से भरे हुए आख़िरकार हम दम तोड़ देते हैं।

दूसरी तरफ़ हमारे बीच में ही कुछ ऐसे लोग होते हैं जिन्हें अपने स्वप्न न केवल याद रहते हैं बल्कि वे अपनी पूरी क्षमता से उनका पीछा करने में जुटे रहते हैं। असफलताएँ उनके जीवन का सबक बन जाती हैं और अपनी पूरी यात्रा में वे निराश हुए बिना मंज़िल की तरफ़ दृढ़ क़दमों से बढ़ते जाते

हैं। वे संतोष और ख़ुशी के भाव के साथ अपना जीवन जीते हुए अपने आसपास के लोगों की ज़िंदगियों में भी ख़ुशियों की महक घोलते रहते हैं। ऐसे लोग निरोगी, लम्बा और सार्थक जीवन जीते हैं लेकिन बहुत अधिक नाम नहीं कमा पाते। वे अपने आप में पूर्ण जीवन जीते हैं लेकिन समाज का बहुत बड़ा हिस्सा उनसे अनजान रहता है और इनका पूरा जीवन एकदम सपाट बना रहता है और समाज की दृष्टि से वे लगभग ओझल रहते हैं। ऐसे लोगों की उपलब्धियों को एक क़स्बा, ज़िला या एक क्षेत्र विशेष की सीमाओं से आगे का रास्ता पता नहीं होता और वे स्वयं में संतुष्ट रहते हुए अपने जीवन को सफल मानकर जीवन जी लेते हैं।

उपरोक्त दोनों प्रकार के लोगों में सच कहूँ तो दूसरा हाफ़ आता ही नहीं है और वे एकरस अपनी ज़िंदगी बिता देते हैं। लेकिन हमारे बीच में कुछ ऐसे लोग भी होते हैं जो किसी घटना, परिस्थिति या किसी व्यक्ति से मिलकर एकदम से अपनी ज़िंदगी में क्रांतिकारी परिवर्तन कर लेते हैं और अपना जीवन आम से ख़ास बना लेते हैं। ज़िंदगी के इस परिवर्तन बिंदु को ही मैं सेकंड हॉफ़ कह रहा हूँ।

ज़िंदगी में सेकंड हाफ़ की शुरुआत कभी-कभी अपने जीवन या किसी अन्य के जीवन में घटित कोई घटना, एक संकल्प, ज़बरदस्त सम्मान, प्रोत्साहन या अपमान, किसी दृश्य, प्रेरक भाषण, किसी किताब, भीषण अभाव या ग़रीबी से हो सकती है। दरअसल शुरुआत एक क्षणिक परिवर्तन से बीज रूप में होती है और जो आगे जाकर परिवर्तन रुपी वृक्ष का स्वरूप ले लेती है।

इस किताब के माध्यम से मैं आपको अपना नया जीवन शुरू करने के लिए प्रेरित करना चाहता हूँ। इसके लिए मैं चाहूँगा कि आप इस किताब को अभी के लिए एक तरफ़ रखकर अपने जीवन पर एक दृष्टि डालिये और यह देखिये कि वह कौन सी चीज़ है जो आपको प्रेरित करती है या वह कौन सी आग है जो आपको जला रही है और आपको चैन से सोने नहीं दे रही है। या वह कौन सा स्वप्न है जिसे आप किसी भी क़ीमत पर साकार करना चाहते हैं। यदि वह स्वप्न सकारात्मक है तो आपको उस प्रेरणा की ख़ातिर अपना सर्वस्व झोंक डालने की आवश्यकता है और यदि कोई नकारात्मक चीज़ आपको जला रही है तो उस आग को इस तरह से जलाइए कि परिणाम समाज को सकारात्मक परिवर्तन की दिशा में ले जाये।

आशा है कि आप सेकंड हाफ़ को अब तक समझ गए होंगे। आप इसे दूसरा जीवन भी कह सकते हैं क्योंकि आम को ख़ास में बदलने वाले इस अभियान में व्यक्ति का व्यक्तित्व, दृष्टिकोण, समझ और स्पष्टता के साथ-साथ जीवन के उद्देश्य का विस्तार घर-परिवार की चारदीवारी से बढ़कर सम्पूर्ण विश्व और पूरी मानव जाति और मानवता के कल्याण से सम्बंधित हो जाता है। यहाँ मैं आपसे कहना चाहता हूँ कि जीवन में कितनी भी विपरीत परिस्थितियाँ क्यों न हों कभी किसी का बुरा करने का नहीं सोचें। आपका उद्देश्य सदैव समाज की भलाई होना चाहिए अन्यथा आप भी अरबों लोगों की तरह अगले पचास-सौ साल में कीड़े मकोड़ों की तरह भुला दिए जायेंगे।

सेकंड हाफ़ केवल मनुष्य के जीवन में ही प्रकट नहीं होता बल्कि इसे आप किसी राष्ट्र के जीवन में भी देख सकते हैं। हिरोशिमा और नागासाकी पर परमाणु बम गिरने के बाद से आज तक जापान ने जिस तीव्रता से विकास कर सम्पूर्ण विश्व को चौंकाया है, उसे जापान के विकास का सेकंड हाफ़ कहना उचित है। भारत के विकासशील से विकसित राष्ट्र की ओर बढ़ते क़दम, चीन का दबदबा और सोवियत रूस का बिखराव राष्ट्रों के सेकंड हाफ़ के उदाहरण हैं। और तो और इसे आप टेक्नोलॉजी, फ़ैशन, खानपान की आदतों में भी देख सकते हैं।

इस वर्ष का अर्थशास्त्र का नोबल प्राइज़ जीतने वाली हार्वर्ड की रिसर्चर *क्लॉडिया गोल्डिन* ने 30 साल तक इस सवाल का जवाब ढूँढ़ने का प्रयास किया कि सदियों से रोटी पकाने और बच्चे पैदा करने वाली मशीन की तरह देखी-बरती गई औरतों का एजुकेशन और इंप्लॉयमेंट की दुनिया में दखल कैसे शुरू हुआ? पिछले कई दशकों का डेटा जुटाते हुए उन्होंने पाया कि 80 के दशक में शिक्षा में महिलाओं की भागीदारी तकरीबन 30 फ़ीसदी और नौकरियों में 11 फ़ीसदी तक बढ़ गई थी। इन सालों में अचानक ऐसा क्या हुआ था कि इतनी बड़ी संख्या में महिलाएँ एजुकेशन से लेकर जॉब मार्केट तक में पहुँच गईं। क्लॉडिया को इस सवाल का जवाब मिला एक छोटी सी गोली में। 1960 में अमेरिकन मार्केट में पहली बार आई कॉन्ट्रेसेप्टिव पिल यानी गर्भनिरोधक गोली। पहले क़ानूनी रूप से सिर्फ़ विवाहित महिलाओं तक सीमित यह गोली 1970 तक आते-आते सभी महिलाओं के लिए समान रूप से उपलब्ध हो गई। इस एक छोटी सी गोली

ने औरतों को घर-गृहस्थी की चारदीवारी से निकालकर बाहर की दुनिया में पहुँचा दिया। 1988 में एक किताब छपी, जिसका नाम था, 'इफ़ विमेन काउंटेड'। तकरीबन 500 पन्नों की इस किताब में मैरिलिन वेरिंग विस्तार से बताती हैं कि अगर दुनिया की आधी आबादी के अनकाउंटेड लेबर की पैसे में गणना की जाए तो यह श्रम दुनिया के 50 सबसे ताक़तवर देशों की जीडीपी के बराबर ठहरता है। एडम स्मिथ ने इसे 'प्रेम के लिए किया गया श्रम' कहा। रोजा लक्ज़मबर्ग का वो कथन आपको याद होगा – 'जब औरतों के श्रम का हिसाब होगा तो इतिहास की सबसे बड़ी चोरी पकड़ी जाएगी।' *आख़िरकार हम समूची महिला जाति के लिए दूसरे हाफ़ की दिशा में बढ़ रहे हैं* जहाँ उन्हें संसद से लेकर अंतरिक्ष तक सम्मानजनक स्थान मिल रहा है।

अब आप सेकंड हाफ़ की मूल भावना को समझ चुके हैं तो अगले अध्याय की ओर बढ़ते हैं जिसमे हम जानेंगे कि आपके जीवन में सेकण्ड हाफ़ क्यों आना चाहिए?

2

आपके जीवन में सेकंड हाफ़ क्यों?

हो गई है पीर पर्वत सी पिघलनी चाहिए
इस हिमालय से कोई गंगा निकलनी चाहिए
आज ये दीवार पर्दों की तरह हिलने लगी
शर्त लेकिन थी कि ये बुनियाद हिलनी चाहिए
हर सड़क पर हर गली में हर नगर हर गाँव में
हाथ लहराते हुए हर लाश चलनी चाहिए
सिर्फ़ हंगामा खड़ा करना मेरा मक़्सद नहीं
मेरी कोशिश है कि ये सूरत बदलनी चाहिए
मेरे सीने में नहीं तो तेरे सीने में सही
हो कहीं भी आग लेकिन आग जलनी चाहिए

–दुष्यंत कुमार (साये में धूप संकलन से)

जीवन का सबसे महत्वपूर्ण प्रश्न है क्यों? यह 'क्या' और 'कैसे' से ज़्यादा महत्वपूर्ण है। यक़ीन मानिये जितना महत्वपूर्ण 'क्यों' होगा आप उतनी ही दूर तक जाएँगे। सबसे बड़ी प्रेरणा 'क्यों' शब्द में छिपी हुई है। यदि आप चाहते हैं कि आपके जीवन में ज़बरदस्त परिवर्तन आ जाये तो इसके लिए सबसे बड़ी शक्ति है क्यों। इसकी वज़ह साफ़ है। हम तब तक

अपनी सेहत, आमदनी, शिक्षा इत्यादि विन्दुओं पर ध्यान नहीं देते हैं जब तक कि कोई बीमारी, ग़रीबी या फिर असफलता हमें हताश न कर दे। तो मैं आपका आह्वान करता हूँ कि दो प्रकार की सूचियां तैयार करें जिनमे से एक में आप अपने सपने लिखें और दूसरी में अपनी वास्तविकता लिखें। आपको आगे बढ़ने के लिए प्रेरित करने में कई कारण सहयोगी हो सकते हैं लेकिन सबसे महत्वपूर्ण कारण वही होगा जो आपकी आत्मा को हिला दे और आप अपने आप से कहने लगें कि बस अब और नहीं। अब मैं नहीं रुक सकता अब मंज़िल पर पहुंचे बिना कोई विश्राम नहीं। मैं अब दिन-रात एक करूँगा।

मानव के आज तक के विकास में इस 'क्यों' शब्द की सबसे महत्वपूर्ण भूमिका रही है। हर खोज, हर प्रगति और हर परिवर्तन के लिए कोई न कोई कारण ज़रुरी है। जैसे कि आप शहर जाकर पढ़ाई करना चाहते हैं तो इसकी ज़रूरत तभी आपको होगी जब आपके गाँव में अच्छा स्कूल और अच्छे शिक्षक न हों। यदि कोई व्यक्ति पागल कुत्ते के काटने से न मरा होता तो लुई पाश्चर ने रेबीज़ की खोज न की होती और लोग घाव के ठीक न होने से परेशान न हुए होते तो फ्लेमिंग ने एंटीबायोटिक की खोज न की होती। जिस प्रकार चेचक का टीका भी एडवर्ड जेनर ने लाखों लोगों को चेचक की महामारी से बचाने के लिए खोजा ठीक उसी प्रकार जीवन में किसी विशेष परिवर्तन के लिए आत्मा में छटपटाहट, बेचैनी और कुछ अलग करने की चाह ज़रूरी है और यह 'क्यों' वाला प्रश्न जितना आंदोलित करेगा आप उतने ही आगे जा पाएंगे। *ज़ाहिर है कि यदि आपको अपने जीवन में परिवर्तन लाना है तो यह बीड़ा कोई और नहीं उठाएगा और न ही किसी और के संकल्प से आपके जीवन में क्रांति आएगी। यह संकल्प तो आपको ही लेना पड़ेगा।* कभी-कभी अनायास ही जीवन में कुछ अवसर आएंगे जिनमे आप या तो निखर जायेंगे या फिर बिखर जायेंगे। कुछ छोटे अवसरों को आपको बड़ा बनाना होगा और अवसर मिलने पर अपने अंदर के हीरो को जागृत करना होगा। सेकंड हाफ़ का आपकी सफलता या असफलता से कोई सम्बन्ध नहीं है। यह कभी स्वेच्छा से जीवन में आगे बढ़ने की इच्छा, बढ़ती उम्र की थकान, जीवन में कुछ नया करने की चाहत, रिटायरमेंट या इनसे मिलती-जुलती भावना का परिणाम हो सकता है।

आप अपने जीवन में महान परिवर्तन क्यों चाहते हैं, यह विचार ही आपके रास्ते के सभी पत्थरों को हटाने में आपको सफल बनाएगा। यह

विचार ही आपके जीवन में सफलता की लौ को जलाये रखने में ईंधन का काम करेगा। इसलिए इस 'क्यों' को अपनी साँसों का मन्त्र बनाने का अवसर अब आपके सामने है। अब आख़िरी साँस तक यही 'क्यों' आपको प्रेरित करेगा। इस 'क्यों' का जवाब भी किसी और के पास नहीं है, इसे आपको ही खोजना होगा। यह यात्रा एक क्षण से लेकर पूरे जीवन की भी हो सकती है। आइये जीवन में परिवर्तन लाने वाले कुछ महत्वपूर्ण कारणों को जानते हैं। सच्चाई तो यह है कि कोई जॉब या कॉलेज की कोई डिग्री पा लेने का मतलब यह नहीं है कि आपको मनचाहा जीवन मिल गया है बल्कि हो सकता है कि आपके समय और ऊर्जा के लिए और भी बेहतर विकल्प मौजूद हों, जिन्हें खोजने की छटपटाहट ही आपके जीवन को सार्थकता दे सकेगी।

सेकंड हाफ़ के सबसे बड़े उदाहरण के रूप में मैं दो महापुरुषों से शुरुआत करना चाहूँगा। जिनमे से पहले महापुरुष *सुभाष चंद्र बोस* ने आज़ाद हिन्द फ़ौज के सर्वोच्च सेनापति के रूप में भारत की अस्थायी निर्वासित सरकार बनाई जिसे 11 देशों की सरकारों ने मान्यता दी थी। कटक शहर के मशहूर वकील जानकीनाथ की चौदह संतानों में नौवें क्रम पर जन्म लेने वाले सुभाष बचपन से ही विद्रोही स्वभाव के रहे। रेवेन्सा कॉलेजिएट स्कूल कटक के प्रिंसिपल बेनी माधव दास से प्रभावित और बहुत अधिक लगाव रखने वाले सुभाष ने रामकृष्ण परमहंस और उनके शिष्य विवेकानद के साहित्य का गहन अध्ययन किया और वे योगी के बनने के बारे में सोचने लगे थे। उन्हें संसार निरर्थक जान पड़ता था और लोगों की सेवा (जैसे कटक में हैजा पीड़ितों की सेवा) को ही वे अपना धर्म मानने लगे थे। लम्बी-लम्बी यात्राओं पर निकल जाना उन्हें अच्छा लगता था। सन 1914 के ग्रीष्मावकाश वे बिना किसी को कुछ बताए एक मित्र के साथ घर से निकल गए और उत्तर भारत के कई तीर्थस्थलों और ऐतिहासिक स्थानों पर गए लेकिन उनके मन को शांति नहीं मिली। वाराणसी में रामकृष्ण मिशन के स्वामी ब्रह्मानंद से मिलने के बाद उनके जीवन में परिवर्तन हुआ और वे घर लौट आए। अंग्रेजों के द्वारा किये जा रहे अत्याचार और अपमान उन्हें अंदर से झकझोर रहे थे। सन 1916 में प्रेसिडेंसी कॉलेज कलकत्ता में घटी दो घटनाओं ने उनके जीवन को पूरी तरह बदल दिया। एक दिन एक अंग्रेज प्रोफ़ेसर ई एफ़ ओटेन ने अपनी क्लास के सामने बरामदे में शोर

मचा रहे कुछ लड़कों को पीट दिया और बाद में सुभाष के कहने पर ओटेन के क्षमा माँगने को तैयार न होने पर प्रेसिडेंसी कॉलेज में हड़ताल हो गयी। आख़िरकार मान मनौअल के बाद मामला शांत हो गया लेकिन विद्यार्थियों पर लगाया गया जुर्माने का दंड वापिस नहीं लिया गया। अगले महीने फिर से उसी प्रोफ़ेसर ने एक लड़के को पीट दिया जिसके बदले में लड़कों ने प्रोफ़ेसर ओटेन को पीट दिया। अपनी अधूरी आत्मकथा 'एक भारतीय तीर्थयात्री' में सुभाष लिखते हैं कि हमने जैसे को तैसा व्यवहार किया था। सरकार ने कॉलेज बंद करके जाँच बैठा दी सुभाष ने पहली बार मुखर नेतृत्व प्रदान किया था इसलिए उन्हें साथियों के साथ कॉलेज से निकाल दिया गया। बोस को इसका बिलकुल भी पछतावा नहीं हुआ। एक साल तक सुभाष सेवा के कामों में जुड़े रहे और तीर्थयात्रा करते रहे। इस दौरान उन्होंने 49 वीं बंगाल रेजिमेंट में भी भर्ती होने का प्रयास किया लेकिन कमज़ोर आँखों के कारण सफल नहीं हुए। अंततः पता चला कि विश्वविद्यालय किसी दूसरे कॉलेज में प्रवेश की अनुमति दे देगा, बशर्ते प्रेसिडेंसी कॉलेज के प्रिंसिपल औपचारिक अनुमति दे दें। किसी तरह वे जुलाई 1917 में स्कॉटिश चर्च कॉलेज में दर्शनशास्त्र ऑनर्स में प्रवेश पा गए। अगले वर्ष उन्हें इण्डिया डिफ़ेन्स फ़ोर्स विश्वविद्यालयीन इकाई टेरिटोरियल आर्मी में सैन्य प्रशिक्षण प्राप्त करने का मौक़ा मिला। सन 1919 में उन्होंने ऑनर्स की परीक्षा प्रथम श्रेणी में सेकंड पोज़ीशन के साथ पास की। लेकिन अब उनका दर्शन शास्त्र से भी मोहभंग हो चला था। एक दिन उनके पिता ने उन्हें बड़े भाई शरत चंद्र के साथ बुलाया और कहा कि इंग्लैंड जाकर आई.सी.एस. की परीक्षा देना चाहोगे। निर्णय लेने के लिए केवल 24 घंटे का वक़्त दिया गया था। सुभाष को लगा कि इसे भी करके देखे लेते हैं। उनका जहाज 15 सितंबर 1919 को इंग्लैंड के लिए रवाना हुआ। उनके पास इस परीक्षा को देने के लिए केवल आठ महीने का समय था। सुभाष को यह जानकर ताज्जुब हुआ कि अंग्रेजों का व्यव्हार भारत के विपरीत इंग्लैंड में बहुत शालीन था। इंग्लैंड में रहकर उन्हें विश्व स्तर की समस्याओं को समझने का अवसर प्राप्त हुआ। आई.सी.एस. की परीक्षा देने के बाद उन्होंने एक पत्र में अपने बड़े भाई को लिखा था कि प्रश्नपत्र बहुत अच्छे नहीं रहे हैं लेकिन जब परिणाम आया तो उन्होंने सर्वोच्च चौथा स्थान प्राप्त किया था लेकिन वे अंग्रेजों की गुलामी वाली ब्रिटिश सेवा को तैयार नहीं थे। उन्होंने देश बंधु चितरंजन दास से उनकी

सेवाओं का उपयोग करने का अनुरोध करते हुए आई.सी.एस. को छोड़कर भारत माता के चरणों में अपना जीवन समर्पित करने का निर्णय ले लिया था। सुभाष चंद्र का इससे आगे का इतिहास सारा संसार जानता है।

राष्ट्रप्रेम से ओतप्रोत दूसरे महापुरुष के रूप में निर्विवाद रूप से भारत के प्रधानमंत्री माननीय *नरेंद्र मोदी* जी का नाम लेना चाहूँगा। स्वतंत्र भारत में जन्म लेकर भारत के प्रधानमंत्री बनने वाले और दुनिया के सबसे लोकप्रिय नेता नरेंद्र मोदी जी का जीवन प्रेरणा का सबसे बड़ा उदाहरण है। बड़नगर में रेल्वे स्टेशन पर चाय बेचने से शुरुआत करके सर्वोच्च पद तक पहुँचना उनकी अथक तपस्या की कहानी है। स्कूल के दिनों से ही नेतृत्व और संगठन क्षमता के धनी मोदी जी के जीवन में उनके पिता के बाद सर्वाधिक महत्व आर.एस.एस. के प्रान्त प्रचारक रहे स्वर्गीय लक्ष्मणराव इनामदार 'वकील' साहब का है जिन्होंने दीवाली के दिन उन्हें राष्ट्रीय स्वयंसेवक संघ की सदस्यता दिलवाई। मोदी जी ने राजा भाई नेने के साथ मिलकर वकील साहब पर एक किताब लिखी जिसका नाम था-सेतुबंध। *मोदी जी के जीवन में सबसे बड़ी क्रांति आपात काल के दौरान घटी जब उन्होंने सेवा भावना के काम करके लोगों के दिलों में अपनी जगह बना ली।* मोदी जी के सबसे बड़े भाई सोमदास मोदी ने एक इंटरव्यू में बताया कि वो साढ़े सत्रह वर्ष की आयु में दो वर्ष अज्ञातवास पर हिमालय और जगन्नाथ पुरी में रहे और देश के महत्वपूर्ण स्थलों पर घूमे। इस दौरान जब वे कन्याकुमारी आश्रम में गए और वहाँ रुकने की इच्छा प्रकट की तो वहाँ के व्यवस्थापकों ने उन्हें ग्रेज्युएट होकर आने के लिए कहा। इस अज्ञातवास से उनका जीवन बदल गया और उन्होंने लोगों की सेवा करने को अपना धर्म बना लिया। इसके पश्चात् उनके जीवन का प्रत्येक दिन जनता की सेवा को समर्पित रहा है।

आइये कुछ उदाहरणों से इस पुस्तक के शीर्षक को समझने का प्रयास करें।

(अ) घोर अपमान/दुर्व्यवहार– ''मैं तब तक अपनी शिखा नहीं बाँधूँगा जब तक कि नंद वंश का नाश नहीं कर देता''-अर्थशास्त्र के रचयिता आचार्य विष्णुगुप्त 'चाणक्य' को मगध सम्राट धन नन्द ने अपमानित करके अपनी सभा से निकाल दिया था। चाणक्य चाहते तो किसी दूसरे राज्य में

अपना जीविकोपार्जन कर सकते थे, तब हममे से कोई भी उनका नाम याद नहीं रखता। उन्होंने पलायन तो किया लेकिन इस संकल्प के साथ कि मैं तब तक अपनी शिखा नहीं बाँधूँगा जब तक कि नंद वंश का नाश नहीं कर देता। देखते ही देखते उनका उद्देश्य केवल नंद वंश की समाप्ति न होकर एक नए सम्राट चन्द्रगुप्त को पाटलिपुत्र के सिंहासन पर बैठाना और सम्पूर्ण भारत को एक सूत्र में पिरोना हो गया। इस प्रकार उन्होंने अपनी नकारात्मक प्रेरणा को सकारात्मक प्रेरणा में बदल दिया। कहते हैं कि एक बार बालक चन्द्रगुप्त अपने मित्रों के साथ एक खेल खेल रहे थे जिसमे वे राजा बनकर सभी साथियों के साथ न्याय कर रहे थे। जब धननंद से अपमानित चाणक्य ने उस अद्भुत बालक को देखा तो उन्होंने निश्चय कर लिया कि वे इसे साधन बनाकर अपना संकल्प पूरा करेंगे और उन्होंने चन्द्रगुप्त को उनकी माँ से मांग लिया तथा शिक्षा के लिए तक्षशिला ले गए।

एक अपमानजनक घटना ने मोहन दास को महात्मा गांधी बना दिया– महात्मा गांधी की दक्षिण अफ़्रीका की यात्रा और सत्याग्रह के प्रति उनकी मुकम्मल सोच शायद साकार नहीं हो पाती, अगर स्थानीय भारतवंशी कारोबारी दादा अब्दुल्ला उन्हें दक्षिण अफ़्रीका आने का प्रस्ताव नहीं देते।

लंदन में क़ानून की पढ़ाई करने गए नौजवान मोहनदास करमचंद गांधी अपने गृह नगर पोरबंदर में वकालत जमाने के लिए संघर्ष कर रहे थे। उसी दौरान उन्हें एक साल के लिए दक्षिण अफ़्रीका के तत्कालीन ट्रांसवाल प्रांत में काम का प्रस्ताव आया था। वर्ष 1893 में जहाज से डरबन पहुँचे गांधी को कारोबारी दादा अब्दुल्ला ने प्रिटोरिया में एक मुक़दमा लड़ने के लिए ट्रेन से वहाँ जाने को कहा था। *07 जून 1893 को ट्रेन का प्रथम श्रेणी का टिकट होने के बावजूद अश्वेत होने के कारण सर्द रात में उन्हें ट्रेन से इसलिए धक्का देकर उतार दिया गया क्योंकि वह गोरों के लिए आरक्षित डिब्बे में चढ़ गए थे और वे तीसरी श्रेणी के डिब्बे में जाने को तैयार नहीं थे। गांधी ने कड़कड़ाती ठंड में पूरी रात पीटरमैरिट्सबर्ग स्टेशन के प्रतीक्षालय में गुज़ारी और सोचते रहे कि उन्हें स्वदेश लौट जाना चाहिए या फिर ज़ुल्म के ख़िलाफ़ संघर्ष करना चाहिए। इस यात्रा ने गांधीजी की ज़िंदगी को हमेशा के लिए बदल दिया। क्योंकि गांधीजी ने अफ़्रीका में रूककर अंग्रेजों का विरोध करने का निर्णय ले लिया था जिसका अंतिम परिणाम था अंग्रेजों की भारत से विदाई।*

ओपरा विनफ्रे द्वारा होस्टेड 'द ओपरा विन्फ्रे शो' अपने समय का हाइएस्ट रेटेड टीवी प्रोग्राम रहा है लेकिन इस स्तर पर पहुँचने से पहले उन्होंने भयंकर ग़रीबी देखी। उनका जन्म एक अविवाहित माँ के गर्भ से हुआ था और उनका पालन पोषण उनकी नानी ने किया। उनकी माँ घरों में नौकरानी का काम करती थीं। बचपन में वो अकेलेपन के कारण अवसाद के दौर से गुज़रीं और उनका कई बार शारीरिक शोषण हुआ जिस कारण उन्होंने चौदह वर्ष की उम्र में एक मृत बच्चे को जन्म दिया। उनके जीवन में सेकंड हाफ़ की शुरुआत तब हुई जब वे घर से भागकर अपने सौतेले पिता के पास चली गईं। उनके पिता ने शिक्षा और अच्छे लालन-पालन में कोई क़सर नहीं छोड़ी। पब्लिक स्पीकिंग और ड्रामा में उन्होंने कमाल कर दिया। उनके स्पीकिंग टैलेंट और आवाज़ को देखते हुए एक लोकल रेडियो स्टेशन ने उन्हें न्यूज़ पढ़ने का ऑफ़र दिया। ओपरा ने टेनेसे स्टेट यूनिवर्सिटी की स्कॉलरशिप जीतकर स्पीच कम्युनिकेशन में पढ़ाई की। जब 17 साल की हुईं तो उन्होंने दो ब्यूटी कॉन्टेस्ट भी जीते- मिस ब्लैक नैशविले और मिस टेनेसे। स्पीच कम्युनिकेशन की पढ़ाई के दौरान ही मैरीलैंड के एक मशहूर न्यूज़ टीवी चैनल में उनकी नौकरी लग गई। *इस जॉब के लिए उन्होंने अपनी पढ़ाई बीच में ही छोड़ दी थी, लेकिन थोड़े समय बाद उन्हें इस नौकरी से निकाल दिया गया क्योंकि वे न्यूज़ पढ़ते हुए भावुक हो जाती थीं।* 1986 में उनके जीवन ने नया मोड़ लिया जब उन्होंने 'द ओपरा विन्फ्रे शो' शुरू किया। इसके बाद उन्होंने पीछे मुड़कर नहीं देखा। उन्हें अमेरिका के सबसे बड़े नागरिक सम्मान 'द प्रेसिडेंशियल मेडल ऑफ़ फ्रीडम' से नवाज़ा गया है।

(इ) एक उलाहना : *जितना प्यार तुम हाड़ - मांस की इस देह से करते हो, काश उतना प्यार तुमने भगवान से किया होता*-अपने गुरु शेष सनातन जी के पास रहकर अध्ययन करने के दौरान अचानक एक दिन तुलसीदास जी को अपनी पत्नी की याद आयी और वे व्याकुल होने लगे। जब वे अपने ऊपर नियंत्रण नहीं रख पाए तो भयंकर अँधेरी रात में उन्होंने एक मुर्दे को लकड़ी समझ, पकड़ कर यमुना नदी पार की और पत्नी के घर पहुँचे। इतना ही नहीं जब रात में दरवाज़े नहीं खुले तो बरसात में भीगते हुए लटकते हुए साँप को रस्सी समझकर दीवार को फाँद पत्नी के शयन-कक्ष में जा पहुँचे। उनकी पत्नी *रत्नावली* इतनी रात गये अपने पति को अकेले आया देख

कर आश्चर्यचकित हो गयीं। उन्होंने लोक-लाज के भय से जब तुलसी को चुपचाप वापस जाने को कहा तो वे उनसे उसी समय घर चलने का आग्रह करने लगे। उनकी इस अप्रत्याशित ज़िद से खीझकर रत्नावली ने स्वरचित एक दोहे के माध्यम से जो शिक्षा उन्हें दी उसने ही तुलसीराम को गोस्वामी तुलसीदास बना दिया। रत्नावली ने जो दोहा कहा था वह इस प्रकार है :

अस्थि चर्म मय देह यह, ता सों ऐसी प्रीति!
नेकु जो होती राम से, तो काहे भव-भीत?

कहते हैं कि यह दोहा सुनते ही उन्होंने उसी समय पत्नी को वहीं उसके पिता के घर छोड़ दिया और वापस अपने गाँव राजापुर लौट गये। राजापुर में अपने घर जाकर जब उन्हें यह पता चला कि उनकी अनुपस्थिति में उनके पिता भी नहीं रहे और पूरा घर नष्ट हो चुका है तो उन्हें और भी अधिक कष्ट हुआ। उन्होंने विधि-विधान पूर्वक अपने पिता जी का श्राद्ध किया और गाँव में ही रहकर लोगों को भगवान राम की कथा सुनाने लगे।

(उ) एक दृश्य : *हे दुष्ट, तू ने प्रेम में मग्न क्रौंच पक्षी को मारा है। जा तुझे कभी भी प्रतिष्ठा की प्राप्ति नहीं हो पायेगी और तुझे भी वियोग झेलना पड़ेगा* - एक बार महर्षि वाल्मीकि क्रौंच पक्षी के एक जोड़े को निहार रहे थे। वह जोड़ा प्रेमालाप में लीन था, तभी उन्होंने देखा कि बहेलिये ने प्रेम-मग्न क्रौंच (सारस) पक्षी के जोड़े में से नर पक्षी का वध कर दिया। इस पर मादा पक्षी विलाप करने लगी। उसके विलाप को सुनकर वाल्मीकि की करुणा जाग उठी और द्रवित अवस्था में उनके मुख से स्वतः ही यह संस्कृत का पहला श्लोक फूट पड़ा-

मा निषाद प्रतिष्ठां त्वमगमः शाश्वतीः समाः।
यत्क्रौंचमिथुनादेकम् अवधीः काममोहितम्।।

हे दुष्ट, तू ने प्रेम मे मग्न क्रौंच पक्षी को मारा है। जा तुझे कभी भी प्रतिष्ठा की प्राप्ति नहीं हो पायेगी और तुझे भी वियोग झेलना पड़ेगा।

उसके बाद उन्होंने प्रसिद्ध महाकाव्य रामायण (जिसे वाल्मीकि रामायण के नाम से भी जाना जाता है) की रचना की और आदिकवि वाल्मीकि के नाम से अमर हो गये।

(ऊ) चार दृश्य : *जब मृत्यु होनी ही है और जीवन में दुःख के अलावा कुछ भी सार्थक नहीं है तो इस जीवन का क्या लाभ* - राजा शुद्धोधन के घर जन्म लेने वाले सिद्धार्थ का जीवन राजसी था। उनके अलग-अलग ऋतुओं का आनंद उठाने के लिए अलग-अलग भवन में आमोद-प्रमोद के साधन उनके पिता ने उपलब्ध कराये थे जिससे कि उनका मन राजकाज में रम जाये क्योंकि उनके जन्म समारोह के दौरान, साधु द्रष्टा आसित ने अपने पहाड़ के निवास से घोषणा की थी कि बच्चा या तो एक महान राजा या एक महान पवित्र पथ प्रदर्शक बनेगा। सिद्धार्थ ने वेद और उपनिषद् को तो पढ़ा ही, राजकाज और युद्ध-विद्या की भी शिक्षा ली। कुश्ती, घुड़दौड़, तीर-कमान, रथ हाँकने में कोई उनकी बराबरी नहीं कर पाता था।

लेकिन सिद्धार्थ का मन बचपन से ही करुणा और दया का स्रोत था। इसका परिचय उनके आरंभिक जीवन की अनेक घटनाओं से पता चलता है। घुड़दौड़ में जब घोड़े दौड़ते और उनके मुँह से झाग निकलने लगता तो सिद्धार्थ उन्हें थका जानकर वहीं रोक देते और जीती हुई बाज़ी हार जाते। खेल में भी सिद्धार्थ को ख़ुद हार जाना पसंद था क्योंकि किसी को हराना और किसी का दुःखी होना उनसे नहीं देखा जाता था। सिद्धार्थ ने चचेरे भाई देवदत्त द्वारा तीर से घायल किए गए हंस की सहायता की और उसके प्राणों की रक्षा की।

विवाह के पश्चात वे पिता द्वारा ऋतुओं के अनुरूप बनाए गए वैभवशाली और समस्त भोगों से युक्त महल में यशोधरा के साथ रहने लगे जहाँ उनके पुत्र राहुल का जन्म हुआ। राजा शुद्धोधन ने सिद्धार्थ के लिए भोग-विलास का भरपूर प्रबंध कर दिया और नाच-गाने और मनोरंजन की सारी सामग्री जुटा दी गई। दास-दासी उनकी सेवा में रख दिए गए। पर ये सब चीज़ें सिद्धार्थ को संसार में बाँधकर नहीं रख सकीं। वसंत ऋतु में एक दिन सिद्धार्थ बगीचे की सैर पर निकले। उन्हें सड़क पर एक बूढ़ा आदमी दिखाई दिया। उसके दाँत टूट गए थे, बाल पक गए थे, शरीर टेढ़ा हो गया

था। हाथ में लाठी पकड़े धीरे-धीरे काँपता हुआ वह सड़क पर चल रहा था। आगे चलने पर उनकी आँखों के सामने एक रोगी आ गया। उसकी साँस तेज़ी से चल रही थी। कंधे ढीले पड़ गए थे। बाँहें सूख गई थीं। पेट फूल गया था। चेहरा पीला पड़ गया था। दूसरे के सहारे वह बड़ी मुश्किल से चल पा रहा था। कुछ और दूरी पर सिद्धार्थ को एक अर्थी मिली। चार आदमी उसे उठाकर लिए जा रहे थे। पीछे-पीछे बहुत से लोग थे। कोई रो रहा था, कोई छाती पीट रहा था, कोई अपने बाल नोच रहा था। इन दृश्यों ने सिद्धार्थ को बहुत विचलित किया। उन्होंने सोचा कि 'धिक्कार है जवानी को, जो जीवन को सोख लेती है।' अंततः उन्हें एक संन्यासी दिखाई पड़ा। संसार की सारी भावनाओं और कामनाओं से मुक्त प्रसन्नचित्त संन्यासी ने सिद्धार्थ को आकृष्ट किया और सिद्धार्थ की समझ में आ गया कि जीवन का सच्चा आनंद सन्यास में है और एक रात वे 29 वर्ष की आयु में पत्नी यशोधरा और पुत्र राहुल को सोता हुआ छोड़कर ज्ञान प्राप्ति के लिए निकल पड़े।

(ए) कर्तव्य पथ के लिए प्रस्थान – *इस विषय का वर्णन करने के लिए मैं तीन महापुरुषों के जीवन का वर्णन करना चाहूँगा जिनमे से दो भगवान के स्तर तक पहुँच गए हैं और तीसरा आज दुनिया का सबसे अमीर व्यक्ति है।*

हम लोग अपने जीवन में छोटे से दुःख से घबरा जाते हैं और ईश्वर को दोष देने लगते हैं कि ऐसा मेरे साथ ही क्यों हो रहा है? लेकिन आज हम सब राम को मर्यादा पुरुषोत्तम कहते हैं। ज़रा सोचिये एक चक्रवर्ती राजा का पुत्र जिसके जीवन में सुख ही सुख हो और अगली सुबह जिसका राज्याभिषेक होने वाला हो और पूर्व संध्या को यह तय कर दिया जाये कि-

तापस वेश विशेष उदासी।
चौदह बरस राम वनवासी।।

अर्थात उस राजकुमार को तपस्वी के वेष और हर प्रकार से उदास रहकर चौदह वर्ष वन में रहना है। उस समय का वन भी आज के जैसा न था बल्कि घनघोर जंगल था जिनमे हज़ारों हिंसक पशु, साँप-बिच्छू और दुर्दांत राक्षस रहते थे लेकिन राम ने अपने पिता महाराज दशरथ और माँ केकैयी से कहा

कि वनगमन से मेरा हित ही होगा और ख़ुशी-ख़ुशी खड़ाऊ पहनकर तपस्वी के वेश में अपनी पत्नी सीता और छोटे भाई लक्ष्मण के साथ प्रसन्नतापूर्वक चल दिए। कुछ दिनों बाद जब भरत उन्हें अयोध्या वापिस लेने जाते हैं तो उन्हें अपनी खड़ाऊ भी दे देते हैं और चौदह वर्ष नंगे पैर काँटों से भरी राह पर चलते हैं। और तो और उनकी पत्नी को दुष्ट रावण हरण कर लेता है तब उन पर दुखों का पहाड़ टूट पड़ता है लेकिन वे विचलित नहीं होते। *क्या अयोध्या के राजा राम को कोई याद करता यदि वे वनवास न गए होते?*

मथुरा गोकुल से केवल पंद्रह किलोमीटर दूर है फिर कृष्ण वापस गोकुल क्यों नहीं आए? -हम सभी युगपुरुष भगवान कृष्ण के महान कार्यों से परिचित हैं। जन्म के कुछ दिन बाद ही नंदबाबा के घर माँ यशोदा की गोद में खेलते हुए राक्षसी पूतना का वध या फिर खेल-खेल में यमुना नदी में कालिया मर्दन और अपनी छिंगुली पर गोवर्धन पर्वत को उठाकर ब्रज के गोपालकों की इंद्र के कोप से रक्षा जैसे काम कृष्ण ने बालपन में ही कर दिए थे। लेकिन यदि वे गोकुल से मथुरा नहीं जाते तो शायद हम उन्हें इतिहास के सर्वश्रेष्ठ महारथी, विद्वान, योगी, कूटनीतिज्ञ के रूप में कदाचित याद नहीं करते, क्योंकि तब उनका केवल बाल लीलाओं वाला स्वरुप ही हमें पता होता जिसमे माखनचोर, बांसुरी बजाते हुए रास लीला या गौ पालन करने वाले गोपाल शायद इतिहास में भुला दिए जाते। लेकिन *अपने मामा कंस के बुलाने पर बारह वर्ष की आयु में जब गोपाल अक्रूर के साथ यशोदा और नंद बाबा को रोता-तड़पता छोड़ गोकुल से मथुरा की तरफ़ बढ़ते हैं तो फिर वापस कभी गोकुल नहीं लौटते जबकि भौगोलिक रूप से दोनों स्थानों के बीच मुश्किल से 15 किलोमीटर का फ़ासला था और केवल यमुना नदी को पार करके पहुँचा जा सकता था।*

मैं कई बार सोचता हूँ कि क्या अपनी आदि शक्ति राधा से मिलने अथवा अपने पालक माता-पिता यशोदा और नंद बाबा से मिलने कृष्ण नहीं जा सकते थे? आप मेरी इस बात से सहमत होंगे कि कृष्ण की मथुरा यात्रा एक टर्निंग पॉइंट है जिसके बाद कृष्ण को अपने जीवन के महान दायित्व व्यक्तिगत जीवन के सुख-दुःख से ऊपर लगने लगे होंगे। *शायद कृष्ण समझ गए होंगे कि उनके जीवन का उद्देश्य धर्म की स्थापना करना है इसलिए छोटी-छोटी बातों को महान उद्देश्य के लिए छोड़ना अपरिहार्य है।*

अनिवार्य सैन्य सेवा से बचने और काले लोगों पर दमन की कार्यवाही में रूचि न होने के कारण *इलोन मस्क* ने सत्रह वर्ष की आयु में अपने सपनों का पीछा करने के लिए दक्षिण अफ़्रीका छोड़कर अपनी माँ के देश कनाडा को अपनी पढ़ाई के लिए चुना जहाँ उन्होंने भौतिकी और अर्थशास्त्र में स्नातक की डिग्री प्राप्त की। इलोन का परिवार आर्थिक रूप से सम्पन्न था लेकिन *जब वे दस साल के थे तब उनके माता-पिता का तलाक़ हो गया जिस कारण उन्होंने अपना पूरा ध्यान कंप्यूटर कोडिंग सीखने और पढ़ाई में लगा दिया। उनके कॉमिक्स पढ़ने के शौक़ ने उन्हें नई-नई कल्पना करने हेतु प्रेरित किया जिसका परिणाम उनकी आज की सफलताएँ हैं।* मनुष्य को दूसरे ग्रह पर बसाने, जमीन के नीचे सुपरफास्ट ट्रांसपोर्टेशन, रीयूज़ेवल रॉकेट, सेटेलाइट आधारित इंटरनेट सुविधा, मनुष्य के मष्तिष्क में चिप के माध्यम से नियंत्रण, सोलर सिटी और ड्राइवरलेस इलेक्ट्रिक कार जैसे उनके प्रयास एक साधारण मानव की सोच से एकदम अलग है। इन सबके पीछे जो सबसे महत्वपूर्ण सबक मेरे मत में यह है कि उन्होंने बहुत ही बुद्धिमत्ता से अपने कार्यक्षेत्र और अपनी टीम का चयन किया है। जब माता-पिता के मध्य तलाक़ हुआ तो वे पढ़ने के लिए पिता के पास रुक गए, जब पिता तंग करने लगे और अनिवार्य सैन्य सेवा की बात आयी तो वे अपनी माँ के पास कनाडा आ गए। जब आगे पढ़ने की बात आयी तो अमेरिका के स्टैनफ़ोर्ड विश्वविद्यालय में पीएच.डी. के लिए प्रवेश लिया लेकिन इंटरनेट की तरफ़ आकर्षित होते ही दो दिन बाद पढ़ाई छोड़ सिलिकॉन वैली चले गए और जब रॉकेट साइंस में आगे बढ़ने की बात आयी तो अंततः लॉस एंजलिस पहुँच गए। उनका टीम चयन अद्भुत है अन्यथा उनके जितना काम हज़ारों लोग मिलकर भी नहीं कर सकते। उनकी रिस्क लेने की क्षमता, कमाई हुई राशि को बेहतर जगह निवेश करने की नॉलेज अद्भुत है और सफल होने के लिए सप्ताह में 120 घंटे तक काम करने की आदत उन्हें महानता की श्रेणी में ले जाने के लिए पर्याप्त है। उनके जीवन में भी कई ऐसे क्षण आये हैं जिन्होंने उनकी परीक्षा ली। जब वे बिलियनेयर बन रहे थे तब उनके पहले बच्चे की दस सप्ताह की आयु में देहांत हो गया। जब उनकी कंपनी साल 2018 में पैसों की तंगी से जूझ रही थी, तिजोरी तेज़ी से खाली हो रही थी और कंपनी दिवालिया होने की कगार पर थी। कंपनी के मुख्य कार्यकारी अधिकारी के तौर पर इलोन मस्क दिन में 22-22 घंटे

फ़ैक्ट्री में गुज़ार रहे थे। बाद में एक इंटरव्यू में इलोन मस्क ने भी ख़ुद माना कि कंपनी ख़त्म होने वाली थी। लेकिन दो साल में हालात बदले। कोरोना महामारी के दौर में जब कार कंपनियाँ सेमीकंडक्टर की कमी से जूझ रही थीं, टेस्ला रिकॉर्ड प्रॉफ़िट कर रही थी। उनके स्पेस एक्स प्रोग्राम की चन्द्रमा की सतह पर पहला क़दम रखने वाले नील आर्मस्ट्रॉन्ग ने तीखी आलोचना की थी लेकिन मस्क विचलित नहीं हुए।

उन्होंने कई इंटरव्यू में कहा है कि *एक 'दौलतमंद शख़्स' के तौर पर दुनिया को अलविदा कहने का उनका सपना बिल्कुल नहीं है।'* वे कहते हैं कि–

'मैं हर सुबह किसी नई तकनीकी समस्या का हल ढूँढ़ने के लिए उठना चाहता हूँ। बैंक में कितना पैसा है, इसे मैं सफलता का पैमाना नहीं मानता।'

(ऋ) अवसर: *विपत्ति के समय जाम्बन्त ने बल, बुद्धि, विवेक याद दिलाकर हनुमान को असाधारण बना दिया* – माता सीता की खोज के लिए निकला वानरों का दल समुद्र किनारे बैठकर चर्चा कर रहा था कि अवधि बीती जा रही है लेकिन सीता के बारे में सम्पाती के द्वारा उनके लंका में होने का पता लगने के बाद भी एक विकराल समस्या है कि सौ योजन चौड़ा समुद्र पार कैसे किया जाए? जामबंत कहते हैं मैं बूढ़ा हो गया हूँ। बालिपुत्र अंगद कहते हैं कि मैं समुद्र पार तो कर जाऊँगा लेकिन लौटने में संदेह है। जब सब दुखी हो रहे होते हैं तब रीछराज जाम्बन्त हनुमान जी को याद दिलाते हैं –

बाल समय रवि भक्षि लियो तब,
तीनहुँ लोक भयो अँधियारो।

ताहि सों त्रास भयो जग को,
यह संकट काहु सों जात न टारो।

देवन आनि करी बिनती तब,
छाड़ि दियो रवि कष्ट निवारो।

को नहीं जानत है जग में कपि,
संकटमोचन नाम तिहारो।

और गोस्वामी तुलसीदास जी के शब्दों में जब हनुमान जी ने यह सुना-

कौन सो काज कठिन जग माहीं।
जो नहिं होय तात तुम पाहीं ।।

तब हनुमान जी का बुद्धि, विवेक और पौरुष जाग गया।

हमारे जीवन में भी अवसर आते हैं लेकिन हम बगलें झाँकने लगते हैं और सोचने लगते हैं कि कहीं अमुक काम कोई हमें न सौंप दे। कोई हम पर भरोसा भी करता है तब भी हम ख़ुद पर शंका करके अपने आत्मविश्वास को नष्ट कर लेते हैं। यदि हनुमानजी ख़ुद पर शंका करते कि मैंने इससे पहले कभी समुद्र नहीं लांघा है तो क्या वे रामभक्त कहलाते और क्या उनकी पूजा घर-घर में होती?

(ऋ) सर्वाइवल के लिए उथल-पुथल - कॉलरा की बीमारी से किसी तरह ज़िन्दा बचने के बाद जब फ़ौज की अनिवार्य सेवा की बात आयी तो *निकोला टेस्ला* बीमारी की हालत में ही जंगल भाग गए। *टेस्ला* कभी-कभी सुबह 03 बजे से रात 11 बजे तक किताबें पढ़ते रहते थे लेकिन पॉलीटेक्निक की पढ़ाई के दूसरे साल में *उन्हें गैम्ब्लिंग की आदत लग गयी और इस वजह से वो तीसरे साल में फ़ेल हो गए, छात्रवृत्ति भी खो दी और वे ग्रेजुएट नहीं हो सके। इस घटना के बाद उन्हें स्कूल छोड़ना पड़ा और उन्होंने अपने आप को परिवार से दूर कर लिया। उनका नर्वस ब्रेक डाउन हो गया था। पिता के आग्रह पर भी वे घर नहीं लौटे।*

पिता की मृत्यु के बाद बुडापेस्ट में 1881 में टेलीग्राम कम्पनी में काम के दौरान उनके सेंट्रल स्टेशन के उपकरणों में किये गए सुधार के टैलेंट *को तिवादर पुस्कास* (Tivadar Puskas) *ने पहचाना और उन्हें एडिसन की कम्पनी में काम दिलवा दिया* लेकिन एडिसन DC विद्युत का प्रचार करते थे जबकि टेस्ला ने AC करेंट की खोज करके बिजली को बिना वोल्टेज लॉस

लम्बी दूरी तक भेजने में सफलता प्राप्त की थी। जब एडिसन ने उनकी खोज को कोई महत्व नहीं दिया तो टेस्ला ने नौकरी छोड़ दी। कहते हैं कि एडिसन ने टेस्ला को धोखा दिया था लेकिन टेस्ला हार मानने वालों में से नहीं थे। दो निवेशकों ने उनके पेटेंट्स में रूचि ली लेकिन बाद में धोखा दे दिया। *साल 1886 में टेस्ला को इलेक्ट्रिकल रिपेयर तथा खंती खोदने का काम तक करना पड़ा जिसके बदले में 02 डॉलर प्रतिदिन मिलते थे।* आख़िरकार 300 पेटेंट लेने वाले इस वैज्ञानिक के प्रयासों को दुनिया को मानना पड़ा।

बीएमडब्ल्यू (बावेरियन मोटर वर्क्स) कारों के बारे में कभी कहा जाता था कि दुनिया की बाक़ी कंपनियाँ कारों की इंजीनियरिंग समझने के लिए बीएमडब्ल्यू की गाड़ियों को स्टडी करती थीं। अपने 107 सालों के इतिहास में लग्जरी का पर्याय बन चुकी यह जर्मन कंपनी कभी एयरक्राफ़्ट के इंजिन बनाती थी, लेकिन द्वितीय विश्वयुद्ध में कंपनी की फ़ैक्ट्रियों पर बमबारी हुई और कई प्रतिबंध लगे, जिसके चलते वह सक्रिय रूप से मोटरसाइकिल और कार सेगमेंट में उतर आई। अगर द्वितीय विश्वयुद्ध में जर्मनी की हार नहीं होती तो बीएमडब्ल्यू शायद एयरक्राफ़्ट इंजिन पर ही ध्यान दे रही होती एक समय ऐसा था जब बीएमडब्ल्यू ने सर्वाइव करने के लिए किचन की एक्सेसरीज़ भी बनाना शुरू कर दिया था। द्वितीय विश्वयुद्ध का दौर जर्मनी की सारी कंपनियों के लिए उथल-पुथल भरा रहा पेन, पॉट के अलावा इसने साइकिल, कृषि उपकरण भी बनाना शुरू कर दिए। प्रतिबंधों के कारण इस दौरान कामगारों को 8 घंटे में बनाई चीज़ों के हिसाब से पैसे दिए जाते थे।

क्या आपके जीवन में टॉम मोनाघन जितनी उथल-पुथल है?

जब वह चार साल का था, उसके पिता की मृत्यु हो गई। चूँकि उसकी माँ को एक सप्ताह में केवल 27.50 डॉलर की कमाई होती थी, इसलिए उसे मोनाघन और उसके भाई को सेंट जोसेफ़ अनाथालय भेजने के लिए मजबूर होना पड़ा। वह वहाँ साढ़े छह साल तक रहा, जब तक कि उसकी माँ उसे पुनः प्राप्त करने में सक्षम नहीं हो गई। अनाथालय के जीवन को उसने अपनी आत्मकथा *पिज़्ज़ा टाइगर* में जेल के बराबर बताया है। माँ की मदद करने के लिए मोनाघन ने घर के पिछवाड़े में सब्ज़ियाँ उगाने और बेचने, मिशिगन झील से मछली पकड़ने और बेचने जैसे काम किए लेकिन उसे सँभालना अब माँ के वश में नहीं था।

अब मोनाघन में इच्छा हुई कि वह एक केथोलिक प्रीस्ट (पुजारी) बनना चाहता है तो उसके लिए ग्रैंड रैपिड्स, मिशिगन में सेंट जोसेफ़ सेमिनरी में प्रवेश करने की व्यवस्था की गई, लेकिन वहाँ उसे संभाल नहीं पाए और उसे एक साल से भी कम समय में छोड़ने के लिए कहा गया। अपनी आत्मकथा पिज़्ज़ा टाइगर में मोनाघन ने स्वीकार किया है कि इससे वह टूट गए। यहाँ के बाद उसे थोड़े समय के लिए सेंट फ्रांसिस हाई स्कूल में पढ़ने के लिए भेजा गया। लेकिन परीक्षा में वे चवालीस बच्चों की क्लास में चवालीसवें स्थान पर रहे। उसकी माँ ने उसकी हरकतों से तंग आकर उसे किशोर निरोध गृह में रखा। उसे कॉलेज जाने की उम्मीद थी, लेकिन उसके ग्रेड ख़राब थे और उसके पास पैसे भी नहीं थे। मोनाघन ने मिशिगन के बिग रैपिड्स में फ़ेरिस स्टेट कॉलेज में आर्किटेक्चरल ट्रेड स्कूल में दाख़िला लिया और अपनी ट्यूशन का भुगतान करने के लिए कई अज़ीबोग़रीब काम किए। उसे मिशिगन विश्वविद्यालय में स्थानांतरित होने की उम्मीद थी, लेकिन धन की कमी थी। सेना में शामिल होने पर एक पोस्टर में सशुल्क कॉलेज ट्यूशन का विज्ञापन किया गया था। इसने उसका ध्यान खींचा। मरीन में अपने तीन साल के कर्तव्य के दौरे को सफलतापूर्वक पूरा करने के बाद, मिशिगन विश्व विद्यालय में पढ़ाई करने का प्रयास किया लेकिन उसका यह सपना तीन सप्ताह बाद टूट गया।

ऐसी स्थिति में कोई सोच भी नहीं सकता था कि आगे चलकर मोनाघन अरब पति बनेंगे।

सितंबर 1960 में, उनके भाई, जिम ने सुना कि मिशिगन के यप्सिलंती में एक पिज़्ज़ा की दुकान बिक्री के लिए तैयार है। दोनो भाइयों ने इस दुकान को उधारी पर लिया और व्यवसाय को डोमिनोज़ पिज़्ज़ा नाम दिया। इसे जीवन भर का करियर बनाने का उनका कोई इरादा नहीं था। जिम ने पोस्ट ऑफ़िस की नौकरी जारी रखी और टॉम का इरादा मिशिगन विश्वविद्यालय में लौटने का था। जिम ने जल्द ही अपना आधा कारोबार अपने भाई को वोक्सवैगन बीटल के लिए बेच दिया जिसे डिलीवरी वाहन के रूप में इस्तेमाल किया गया था। *अब मोनाघन ने ख़ुद को दुनिया में सबसे अच्छा पिज़्ज़ा बनाने के व्यवसाय में झोंक दिया।* उन्होंने एक बहुत ही सरल मेन्यू बनाया। उन्होंने जाँच की कि सबसे अच्छा सॉस किसने बनाया, उच्चतम गुणवत्ता वाले टॉपिंग ख़रीदे, सबसे ताज़ा आटा बनाया, सबसे महँगे आटे

और पनीर का इस्तेमाल किया, और जितनी जल्दी हो सके डिलीवरी की गारंटी दी लेकिन असल इम्तहान तो अभी बाक़ी था। *सन 1967 में, एक आग ने यप्सिलंती में उनके स्टोर को नष्ट कर दिया। उन्होंने बहुत सारा क़र्ज़ ले लिया था और विस्तार करने की ललक में वे लगभग दिवालिया हो चुके थे।* जब 1970 में वे एक बैंक का क़र्ज़ नहीं चुका पाए, तो बैंक ने डोमिनोज़ पर क़ब्ज़ा कर लिया। वे बैंक का क़र्ज़ इसलिए नहीं उतार सकते थे, क्योंकि उन पर इसके अलावा भी लाखों डॉलर का क़र्ज़ था। एक वक़्त ऐसा भी था, जब मोनाघन पर 100 से अधिक क़र्ज़ के मुक़दमे थे और उन पर 15 लाख डॉलर क़र्ज़ चढ़ा हुआ था।

डोमिनोज़ पर क़ब्ज़ा करने के बाद अब मोनाघन की जगह बैंक 'मूल फ्रैंचाइज़र' बन गया, जिसे हर फ्रैंचाइज़ी खोलने वाला रॉयल्टी देने लगा। बैंक वाले डोमिनोज़ को तब तक चलाना चाहते थे, जब तक कि वे अपना पैसा वसूल न कर लें या इसे बेच न दें। उनकी दिक़्क़त यह थी कि डोमिनोज़ को कोई ख़रीदने को तैयार नहीं था और उसे सँभालने के लिए बैंक वालों को कोई ढंग का मैनेजर नहीं मिल रहा था। मोनाघन के पास रोज़गार का और कोई साधन नहीं था। वे फुटपाथ पर आ चुके थे। वे पिज़्ज़ा को छोड़कर दूसरा कोई व्यवसाय नहीं करना चाहते थे, इसलिए *उन्होंने बैंक वालों के सामने यह प्रस्ताव रखा कि वे उन्हें डोमिनोज़ में ही नौकरी पर रख लें। उधर बैंक वाले भी मैनेजर खोजते खोजते तंग आ चुके थे। जब डोमिनोज़ के फ्रैंचाइज़ी कारोबार को सँभालने बैंक वालों को कोई योग्य मैनेजर नहीं मिला, तो उन्होंने टॉम मोनाघन को ही नौकरी पर रख लिया।*

बदक़िस्मती देखिए, जो आदमी कभी पिज़्ज़ा चेन के मालिक के रूप में काम कर रहा था वह अब वहीं पर 200 डॉलर प्रति सप्ताह की नौकरी किसी और के लिए कर रहा था लेकिन टॉम मोनाघन अपनी कंपनी को बचाना चाहते थे। उन्होंने हर दिन पंद्रह घंटे तक काम किया, लेकिन मार्च 1971 में बैंक वाले इस नतीजे पर पहुँचे कि डोमिनोज़ का डूबना तय है और उसे नहीं बचाया जा सकता। इसलिए उन्होंने एक स्टोर के बदले में मोनाघन को डोमिनोज़ के शेयर लौटा दिए।

मोनाघन ने ख़ुद्दारी दिखाते हुए दिवालियेपन की दरख़्वास्त देने के बजाय धीरे-धीरे अपना सारा क़र्ज़ 09 साल में उतार दिया। फिर उन्होंने

डोमिनोज़ की तीस मिनट में होम डिलिवरी की गारंटी सेवा शुरू की और इतिहास रच दिया।

मनोज शुक्ला 'मुंतशिर' को लिखने का शौक़ बचपन से रहा है लेकिन जब ग़ालिब की शायरी समझ में नहीं आयी तो परिवार के भारी विरोध के बावजूद उर्दू सीखी और एक दिन सात सौ रुपए लेकर मुंबई चले आए। ज़बरदस्त संघर्ष के बाद एक दिन अनूप जलोटा से मुलाक़ात हुई और उनके लिए भजन लिखने का काम करके मुंबई में रहना संभव हुआ शेष सब इतिहास है।

(क) विकट परिस्थिति–हर तरफ़ मौत – कोई भी व्यक्ति अपने जीवन में क्या कर रहा है और भविष्य में क्या करना चाहता है यह चुनने का अधिकार उसका स्वयं का है यानी परिस्थिति कितनी भी विपरीत क्यों ना हो इंसान को अपने नज़रिए को जीवन में हमेशा सकारात्मक रखना चाहिए। इसका एक जीवंत उदाहरण उस घटना से समझा जा सकता है जब जर्मनी में हिटलर का तानाशाही शासन था और यहूदियों को नाज़ियों ने यातना शिविर में रखा था। उस वक़्त जब लोग स्वयं दुखी थे और अपनी मृत्यु का इंतज़ार कर रहे थे तो कुछ लोग ऐसे भी थे जो साथी क़ैदियों को सांत्वना और अपनी रोटी का आख़िरी टुकड़ा तक दे रहे थे। ऐसे लोगों की संख्या कम थी लेकिन ये लोग इस बात का जीवंत उदाहरण थे कि *इंसान भले ही किसी की क़ैद में हो लेकिन उसे क्या व्यवहार करना है यह वह स्वयं ही तय करता है।* नाज़ी यातना शिविर में डायरी ऑफ़ ए यंग गर्ल लिख कर 16 वर्ष की आयु में अमर हो जाने वाली एन फ्रैंक को कौन भूल सकता है जिसने अपनी डायरी में, जिसे वह अपनी सहेली किटी कहती हैं, लिखा–

"मैं बेकार में नहीं जीना चाहती, जैसे ज़्यादातर लोग जीते हैं। मैं उन लोगों को जानना चाहती हूँ जो मेरे आस-पास रहते हैं लेकिन मुझे नहीं जानते, उनके काम आना और उनके जीवन में ख़ुशी लाना चाहती हूँ। मैं और जीना चाहती हूँ, अपनी मौत के बाद भी।" डायरी में 12 जून 1942 से 01 अगस्त 1944 के बीच एन फ्रैंक की ज़िंदगी में जो घटा है, उसका ब्यौरा है। यह डायरी उन्हें तेरहवें जन्मदिन पर तोहफ़े में मिली थी।

इस पुस्तक में से यदि आपने ऊपर लिखी पंक्तियों का मतलब ही सीख लिया तो मैं एक लेखक के रूप में अपने जीवन को धन्य समझूँगा।

इसी दौरान एक और पुस्तक लिखी गई जिसका नाम है *'जीवन के अर्थ की तलाश में मनुष्य'* इसके लेखक हैं विक्टर ई फ्रैंकल। मेरा आपसे अनुरोध है कि यदि आप इस वर्ष केवल एक पुस्तक पढ़ना चाहते हैं, तो इसे पढ़ें। इस पुस्तक में फ्रेंकल ने नाज़ी यातना शिविरों का बहुत ही मार्मिक वर्णन किया है और बताया है कि जब चारों तरफ़ मृत्यु उपस्थित हो तब भी जीवन की सम्भावना को जीवित रखा जा सकता है।

(ख) असफलता - यदि किसी की असफलताओं से सीखना है तो चीन के सबसे अमीर शख़्स और ई-कॉमर्स कंपनी *अलीबाबा डॉट कॉम* (Alibaba) के चेयरमैन जैक मा से बड़ा कोई उदाहरण नहीं है। अपने पचपनवें जन्म दिन पर चैयरमैन का पद छोड़कर पुनः शिक्षक बनने वाले *जैक मा के पास ना कोई मैनेजमेंट की डिग्री थी और ना ही कोई बिज़नेस बैकग्राउंड, फिर भी वह दुनिया के रईस और कामयाब शख़्स बने। 2010 में एक सम्मेलन में, मा ने खुलासा किया कि उन्होंने वास्तव में कभी भी कोडिंग की एक पंक्ति नहीं लिखी है।*

उनके शहर की जो सबसे ख़राब यूनिवर्सिटी मानी जाती थी, हांग्जो शिक्षक विश्वविद्यालय, उसमे स्वीकार किये जाने से पहले वे दो बार यूनिवर्सिटी के एग्ज़ाम में फ़ेल हुए। वे 2 बार प्राइमरी स्कूल में, तीन बार मिडिल स्कूल में असफल हुए। उन्होंने 10 बार हार्वर्ड यूनिवर्सिटी के लिए अप्लाई किया मगर हर बार उन्हें रिजेक्ट कर दिया गया। 30 बार जॉब पाने में फ़ेल हुए। जैक मा ने सबसे पहले पुलिस में नौकरी के लिए आवेदन किया था लेकिन उनके डील डौल को देखकर उन्हें साफ़ मना कर दिया गया। इसके बाद वो एक बार KFC में भी नौकरी के लिए गए, जब KFC पहली बार उनके शहर में आया था। इस नौकरी के लिए 24 लोगों ने आवेदन किया था जिसमे से 23 लोगों का चयन हो गया लेकिन एकमात्र जैक मा का चयन नहीं हुआ था ।

लेकिन जैक मा जब 13 साल के थे तभी से अँग्रेजी सीखनी शुरू कर दी थी ऐसा कारनामा चीन में कम ही लोग करते हैं। अँग्रेजी भाषा को सीखने के लिए उन्होंने नायाब तरीक़ा खोज निकाला था। उन्होंने किसी शिक्षक का सहारा नहीं लिया बल्कि *वे टूरिस्ट गाइड बन गए थे।* वो हांग्जू इंटरनेशनल होटल तक साइकिल से जाते थे जहाँ बड़े-बड़े विदेशी नागरिक ठहरते थे।

उन्होंने नौ साल तक अपनी अँग्रेजी का अभ्यास करने के मक़सद से पर्यटकों के गाइड बनकर अपनी साइकिल पर प्रतिदिन 17 मील की दूरी तय की। फिर अँग्रेजी से बीए पास करने के बाद उन्होंने 1995 में कैलिफ़ोर्निया की यात्रा एक अमेरिकी व्यापारी से चीनी फ़र्म का ऋण वापस दिलाने के लिए की। उन्हें इस काम के लिए इसीलिए भेजा गया था क्योंकि वे अँग्रेजी अच्छी जानते थे। अमेरिका में उनका इंटरनेट से पहला परिचय हुआ और उनका जीवन बदल गया।

(ग) एक किताब – ॐ से अपने हर कार्य को शुरू करने वाले और महर्षि पतंजलि के योग सूत्र की कठिनता को लोकप्रियता और सरलता देकर करोड़ों लोगों को स्वास्थ्य और आरोग्य प्रदान करने वाले रामकृष्ण यादव को हम सब *बाबा रामदेव* के नाम से जानते हैं। भारत में हरियाणा राज्य के महेन्द्रगढ़ जनपद स्थित अली सैयदपुर नामक गाँव में वर्ष 1965 में गुलाबो देवी एवं रामनिवास यादव के घर जन्मे रामदेव ने समीपवर्ती गाँव शहजादपुर के सरकारी स्कूल से आठवीं कक्षा तक पढ़ाई पूरी की। इसके बाद उन्होंने स्वामी दयानन्द सरस्वती की पुस्तक *सत्यार्थ प्रकाश* पढ़कर 14 वर्ष की आयु में घर से भागकर खानपुर गाँव के एक गुरुकुल में आचार्य प्रद्युम्न व योगाचार्य बल्देव जी से वेद संस्कृत व योग की शिक्षा लेने का संकल्प लिया। अब वे ब्रह्मचारी संन्यासी बन चुके थे।

(घ) काम में मज़ा न आना – अटारी में टेक्नीशियन का काम कर रहे **स्टीव जॉब्स** सन 1974 में अपने जीवन की समस्याओं के शांतिपूर्ण समाधान के लिए रीड कॉलेज के मित्र डेनियल काट्की के साथ जब भारत के उत्तराखंड में घूम रहे थे तो उन्होंने नीम करोली बाबा से मिलने कैंची धाम की यात्रा की लेकिन बाबा की तब तक मृत्यु हो चुकी थी। इसी दौरान उन्हें ऑटोबायोग्राफ़ी ऑफ़ अ योगी पढ़ने को मिली और जिसे पढ़कर उनका जीवन बदल गया। उन्होंने अपना सर मुंडवा लिया, बौद्ध धर्म के ज़ेन मार्ग को अपना लिया और पूर्णतः शाकाहारी हो गए। इतना ही नहीं आगे चलकर उन्होंने फ़ेसबुक के संस्थापक मार्क ज़ुकरबर्ग को भी अपनी समस्याओं के समाधान के लिए भारत भ्रमण की सलाह दी जिसके कारण ज़ुकरबर्ग भी 2007 में कैंची धाम पहुँचे थे।

दिल्ली आई.आई.टी. से इंजीनियरिंग करने और भारत के सर्वश्रेष्ठ मैनेजमेंट संस्थान आई.आई.एम. अहमदाबाद से मैनेजमेंट की डिग्री लेने के बाद यदि किसी को गोल्डमैन सैक्स में इन्वेंस्टमेंट बैंकर की अच्छी-ख़ासी नौकरी मिल जाए और ज़िंदगी वेल सेटल हो तब क्या कोई ऐसा होगा जो यह कहे कि ज़िंदगी में मज़ा नहीं आ रहा है, काम में बोरियत हो रही है और कुछ नया ट्राई करना है लेकिन मशहूर राइटर *चेतन भगत ने हाँगकाँग में अपनी बॉस की बेरुखी के कारण अपने पाँचवी क्लास में स्कूल* मैगज़ीन में छपे एक लेख से मिली ख़ुशी को फिर से जीने के लिए लेखक बनने का निर्णय तो ले लिया, अब अगला मुद्दा था कि क्या लिखें? उन्होंने एक इंटरव्यू में बताया कि कॉलेज के दिनों में वो प्ले लिखा करते थे इसलिए उपन्यास लिखने का सोचा और उसके लिए अपने आई.आई.टी. हॉस्टल जीवन की कहानी को आधार बनाकर *'फ़ाइव पॉइंट्स समवन'* लिखा (जिसके ऊपर आगे चलकर थ्री इडियट्स फ़िल्म बनी) लेकिन अगली कठिनाई थी कोई प्रकाशक छापने को तैयार नहीं हो रहा था। आख़िरकार रूपा पब्लिकेशन ने दो साल के इंतज़ार के बाद उसे छापने को लेकर हाँ कहा। यह उपन्यास 2004 में प्रकाशित हुआ। इसके बाद उन्होंने अपना अगला उपन्यास One Night at the Call Center लिखा (जिस पर आगे चलकर हेलो फ़िल्म बनी) जो कि 2005 में प्रकाशित हुआ। इसके बाद उन्होंने डॉयचे बैंक हॉन्कॉन्ग में नौकरी की। वे बताते हैं कि इस दौरान वे अपनी नौकरी जैसे-तैसे करते रहे, सौभाग्य से उनका ट्रांसफर मुंबई हो गया और वे अपनी पत्नी और जुड़वाँ बच्चों के साथ मुंबई आ गए। अपने तीसरे उपन्यास *थ्री मिस्टेक्स ऑफ़ माय लाइफ़* (जिस पर आगे चलकर काईपोचे फ़िल्म बनी) के बाद 2009 में उन्होंने ग्यारह साल नौकरी करने के बाद फुल टाइम लेखक बनने का फ़ैसला किया।

(ङ) आपका आहार आपका जीवन बदल सकता है – 2011 में, सर्बिया के टेनिस खिलाडी नोवाक जोकोविच ने बेहतरीन तरीक़े से दस ख़िताब, तीन ग्रैंड स्लैम और लगातार तैंतालीस मैच जीते जबकि अठारह माह पहले, यह चैंपियन मुश्किल से एक टूर्नामेंट पूरा खेल पा रहा था। एक *समय कोर्ट पर दर्द, सांस लेने में दिक़्क़त और चोटों से परेशान रहने वाला खिलाड़ी अचानक दुनिया का नंबर एक टेनिस खिलाड़ी कैसे बन गया?*

उत्तर आश्चर्यजनक है: उसने जो खाया वह बदल दिया। अपनी आत्मकथा *'सर्व टू विन'* में इसका वर्णन जोकोविच ने विस्तार से किया है। जोकोविच बताते हैं कि कैसे वह बेलग्रेड में नाटो की बमबारी से बच पाए और युद्धग्रस्त बचपन से अपने खेल के शीर्ष स्तर तक पहुँचे। उन्होंने खुलासा किया कि कैसे उनके आहार में बदलाव से उनके स्वास्थ्य और खेल दोनों में बदलाव आया – ग्लूटेन को ख़त्म करने से उन्हें तुरंत हल्का, स्पष्ट और तेज़ महसूस हुआ। *अधिकांश लोग छह साल की उम्र में यह तय नहीं कर पाते कि उन्हें जीवन से क्या चाहिए, लेकिन उन्होंने ऐसा किया।* जोकोविच ने ग्रामीण सर्बिया के सुदूर पहाड़ी शहर कोपाओनिक में अपने माता-पिता के पिज़्ज़ा पार्लर के छोटे से लिविंग रूम में बैठकर, *पीट सम्प्रास को विंबलडन जीतते हुए देखकर निश्चय कर लिया था कि एक दिन वह भी विम्बलडन जीतेंगे और दुनिया का नंबर एक टेनिस खिलाडी बनेंगे। इस संकल्प को वे कभी नहीं भूले।* जबकि उनके देश में उस समय टेनिस नहीं खेला जाता था और वे किसी टेनिस खेलने वाले को भी नहीं जानते थे लेकिन *अगले तेरह वर्षों तक,* उन्होंने अपने जीवन का हर दिन अपने लक्ष्य तक पहुंचने में लगा दिया। किसी ने सच ही कहा है–जहाँ चाह वहाँ राह। उसी वर्ष, एक घटना घटी जिसे जोकोविच चमत्कार मानते हैं। हुआ यूँ कि सरकार ने कोपाओनिक के छोटे से पहाड़ी रिसॉर्ट में, उस सड़क के उस पार एक टेनिस अकादमी बनाने का निर्णय लिया, जहाँ उनके माता-पिता रेड बुल पिज़्ज़ा पार्लर चलाते थे। वे कहते हैं कि कोई उच्च शक्ति निश्चित रूप से काम कर रही थी। जब दूसरे लोग टेनिस खेलना सीख रहे होते थे तो वे बाड़ (फ़ेंसिंग) पर खड़े रहकर घंटों खिलाडियों को खेलते हुए देखते थे। खेल की लय और क्रम में कुछ ऐसा था जिसने उन्हें चकित कर दिया था। आख़िरकार, कई दिनों तक उन्हें घूमते हुए देखने के बाद, एक महिला उनके पास पहुँची। उसका नाम *जेलेना जेनसिक* था और वे उस अकादमी में कोच थी। वह एक पेशेवर टेनिस खिलाड़ी भी रही थीं और उन्होंने एक बार *मोनिका सेलेस* को कोचिंग भी दी थी। तुम जानते हो यह क्या है? क्या आप खेलना चाहते हैं? उसने जोकोविच से पूछा। कल वापस आओ और हम देखेंगे। और अगले दिन, वो एक टेनिस बैग लेकर पहुँच गए। कुछ ही दिनों में जेलेना ने उन्हें अपना सुनहरा बच्चा कहना शुरू कर दिया। *जेलेना ने उनके माता-पिता से कहा, मोनिका सेलेस के बाद मैंने नोले में सबसे बड़ी प्रतिभा देखी है।*

फिर क्या था बमबारी के बीच भी उनका खेलना नहीं रुका। जेलेना ने उन्हें सिर्फ़ खेल के बारे में ही नहीं सिखाया। वे उनके बौद्धिक पालन-पोषण में भी परिवार के साथ भागीदार बनीं। दिमाग़ को शांत करने और ध्यान केंद्रित करने के लिए जेलेना ने उन्हें शास्त्रीय संगीत सुनने और कविता पढ़ने को कहा-पुश्किन उनके पसंदीदा थे। परिवार ने भी जोकोविच से भाषाओं का अध्ययन करने का आग्रह किया, इसलिए उन्होंने अपनी मूल भाषा सर्बियाई के अलावा अँग्रेजी, जर्मन और इतालवी सीखी। पूरे समय वो अपने सपने पर केंद्रित रहते थे। अपनी ट्रॉफ़ी के रूप में अलग-अलग कप या कटोरे या प्लास्टिक के टुकड़े लेकर बचपन में जोकोविच दर्पण के सामने खड़ा होकर कहते- *'नोले चैम्पियन है, नोले नंबर एक है!'* उनके अंदर महत्वाकांक्षा की कमी नहीं थी, अवसर की कमी नहीं थी और जेलेना के मुताबिक उनमे प्रतिभा की कमी नहीं थी। युद्ध के कारण उनके अंदर से मृत्यु का भय समाप्त हो गया था क्योंकि सर्बिया में उस समय कोई नहीं जानता था कि कौनसा दिन किसके लिए अंतिम हो जाएगा। उनके पिता ने उन्हें अच्छा जीवन देने के लिए बहुत पैसा उधार लेने का रिस्क भी लिया था। अपना पहला ग्रैंड स्लैम, ऑस्ट्रेलियन ओपन, उन्होंने जनवरी 2008 में जीता-एक सफलता, लेकिन एक साल बाद, एंडी रोडिक के ख़िलाफ़, उन्हें एक बार फिर टूर्नामेंट को अधूरा छोड़ना पड़ा। गत चैंपियन, और उन्होंने छोड़ दिया? उन्हें क्या हुआ? ऐंठन, बर्ड फ़्लू, एंथ्रेक्स, सार्स, सामान्य खाँसी और सर्दी। वे कहते हैं कि उनके पास कौशल, प्रतिभा, ड्राइव था। हर तरह के मानसिक और शारीरिक प्रशिक्षण प्राप्त करने के लिए मनुष्य को ज्ञात सारे संसाधन थे, और उनकी दुनिया के बेहतरीन डॉक्टर तक पहुँच थी लेकिन जो चीज़ वास्तव में उन्हें पीछे धकेल रही थी, वह कुछ ऐसा था जिसके बारे में कोई सोच भी नहीं सकता था। वे प्रशिक्षण ले रहे थे और सही अभ्यास कर रहे थे लेकिन वे सब ग़लत खा रहे थे। संयोग से उनके गृह देश सर्बिया के एक पोषण विशेषज्ञ, डॉ. इगोर सेतोजेविच , साइप्रस में ऑस्ट्रेलियन ओपन में उनका मैच देखने आए थे। वे टेनिस के प्रशंसक नहीं थे, लेकिन उनकी पत्नी को खेल पसंद था, और उसने सुझाव दिया कि वे बैठकर देखें और उन्होंने जोकोविच को मैच के दौरान गिरते हुए देखा। वो समझ गए थे कि यह अस्थमा नहीं है, जोकोविच के साथ कुछ और ग़लत था और उन्होंने अनुमान लगाया कि इसका कारण ग़लत भोजन था। विशेष रूप से, उन्होंने

अनुमान लगाया कि जोकोविच की सांस लेने की समस्या उनके पाचन तंत्र में असंतुलन का परिणाम थी जो उनकी आंतों में विषाक्त पदार्थों का निर्माण कर रही थी। *आख़िरकार डॉ. सेतोजेविच ने ग्लूटोन फ़्री भोजन के साथ-साथ उन्हें अन्य लाइफ़ स्टाइल परिवर्तन करने का सुझाव दिया जिसका परिणम था-केवल अठारह महीने बाद 2011 का विम्बलडन ख़िताब जीत कर छह साल की उम्र में देखे गए स्वप्न को साकार करना।* सर्वाधिक 24 ग्रैंड स्लैम जीतकर जोकोविच इस पुस्तक के लिखने तक वर्ल्ड नंबर वन हैं।

टीम इण्डिया के पूर्व फ़िटनेस ट्रेनर *शंकर वासु* के मार्गदर्शन में अपने डाइट प्लान और फ़िटनेस ट्रेनिंग को बदलकर *विराट कोहली* ने सात साल पहले जो निर्णय शाकाहार अपनाने का लिया था उसका परिणाम है कि वो आज भारतीय क्रिकेट टीम के सबसे फ़िट खिलाडी हैं और कॅरियर में नित नई ऊँचाइयाँ छू रहे हैं। ओलम्पिक खेलों में 09 गोल्ड मेडल जीतने वाले ट्रेक एंड फ़ील्ड के महान खिलाड़ी कार्ल लुइस ने भी शाकाहारी भोजन अपनाकर कई सफलताएँ अर्जित की।

(च्) गुरु की आज्ञा – भारत के दो महान संत *विवेकानंद* और *श्रील प्रभुपाद* ने अपने गुरुओं के निर्देश को मानते हुए अंतरास्ट्रीय जगत में भारतीय आध्यात्म की पताका को फहराया। विवेकानंद ने अपने गुरु रामकृष्ण परमहंस की आज्ञा को मानकर रामकृष्ण मिशन को पूरी दुनिया में फैलाया। जबकि *श्रील प्रभुपाद* ने अपने गुरु *भक्ति सिद्धांत सरस्वती* की प्रेरणा से अपने फार्मास्युटिकल व्यवसाय से सेवानिवृत्ति के बाद सन्यास ग्रहण कर वैष्णव धर्मग्रंथों पर टिप्पणियाँ और अनुवाद का काम शुरू किया और न्यूयॉर्क में *सत्तर वर्ष की आयु में इस्कॉन की शुरुआत की।* रामकृष्ण के परमप्रिय शिष्य विवेकानन्द कुछ समय हिमालय के किसी एकान्त स्थान पर तपस्या करना चाहते थे। यही आज्ञा लेने जब वे गुरु के पास गये तो रामकृष्ण ने कहा- *'वत्स हमारे आसपास के क्षेत्र के लोग भूख से तड़प रहे हैं। चारों ओर अज्ञान का अंधेरा छाया है। यहाँ लोग रोते-चिल्लाते रहें और तुम हिमालय की किसी गुफा में समाधि के आनन्द में निमग्न रहो। क्या तुम्हारी आत्मा स्वीकारेगी?'* इससे विवेकानन्द दरिद्र नारायण की सेवा में लग गये।

इसी प्रकार महेश प्रसाद श्रीवास्तव ने बी.एससी. की डिग्री लेने के बाद गन कैरेज़ फ़ैक्टरी जबलपुर में काम करना शुरू किया तो एक दिन

ज्योतिर्मठ के शकराचार्य स्वामी ब्रह्मानंद सरस्वती के प्रवचन सुनकर मन में वैराग्य भाव आ गया। स्वामी जी ने उनका नाम महर्षि महेश योगी रख दिया जिन्होंने हिमालय क्षेत्र में दो वर्ष का मौन व्रत करने के बाद सन् 1955 में टीएम तकनीक (ट्रान्सेंडैंटल मेडिटेशन) अर्थात भावातीत ध्यान की शिक्षा देना आरम्भ की। उनके शिष्यों में रॉक ग्रुप बीटल्स, पूर्व प्रधानमंत्री श्रीमती इंदिरा गांधी, श्री श्री रविशंकर से लेकर आध्यात्मिक गुरू दीपक चोपड़ा तक शामिल हैं। उन्होंने महर्षि मुक्त विश्वविद्यालय स्थापित किय। जिसके माध्यम से 'ऑनलाइन' शिक्षा दी जाती है। वर्ष 1990 में हॉलैंड के एम्स्टर्डम के पास व्लोड्राप गाँव में ही अपनी सभी संस्थाओं का मुख्यालय बनाकर वह स्थायी रूप से बस गए और संगठन से जुड़ी गतिविधियों का संचालन किया। योगी ने एक मुद्रा की स्थापना भी की थी। महर्षि महेश योगी की मुद्रा 'राम' को नीदरलैंड में क़ानूनी मान्यता प्राप्त है। राम नाम की इस मुद्रा में चमकदार रंगों वाले एक, पाँच और दस रुपए के नोट हैं। *श्री श्री रविशंकर* को उनके पिता ने महेश योगी जी को सौंप दिया था जिन्होंने आगे चलकर आर्ट ऑफ़ लिविंग की स्थापना की है। 1982 में दस दिवसीय मौन के दौरान कर्नाटक के भद्रा नदी के किनारे शिमोगा में लयबद्ध सांस लेने की क्रिया (जिसे बाद में गुरुदेव ने सुदर्शन क्रिया नाम दिया) एक कविता या एक प्रेरणा की तरह उनके अंतर्मन में उत्पन्न हुई थी। उन्होंने इसे सीखा और दूसरों को सिखाना शुरू किया।

मैं भी संयोग से एक दिन आर्ट ऑफ़ लिविंग की शिक्षिका *ईशा चलियावाला से कोरोना काल के दौरान ऑनलाइन संपर्क में आया तब से सुदर्शन क्रिया का अभ्यास करते हुए अब मुझे चार वर्ष से अधिक का समय हो चुका है और इससे मुझे न केवल स्वास्थ्य में बल्कि मन की शांति, विचारों की स्पष्टता और मेरे गायन में अद्भुत लाभ हुआ है।*

(छ) रिटायरमेंट – एक समय के बाद काम से ख़ुद को अलग करना अक्सर रिटायरमेंट माना जाता है और यह अवस्था अक्सर बुढ़ापे में अर्थात 60–65 वर्ष की आयु के बाद आती है जबकि यदि आप खिलाडी हैं तो रिटायरमेंट की उम्र चालीस वर्ष के आसपास ही आ जाती है। लेकिन डॉक्टर, इंजीनियर, वकील, सीए, राजनेता, संगीतज्ञ, चित्रकार आदि दर्जनों व्यवसाय ऐसे हैं जिनमे मृत्यु ही अक्सर रिटायर करती है। और तो और इन

व्यवसायों में जैसे-जैसे आयु और विशेषज्ञता बढ़ती है वैसे वैसे समाज में सम्बंधित व्यक्ति का नाम बढ़ता जाता है।

सेवा निवृत्ति अक्सर दूसरे हाफ़ की नकारात्मक शुरुआत होती है क्योंकि ज़्यादातर लोगों की कोई प्लानिंग नहीं होती है। इसके साथ ही यह बात भी सच है कि *बिना किसी लक्ष्य के शिथिल इन्द्रियों के साथ सेवानिवृत्ति जीवन निवृत्ति की दशा मालूम पड़ती है।* इसलिए समय रहते अपने जीवन की सार्थकता हेतु रिटायरमेंट से कम से कम एक दशक पूर्व शुरुआत करने पर ही सफलता की सम्भावना बन सकती है अन्यथा समाज और परिवार पर बोझ की मानसिकता हमें बीमारियों से कराहने की दिशा में ले जाती है। कोरोना महामारी ने जीवन में बचत के मूल्य को रेखांकित किया है और यह सीख दी है कि जीवन में ख़ुशहाल रहना है तो अपने रिटायरमेंट की प्लानिंग समय रहते कर लें।

रिटायरमेंट निश्चिंतता के साथ सेकंड हाफ़ को पूर्णता की ओर ले जाने का समय है कई महापुरुषों ने इस अवसर का लाभ उठाकर अपने जीवन को सार्थकता दी है। *गुडइनफ़ ने द्वितीय विश्वयुद्ध में अमेरिकी सेना में मेट्रोलॉजिस्ट के रूप में सेवा देने के बाद तीस वर्ष की आयु में शिकागो यूनिवर्सिटी वापिस लौटकर अपनी मास्टर्स डिग्री पूरी करते हुए पी.एचडी. की और अपना मनचाहा रिसर्च का काम आगे बढ़ाया। जिसका परिणाम उन्हें 67 साल बाद रसायन विज्ञान के नोबल प्राइज़ के रूप में 97 वर्ष की आयु में प्राप्त हुआ।*

गुडइनफ़ की तरह ही हज़ारों-लाखों सैनिकों में से अधिकांश सैनिक अपनी सेवा अवधि छोटी होने से अपनी दूसरी पारी शुरू करते हैं और कई बार असम्भव को भी सम्भव कर के दिखा देते हैं। दिल्ली के इंडियन स्पाइनल इंजरीज सेंटर के संस्थापक, पद्मभूषण मेजर *हरिपाल सिंह अहलूवालिया* उनमें से एक हैं जिन्होंने 1965 में पाकिस्तान की लड़ाई में रीढ़ की हड्डी में चोट लगने के बाद व्हीलचेयर पर रहते हुए माउंट एवरेस्ट को फ़तह किया।

(ज) माँ या पिता की असामयिक मृत्यु – जीवन में परिवर्तन का एक बहुत बड़ा कारण किसी भी बच्चे के माँ या पिता की असामयिक मृत्यु होना है। जब बचपन में कोई बच्चा इस दौर से गुज़रता है तो उसके दुःख

का अंदाज़ा लगाना भी मुश्किल है लेकिन हमारे समाज में कुछ ऐसे हीरोज़ हुए हैं जिन्होंने न केवल खुद को संभाला बल्कि परिवार की ज़िम्मेदारियों का असाधारण तरीक़े से निर्वहन करते हुए अपने नाम को सितारों की तरह चमक प्रदान की।

कस्टम अधिकारी के पुत्र के रूप में जन्मे एडोल्फ़ में चित्रकारी की जन्मजात प्रतिभा थी। एक बार जिस ईमारत को देख लेता था उसकी हू बहू स्केच वह बना देता था लेकिन उसके पिता चाहते थे कि वह सरकारी अधिकारी बने और इसके लिए वे क्रूरता की हद तक एडोल्फ़ पर दवाब बनाते थे जिसका परिणाम हुआ–हिटलर का लिंज के तकनीकी स्कूल में हाई स्कूल की परीक्षा में दो बार देने के बाद भी फ़ेल होना। जर्मनी और फ़्राँस के बीच 1870–71 में हुए युद्ध के सम्बन्ध में अपने पिता की लाइब्रेरी में एक सचित्र पुस्तक को पढ़ने के बाद युद्ध के खेल के सम्बन्ध में एडोल्फ़ जुनूनी हो गया था और दिन भर युद्ध सम्बन्धी खेल खेलता रहता था। स्कूल में एक इतिहास अध्यापक भी था डॉ. लियोपोल्ड पोत्श, जिसने जर्मनी के बिस्मार्क और फ्रेडरिक महान् जैसे महापुरुषों की गौरव गाथाएँ सुनाकर हिटलर की कल्पना को छू लिया। लेकिन *तेरह वर्ष की आयु में एडोल्फ़ के सर से पिता का साया उठ गया। माँ की स्तन कैंसर से मृत्यु होने के पूर्व भी एडोल्फ़ एक बार विएना के ललित कला विद्यालय में प्रवेश परीक्षा में फ़ेल हो चुका था। महान कलाकार बनने के सपने को पूरा करने के लिए जब उसने दोबारा प्रवेश परीक्षा दी तो परख परीक्षा में उसके बनाए चित्रों को इतना घटिया माना गया कि उसे औपचारिक परीक्षा में भी बैठने की आज्ञा नहीं दी गई।* हिटलर के लिए वह कटु विफलता थी और उसके पास अब वियना में कलाकारों को नज़र भर देखने के सिवाय कोई चारा नहीं रह गया था। उसके दोस्त कुबिजेक को वियना संगीतालय में सफलतापूर्वक प्रवेश मिल गया था। अब एडोल्फ़ अकेले ही रहता रहा, एक जगह से दूसरी जगह घूमता रहा; क्योंकि उसके बचे–खुचे पैसे धीरे–धीरे ख़त्म हो चले थे और इसके साथ ही उसका रहन–सहन भी गिरता चला गया। धन की आवश्यकता के बावजूद हिटलर ने नियमित रोज़गार प्राप्त करने की कोई कोशिश नहीं की। आख़िरकार, उसने अपनी सभी चीज़ें गिरवी रख दीं और हालात यहाँ तक आ पहुँचे कि उसे पार्क की बेंचों पर रात गुज़ारनी पड़ी और पैसों के लिए भीख का सहारा लेना पड़ा। वह गंदा रहने लगा। उसके कपड़ों से बू आने

लगी, दाढ़ी बढ़ गई, कपड़ों के नाम पर चिथड़े रह गए और उसके पास कोई ओवरकोट भी नहीं था। दिसंबर 1909 में ठंड से ठिठुरता और अधभूखा हिटलर एक अनाथालय की शरण में चला गया। वहाँ उसने एक निकटवर्ती कॉन्वेंट से ईसाई भिक्षुणियों द्वारा चलाई जा रही सूप किचन में खाना खाकर अपना पेट भरा। फ़रवरी 1910 में उसने एक दरिद्र-गृह में आश्रय लिया और अगले कुछेक वर्षों तक वहीं रहा। हिटलर कभी-कभी दिन में मजदूरी करके कुछ धन कमा लेता था। उसे बर्फ़ हटाने और रेलवे स्टेशन पर सामान उठाने का काम मिल जाता था। फिर उसने जान लिया कि वह वियना के प्रसिद्ध, दर्शनीय स्थलों की तसवीरें बेचकर, अपने निर्वाह योग्य धन कमा सकता है। वह पोस्ट कार्डों से उन तसवीरों की नक़ल उतार लेता था। ग़रीबों के उस आश्रम के एक और निवासी रेन्होल्ड हैनिश ने उसके एजेंट के रूप में काम करना शुरू कर दिया। वह हिटलर की कलाकृतियों को विभिन्न दुकानों पर पहुँचा देता था, जहाँ उन्हें अधिकतर खाली चौखटों यानी फ्रेमों में लगाने के लिए इस्तेमाल किया जाता था। हिटलर ने दुकानों की खिड़कियों के पोस्टर बनाने का काम भी ले लिया। इसके साथ ही *लाइब्रेरी से किताबें लेकर पढ़ने की आदत के साथ-साथ अपने विचार व्यक्त करने का कोई भी अवसर न छोड़ने की आदत ने उसे धीरे-धीरे राजनीति में सफलता की दहलीज़ पर खड़ा कर दिया।*

भारत रत्न *लता मंगेशकर* (बचपन का नाम हेमा) की कहानी बहुत ही प्रेरणादायक है। तेरह वर्ष की आयु में पिता दीनानाथ मंगेशकर की मृत्यु के बाद उन्होंने परिवार की आर्थिक समस्याओं से निबटने के लिए न चाहते हुए भी कई फ़िल्मों में अभिनय किया। उनके पिता भी शास्त्रीय गायक और थियेटर आर्टिस्ट थे। पिता की मृत्यु के बाद मास्टर विनायक ने उन्हें सहयोग किया लेकिन छह साल बाद उनकी भी मृत्यु हो गयी। उस्ताद अमान अली और बसंत जोगलेकर के साथ-साथ संगीत निर्देशक गुलाम हैदर के सानिध्य में सीखते हुए लता ने फ़िल्मी गीत गायन शुरू किया।

स्लमडॉग मिलिनियर फ़िल्म से ऑस्कर जीतने वाले पॉपुलर म्यूज़िक डायरेक्टर *ए.आर. रहमान* 56 साल के हो चुके हैं। रहमान का असली नाम दिलीप शेखर है। मिडिल क्लास तमिल मुदलियार फ़ैमिली में जन्में रहमान के पिता आर.के. शेखर, तमिल और मलयालम फ़िल्मों के प्रोड्यूसर

थे। हालाँकि रहमान जब 9 साल के थे, तभी उनके पिता की मौत हो गई थी।

पिता की मौत के बाद रहमान के घर की फ़ाइनेंशियल कंडीशन काफ़ी ख़राब हो गई। रहमान के पिता की मृत्यु के बाद घर ख़र्च चलाने के लिए उनकी माँ, पिता के वाद्य यंत्रों को किराए से देती थीं। दुनियाभर के इन यंत्रों को चलाना सिर्फ़ रहमान को ही आता था, इसलिए वे यंत्रों के साथ जाते थे। रहमान एक बेहतर की-बोर्ड प्लेयर थे। साथ ही वे कई मौक़ों पर म्यूज़िक बैंड का बंदोबस्त भी करा देते थे। स्कूल में अटेंडेंस कम होने और फ़ीस की व्यवस्था समय पर न कर पाने के चलते 15 साल की उम्र में ही रहमान को पढ़ाई छोड़नी पड़ी थी। उनके अधिकृत जीवनी लेखक कृष्णा त्रिलोक (जिनके पिता त्रिलोक नायर ने रहमान को ब्रेक दिलवाने में योगदान किया था) लिखते हैं-रहमान कभी भी फ़िल्मों में संगीत देना नहीं चाहते थे। वे बैंड और नॉन-फ़िल्मी म्यूज़िक तक सीमित रहना चाहते थे। लेकिन उन्हें फ़िल्म म्यूज़िक चुनना पड़ा। 11 साल की उम्र में वे मलयालम म्यूज़िक में बतौर इंस्ट्रूमेंटलिस्ट स्थापित हो गए थे। 25 साल की उम्र में रहमान ख़ुद को बेहद असफल मानते थे और रोज़ आत्महत्या के बारे में सोचते थे। म्यूज़िक में पर्फ़ेक्शन लाने के लिए रहमान कोई भी एल्बम रिलीज होने के बीस दिन पहले उसके गानों में लगातार डूबे रहते हैं। वे एक-एक गाने को कई बार सुनते हैं। इस दौरान वे मुश्किल से दिन में एक घंटे सोते हैं। उनका जीवन प्रेरणा से भर देने के लिए पर्याप्त है। *ए.आर. रहमान कभी इलेक्ट्रॉनेकस इंजीनियर बनना चाहते थे।* लेकिन एक संगीतकार के घर में जन्मे रहमान की यह इच्छा पूरी नहीं हो पाई। इसके बावजूद आज उन्हें ही नहीं, बल्कि शायद ही किसी को अफ़सोस होगा कि उनका यह ख्वाब साकार नहीं हो सका। यदि रहमान इंजीनियर बन गए होते तो शायद हम सब कई अमर रचनाओं को बनता हुआ न देख पाते।

कपिल शर्मा कॉमेडी इंडस्ट्री का वो नाम है जो पॉपुलैरिटी और स्टारडम में कई बड़े सेलीब्रिटीज़ से भी कहीं आगे हैं, लेकिन उनका यहाँ तक का सफ़र कई उतार-चढ़ाव से भरा रहा है। पिता की मौत के बाद परिवार की ज़िम्मेदारियाँ कपिल के कंधे पर ही आ गई थी। शुरुआत के दौर में वो एक PCO बूथ पर काम करते थे। वहाँ काम करने के लिए उन्हें 500

रुपए मिलते थे। दसवीं की परीक्षा के बाद वो एक कपड़ा मिल में काम करने लगे थे। बचपन से उनको गानों का बहुत शौक़ था। एक बार फ़िल्म गदर की शूटिंग अमृतसर में चल रही थी। उनके हैड कांस्टेबल पिता की ड्यूटी वहाँ लगी थी। शूटिंग के दौरान बँटवारे के सीन को फ़िल्माने के लिए कुछ लोकल्स की ज़रूरत थी। इस सीन में काम करने के लिए कपिल के पिता ने उनसे कहा। वो मान भी गए। अगले दिन वो शूटिंग सेट पर पहुँचे। उन्होंने उस सीन में काम किया लेकिन एडिटिंग में उस सीन को हटा दिया गया था। *कपिल पहली बार एक कॉमेडी शो ग्रेट इंडियन लाफ़्टर चैलेंज के ऑडिशन से रिजेक्ट हुए, फिर उसी के तीसरे सीजन के विनर बने।* जीत से मिली 10 लाख प्राइज़ मनी से उन्होंने अपनी बहन की शादी कराई थी। इसके बाद वो सफलता की सीढ़ियाँ चढ़ते गए लेकिन लाइफ़ में फ़िल्म फ़िरंगी की असफलता से एक ऐसा पल भी आया, जिसमें वो डिप्रेशन के चपेट में आ गए। फ़िल्म को बनाने में कपिल ने 33 करोड़ रुपए इन्वेस्ट किए थे। हालात इतने ख़राब हो गए कि सुसाइड के ख़्याल आने लगे। शराब की लत भी लगी। वाइफ गिन्नी और परिवार ने उन्हें इस ख़राब सिचुएशन बाहर निकाला।

जब *विवेक बिंद्रा* महज 3 साल के थे तब उनके पिता का देहांत हो गया था और उनकी माँ ने दूसरी शादी कर ली थी। इसके बाद विवेक बिंद्रा काफ़ी अकेलापन महसूस करते थे और अपने चाचा के यहाँ रहकर अपनी पढ़ाई और अपने आगे का जीवन व्यतीत करने लगे। बचपन से ही वह पढ़ाई में बहुत अच्छे थे मगर पढ़ाई के साथ-साथ उन्हें खेलकूद में भी बहुत अधिक रूचि थी। खेलकूद के विभिन्न क्षेत्रों में उन्होंने काफ़ी अच्छा प्रदर्शन दिखाया और अपने स्कूल के दिनों में उन्होंने 100 से भी अधिक मेडल जीते। अपने कॉलेज की पढ़ाई का ख़र्च निकालने के लिए विवेक बिंद्रा छोटे बच्चों को ट्यूशन पढ़ाते थे और शाम के वक़्त नोएडा के मार्केट में डिक्शनरी बेचने का काम करते थे। एम.बी.ए. की पढ़ाई के दौरान ही जब नैराश्य भाव आने लगा तो वे इस्कॉन में सन्यासी बन कर वृन्दावन में रहने लगे। चार साल के इस समय में उन्होंने भगवद गीता का गहन अध्ययन किया और अपने गुरु गौर गोपाल दास महाराज के कहने पर भगवद गीता पर बोलना शुरू किया और देखते ही देखते एक बड़ा नाम बन गए। विवेक बिंद्रा का यूट्यूब चैनल 21.3 मिलियन से अधिक सब्सक्राइबर्स और

1.8 बिलियन व्यूअरशिप के साथ दुनिया का सबसे अधिक सब्सक्राइब्ड एंटरप्रेन्योरशिप यूट्यूब चैनल है। विवेक बिन्द्रा की तरह ही *थिंक लाइक अ मॉन्क* के लेखक जय शेट्टी के जीवन में भी इस्कॉन ने महत्वपूर्ण परिवर्तन किया है। जब लंदन के बिज़नेस स्कूल में वे पढ़ रहे थे तो एक दिन उन्हें इस्कॉन के गौरांग दास जी महाराज का भाषण सुनने का मौक़ा मिला जिसने उन्हें जीवन के कई रहस्यों को समझने में मदद की और वे इस्कॉन में आकर भिक्षु की तरह रहने लगे जिसकी शुरुआत हुई थी गर्मियों की छुट्टियों में कुछ दिन रहने से और बाद में जय शेट्टी तीन वर्ष तक भिक्षु की तरह रहे। इसके उपरांत इस्कॉन के अपने अनुभवों को साझा करने के लिए उन्होंने न केवल किताब लिखी है बल्कि वे नियमित रूप से पॉडकास्ट और सोशल मीडिया के माध्यम से लोगों की समस्याओं का समाधान कर रहे हैं।

सोलह साल की उम्र में भारत छोड़ो आंदोलन और ख़ुदाई खिदमतगार आंदोलन में शामिल रहे उनके पिता मीर ताज मोहम्मद खान की मृत्यु के बाद *शाहरुख़ खान* ने पच्चीस की उम्र में अपनी माँ को भी खो दिया। इस घटना के बाद शाहरुख़ का जीवन बदल गया। उनके पिता ने स्वतंत्रता के बाद दिल्ली के नेशनल स्कूल ऑफ़ ड्रामा में मेस चलाने का निर्णय लिया था। उनका लिया गया यह निर्णय उनके बेटे शाहरुख़ का भविष्य बना गया। इस ड्रामा स्कूल में वह अक्सर शाहरुख़ को अपने साथ ही ले जाया करते थे। वहाँ शाहरुख़ ने 'सूरज का सातवाँ घोड़ा' जैसा अद्भूत नाटक देखा। इस बीच वह राज बब्बर, सुरेखा सीकरी, अजीत वच्छानी, रोहिणी हट्टगड़ी और अन्य अनेक महान अभिनेताओं से मिले, जिनसे शाहरुख़ को पता चला कि अभिनय क्या है और अभिनय को कैसे सीखा जा सकता है। उन्होंने मन ही मन में यह तय कर लिया था कि उन्हें अभिनय ही करना है, लेकिन अपने इस डिसिज़न को बताने के लिए उनके अंदर हिम्मत नहीं थी। जब उनके पिता ने शाहरुख़ से खुद पूछा कि वह अपनी लाइफ़ में क्या करने चाहते हैं, तो उन्होंने कहा कि कुछ नहीं, जिसके बाद वह अपने पिता की शांत प्रतिक्रिया से दिए गए जवाब से सरप्राइज़ हो गए जब उन्होंने कहा कि 'जो कुछ नहीं करते, वो कमाल करते हैं'। उनके पिता को मन ही मन यह विश्वास हो गया था कि वह अभिनेता बनना चाहते थे। यहाँ से ही शाहरुख़ ने सबसे पहली बार किसी अच्छे नाटक और अच्छे अभिनय

के लिए सोचा। शाहरुख़ की बायोग्राफ़ी, 'किंग ऑफ़ बॉलीवुड' में अनुपमा चोपड़ा लिखती हैं,-

"माता पिता की मौत ने शाहरुख़ की ज़िन्दगी पर बहुत बड़ा असर डाला। इससे पहले वो फ़िल्मों में नहीं आना चाहते थे। बल्कि ओपरा विनफ्रे की तरह अपना एक टीवी शो चलाना चाहते थे। लेकिन फिर माता पिता की मौत ने उन्हें गुस्से और मायूसी से भर दिया। और उन्होंने फ़ैसला किया कि वो इस मायूसी से पार पाने के लिए मुंबई चले जाएँगे।" शाहरुख़ एक जगह बताते हैं, गुस्से में एक रोज़ वो अपने माता-पिता की मजार पर गए और वहीं फ़ैसला किया कि वो दिल्ली से मुंबई जाकर फ़िल्मों में काम करेंगे।

(झ) माँ का आशीर्वाद : *एक बहरे बच्चे को दुनिया का सबसे महान वैज्ञानिक बनाने वाली माँ*-एक दिन बालक थॉमस अल्वा एडिसन स्कूल से अपने घर आए और स्कूल से मिले हुए पेपर को अपनी माँ *नैन्सी मैथ्यूज़ इलियट* को देते हुए बोले कि माँ मेरे शिक्षक ने मुझे यह पत्र दिया है और कहा है इसे केवल अपनी माँ को ही देना, बताओ माँ आख़िर इसमें ऐसा क्या लिखा है, मुझे जानने की बड़ी उत्सुकता है।

तब पेपर को पढ़ते हुए माँ की आखें भर आईं लेकिन ख़ुद पर नियंत्रण रख पत्र पढ़ते हुए वे बोलीं आपका बेटा बहुत ही प्रतिभाशाली है, यह विद्यालय उसकी प्रतिभा के आगे बहुत छोटा है और उसे और बेहतर शिक्षा देने के लिए हमारे पास इतने क़ाबिल शिक्षक नही है इसलिए आप उसे ख़ुद पढ़ाएं या हमारे स्कूल से भी अच्छे स्कूल में पढ़ने को भेजें। यह सब सुनने के बाद एडिसन अपने आप पर गर्व करने लगे और माँ की देखरेख में अपनी पढ़ाई करने लगे।

कहते हैं कि एडिसन की माँ की मृत्यु के कई साल बाद जब एडिसन एक महान वैज्ञानिक बन गए और एक दिन अपने कमरों की सफ़ाई कर रहे थे तो उन्हें अलमारी में रखा हुआ वह पत्र मिला जिसे उन्होंने खोला और पढ़ने लगे, उसमें लिखा था कि आपका बेटा मानसिक रूप से बीमार है जिससे उसकी आगे की पढ़ाई इस स्कूल में नहीं हो सकती है इसलिए उसे अब स्कूल से निकाला जा रहा है। इसे पढ़ते ही एडिसन भावुक हो गए और फिर अपनी डायरी में लिखा कि थॉमस एडिसन तो एक मानसिक रूप से बीमार बच्चा था लेकिन उसकी माँ ने अपने बेटे को सदी का सबसे

प्रतिभाशाली व्यक्ति बना दिया। क्या आप मानने को तैयार हैं कि एडिसन केवल तीन महीने स्कूल गए थे। उनकी माँ ने घर पर ही एडिसन की शिक्षा की व्यवस्था की तो भी एडिसन ने ह्यूम, सी.आर. बर्टन, तथा गिबन के महान ग्रंथों एवं डिक्शनरी ऑफ़ साइंसेज़ का अध्ययन 10 वें जन्मदिन तक पूर्ण कर लिया था। माँ के द्वारा दी गयी एक किताब में बताया गया था कि घर पर रसायनिक प्रयोग कैसे करें। एडिसन ने इसमें काफ़ी दिलचस्पी ली। उन्होंने किताब के सारे प्रयोग कर डाले और केमिकल ख़रीदने पर अपने पास के सारे पैसे ख़र्च कर डाले। 10 साल की उम्र में घर की बेसमेंट में एडिसन ने अपना पहला साइंस लैब खोला। थॉमस एडिसन ने 14 साल की आयु में एक 3 साल के बच्चे को ट्रेन के नीचे आने से बचाया। उस बच्चे के पिता ने एडिसन का बहुत धन्यवाद किया। साथ ही एडिसन को टेलीग्राम मशीन चलानी सिखाई। बाद में एडिसन को टेलीग्राम चलाने के विषय में एक स्टेशन पर नौकरी भी मिल गई। उन्होंने अपनी नौकरी का समय रात को करवा लिया, ताकि प्रयोगों के लिए ज़्यादा समय मिल सके। मेनलो पार्क और वेस्ट ऑरेंज के कारख़ानों में एडिसन ने 50 वर्ष के अथक परिश्रम से 1,093 आविष्कारों को पेटेंट कराया। अनवरत कर्णशूल से पीड़ित रहने पर भी अल्प मनोरंजन, निरंतर परिश्रम, असीम धैर्य, आश्चर्यजनक स्मरण शक्ति और अनुपम कल्पना शक्ति द्वारा एडिसन ने इतनी सफलता पाई।

दूसरी कहानी है एक आक्रामक बच्चे को शांत करने के उद्देश्य से शतरंज सिखाने वाली माँ रेजिना फ़िशर की जिसने एक गुस्सैल बच्चे को शतरंज का बादशाह बॉबी फ़िशर बना दिया। अमेरिका के शिकागो में 9 मार्च 1943 को जन्मे फ़िशर ने शुरुआती दिनो में अपनी बड़ी बहन जॉन से शतरंज खेलना सीखा। उनके पिता बचपन से उनके पास नहीं थे और यह बात उन्हे हमेशा परेशान करती थी उनकी माँ रेजिना फ़िशर बेहद ही विद्वान महिला थी और उन्हे कई भाषाओं का ज्ञान था। वो एक नर्स और सामाजिक कार्यकर्ता भी थी। उनके ख़िलाफ़ अमेरिकी खुफिया विभाग हमेशा लगा रहता था। इन सब के बीच वो हमेशा कोशिश करती कि बॉबी हमेशा सबसे अच्छा व्यवहार करें पर फ़िशर का स्वभाव बचपन से ही आक्रामक होने लगा था और इस बात की चिंता हमेशा उनकी माँ को लगी रहती। उन्होंने फ़िशर को शतरंज मे आगे बढ्ने के लिए हर मुमकिन प्रयास किए। शतरंज जैसे उसके जीवन में एक अनोखा संतुलन लेकर आया और उसे कुछ ऐसा

मिल गया जो उसके समय को बेहतरीन ढंग से काटने का माध्यम बन गया। क़रीब 12 वर्ष की उम्र में 1955 में उन्होंने टूर्नामेंट में भाग लेना शुरू किया और असाधारण तरीक़े से प्रगति की और मेहनत भी इतनी कि उनकी माँ उन्हे एक मनोवैज्ञानिक को दिखाने ले गयीं तो उसने कहा कि फ़िशर को शतरंज खेलना बंद कराना ही सबसे बड़ा ख़तरा होगा। दरअसल यही बात अंत में सच साबित हुई ख़ैर 14 वर्ष की आयु में फ़िशर अमेरिका के सैन फ्रान्सिस्को में राष्ट्रीय जूनियर चैम्पियन बन गए और उसी वर्ष सभी को चौंकाते हुए उन्होंने क्लीवलैंड में अमेरिकन ओपन जीत लिया और न्यू यॉर्क में वे मात्र 15 वर्ष की आयु में अमेरिकी शतरंज इतिहास के सबसे कम उम्र के राष्ट्रीय विजेता बन गए।

फ़िशर आगे बढ़ना चाहते थे पर आड़े आ रही थी भाषा क्योंकि सभी अच्छी किताबें रूसी भाषा में हुआ करती थीं अतः उन्होंने किताबें पढ़ने के लिए सोवियत भाषा रूसी सीखी और 1948 से शतरंज में चल रही रूसी बादशाहत को तोड़कर बोरिस स्पास्की को हराकर विश्व चैम्पियन बनने वाले पहले अमेरिकन बन गए।

माता-पिता गुरु के रूप में- जीवन में माँ को सबसे पहले गुरु की संज्ञा दी गयी है। वह माँ ही होती है जो बच्चे को चलने-फिरने से लेकर बोलना सिखाती है। 11 दिसंबर, 1969 को तमिलनाडु के मायिलादुथुरै (Mayiladuthurai) में जन्में पाँच बार के विश्व चैम्पियन *विश्वनाथन आनंद* को शतरंज उनकी माँ ने खेलना सिखाया। छह साल की उम्र से ही विश्वनाथन आनंद अपनी माँ के साथ शतरंज की बिसात पर चालें चला करते थे।

चेन्नई के डॉन बॉस्को मैट्रिकुलेशन हायर सेकेंडरी स्कूल (Don Bosco Matriculation Higher Secondary School) से प्रारंभिक शिक्षा प्राप्त करके उन्होंने लॉयोला कॉलेज (Loyola College) से कॉमर्स में स्नातक की डिग्री हासिल की। जब उनके पिता को ट्रेनिंग के लिए फिलीपींस जाना पड़ा तो एक रोचक घटना घटी। वहाँ के टेलीविज़न पर दोपहर में एक शो आता था जिसमें शतरंज खेलना सिखाया जाता था और प्रोग्राम के अंत में एक पज़ल दी जाती थी जिसे जीतने पर एक बुक इनाम में मिलती थी। आनंद तो तब स्कूल में होते थे तो उनकी माँ उस पज़ल को नोट कर लेती थीं और स्कूल से आने के बाद आनंद उस पज़ल को सॉल्व करके प्रोग्राम

में सब्मिट कर देते थे। आपको आश्चर्य होगा कि जब आनंद कई हफ़्तों तक उस प्रोग्राम में जीतकर इनाम प्राप्त करते रहे तो एक दिन आयोजकों ने अपने प्रोग्राम में इनको बुलाकर आग्रह किया कि आप मनचाही किताबें ले लो लेकिन अपनी एंट्री भेजना बंद कर दो, नहीं तो सब समझेंगे कि इस कार्यक्रम को तुम्हारे अलावा कोई और नहीं देखता। *जब वे 2000 में पहली बार विश्व चैंपियन बने तो एक दिन उनकी माँ ने उन्हें शतरंज में हरा दिया था। आप समझ सकते हैं कि उनकी माँ कितनी बेहतरीन शतरंज खेलती होंगी और भले ही वो शतरंज में करियर नहीं बना पायीं हों लेकिन उन्होंने एक चैम्पियन को पैदा कर दिया।* 1983 में 14 साल की उम्र में नेशनल सब-जूनियर लेवल पर जीत के साथ शुरू हुआ उनका सफ़र आगे बढ़ता ही रहा। साल 1984 में 16 साल की उम्र में उन्होंने नेशनल चैंपियनशिप जीतकर सबको चौंका दिया और उन्होंने ऐसा लगातार दो साल किया। 1987 में वर्ल्ड जूनियर चेस चैंपियनशिप जीतने वाले वह पहले भारतीय बने और साल 1988 में वह 18 साल की उम्र में ही ग्रैंडमास्टर बन गए। विश्वनाथन आनंद का कॅरियर बहुत तेज़ी से और अचानक शुरू हुआ।

माइकल फ़ेल्प्स को स्विमिंग का बादशाह और ओलिंपिक़ का अब तक का सबसे ग्रेट एथलीट माना जाता है। फ़ेल्प्स के नाम कुल 83 मेडल्स हैं, जिनमें से 28 उन्होंने ओलिंपिक़ में जीते हैं। इन 28 मेडल्स में से 23 तो गोल्ड मेडल हैं। बचपन में पानी से डरने वाले फ़ेल्प्स को उनके माता-पिता ने 07 वर्ष की आयु से ही स्वीगिंग क्लासेज़ में भेजना शुरू कर दिया था। *जब वे 09 वर्ष के थे तो उनके माता-पिता का तलाक़ हो गया। फेलप्स एकदम दुखी हो गए और उन्होंने स्वीमिंग को ही अपने दुःख मिटाने का जरिया बना लिया। भले ही उन्हें अटेंशन डेफिसिट हाइपरएक्टिविटी डिसऑर्डर था लेकिन उनकी माँ के प्रोत्साहन और ख़ुद के जुनून के आगे उनका रास्ता कोई रोक न सका।* उन्होंने नॉर्थ बाल्टीमोर एक्वेटिक क्लब में कोच बॉब बोमन के सानिध्य में प्रशिक्षण लिया और दस वर्ष की आयु तक सभी नेशनल रिकॉर्ड तोड़ दिए। वे 15 वर्ष की आयु में वर्ष 2000 के सिडनी समर ओलम्पिक के लिए क्वालीफ़ाई करने वाले यंगेस्ट युवक बने। लेकिन उन्हें एक भी मेडल नहीं मिला। वह 200 मीटर की बटरफ़्लाई में पाँचवे स्थान पर रहे, जिसका परिणाम यह हुआ कि उन्होंने अपनी ट्रेनिंग

और सख़्त कर दी। यदि फ़ेल्प्स को एक देश माना जाए और दुनिया में गोल्ड जीतने वाले देशों की रैंकिंग बनाई जाए तो फ़ेल्प्स 33rd पोज़िशन पर हैं।

फ़ेल्प्स ने एथेंस ओलिंपिक़ में 6, बीजिंग में 8, लंदन में 4 और रिओ में 05 गोल्ड जीत चुके हैं। *बीजिंग ओलिंपिक़ के पहले उन्होंने घोषणा कर दी थी कि वे मार्क स्मित्ज़ का रिकॉर्ड तोड़ेंगे लेकिन एक दुर्घटना में उनका हाथ फ्रेक्चर हो गया और उनके कोच ने कहा तुम स्वीमिंग नहीं कर पाओगे लेकिन फ़ेल्प्स ने निर्णय लिया कि वे तैरने में हाथ के स्थान पर पैरों का ज़्यादा इस्तेमाल करेंगे। इसके बाद तो उन्होंने चमत्कार ही कर दिया। उन्होंने बीजिंग में स्वीमिंग के सभी आठ गोल्ड जीतकर मार्क स्मित्ज़ का सात स्वर्ण पदकों का रिकॉर्ड तोड़ दिया।* उन्हें 2004 में पहली बार शराब पीकर गाड़ी चलाते हुए पकड़ा गया था। 2014 में फिर ऐसा ही हुआ और उन पर छह महीने का प्रतिबन्ध लगाया गया और उन्हें रिहेब सेंटर भेज दिया गया। इस घटना ने फ़ेल्प्स को अवसाद से भर दिया। अब वे मरने का सोच रहे थे। फ़ेल्प्स 2012 में सन्यास ले चुके थे। उनकी माँ डेबी फ़ेल्प्स ने निराशा से उबारकर तैराकी पर फ़ोकस करने की सलाह दी। उन्होंने फिर से तैराकी की तरफ़ रुख़ किया और 2016 में रियो ओलम्पिक में 05 स्वर्ण पदक जीतकर इतिहास रच दिया।

अगली कहानी उस युवा की जिसके रोल मॉडल विश्वनाथन आनंद हैं। स्कूल की परीक्षाओं के दौरान वर्ल्ड चैम्पियन कार्लसन मैग्नस को शतरंज के खेल में हराने वाले सोलह साल के प्रागननंदा अपने कोच रमेश के साथ आगे की तैयारी कर रहे हैं। एक इंटरव्यू में उन्होंने बताया कि वे आनंद सर (विश्वनाथन आनंद) के शुक्रगुज़ार हैं क्योंकि उन्होंने ही मुझे वहाँ भेजा। वे आगे कहते हैं – मैं उनसे लगातार संपर्क में रहता हूँ। वे मेरे रोल मॉडल हैं। जब मैंने खेलना शुरू किया था, तब वे वर्ल्ड चैम्पियन थे। उनकी बहन भी ग्रैंड मास्टर बन गयी हैं। दोनों भाई-बहन की शतरंज के प्रति सफलता में उनकी माँ की मेहनत तथा दिव्यांग पिता की प्रेरणा का महत्वपूर्ण योगदान है।

क्या आप इस बात पर यक़ीन करेंगे कि एक माँ न केवल अपने बच्चे को खेलना सिखाती है बल्कि ज़रूरत पड़ने पर 33 साल के अपने बेटे के साथ डबल्स पार्टनर के रूप में 63 साल की उम्र में कोर्ट पर

उतरकर बैडमिंटन वर्ल्ड चैम्पियनशिप मैच जीतने वाली सबसे ज़्यादा उम्र की खिलाड़ी बन सकती है। 63 साल की माँ स्वेतलाना और 33 साल के बेटे मीसा की जोड़ी ने इज़रायल की ओर से बैडमिंटन कोर्ट में मिक्स डबल्स मैच में मिस्र को हराया। इस जीत के साथ स्वेतलाना जिल्बरमैन बैडमिंटन वर्ल्ड चैंपियनशिप में मैच जीतने वाली दुनिया की सबसे ज़्यादा उम्र की बैडमिंटन खिलाड़ी बन गई हैं। इज़रायल में ज़्यादा बैडमिंटन खिलाड़ी नहीं हैं। इज़रायल बैडमिंटन एसोसिएशन है, लेकिन उसके पास ट्रेनिंग सेंटर तक नहीं है। खिलाड़ी अलग-अलग प्रैक्टिस करते हैं और महीने में एक दिन इकट्ठे होते हैं। जहाँ सभी एक- दूसरे के साथ 3-4 घंटे तक ट्रेनिंग करते हैं। इससे पहले 2009 में भी हैदराबाद में हुए बैडमिंटन वर्ल्ड चैंपियनशिप में माँ-बेटे की जोड़ी ने धमाल मचाया था। तब स्वेतलाना की उम्र 51 और मीसा की 20 साल थी। बेलारूस में जन्मी स्वेतलाना ने 1986 की यूरोपियन चैंपियनशिप में वुमन सिंगल्स में कांस्य पदक जीता था। इसके बाद 25 साल की उम्र में सोवियत यूनियन की तरफ़ से उन्हें इसलिए नहीं खेलने दिया गया था कि उनकी उम्र ज़्यादा थी। उसके बाद वे अपने पति और कोच के साथ इज़रायल चली आईं। अब क़रीब 4 दशक बाद खेलना एक अलग अनुभव था। इसके बाद उनका सपना बेटे के साथ ओलिंपिक़ खेलने का भी है। वे अपने बेटे की कोच भी हैं। वे दुनिया की सबसे बड़ी बैडमिंटन प्रतियोगिता में सबसे बड़ी उम्र की खिलाड़ी बन गई हैं। वे अपने बेटे के साथ रोज़ 4 घंटे प्रैक्टिस करती हैं। स्वेतलाना कहती हैं, हम चीन और दक्षिण कोरिया जैसी टीमों को हराने के लिए खेल रहे हैं। एक दिन हम कुछ बड़ा करेंगे। दुनिया के 47वें नंबर के खिलाड़ी मीसा कहते हैं, मैं 30 साल की उम्र में रिटायरमेंट के बारे में सोच रहा था, लेकिन मेरी माँ मेरी प्रेरणा हैं। वे अब भी खेल रही हैं। शायद मैं भी कभी रिटायर नहीं होऊंगा।इस किताब के लिखने तक इस अद्भुत जोड़ी का धमाल जारी है।

मुझे इन कहानियों को सुनकर 'प्यासा सावन' फ़िल्म का यह गीत बरबस याद आ रहा है-

तेरा साथ है तो मुझे क्या कमी है।
अंधेरों से भी मिल रही रौशनी है।।

(ट) कुछ और करने की चाह – लगातार 121 सप्ताह तक वर्ल्ड रैंकिंग में प्रथम स्थान प्राप्त करने वाली *ऑस्ट्रेलिया की ऐश्ले बार्टी ने विश्व रैंकिंग में प्रथम स्थान पर रहते हुए सन्यास की घोषणा कर सबको चौंका दिया। ऐश बार्टी ने कहा, "मैं बहुत ख़ुश हूँ और मैं इसके लिए पूरी तरह तैयार हूँ। मैं इस समय सिर्फ़ अपने दिल की सुन रही हूँ और मैं जानती हूँ कि यह सही फ़ैसला है।" बार्टी ने कहा अब, 'अन्य सपनों को साकार करने का समय आ गया है।'* उन्होंने कहा कि वह अब ख़ुद को वह सब करने के लिए प्रेरित महसूस नहीं करतीं जो उसकी नज़र में टेनिस में सर्वश्रेष्ठ बनने के लिए ज़रूरी है। उन्होंने आगे कहा, "मेरे अंदर वह शारीरिक ताक़त, वह इच्छाशक्ति और वे सब चीज़ें नहीं हैं जो शीर्ष स्तर पर ख़ुद को चुनौती देने के लिए आवश्यक होती हैं।" यह पहला अवसर नहीं है जबकि बार्टी ने इस तरह से टेनिस को छोड़ा। वह 2011 में 15 साल की उम्र में विंबलडन जूनियर चैंपियन बनी और उनका करियर शानदार नज़र आ रहा था, वे 17 साल की उम्र में टेनिस की डबल्स में दुनिया में शीर्ष रैंकिंग पर पहुँच गयी थीं लेकिन उन्होंने 2014 में सफलता की थकान, दबाव और लंबी यात्राओं के कारण स्वयं को दो साल तक खेल से दूर रखा। वह ऑस्ट्रेलिया में इस बीच 17 महीनों तक पेशेवर क्रिकेट खेलती रहीं, लेकिन बाद में उन्होंने फिर से रैकेट थामा और अपने खेल में वापसी की। उनसे पहले बेल्जियम की महिला टेनिस खिलाडी *जस्टिन हेनिन* ने मई 2008 में नंबर एक पर रहते हुए टेनिस को अलविदा कह दिया था। बाद में 2010 में उन्होंने फिर से वापसी की लेकिन वे कोई चमत्कार नहीं दिखा सकीं। लगातार पाँच बार बिंवल्डन टूर्नामेंट जीतने वाले पुरुष खिलाडी स्वीडन के *ब्योन बोर्ग* ने 26 साल की उम्र में वर्ष 1983 में प्रोफेशनल टेनिस को छोड़ने का निर्णय लेकर सबको चौंका दिया था। 1991 में उन्होंने वापसी भी की लेकिन आपको आश्चर्य होगा कि अपनी दूसरी पारी में बोर्ग एक भी मैच नहीं जीत सके। अमेरिका की *ट्रेसी ऑस्टिन* ने केवल 16 साल की उम्र में अमेरिकी ओपन टेनिस टूर्नामेंट जीतकर वर्ल्ड रिकॉर्ड बनाया और 21 साल की उम्र में सन्यास भी ले लिया था। एस्ले बार्टी, बोर्ग, ट्रेसी और जस्टिन हेनिन को देखकर के लगता है कि सफलता भी थका देती है क्योंकि सफलता के लिए क़ीमत चुकाना होती है। *सच तो यह है कि कामयाबी के आगे जहाँ और भी है और सफल होने के बाद भी यदि आप आनंदित नहीं हैं तो समझिए कि सेकंड*

हाफ़ शुरू करने का वक़्त आ गया है। लेकिन एक बार अपना रास्ता बदलने और नया रास्ता चुनने के पहले यह जरूर सोच लें कि लौट कर पुराने रास्ते पर आने पर ज़रूरी नहीं कि पहले जैसा सम्मान, पद, प्रतिष्ठा और विजय मिले क्योंकि तब तक वक़्त काफ़ी बदल चुका होगा।

अपने करियर में 20 हज़ार से ज़्यादा गाना गाने वाली महान गायिका *आशा भौंसले* ने भी रेस्टॉरेंट्स की एक सीरीज कई देशों में खोली है और इनमे परोसी जाने वाली डिश तैयार करने की रेशिपी उन्होंने मजरूह सुल्तानपुरी की पत्नी और आर डी बर्मन के अलावा दुनिया के अनेक प्रतिष्ठित शेफ से सीखी हैं। इसी प्रकार मास्टर ब्लास्टर सचिन तेंदुलकर, विराट कोहली, कपिल देव, रविंद्र जडेजा और ज़हीर खान जैसे क्रिकेटर्स ने सफल होने के बाद *रेस्टोरेंट्स के बिज़नेस* में हाथ आज़माकर अपने हुनर को एक नया आयाम दिया है।

(ठ) बीमारी भी आपके जीवन की दिशा बदल सकती है – भारत में रिसर्च की शुरुआत करने वालों में से एक महान वैज्ञानिक *सर जगदीश चंद्र बोस* बचपन से ही पेड़-पौधों, जंतुओं और प्रकृति से प्रेम करने वाले थे। ब्रिटिश सरकार में डिप्टी मजिस्ट्रेट उनके पिता भगवान चंद्र बोस उन्हें सिविल सेवा में न भेजकर मेडिसिन की पढ़ाई करने के लिए इंग्लैंड भेजना चाहते थे। कुछ आर्थिक समस्याओं के कारण उनकी माता जी ने अपने गहने बेचकर युवा जगदीश को इंग्लैंड के लंदन कॉलेज में मेडिरिान की पढ़ाई के लिए भेजा, जहाँ उन्होंने जीव विज्ञान, वनस्पति शास्त्र और शरीर क्रिया विज्ञान का अध्ययन किया लेकिन *लगातार बीमार रहने के कारण डॉक्टर रिंगर ने सलाह दी कि शरीर क्रिया विज्ञान को जानने के लिए पशु-पक्षियों के डिसेक्शन के दौरान दुर्गन्ध का वातावरण उन्हें बीमार कर रहा है इसलिए बोस को मेडिसिन की पढ़ाई छोड़ देना चाहिए। बोस ने तुरंत अपना रास्ता बदल दिया और केम्ब्रिज यूनिवर्सिटी में प्राकृतिक विज्ञान की पढ़ाई के लिए प्रवेश ले लिया।* उनके मन में कलकत्ता के सेंट जेवियर्स कॉलेज में फ़ादर लाफ़ोन्ट के द्वारा फ़िज़िक्स के प्रति रूचि का भाव पहले से ही जागृत था इसलिए फ़िज़िक्स की पढ़ाई के बाद वे भारत वापिस आने पर प्रेसीडेंसी कॉलेज कलकत्ता में फ़िज़िक्स के प्रोफ़ेसर बन गए और एक ऐसे युग का सूत्रपात किया जिसमे मार्कोनी के पहले वायरलेस रेडियो तरंगों के प्रदर्शन से

लेकर पेड़-पौधों की चेतना के सम्बन्ध में आविष्कार शामिल हैं। बचपन में बांग्ला स्कूल के मित्रों से सुनी पेड़-पौधों और पानी में तैरती मछली और साँपों की कहानियों से उपजी जिज्ञासा ने धीरे-धीरे उन्हें इस प्रश्न का उत्तर खोजने के लिए प्रेरित किया कि क्या इंसानों की तरह पेड़-पौधों को भी दुख-सुख, भय, भूख-प्यास और प्रसन्नता का अनुभव होता है।

इंग्लैंड में जन्मे *स्टीफ़न हॉकिंग* के पिता एक चिकित्सा शोधकर्ता थे और इनकी माता चिकित्सा अनुसंधान संस्थान में एक सचिव रहीं। अपनी स्कूली पढ़ाई करने के बाद स्टीफ़न ने ऑक्सफ़ोर्ड यूनिवर्सिटी में प्रवेश लिया और भौतिक विषय का अध्ययन किया। ऐसा कहा जाता है कि स्टीफ़न को गणित में बेहद दिलचस्पी थी और वे मैथ्स विषय से ही आगे पढ़ना चाहते थे। लेकिन उस समय ऑक्सफ़ोर्ड यूनिवर्सिटी में गणित विषय अलग से नहीं था, इसीलिए उन्होंने फ़िज़िक्स को चुना और फ़िज़िक्स में प्रथम श्रेणी में डिग्री प्राप्त की। उसके बाद इन्होंने कैंब्रिज यूनिवर्सिटी से अपनी आगे की शिक्षा ग्रहण की और साल 1962 में कैम्ब्रिज यूनिवर्सिटी में डिपार्टमेंट ऑफ़ एप्लाइड मैथेमैटिक्स एंड थ्योरिटिकल फ़िज़िक्स (डीएएमटीपी) में ब्रह्माण्ड विज्ञान पर रिसर्च किया।

उन दिनों स्टीफ़न कैम्ब्रिज विश्वविद्यालय से अपनी पढ़ाई कर रहे थे। लेकिन उन्होंने अपने सपनों के बीच अपनी इस बीमारी को आड़े नहीं आने दिया और अपनी पढ़ाई को पूरा किया। बचपन में एक बार वो सीढ़ियों से गिर गए थे। जब वे 21 वर्ष के थे, उनकी सेहत बिगड़ने लगी। पिता अस्पताल ले गए तो पता चला कि उन्हें एमियोट्रोफ़िक लेटरल स्कलेरोसिस (ALS) नाम की जटिल बीमारी ने जकड़ लिया। यह साल 1963 था। शरीर के अंग धीरे-धीरे काम करना बंद करने लगे। *डॉक्टर्स बोले- आप ज़्यादा से ज़्यादा 2 साल के मेहमान हैं। पहले तो उन्हें धक्का लगा, फिर ख़ुद को संभालते हुए उन्होंने कहा कि पूरे 50 साल तक ज़िंदा रहूँगा।* वो क़रीब 76 साल जिए। एक बेहतरीन वैज्ञानिक साबित हुए। बीमारी के शुरूआती दिनों में साल 1965 में उन्होंने अपनी पीएच.डी की डिग्री प्राप्त की। पीएच. डी में इनके थीसिस का टॉपिक था, 'प्रॉपर्टीज़ ऑफ़ एक्सपांडिंग यूनिवर्स'। बाद में इसी कॉलेज में एक शोधकर्ता के रूप में काम करने लगे। इन्होंने साल 1972 में डीएएमटीपी में एक सहायक शोधकर्ता के तौर पर अपनी

सेवाएं दी। इसी दौरान स्टीफ़न ने पहली अकादमिक पुस्तक 'द लार्ज़ स्केल स्ट्रक्चर ऑफ़ स्पेस-टाइम' लिखी थी। *उनका मानना था कि दुनिया में कोई भी शख़्स विकलांग नहीं है। कोई इंसान शरीर से विकलांग हो सकता है पर दिमाग़ से नहीं। स्टीफ़न का कहना था कि उनकी शारीरिक अक्षमताओं के चलते ही उन्हें ब्रह्मांड को लेकर की गई रिसर्च पर सोचने का काम मिला।* उनकी स्टडी ने साबित किया कि दुनिया में कोई अपंग नहीं है। उन्होंने कहा था, हमारा दिमाग़ एक कंप्यूटर की तरह है, जो उसके अलग-अलग पार्ट के फ़ेल होने के चलते काम करना बंद कर देता है। अपने 75 साल के जीवन में वो क़रीब 53 वर्ष तक व्हीलचेयर पर रहे लेकिन उन्होंने कभी ख़ुद को विकलांग नहीं माना। स्टीफ़न की व्हील चेयर ने उनका पूरा साथ दिया। उसे कुछ इस तरह बनाया गया था कि वो उनकी बातें समझती थी और उनकी तरफ़ से वही लोगों से बात करती थी। इतना ही नहीं, स्टीफ़न जो चाहते थे, वो लिखती भी थी। Intel कंपनी ने उनके लिए कंप्यूटिंग सिस्टम लगाकर व्हीलचेयर को तैयार किया था। इसे वो कार की तरह तेज़ भगा भी सकते थे। उनकी लाइफ़ को बड़े पर्दे पर साल 2014 में उतारा गया। इस फ़िल्म का नाम था 'द थ्योरी ऑफ़ एव्री थिंग'। इस फ़िल्म में स्टीफ़न का किरदार एडी रेडमेने ने निभाया था, जिसके लिए उन्होंने उस साल बेस्ट एक्टर का ऑस्कर अवॉर्ड भी जीता। डायरेक्टर जेम्स मार्श के निर्देशन में बनी इस फ़िल्म को 87वें एकेडमी अवॉर्ड्स में 5 नॉमिनेशन मिले थे। सदा व्हीलचेयर में बैठे रहने वाले और चलने-बोलने से लाचार जीनियस स्टीफ़न हॉकिंग की प्रेमकथाएं अकल्पनीय रूप से जीवंत और तूफ़ानी रहीं। 1965 में अपनी प्रेमिका ज़ेन बेरिल वाइल्ड से शादी की थी। स्टीफ़न तेईस के थे और ज़ेन इक्कीस की। दोनों की मुलाक़ात तीन साल पहले यानी 1962 में एक कॉलेज पार्टी में हुई थी। डाक्टरों ने चेता दिया था कि या तो स्टीफ़न की बहुत जल्दी मौत हो जाएगी या उन्हें भयानक शारीरिक अक्षमता के साथ अपना जीवन बिताना होगा। दोनों ने तब भी विवाह सूत्र में बंधने का फ़ैसला किया। कोई आश्चर्य नहीं स्त्रियों को दुनिया का सबसे बड़ा रहस्य बताने वाले स्टीफ़न हॉकिंग के स्टडी रूम में मर्लिन मुनरो का पोर्ट्रेट लगा रहता था।

जन्म के समय *जेरेमी* के दिल में छेद था और बचपन में मेहनत का काम करने पर खून रिसने लगता था लेकिन बड़ा होने पर 2011 में

न्यूजीलैंड के इस लड़के ने सोचा कि क्यों न कुछ अलग किया जाये और उसने ख़ुद को चैलेंज देना शुरू कर दिया और एक दिन संकल्प लिया कि टूटे दिल के साथ साईकिल पर दुनिया घूमेंगे। द लॉन्ग रोड फ्रॉम अ ब्रोकन हार्ट के लेखक *जेरेमी स्कॉट* अब तक 50 हज़ार किलोमीटर साइकिलिंग कर चुके है।

(ड) एक साइन बोर्ड आपके जीवन की दिशा बदल सकता है – उस समय के त्रिचिरापल्ली में जन्मे, ग्रेजुएशन और पोस्ट ग्रेजुएशन में टॉप करने वाले *चंद्रशेखर वेंकटरमन ने अपने पिता (जो कि प्रेसिडेंसी कॉलेज मद्रास में गणित और फ़िज़िक्स के प्रोफ़ेसर थे) के कहने पर भारतीय एकाउंट्स सर्विस (FCS) की परीक्षा दी क्योंकि उस समय उनके जैसे प्रतिभावान के लिए भी वैज्ञानिक बनने लायक रिसर्च की पर्याप्त सुविधा नहीं थी। आपको यह जानकर आश्चर्य होगा कि रमन ने इस परीक्षा में टॉप किया और कलकत्ता में 1907 में असिस्टेंट अकाउंटेंट जनरल की नौकरी शुरू की। उस समय ऐसा प्रतीत होता था कि उनके जीवन में स्थिरता आ गई है। सब कहने लगे कि वे अच्छा वेतन पाएँगे और एकाउँटेंट जनरल बनेंगे और बुढ़ापे में उँची पेंशन प्राप्त करेंगे। परन्तु भाग्य को कुछ और ही कहानी मंज़ूर थी, आप एक दिन कार्यालय से लौट रहे थे कि एक साइन बोर्ड देखा, जिस पर लिखा था 'वैज्ञानिक अध्ययन के लिए भारतीय परिषद (इंडियन एसोसिएसन फ़ॉर कल्टिवेशन ऑफ़ साइंस)। अपने विद्यार्थी काल में ही रिसर्च पेपर पब्लिश करवा चुके रमन के जीवन में यह क्षण क्रन्तिकारी था। वे ट्राम से उतरे और परिषद् कार्यालय में पहुँच गए। वहाँ पहुँच कर उन्होंने अपना परिचय दिया और परिषद् की प्रयोगशाला में प्रयोग करने की अनुमति माँग ली।* जैसा कि सरकारी नौकरियों में होता है उनका तबादला पहले रंगून हुआ और फिर कुछ समय बाद नागपुर हो गया लेकिन प्रयोग करने की जो आग उनके मन में जल रही थी उसे उन्होंने बुझने नहीं दिया और घर पर ही प्रयोगशाला तैयार कर नौकरी के समय के बाद वे प्रयोग करते रहे। जब सन् 1911 में आपका तबादला फिर से कलकत्ता हो गया, तो यहाँ पर परिषद् की प्रयोगशाला में प्रयोग करने का अवसर उन्हें फिर से मिल गया। नौकरी के साथ-साथ रिसर्च का यह क्रम सन 1917 तक दस वर्ष यूँ ही चलता रहा। इस अवधि के बीच आपके अंशकालिक अनुसंधान का क्षेत्र था – ध्वनि

के कम्पन और कार्यों का सिद्धान्त। उन्होंने वाद्ययंत्रों की रिसर्च पर पर्याप्त शोध किया।

कलकत्ता विश्वविद्यालय में सन् 1917 ई में भौतिकी के प्राध्यापक का पद बना तो वहाँ के कुलपति आशुतोष मुखर्जी ने उसे स्वीकार करने के लिए आपको आमंत्रित किया। आपने उनका निमंत्रण स्वीकार करके उच्च सरकारी पद से त्याग-पत्र दे दिया। अब रिसर्चर का जीवन जीने के लिए वे तैयार थे।

आपकी रूचि प्रकाश के मूल गुण धर्म को समझने के लिए बढ़ रही थी। सन् 1921 ई. में जब आप विश्वविद्यालयों की कांग्रेस में प्रतिनिधि बन कर ऑक्सफ़ोर्ड गए तो वहाँ जब अन्य प्रतिनिधि लंदन में दर्शनीय वस्तुओं को देख अपना मनोरंजन कर रहे थे, तब वे सेंट पॉल चर्च में उसके फुसफुसाते गलियारों का रहस्य समझने में लगे हुए थे। *जब वे जलयान से स्वदेश लौट रहे थे, तो उनका ध्यान एक घटना ने खींचा। उन्होंने देखा कि रात की चाँदनी में भूमध्य सागर का जल अनोखा नीला और दूधियापन लिए दिख रहा है। इसके बाद उन्होंने इसका कारण जानने के लिए कलकत्ता विश्वविद्यालय पहुँच कर पार्थिव वस्तुओं में प्रकाश के बिखरने का नियमित अध्ययन शुरु कर दिया जिसका निष्कर्ष उन्होंने सात वर्ष बाद प्रस्तुत किया और जिसे हम रामन प्रभाव के नाम से जानते हैं।* उनकी इस खोज की घोषणा के दिन 29 फ़रवरी 1928 को भारत में विज्ञान दिवस के रूप में मनाया जाता है। इस के लिए उन्हें वर्ष 1930 में प्रतिष्ठित नोबल प्राइज़ मिला।

(ढ) ग़रीबी – यदि आप मेरे विचार जानना चाहें तो *ग़रीबी दुनिया का सबसे बड़ा मोटिवेशन* है क्योंकि ग़रीबी में हर अच्छी चीज़ का अभाव होता है और आप इससे बाहर निकलने के लिए छटपटाते रहते हैं लेकिन आपकी मेहनत और लगन से एक दिन आपको कोई न कोई रास्ता मिल ही जाता है जिससे आप इस दुश्चक्र को तोड़ देते हैं। दुनिया में सबसे अधिक उदाहरण भीषण ग़रीबी से उठकर अपने जीवन में क्रन्तिकारी परिवर्तन लाने वालों के हैं। प्रख्यात उद्योगपति घनश्याम दास बिड़ला केवल पाँचवी क्लास तक पढ़े थे। जूट का कारोबार शुरू करते समय वे अपने भाई के साथ एक कमरे के मकान में रहते थे। उसी कमरे में सोते, खाना बनाते और कपड़े धोते लेकिन उनका लक्ष्य स्पष्ट था-जूट उद्योग पर अंग्रेजों का एकाधिकार तोड़ना। उन्हें

बैंकों ने लोन देने से मना कर दिया लेकिन वे रुके नहीं। उनमे इतनी दूरदर्शिता थी कि वे मशीनों के साथ उनके स्पेयर पार्ट्स भी मँगवा लेते थे जिससे मशीन ख़राब होने पर काम न रुके।

आइये जॉनी लीवर और जॉनी वाकर जैसे दो हास्य अभिनेताओं की ज़िंदगी ग़रीबी ने कैसे बदली उसे समझते हैं।

पेन बेचते–बेचते कॉमेडियन बन गए – जॉनी लीवर का असली नाम जॉन प्रकाश राव जनुमाला है, इनका जन्म वर्ष 1956 ई. में आँध्रप्रदेश के प्रकाशम् जिले में हुआ था। इनके पिता प्रकाश राव जनुमाला हिंदुस्तान लिवर कंपनी, महाराष्ट्र में काम करते थे। वे भी अपने पिता जी के साथ वहीं चले गए और इनका बचपन महाराष्ट्र के धारावी की झोपड़पट्टी में बीता।

उनकी तीन बहनें और दो भाई हैं। *अभाव के कारण जॉनी केवल 7वीं तक ही पढ़ पाए और पैसों की कमी को पूरा करने के लिए उन्होंने कलम (Pen) बेचना शुरू कर दिया। उनके पेन बेचने में एक ख़ास बात थी क्योंकि चौराहों पर पेन बेचते समय वे नामी–गिरामी सितारों की नक़ल उतारते हुए मिमिक्री करते थे जिससे लोग उनकी ओर आकर्षित हो जाते थे।* पर इतना सब कुछ करने के बाद भी, उनके घर का ख़र्च नहीं चल पाता था और कभी–कभी उनको भूखा भी रहना पड़ता था।

अपनी ग़रीबी से वह इतना परेशान हो गए थे की उन्होंने ट्रेन के आगे कूदकर आत्महत्या करने का फ़ैसला किया। वे ट्रेन की पटरी पर जाकर लेट गए, ट्रेन आ रही थी, तभी उनको अपनी बहनों का ख़्याल आया, कि मेरे मरने के बाद उनका क्या होगा। और वह तुरंत पटरी से हट गए और घर वापस चले आये।

उसके बाद इन्होंने भी हिंदुस्तान लिवर कंपनी में काम करना शुरू कर दिया, जिसमे इनके पिताजी काम करते थे लेकिन उन्होंने मिमिक्री के अपने शौक़ को जारी रखा। जब उनके एक साथी ने उनको स्टेज शो करने का सुझाव दिया तो वे स्टेज शो करने लगे, लेकिन इससे भी उनको ज़्यादा पैसे नहीं मिल पाते थे। कहते हैं कि जब उनकी एक बहन की मौत हो गयी तो इनको अंतिम संस्कार के पैसे जुटाने के लिए स्टेज शो के लिए जाना पड़ा था। लेकिन यदि आप अपने जुनून को जी रहे हैं तो एक दिन ज़रूर आता है जब आप पर किसी की निगाह पड़ती है। *जॉनी लीवर के जीवन*

में भी वो दिन आया जब उनके स्टेज शो को प्रख्यात फ़िल्म अभिनेता और निर्देशक सुनील दत्त ने देखा और उनकी प्रतिभा पहचानते हुए उन्हें दर्द का रिश्ता फ़िल्म में कॉमेडी करने का मौक़ा दे दिया। फिर क्या था जॉनी की क़िस्मत रातों-रात बदल गयी।

जब बम्बई बस सेवा के एक कंडक्टर की शराबी की एक्टिंग ने जीवन बदल दिया – इंदौर में जन्मे बदरुद्दीन जमालुद्दीन काज़ी जो आगे चलकर *जॉनी वाकर* के नाम से जाने गए। उनके पिताजी एक टेक्सटाइल मिल में नौकरी करते थे और जब वो नौकरी चली गयी तो काम की तलाश में पूरा परिवार बम्बई पहुँच गया। बदरुद्दीन ने बॉम्बे इलेक्ट्रिक सप्लाई एंड ट्राँसपोर्ट (बेस्ट) के बस कंडक्टर का काम शुरू कर दिया लेकिन उनके काम में एक ख़ास बात थी। वे अपने यात्रियों का मनोरंजन करने के लिए जाने-माने अभिनेताओं की नक़ल उतारते थे और कभी-कभी बिना शराब पिए, शराबी की एक्टिंग भी करते थे। *एक दिन उनकी बस में मशहूर अभिनेता बलराज साहनी चढ़ गए और उन्होंने बदरुद्दीन की प्रतिभा को पहचान कर गुरुदत्त से मिलवा दिया।* बदरुद्दीन को जॉनी वाकर के नाम से बाज़ी फ़िल्म में ब्रेक मिला और वे ऐसे इकलौते हास्य कलाकार थे जिनके लिए महान गायक रफ़ी ने कई फ़िल्मों में गाने गाये। हम जितने भी खिलाडियों को जानते हैं उनमे अधिकांश का बचपन भयंकर ग़रीबी में बीता है। फुटबॉल सितारे लियोनल मैसी, किलियन एमबापे, क्रिस्टियानो रोनाल्डो, नेमार, रोनाल्डीन्हो, मेराडोना के संघर्ष की कहानियाँ प्रेरणदायक हैं।

(ण) माता-पिता का स्वप्न – लगातार दूसरी बार यू एस ओपन टेनिस टूर्नमिंट जीतने वाली जापान की नाओमी ओसाका के पिता लियोनर्ड फेनकोईस हेती के रहने वाले हैं। *1999 के फ्रेंच ओपन में सेरेना और वीनस विलियम्स को देखकर ओसाका के पिता ने अपनी बेटी को चैंपियन टेनिस खिलाड़ी बनाने का सपना देखा था जो कि 2018 में सेरेना को यू एस ओपन में हराकर पूरा हुआ।*

तीस ग्रैंड स्लैम जीतने वाली विलियम्स बहनों के पिता रिचर्ड विलियम्स ने उनके जन्म से पहले ही एक दिन फ्रेंच ओपन का फ़ाइनल देखते समय जब देखा कि जीतने वाले को चालीस हज़ार डॉलर मिल रहे है तो उन्होंने तय कर लिया कि अपने बच्चों को टेनिस के खेल में चैंपियन बनाना है।

इसके बाद तो सेरेना और वीनस को अत्यधिक कठोर प्रशिक्षण दिया। यहाँ तक कि रिचर्ड को टेनिस कोर्ट पर प्रशिक्षण के लिए स्थानीय गुंडों से भी संघर्ष करना पड़ा और दोनों बहनों को फ़्लोरिडा तक ले जाना पड़ा। उनके प्रशिक्षक रिक मैक्सी ने भविष्यवाणी की थी कि एक दिन दोनों बहने टेनिस की दुनिया में तहलका मचा देंगी और ज़्यादातर फ़ाइनल इनके ही बीच होंगे। उनकी भविष्यवाणी 1998 के आस्ट्रेलियन ओपन में सत्य साबित हुई और दोनों ने कुल 09 ग्रैंड स्लैम फ़ाइनल मुक़ाबले आपस में खेले।

मात्र 19 वर्ष की आयु में विश्व के नंबर एक खिलाडी बनने वाले टेनिस के भावी सितारे *कार्लोस अलकाराज* भी उनके पिता के टेनिस में आगे न बढ़ पाने के बाद देखे गए स्वप्न का परिणाम हैं।

भूतपूर्व नंबर एक खिलाड़ी रहे आंद्रे अगासी ने कुल 8 ग्रैंड स्लैम टूर्नामेंट जीते और साथ ही ओलम्पिक में स्वर्ण पदक भी प्राप्त किया। वह उन पाँच खिलाड़ियों में से एक हैं जिन्होंने एक वर्ष में चारों ग्रैंड स्लैम जीते हैं। वह ओपन एरा में सभी ग्रैंड स्लैम जीतने वाले एकमात्र खिलाड़ी हैं। *अपनी आत्मकथा ओपन में आंद्रे अगासी ने यह लिख कर लोगों को आश्चर्यचकित कर दिया : विश्व के पूर्व नंबर वन टेनिस खिलाड़ी, आठ बार ग्रैंड स्लैम विजेता और स्वर्ण पदक विजेता अगासी को टेनिस पसंद नहीं था।* अगासी के पिता ने उन पर खेलने का दबाव डाला था और हालाँकि वे टेनिस में बेहद सफल हुए, लेकिन वे इससे नफ़रत करते थे।

ओलम्पिक में भारत को पदक दिलाने वाली *साइना नेहवाल* की माँ स्टेट लेवल बैडमिंटन प्लेयर रही हैं। उनके जीवन में सबसे बड़ा परिवर्तन तब आया जब उनके कृषि वैज्ञानिक पिता का ट्रांसफ़र हिसार हरियाणा से हैदराबाद हो गया। *आठ साल की उम्र में कराटे में ब्राउन बेल्ट हासिल करने वाली साइना को स्थानीय भाषा समझ में नहीं आती थी इसलिए घुलने-मिलने में हो रही परेशानी के कारण उन्होंने अपने आप को स्पोर्ट्स में झोंक दिया। उनके पिता ने साइना को प्रशिक्षण दिलाने में अपने जी.पी.एफ़ का पैसा भी लगा दिया।* पी.गोपीचंद, प्रकश पादुकोण और विमल कुमार जैसे दिग्गजों ने उनके करियर में महत्वपूर्ण योगदान करते हुए उन्हें एक समय विश्व की नंबर एक खिलाडी बना दिया।

(त) दोस्ती – *ऐपल के कोफ़ाउंडर स्टीव वोज़नियाक बचपन में स्टैंड अप कॉमेडियन बनने का सपना देखा करते थे।* कैलिफ़ोर्निया में एक इवेंट में उन्होंने जो कहा था उस में एक गहरा संदेश है। *मैं युवा पीढ़ी को कहना चाहता हूँ कि अपने अंदर की खूबी तलाशिए। कभी-कभी ऐसा भी होता है कि हमारे पास सोने का दिल हो और हम ख़ुद ही ना समझ पाएं। आपके भीतर असीमित संभावनाएं हैं,* इसलिए अपनी ज़िंदगी का फॉर्मूला ख़ुद तय करिए। वे कहते हैं कि दसवीं में ही मेरे पिता ने पहली बार मुझे माइक्रोवेव के साइज़ का एक मिनी-कम्प्यूटर गिफ़्ट किया। उन्होंने मुझसे कहा कि इसे संभालकर इस्तेमाल करना, क्योंकि इसकी क़ीमत एक घर के बराबर है। *मैंने कुछ दिन कम्प्यूटर का इस्तेमाल किया और अपने पिता से कहा कि मुझे ये इतना पसंद आया है कि मैं एक कम्प्यूटर के लिए ज़िंदगी भर किराए के फ्लैट में रहने को तैयार हूँ।* तब से यह प्यार बरकरार रहा है। ऐसा नहीं है कि मैं बचपन से ही टेक्नो-फ्रेंडली टाइप का था। हाईस्कूल तक तो मुझे इन सब में कोई दिलचस्पी ही नहीं थी। उस वक़्त कोई ऐसी किताब भी नहीं थी जो आपको घर बैठे कम्प्यूटर की पूरी प्रोग्रामिंग से वाकिफ करा दे। *बचपन में तो मैं स्टैंड-अप कॉमेडियन बनना चाहता था। लोग मेरी बातों पर खूब हँसते थे और मुझे ये बहुत अच्छा लगता था।* लेकिन आगे चलकर स्टीव जॉब्स और रोनाल्ड वायन के साथ मिलकर एप्पल की स्थापना की जो कि आज दुनिया की सबसे मूल्यवान कम्पनी है।

(थ) शारीरिक चोट – एलन मस्क के द्वारा स्पेस एक्स के माध्यम से अंतरिक्ष में फ़िल्म निर्माण के लिए चुने गए अभिनेता *टॉम क्रूज* आज भले ही हॉलीवुड के सबसे ज़्यादा लोकप्रिय अभिनेता हैं लेकिन उनका जीवन कठिनाइयों से भरा रहा है। यदि *रेसलिंग* के दौरान उनके घुटने में चोट न लगी होती तो शायद वे आज अभिनेता नहीं होते। सात साल की आयु में पता चला कि टॉम लर्निंग डिसऑर्डर डिस्लेक्सिया से पीड़ित हैं जिसमे पढ़ाई करने और फ़ोकस करने में कठिनाई होती है इसलिए 12 साल के अंतराल में उनके 15 स्कूल बदले गए। पढ़ाई से उनके सिर में दर्द होता था। बचपन की ग़रीबी, पिता की मारपीट और माता-पिता के अलगाव ने टॉम को गहरा प्रभावित किया। चौदह साल की उम्र में उन्होंने पादरी बनने का निर्णय लिया लेकिन एक दिन फ़ादर के कमरे से शराब चुराते पकड़े जाने

पर उन्हें फ्रेन्सिस्कन सेमिनेरी स्कूल से बाहर कर दिया गया और उनका यह सपना अधूरा रह गया।

अब उन्होंने एथलेटिक्स में आगे बढ़ने का सोचा लेकिन एक दिन स्कूल की रेसलिंग टीम में घुटने में लगी चोट ने सब बदल दिया क्योंकि अब वे रेसलिंग को अपना कॅरियर नहीं बना सकते थे।

जब वे चौथी कक्षा में थे तब पहली बार उन्होंने एक नाटक में अभिनय किया था। इसलिए अब उनका सपना था अभिनेता बनने का जिसके लिए उन्होंने विज़ुअल लर्निंग के जरिये अपनी लाइनें याद करके अपनी डिस्लेक्सिया की समस्या से लड़कर अगले दस वर्षों में एक्टिंग में सफल कॅरियर बनाने का संकल्प लिया और 19 वर्ष की आयु में न्यूयार्क पहुँच गए। उनकी सफलता का मूल मन्त्र है लगातार सुधार करना।

बेस्ट सेलर पुस्तक *एटॉमिक हैबिट्स* के लेखक *जेम्स क्लियर* को हाई स्कूल के दिनों में बेसबाल खेलते समय माथे पर लगी चोट ने कोमा की स्थिति में पहुँचा दिया था। उनकी हालत इतनी ख़राब हो गयी थी कि कोमा से बाहर आने के बाद भी वे एक सीधी रेखा में चलने तक में असमर्थ हो गए थे लेकिन फिर उन्होंने छोटे-छोटे प्रयास करके न केवल बेसबॉल में प्रोफ़ेशनल स्तर प्राप्त किया बल्कि डेनिसन यूनिवर्सिटी ने उन्हें प्रेसीडेंट मेडल से पुरुष्कृत किया और उन्होंने बायोमेकेनिक्स में स्नातक की डिग्री हासिल की।

(द) एक सेमिनार – मेरी पीढ़ी के हर युवा को आंदोलित करने वाली You Can Win जैसी अद्भुत पुस्तक लिखने वाले *शिव खेड़ा* शायद जीवन भर जीवन बीमा बेचते रहते यदि उन्हें Power of Positive Thinking के लेखक *नार्मन विन्सेंट पील* के एक सेमिनार में जाने का मौक़ा न मिला होता। मोटिवेशनल स्पीकर *विवेक विन्द्रा को भगवद गीता के बाद सबसे ज़्यादा यू कैन विन पुस्तक ने प्रभावित किया।* इसी प्रकार मेरे पसंदीदा लेखक जिम रॉन (Seven Strategies of Wealth and Happiness के लेखक) शायद कंगाली में ही मर गए होते यदि उन्हें एक सेल्स कॉन्फ्रेंस में अर्ल शोआफ़ से मिलने का मौक़ा न मिला होता। वे लिखते हैं कि अर्ल शोआफ़ ने दौलतमंद कैसे बनें, खुश कैसे रहें सिखाया। सेमिनार के अंत में जब मैं उनसे पूरी हिम्मत बटोरकर मिला तो वे मेरे अंदर सफल होने को लेकर जो आग जल रही थी

उसे समझ गए और उन्होंने आगे पाँच वर्ष तक मुझे प्रोत्साहन दिया। शोआफ़ ने कहा था–सिर्फ़ आधा दर्जन चीज़ें होती हैं जिनसे अस्सी फ़ीसदी फ़र्क़ पड़ता है। उदाहरण के लिए जो किसान शरद ऋतु में अच्छी फसल काटना चाहता है, उसे स्पष्ट रूप से इन आधा दर्जन आधारभूत चीज़ों पर ध्यान केंद्रित करना होगा–मिट्टी, बीज, पानी, धूप, खाद और देखभाल। हर चीज़ का महत्व समान है क्योंकि वे साथ मिलकर ही अच्छी फसल प्रदान करती हैं। इसलिए *अपना सेकंड हाफ़ शुरू करने से पहले ख़ुद से यह बेहतरीन सवाल पूछें – वे आधा दर्जन चीज़ें कौन सी हैं जिनसे परिणाम पर सबसे ज़्यादा फ़र्क़ पड़ेगा?* चाहे चित्रकला हो या संगीत, गणित हो या भौतिकी, खेल हो या बिज़नेस हर क्षेत्र में यह बात लागू होती है। सफलता और कुछ नहीं, सफलता के आधारभूत सिद्धांतों पर जीवन में निरंतर अमल करने का स्वाभाविक परिणाम है।

(ध) स्वयं की समस्याएं – कई दफ़ा इंसान को उसकी परेशानियाँ कुछ बड़ा और महान काम करने के लिए प्रेरित करती हैं। शरीर की इम्यून कोशिकाओं के ज़रिए ट्यूमर को नष्ट करने की रिसर्च से दवाइयाँ बनाने वाले *नोबल विजेता डॉक्टर एलिसन* की ज़िंदगी की कहानी यही बयां करती है। एलिसन के पिता टैक्सास में एक देसी डॉक्टर थे। स्कूल के ज़माने से एलिसन की दिलचस्पी साइंस में थी, कुछ समय बाद उसकी माँ की मौत कैंसर लिम्फोमा से हो गई। उसे अब तक अपनी माँ की गर्दन पर रेडिएशन के कारण लगे जलने के निशान याद रहे। उसके 2 चाचा और भाई की मौत भी कैंसर से हुई थी। इसलिए डॉक्टर जेम्स एलिसन को कैंसर की दवा खोजने की प्रेरणा अपने परिवार की मुसीबतों से मिली। उन्होंने पता लगाया कि शेल किस तरह बैक्टीरिया, वायरस सहित अन्य विषाणु को पहचान लेती हैं और इम्यून सिस्टम के माध्यम से ट्यूमर को नष्ट करती है।

अमेरिकी गृह युद्ध में घायल लेफ़्टिनेंट *कर्नल जॉन पेम्बर्टन* को जख़्मों के दर्द से छुटकारा पाने के लिए ड्रग्स लेना पड़ती थी। फ़ौज में भर्ती होने से पहले पेम्बर्टन ने फार्मेसी का कोर्स किया था और शुरू से ही दवा बनाने में उन्हें रूचि थी इसलिए उन्होंने ड्रग्स का विकल्प ढूँढ़ने का निश्चय किया। तमाम कोशिशों के बाद कोरा अखरोट की पत्तियों और फल (जिसमे कैफ़ीन होता है) को उबालते समय उनकी केतली से एक ऐसा फ़ॉर्मूला (इस

गोपनीय फ़ॉर्मूले की मूल प्रति बैंक ऑफ़ एटलांटा की एक तिजोरी में आज भी सुरक्षित रखी हुई है) निकला जिसकी आज पूरी दुनिया दीवानी है। उनके साथी फ्रैंक रोबिन्सन ने इसे कोका कोला नाम दिया। पहले साल में वे 05 सेंट्र प्रति ग्लास के हिसाब से केवल इसके 09 ग्लास प्रतिदिन ही बेच पाते थे। कुल मिलाकर पहले वर्ष इनकी कमाई 50 डॉलर और ख़र्च 70 डॉलर था। मतलब फ्रैंक रोबिन्सन को कोकाकोला घाटे का सौदा लगा और यह फ़ॉर्मूला उन्होंने आशा कैडलर को महज 2300 डॉलर में बेच दिया। इस प्रकार मार्फ़िन की लत, अपच, सिरदर्द और नपुंसकता के इलाज के नाम पर खोजे गए इस कार्बोनेटेड पेय पदार्थ ने पूरी दुनिया को बता दिया कि–ठंडा मतलब कोकाकोला।

(न) जहाँ चाह वहाँ राह – *कई बार दूसरे की खोज भी आपका जीवन बदल सकती है* – रास्ता चलते जिज्ञासा के कारण हुआ पीसीआर टेस्ट का आविष्कार लेकिन दूसरे साइंटिस्ट को नोबेल पुरस्कार मिला–

माइक्रोबायोलॉजिस्ट थॉमस ब्रॉक 1964 में अमेरिका के वाशिंगटन राज्य में अपनी लेबोरेटरी जाते हुए यलोस्टोन नेशनल पार्क में रुके थे। उन्होंने 2017 में एक इंटरव्यू में बताया–वहाँ झील के गर्म सोतों में पानी उबल रहा था। मैं देखकर दंग रह गया कि उस गर्म झरने में सूक्ष्म जीव – माइक्रोब्स जीवित हैं। इससे सबूत मिला कि उबलते पानी के तापमान को भी कुछ जीव सहन कर सकते हैं। वहाँ नीले हरे रंग के जलीय पौधे भी थे। यह एक रिसर्च की शुरुआत थी जिसने 1966 में एक क्रांतिकारी खोज को आकार दिया। *उन्होंने थर्मस एक्वेटिकस नामक एक बैक्टीरिया की प्रजाति का पता लगाया जो 70 डिग्री सेल्सियस तापमान में पनप रही थी।* डॉ. ब्रॉक और इंडियाना यूनिवर्सिटी में उनके असिस्टेंट हडसन फ्रीज़ ने देखा कि पीला बैक्टीरिया उच्च तापमान में सुरक्षित रहता है क्योंकि उसके सभी एंजाइम स्थिर हैं। वह स्वयं के डीएनए की नक़ल कर सकता है। इसके आधार पर कोरोना वायरस की टेस्टिंग के गोल्ड स्टेंटर्ड पीसीआर टेस्ट ने जन्म लिया। 1980 में बायोकेमिस्ट केरी मुलिस ने थर्मस एक्वेटिस के इस्तेमाल से पॉलीमेरेज चेन रिएक्शन या पीसीआर का निर्माण किया। इस खोज पर उन्हें 1993 में केमिस्ट्री का नोबेल पुरस्कार मिला। स्पष्ट है कि *डॉक्टर फ्रीज़ और थॉमस ब्रॉक की खोज का पुरुष्कार केरी मुलिस को मिला क्योंकि उन्होंने इस थर्मस*

एक्टेसिस की खोज का उपयोग पी.सी.आर. टेस्ट किट निर्माण में किया जिससे आगे चलकर कोरोना महामारी की जाँच संभव हुई।

रे क्रॉक (1902-1984) ने अपने जीवन में बहुत से असफल बिज़नेस किये। पहले उन्होंने फ़्लोरिडा में रियल एस्टेट में हाथ आजमाया फिर एक ट्रैवलिंग बैंड में पियानो बजाने का काम किया। प्रथम विश्वयुद्ध के दौरान वे कुछ समय तक फ्राँस में एम्बुलेंस ड्राइवर भी रहे। सत्रह साल तक उन्होंने लिली ट्यूलिप कप कम्पनी के लिये सेल्समैन के रूप में भी काम किया। फिर उन्होंने अपनी ख़ुद की कंपनी बनाई और तेरह साल तक मल्टी-मिक्सर्स बेचे ।

रे क्रॉक की क़िस्मत का सितारा 52 वर्ष की उम्र में चमका। *अपनी सेल्स रिपोर्ट में उन्होंने देखा कि उनके मल्टी-मिक्सर्स का सबसे बड़ा ख़रीददार एक रेस्तराँ है, जिसे दो भाई चलाते हैं। क्रॉक उस रेस्तराँ में गये। वहाँ उन्होंने देखा कि लोग लाइन में खड़े होकर 15 सेंट के हैमबर्गर के लिये हल्ला मचा रहे थे।* क्रॉक ने मैकडॉनल्ड बंधुओं को प्रोत्साहित किया कि वे ऐसे और रेस्तराँ खोलें, ताकि उनके मल्टी- मिक्सर्स ज़्यादा बिकें परंतु डिक मैकडॉनल्ड ने यह कहते हुए इंकार कर दिया कि वे इतने से ही संतुष्ट हैं फिर क्रॉक के मन में यह विचार आया कि क्यों न वे ख़ुद मैकडॉनल्ड्स रेस्तराँओं की चेन बना लें। क्रॉक ने तत्काल मैकडॉनल्ड बंधुओं से फ्रैंचाइजी अधिकार ख़रीद लिये। इसके बाद मैक्डोनाल्ड्स ने चमत्कार कर दिया।

दक्षिण कोरियाई कंपनी LC (लकी गोल्ड स्टार कम्पनी जो शुरू में फेसिअल क्रीम और टूथपेस्ट बनाती थी) ही वो कंपनी थी जिसने कैपेसिटिव टचस्क्रीन और ऑल-टच UI वाला पहला फ़ोन मार्केट में उतारा था। ये फ़ोन था LG KE850 Prada, जो दिसंबर 2006 में लॉन्च हुआ। लेकिन जनवरी 2007 में आए Apple के पहले iPhone के आगे LG के Prada मोबाइल की चकाचौंध फीकी पड़ गई। आज हर कोई iphone को टचस्क्रीन मोबाइल की शुरुआत के तौर पर देखता है, जबकि LG का योगदान काफ़ी हद तक भुला दिया गया है। आप समझ गए होंगे कि स्टीव जॉब्स ने LG कंपनी की टेक्नोलॉजी को अगले लेवल तक ले जाने का काम कर अपना नाम कमाया।

परिवर्तन का निर्णय कोई और नहीं ले सकता

इस परिवर्तन के लिए बाहरी कारण प्रेरक भर हैं। क्रिकेट की तरह पहली पारी की समाप्ति की घोषणा मैदान के बाहर बैठे कप्तान की जगह *ज़िंदगी की पहली पारी समाप्ति की घोषणा आप स्वयं करते हैं क्योंकि अपनी ज़िंदगी के कप्तान, सीईओ, रेफ़री और निर्णायक आप ही हैं कोई और नहीं। अपने जीवन की बागडोर थामे बिना आप अपने जीवन को नहीं बदल सकते। अपनी पहली पारी को समाप्त घोषित करने में विलम्ब करके आप उस समय को नष्ट कर रहे हैं जिस समय को ईश्वर ने पृथ्वी पर आपके रहने के लिए निर्धारित किया है।* यक़ीन मानिए आप एक क्षण भी निर्धारित समय से ज़्यादा न तो ज़िंदा रह पाएंगे और न एक सांस ज़्यादा ले पाएंगे तो अपने प्रीपेड टाइम को एक्सपायर होने से पहले पूरा उपयोग कर लें जिससे आप मृत्युशय्या पर औरों की तरह अफ़सोस न करें। *आइये अमेरिकी उद्योगपति जॉन. डी. रॉकफ़ेलर की कही गयी बात को समझें–*

कुछ महान करने के लिए अच्छे को छोड़ने से घबराइए मत।

अब हम आगे बढ़ते हुए यह समझने का प्रयास करेंगे कि आपके जीवन में सेकंड हाफ़ आने का सही समय कब है।

3

सेकंड हाफ़ कब?

आपका समय सीमित है,
इसलिए इसे किसी दूसरे का जीवन जीने में बरबाद न करें।

–(स्टीव जॉब्स अपने 2005 के
स्टैनफ़र्ड दीक्षांत समारोह व्याख्यान में)

ज़िंदगी खेल नहीं है और इसके कोई निश्चित नियम भी नहीं हैं। एक ही काम करके अलग-अलग व्यक्तियों को जीवन में अलग-अलग परिणाम अलग-अलग समय पर मिलते रहे हैं। आपके जीवन में सेकंड हाफ के आने का समय निश्चित नहीं है। आपके जीवन में परिवर्तन बिंदु कब आएगा यह तो निश्चित करना मुश्किल है लेकिन इतना तय है कि अध्याय दो में बताए किसी एक कारण से मन की पीड़ा जब इतनी तीव्र हो जाए कि रोम-रोम से बदलाव की पुकार आने लगे तो समझिए कि भाग्योदय का समय नजदीक है।

शंकराचार्य के जीवन में यह आठ वर्ष की आयु में आ गया था तो कोलोनेल सॉन्डर्स की ज़िंदगी में दूसरी पारी साठ वर्ष के बाद शुरू हुई। दिल्ली के इंडियन स्पाइनल इंजरीज़ सेंटर के संस्थापक, पद्मभूषण मेजर *हरिपाल सिंह अहलूवालिया* उनमें से एक हैं जिन्होंने 1965 में पाकिस्तान की लड़ाई में रीढ़ की हड्डी में चोट लगने के बाद व्हीलचेयर पर रहते हुए माउंट एवरेस्ट को फ़तह किया था। जर्मनी के कुख्यात चांसलर *हिटलर* ने

भी अपना राजनीतिक करियर जर्मन वर्कर्स पार्टी के एक सदस्य के रूप में शुरू करने से पहले प्रथम विश्व युद्ध में एक सैनिक के रूप में भाग लेकर प्रतिष्ठित आयरन क्रॉस प्राप्त किया था।

अध्यात्मिक संस्था प्रजापिता ब्रह्मा कुमारी ईश्वरीय विश्वविद्यालय की शिक्षिका राजयोगिनी शिवानी बहन को आज घर-घर मे पहचाना जाता है। 'अवेकनिंग विद ब्रह्मा कुमारीज (Awakening Series) नामक टीवी प्रोग्राम द्वारा बीके शिवानी ने 2008 में पहली बार विश्व सेवा का कार्य शुरू किया। पुणे शहर के एक मध्यम वर्गीय परिवार मे जन्मी शिवानी वर्मा ने 1994 मे पुणे यूनिवर्सिटी से अपनी इलेक्ट्रॉनिक्स इंजीनियरिंग की पढ़ाई पूरी की इसी दौरान ही उनकी माँ ब्रह्माकुमारी आश्रम जाने लगीं तो उनके कार्य और व्यवहार मे परिवर्तन देख, शिवानी ने भी ब्रह्माकुमारी सेंटर पर जाने और 7 दिवसीय राजयोग कोर्स लेने का निर्णय किया। *एक इंटरव्यू में उन्होंने बताया कि माता-पिता के कहने के बाद भी प्रारम्भ में उन्हें इसमें कोई रूचि नहीं थी लेकिन जब उन्होंने अपनी माँ की मानसिक दृढ़ता में परिवर्तन देखा तो वे हफ़्ते-दो-हफ़्ते में एकाध दिन सेंटर पर जाने लगीं।* इस तरह उन्हें इस ईश्वरीय ज्ञान का परिचय हुआ। जब उनकी शादी विशाल वर्मा के साथ हुई तो उन्होंने गुरुग्राम में अपना सॉफ़्टवेर का व्यापार शुरू किया। 2007 से वह दिल्ली में ब्रह्मकुमारियों के टेलीविज़न कार्यक्रम को बैक स्टेज संभाल रही थीं जिसमे वरिष्ठ शिक्षक लोगों को प्रेरित करते थे। *इसी दौरान संयोगवश एक बार वरिष्ठ शिक्षक की अनुपस्थिति में उन्हें लोगों के प्रश्नों का जवाब देने का अवसर मिला और यहीं से महान प्रेरक वक़्ता के रूप में शिवानी की शुरुआत* हुई जिनके प्रवचन को सुनकर सभी धर्म, भाषा और आयु वर्ग के लोग मोटिवेट हो रहे हैं।

सेकंड हाफ़ एक घटना है जिसका आपके मन से बेहद गहरा ताल्लुक है क्योंकि *जिस दिन आपको लगता है कि बस अब और नहीं उस दिन से सेकंड हाफ़ की शुरुआत हो जाती है। रसायन विज्ञान की भाषा में कहें तो यह जीवन का बॉयलिंग पॉइंट है।* सब जानते हैं कि पानी 100 डिग्री सेल्सियस पर उबलता है लेकिन तापमान का यह स्तर एकदम से नहीं आता है बल्कि धीरे-धीरे आता है। वैसे ही जब मनुष्य के जीवन में धैर्य की सीमा या इच्छा की तीव्रता या फिर परिवर्तन की भावना एक सीमा के पार चली जाती है तो इस घटना का जन्म होता है। महत्वपूर्ण तथ्य यह है कि जिस प्रकार प्रत्येक

पदार्थ का बॉयलिंग पॉइंट (उबलने का बिंदु) अलग-अलग होता है जैसे कि सोने का 2836 डिग्री सेल्सियस और चाँदी का 2162 डिग्री सेल्सियस और पानी का 100 डिग्री सेल्सियस वैसे ही प्रत्येक मनुष्य के परिवर्तन का बिंदु अलग-अलग होता है। हालाँकि यह पदार्थ की तरह निश्चित नहीं है। इसका कारण मानवीय भावनाओं और परिस्थितियों के प्रति प्रत्येक व्यक्ति की अनुकूलन की क्षमता का अलग-अलग होना है। आइये कुछ प्रश्नों का उत्तर जानने की कोशिश करते हैं-

- **आपकी अब तक की जीवन यात्रा कैसी रही है-** आपके अब तक के जीवन की एक समीक्षा करने की आपको आवश्यकता है। इसके लिए आप ख़ुद प्रयास कर सकते हैं या फिर अपने किसी नज़दीकी मित्र से आग्रह कर सकते हैं। मित्र ऐसा हो जो आपको अच्छे से जानता हो क्योंकि बिना जाने वह आपका मूल्यांकन नहीं कर सकता। आप अपनी पत्नी, माता-पिता या शिक्षक से भी अपने अब तक के जीवन का मूल्यांकन करने के लिए अनुरोध कर सकते हैं। आप चाहें तो फुर्सत के क्षणों में अपनी अंतरात्मा से भी पूछ सकते हैं कि अब तक मैंने क्या पाया है? *मेरा ऐसा मानना है कि हम सबके अंदर एक ऐसा नेविगेशन सिस्टम है जो बार-बार हमारी दिशा निर्धारित करता है और हर ग़लत काम करने के पहले हमें सचेत करता रहता है लेकिन ज़िंदगी के कोलाहल और आपाधापी के कारण हमने उस सिस्टम को इनएक्टिव कर दिया है जिसके कारण हमारे अंदर की आवाज़ इतनी क्षीण हो गयी है कि वह अब हमें सुनाई नहीं देती।* सेकंड हाफ़ के शुरू करने के लिए आपको अपनी अंतरात्मा को योग एवं ध्यान के प्रयोग से एक्टिव मोड में लाने का प्रयास करना होगा।

- **क्या आपको अपने जीवन में कोई कमी दिखती है -** जब आप आत्मविश्लेषण कर रहे हैं तो आपको कैसा लग रहा है? क्या जीवन ठीक-ठाक है या इसमें कुछ कमी या अधूरापन महसूस हो रहा है? क्या कुछ ऐसा है जो आप नहीं कर पा रहे हैं? क्या आप केवल औसत जीवन जी रहे हैं? आपके बच्चे, आपकी पत्नी और आप ख़ुद क्या इस जीवन से संतुष्ट हैं? क्या इसी जीवन के लिए महाकवि गोस्वामी तुलसीदास जी ने लिखा था -

बड़े भाग मानुस तन पावा।
सुर दुर्लभ सदग्रंथन्हि गावा।।

यदि ऐसा नहीं है तो आपका क्या विचार है। *आपको अपने जीवन में परिवर्तन लाने के लिए किसका इंतज़ार है? क्या आप भी देवी अहिल्या की तरह भगवान राम की प्रतीक्षा कर रहे हैं? मेरा ऐसा मानना है कि आज के जीवन में यदि भगवान स्वयं भी आकर कहें तो भी हमारी मानसिक दशा उसे पहचान पाने की स्थिति में नहीं है। यदि आप को ईश्वर पर विश्वास है तो विवेकानंद के शब्दों में – मुझे वह स्थान बता दीजिये जहाँ ईश्वर नहीं है।* और जब ईश्वर हमारे आसपास है, हमेशा हमारे साथ है तब निर्णय लेने में कैसा डर, कैसी चिंता और कैसा बिलम्ब?

- **क्या आपने इसी जीवन का सपना देखा था–** जब हम पैदा हुए तो सब प्रसन्न हुए थे। *हमारे माता-पिता से लेकर दादा-दादी और समाज ने सोचा था कि हमारे जन्म से परिस्थितियाँ बदलेंगी। क्या ऐसा हुआ है?* संत कबीर दास जी से बड़ा कोई विचारक नहीं हुआ हैं। उन्होंने इसी अवसर के लिए कहा था –

कबीरा जब हम पैदा हुए, जग हँसे हम रोये।
ऐसी करनी कर चलो, हम हँसें जग रोये।।

तो अब तक की यात्रा से क्या आप प्रसन्न हैं? आपने अपने जीवन के इतने वर्षों में कितने लोगों के जीवन पर सकारात्मक फ़र्क़ डाला है? जिस समय यह किताब आपके हाथ में है क्या वह सही समय नहीं है जब आप जीवन की पहली पारी समाप्त कर दूसरी पारी शुरू करने का निर्णय लें? सबसे बड़ी बात क्या आप ने बचपन से इसी स्थिति का स्वप्न देखा था? क्या अब तक का आपका जीवन पशुओं की तरह जन्म लेकर संघर्ष करते हुए मर जाने के स्तर का नहीं है?

- **यदि आपको अपना जीवन फिर से जीना पड़े तो क्या बदलना चाहेंगे –** यह समय अपने जीवन पर एक विहंगम दृष्टि डालकर यह

विचार करने का है कि आगे के जीवन में पिछले जीवन के किस हिस्से को आप बदलना चाहेंगे। आपको तत्काल एक क्रान्तिकारी परिवर्तन करने का निर्णय करना होगा।

जब आज इस किताब के माध्यम से आप अपना आत्मविश्लेषण कर रहे हैं तो मैं चाहूँगा कि आप इसी समय इस किताब को पढ़ना रोक कर आँखें बंद कर लें और अपने जीवन को फ़्लैश बैक में ले जाएँ और जब से घटनाएं याद आ रही हों उन पर ग़ौर करें। मुझे लगता है कि आपको भी मेरी तरह चार-पाँच साल की आयु के बाद की प्रमुख घटनाएं याद आ रही होंगी। आप उस समय सोचते थे कि आप पक्षियों की तरह उड़ सकते हैं और मनचाहे काम कर सकते हैं। आप ने जीवन में महान काम करने की इच्छा की थी, आपको लगता था कि आप अच्छे काम करके अपने परिवार, समाज और देश का नाम रौशन करेंगे लेकिन फिर आप अपना स्वप्न, अपना लक्ष्य, अपना उद्देश्य जीवन की भागदौड़ में भूल गए और आज की स्थिति में पहुँच गए। ऐसा क्यों हुआ? ऐसा इसलिए हुआ कि आप आज के पहले शांति से बैठकर अपनी आत्मा रुपी कम्पास (दिशा सूचक यंत्र) से मार्ग पूछे बिना इधर-उधर दौड़ते रहे जिससे न तो आपको शांति मिली, न प्रसन्नता मिली और न ही सुख मिला। आपकी स्थिति उस जानवर की तरह हो गयी जो एकदम से शहर में पहुँचकर चकाचौंध देखकर कभी इधर दौड़ता है और कभी उधर लेकिन रास्ता दिखाई नहीं देता। मतलब सा.फ़ है कि यदि आपको अपना जीवन दोबारा जीने को मिले तो आप उसमे बहुत सारे बदलाव करना चाहेंगे। *मैं आपको जागृत कर रहा हूँ कि आप झट से पेन काग़ज़ निकालिये और उस पर लिखिए कि वे कौन सी चीज़ें हैं जिन्हे आप अपने जीवन से इसी क्षण हटाना चाहते हैं और वे कौन सी चीज़ें हैं जिन्हे अपने जीवन में जोड़ना चाहते हैं जिससे जीवन में कुछ उपलब्धि हासिल हो सके।*

- **क्या आपको लगता है कि अब बहुत देर हो गयी है** – आपको ऐसा तो नहीं लगता कि अब बहुत देर हो गयी है अब कुछ नहीं हो सकता। अरे भाई, क्रिकेट के मैच में जब तक अंतिम ओवर की आख़िरी गेंद बाक़ी है तब तक कोई व्यक्ति क्या मैच का परिणाम बता सकता

है? मेरी बात पर विश्वास न हो तो आस्ट्रेलिया के ग्लेन मैक्सवेल की 201 रन की उस पारी को याद कीजिये जो उन्होंने अफ़गानिस्तान के ख़िलाफ़ विश्व कप 2023 में सात विकेट गिरने के बाद पिछले दिनों खेली है और जिसके बारे में सचिन तेंदुलकर ने कहा है कि मैक्सवेल की यह पारी उनके 49 शतकों पर भारी है। इसी तरह हॉकी, लॉन टेनिस, बास्केट बॉल या फुटबॉल के मैच में जब तक एक मिनट का खेल शेष है तब तक क्या कोई व्यक्ति सही भविष्यवाणी कर सकता है? आपका जवाब भी मेरी तरह न में होगा। उसी तरह *जब तक आपके शरीर में अंतिम साँस बाक़ी है तब तक आप अपने जीवन को परिवर्तित कर सकते हैं।* इस पुस्तक में मैं आपको उन महानायकों से परिचित कराऊंगा जिन्होंने अपने जीवन की विपरीत परिस्थितियों में साहस, धैर्य और लगन से शून्य से शिखर तक की ऊँचाइयों को छुआ। हमें याद रखना चाहिए कि *यूनानी दार्शनिक सुकरात ने वाद्ययंत्र बजाना तब सीखा, जब उनकी उम्र अस्सी साल थी। माइकल एंजलो ने कुछ महान पेंटिंग इतनी ही आयु में बनायीं थी। अल्फ्रेड लॉर्ड टेनिसन ने अपनी प्रसिद्ध कविता क्रॉसिंग द वार तेरासी वर्ष की उम्र में लिखी थी। रे क्रॉक ने मैकडॉनल्डस फ्रेंचाइजी 53 वर्ष की उम्र में शुरू किया। उस समय उन्हें कई बीमारियाँ भी थी।* उन्हें डायबीटीज थी। उनका गॉलब्लैडर ख़राब हो चुका था। उनकी थायराइड ग्रंथि की हालत भी काफ़ी ख़राब थी और आर्थराइटिस की बीमारी भी शुरू हो चुकी थी। *कर्नल सांडर्स के पिता की मृत्यु हुई तब वे केवल छह साल के थे।* जब वे बारह साल के हुए तो उनकी माँ ने दूसरी शादी कर ली। 15 वर्ष की आयु में वे बस कंडक्टर बने, 16 वर्ष की आयु में क्यूबा जाकर सैनिक बन गए। उसके बाद वे रेलरोड फ़ायरमैन बन गए। फिर उन्होंने पत्राचार से वकालत पढी, बीमा सेल्समैन बन आहियो नदी में स्टीम बोट से सवारियाँ ढोने का काम किया, टायर बेचे और सर्विस स्टेशन चलाए। 40 साल की उम्र में सांडर्स ने कोरविन, केंटुकी में अपना सर्विस स्टेशन शुरू किया आसपास कोई रेस्टोरेंट नहीं था इसलिए उन्हें सर्विस स्टेशन पर रुकने वाले भूखे यात्रियों के लिए खाना भी तैयार करना पड़ता था। सांडर्स सर्विस स्टेशन के पीछे बने अपने कमरे की डाइनिंग टेबल पर उन्हें खाना खिलाते थे। ग्राहकों को उनका चिकन बहुत पसंद आता

> था जिसे वो 11 मसालों के गोपनीय मिश्रण से तैयार करते थे। *उनका बनाया चिकन केंटकी के गवर्नर रूबी लाइफून को इतना पसंद आया कि उन्होंने हर्लेन सांडर्स को कर्नल की उपाधि से विभूषित कर दिया लेकिन तभी एक मुसीबत आ गई जब उन्हें पता चला कि एक नया हाई वे बनने से उनके रेस्तरां के सामने से आवागमन बंद हो गया है। सांडर्स अब 62 साल के थे और सरकारी पेंशन पर आश्रित थे। सारा क़र्ज़ा चुकाने के बाद उनके पास सोशल सिक्योरिटी के 105 डॉलर के चेक के अलावा कुछ भी नहीं बचा था। उन्होंने अब के.एफ़.सी की फ्रेंचाइजी खोलने का निर्णय लिया।* के एफ़ सी का फ़ॉर्मूला आज भी लुई विले की एक तिजोरी में बंद है।

बहुत कम आयु में अपनी प्रारंभिक असफलताओं से सीखते हुए *आइकिया के इंगवार कांपरेड और सबवे के फ्रेड दिल्युका ने तो 17 वर्ष की उम्र में ही अपनी विश्व विख्यात कंपनियों की स्थापना कर दी थी। बिल गेट्स ने 19 साल की उम्र में माइक्रोसॉफ़्ट और स्टीव जॉब्स ने 19 साल की उम्र में एप्पल कंप्यूटर की स्थापना की थी। मार्क जुकरबर्ग ने 20 वर्ष की उम्र में फ़ेसबुक शुरू की थी। ट्रक ड्राइवर पिता की अकाल मृत्यु के बावजूद टॉम मोनाघन ने 23 साल की उम्र में डोमिनोज़ पिज़्ज़ा की नींव रखी* और चार *साल की आयु में अपने* पिता को खोने वाले फ्रेड *स्मिथ ने 25 वर्ष की उम्र में फ़ेडरल एक्सप्रेस की स्थापना की।* बिल गेट्स, माइकल डेल और स्टीव जॉब्स जैसे लोग 25 साल की उम्र तक अमीर बन चुके थे।

आइये *विली जॉली* की कही इस बात से अध्याय का अंत करते हुए अगले अध्याय की ओर आगे बढ़ें।

जब तक आप साँस ले रहे हैं,
तब तक इस बात की संभावना है कि आप सफल हो सकते हैं।

4

सेकंड हाफ कैसे?

आप इस संसार में जो भी करना चाहें, कर सकते हैं, बशर्ते आप इसे शिद्दत से चाहते हों – और क़ीमत चुकाने के इच्छुक हों।

–मेरी के ऐश

अब हम इस पुस्तक के सबसे महत्वपूर्ण अध्याय की ओर बढ़ रहे हैं जिसमे हम जानेंगे कि हम कैसे अपने जीवन को परिवर्तित करने का संकल्प पूरा करेंगे। साथियों, आप मेरी बात से सहमत होंगे कि स्वप्न कितने ही महान क्यों न हो, यदि हम अपने सपनों का पीछा करने के लिए कर्म नहीं करेंगे तो हमारे जीवन में कोई परिवर्तन नहीं आएगा।

अपना इकसठवां जन्म दिन मना रहे हॉलीवुड अभिनेता *जिम कैरी* का कहना है कि – मेरे पिता एक महान कॉमेडियन बन सकते थे, लेकिन उन्होंने कभी ये यक़ीन नहीं किया कि वे ऐसा कर सकते हैं और उन्होंने ख़ुद को सीमित कर लिया। *मैंने अपने पिता से बहुत कुछ सीखा है, कम से कम ये तो सीखा ही है कि जिसमें मन नहीं है उसमें फ़ेल हो जाओ और फिर वो करो जिसे करना अच्छा लगता है।* मैं 28 साल का था। जिम कैरी कहते हैं एक रात लॉस एंजिल्स में मुझे अहसास हुआ कि मेरी ज़िंदगी का मक़सद लोगों को चिंताओं से दूर रखना है, बिल्कुल मेरे पिता की तरह। मैं अक्सर कहता हूँ कि लोगों के नाम और पैसा कमाने के सपने पूरे होने चाहिए जिससे कि वे यह समझ सकें कि पूर्णता इसमें नहीं है। मैं चाहता

हूँ कि आप बस रिलैक्स रहें और अच्छी ज़िंदगी जिएं। लेकिन क्या आप मानेंगे कि इस महान हास्य अभिनेता को आज दिनांक तक ऑस्कर मिलना तो दूर, एक नॉमिनेशन तक नहीं मिला है। ख़ैर चिंतित मत होइए जिम कैरी अपनी जर्नी को एन्जॉय कर रहे हैं।

जिम कैरी के उदाहरण से इस अध्याय को शुरू करने का मेरा उद्देश्य कुछ और है। आइए उस वजह को जानते हैं –

1985 में संघर्ष के दिनों में कैरी ने एक चेक बनाया। लिखा 'एक्टिंग सर्विसेस रेंडर्ड'। यह 10 मिलियन डॉलर का था। इस पर दस साल आगे की तारीख़ लिखी और इसे वॉलेट में रख लिया। इत्तफ़ाक़ कह सकते हैं ठीक 10 साल बाद नवंबर 1995 में उन्हें 'डंब एंड डंबर' फ़िल्म के लिए चुन लिया गया, जिसके लिए उन्हें 10 मिलियन डॉलर्स की ही फ़ीस मिली।

आपका मक़सद क्या है? आप इस दुनिया को क्या देने वाले हैं? आपके टैलेंट की उनको किस तरह ज़रूरत होगी? आपके पास लोगों की किस समस्या का समाधान है? यह सब आपको ही खोजना होगा। *मैं अपने अनुभव से आपको केवल यह बता सकता हूँ कि कोई नज़दीकी व्यक्ति यदि आपको यह बताए कि आप फलां काम को करने में अच्छे हैं तो उसे एक बार ज़रूर आजमाइए।* जीवन में जो भी आप कमाएंगे वो टूट सकता है, छिन सकता है, आपके पास सिर्फ़ वो रह जाएगा जो आपके दिल में होगा और आपकी यह उपलब्धि पर्याप्त है क्योंकि आप सब कुछ ख़त्म होने पर भी रीस्टार्ट कर पाएंगे।

तो फिर देर किस बात की है। अपने जीवन के पहले हाफ़ के समाप्त करने की घोषणा कर दीजिये क्योंकि आपके हाथ में यह प्रेरक किताब है। ईश्वर चाहता है कि आप इसी क्षण संकल्प लें कि अपने सीमित विचारों, मानसिक नजरिये और उद्देश्यों को बदल कर अपनी दूसरी पारी की ज़ोरदार शुरुआत करें। यह पुस्तक आपकी क़दम–क़दम पर सहायता करने के उद्देश्य से ही लिखी गयी है। मैं चाहता हूँ कि आप बचपन में पढ़े गए इस सूत्र पर फिर से निगाह डालें जिसमे विद्यार्थी के पाँच लक्षण बताये गए हैं –

काक चेष्टा बको ध्यानं, श्वान निद्रा तथैव च ।
अल्पहारी गृह त्यागी, विद्यार्थी पंच लक्षणं ।।

भावार्थ : कौआ की तरह लक्ष्य प्राप्ति की चेष्टा, बगुला की तरह लक्ष्य के ऊपर ध्यान, स्वान (कुत्ता) की तरह कम निद्रा, कम खाने वाला और गृह का त्याग करना विद्यार्थी के पाँच लक्षण हैं।

ऊपर लिखे गए लक्षण न केवल विद्यार्थी के ऊपर लागू होते हैं बल्कि इन बातों को आप और हम आज भी अपनाकर अपने जीवन में सफलता को प्राप्त कर सकते हैं। तो आइये बाज पक्षी से प्रेरणा लें जो कि बारह हज़ार फ़ीट की ऊँचाई पर आकाश में दो सौ दस किलोमीटर प्रति घंटे की रफ़्तार से उड़ते हुए भी अपने लक्ष्य को दबोच लेता है। अब समय आ गया है जब हम अपने आप को अपनी सीमाओं के विस्तार की तरफ़ ले जाएँ क्योंकि आपकी क्षमताएँ सीमाहीन हैं। किसी ने सच ही कहा है – sky is the limit.

सफलता की दिशा में पहला और
सबसे महत्त्वपूर्ण क़दम यह भावना है कि हम सफल हो सकते हैं।
–नेल्सन बॉसवेल

पहला हाफ़ मतलब अभी तक की आपकी यात्रा जिसमे आप अपनी ज़िंदगी गुमनामी में बिता रहे थे उसी के विश्लेषण से आगे की राह दिखेगी। इसलिए आगे बढ़ने से पहले अपने आप से कुछ प्रश्न पूछिये –

1. आप अब तक जो काम कर रहे थे क्या वह आपको पसंद है?
2. अपना काम करते समय क्या आप बार-बार घड़ी देखते हैं?
3. क्या आप वही काम कर रहे हैं जिसके सपने बचपन में देखा करते थे?
4. क्या आपको अपने काम में सुकून और ख़ुशी मिलती है?
5. क्या अपने काम से आप लोगों का भला कर पा रहे हैं?
6. क्या आप अपने काम में असफल होने के बाद भी जुटे रहते हैं या पछता रहे हैं?
7. क्या आप अपना यह काम जीवन भर करना चाहेंगे?

यदि आपका उत्तर हाँ है तो आपको अपने काम में दिल लगाकर उसे नेक्स्ट लेवल पर ले जाने की ज़रूरत है और यदि आपका उत्तर ना है तो संकल्प लेकर परिवर्तन के लिए तैयार होने की बारी है लेकिन दोनों ही परिस्थितियों में आपकी रणनीतियाँ अलग-अलग होंगी। यदि आपको अपना काम पसंद है और अब तक आप ग्रो नहीं कर पाए हैं तो आपके लिए जानना ज़रूरी है कि वे कौन सी चीज़ें हैं जो आपको आगे बढ़ने से रोक रही हैं। हो सकता है आप अपने काम का प्रदर्शन अच्छे से नहीं कर पा रहे हों या फिर आपको आपके क्षेत्र गें किसी स्किल ट्रेनिंग की ज़रूरत हो। कहीं ऐसा तो नहीं है कि आप आलस के कारण उतनी मेहनत नहीं कर पा रहे हैं जितनी करना चाहिए।

लेकिन यदि आपको अपना काम पसंद नहीं है तो क्या करें? आप इस समय जो काम कर रहे हैं उसमे यदि मज़ा नहीं आ रहा है तो इसका मतलब है कि आप केवल वक़्त काट रहे हैं। ऐसी स्थिति में घुट-घुट कर जीने से बेहतर है ज़िंदगी में आगे बढ़ने का निर्णय लें। अब सबसे महत्वपूर्ण क़दम है उस चीज़ की पहचान करना जिसे हम किसी व्यक्ति की यूनिकनेस, अनूठापन या टैलेंट कहते हैं क्योंकि इसे जाने बिना जीवन में कोई भी अगला क़दम उठाना मूर्खतापूर्ण रहेगा और पछतावा होगा। आइये अपना अनूठापन और जुनून खोजें।

5

अपने अनूठेपन को कैसे पहचानें

प्रतिभा शुरुआत तो करा सकती है,
लेकिन यह आपको फ़िनिश लाइन तक नहीं ले जाएगी।

–कोबे ब्रायंट

जब आप सोचते हैं कि आपको महत्वपूर्ण काम करना है तो सबसे पहली बात है – कौन सा? आपके इस प्रश्न का उत्तर आपके सिवाय कोई नहीं दे सकता क्योंकि आज आपकी जो हालत है उसका कारण ही यह है कि आपने अपने सबसे महत्वपूर्ण प्रश्न का उत्तर खुद से न पूछते हुए अपने माता-पिता, शिक्षक, मित्र या समाज से पूछा और दूसरों के हिसाब से आपने अपनी ज़िंदगी के निर्णय बिना सोचे-समझे लिए जिसका परिणाम है कि आज आप अशांत, अप्रसन्न और तनावग्रस्त हैं। आपने अब तक जो भी सुख खरीदा, वह क्षणिक सिद्ध हुआ इसलिए सेकंड हाफ में वही ग़लती नहीं दोहराना है।

जिस समय मैं यह पुस्तक लिख रहा हूँ उस समय जनसंख्या घड़ी के मुताबिक संसार की जनसंख्या आठ अरब से अधिक है (जब यह किताब लिखना शुरू किया था तब विश्व जनसंख्या सात अरब पंचानवे करोड़ थी) लेकिन आश्चर्य की बात है कि इनमे से किन्हीं दो व्यक्तियों की शारीरिक और मानसिक संरचना एक सी नहीं है। *आप अद्वितीय और अनूठे हैं। आपके जैसा न आज तक पैदा हुआ है और न होगा।* वैसे तो यह अनूठापन चराचर

में विद्यमान है जिसके कारण कोई दो पत्तियां, दो फूल, दो जड़ें, दो तने एक जैसे नहीं हैं लेकिन उन सबसे ऊपर आप ईश्वर का सबसे महान चमत्कार हैं क्योंकि ईश्वर ने उन्नत मस्तिष्क देकर सोचने, निर्णय लेने और उसे क्रियान्वित करने का वरदान आपको दिया है। आपके शरीर की कार्यप्रणाली ऑटोनॉमस है। क्या आप कभी साँस लेने, शरीर के विभिन्न हिस्सों में बिना रुके हृदय और फेंफड़ों के द्वारा खून और ऑक्सीजन पहुँचाने, भोजन को पचाने, कट लग जाने पर खून का थक्का ज़माने के लिए अपने शरीर को निर्देशित करते हैं? आपने बिलकुल सही कहा–नहीं। क्या ये सब क्रियाएं कृत्रिम रूप से की जा सकती हैं? आज के वैज्ञानिक अनुसंधानों की स्थिति के अनुसार प्रकृति के इन क्रियाकलापों को करना तो दूर समझ पाना भी असम्भव है।

आप जब पैदा हुए तो प्रकृति ने आपको अद्वितीय रंग-रूप, कौशल, बुद्धि और मस्तिष्क के साथ इस पृथ्वी पर उतारा था लेकिन समय के बीतने के साथ-साथ आपका वो अनूठापन कहीं खो गया और आप वह बन गए जो आपके माता-पिता, शिक्षक, समुदाय या परिस्थितियों ने आपको बना दिया। *आपकी नेचुरल यूनिक प्रोग्रामिंग डिस्टर्ब हो गयी जिसके कारण आज आप वो नहीं हैं जैसा आपको प्रकृति बनाना चाहती थी बल्कि आप का स्वरुप आज आसपास के वातावरण से सामंजस्य बैठाते-बैठाते परिस्थितियों का गुलाम बन चुका है* लेकिन ख़ुशी की बात यह है कि आपको स्वयं का अनोखापन पहचानने में आपके दोस्त, माता-पिता और बचपन के शिक्षक सहयोग कर सकते हैं इसलिए स्वयं के अनूठेपन को समझने के लिए हर उस व्यक्ति से सम्पर्क कर अपने आप को जानने का प्रयास कीजिये जो आपको बेहतर तरीक़े से जानता हो और आपका भला चाहने वाला सकारात्मक व्यक्ति हो। इस कार्य मे आपके बचपन के फ़ोटोग्राफ़ भी उपयोगी हो सकता है।

साथियो यदि आप भी मेरी तरह जीवन की निरंतरता में विश्वास करते हैं तो *आपको मेरी यह बात शायद पसंद आये कि हमारा जीवन एक यात्रा है और हम जीवन में अनुभव और ज्ञान अर्जित करते हैं और आगे बढ़ते चले जाते हैं। क्या आप मानते हैं कि किसी भी वृक्ष के बीज में यह सूचना प्री इन्सटाल्ड होती है कि वह कितना ऊँचा होगा, उसके पत्ते कैसे होंगे, उसके फल खट्टे-मीठे होंगे या कड़वे होंगे और सब कुछ ठीक रहा तो उसकी आयु*

कितनी होगी। उस बीज में यह सूचना भी छिपी होती है कि उसे कौन-कौन सी बीमारियाँ हो सकती हैं। मनुष्य का जन्म भी एक बीज (शुक्राणु) से होता है और वैज्ञानिक इस निष्कर्ष पर पहुँचे हैं कि आपके जींस में मौजूद डी एन ए का विश्लेषण करके एकदम सही भविष्यवाणी की जा सकती है कि आपके बालों का रंग कैसा होगा, आप कितना जियेंगे, आपको कौन-कौन सी बीमारियाँ होंगी लेकिन *जहाँ तक मेरी जानकारी है अभी तक यह जानने में हम सक्षम नहीं हैं कि हम डी एन ए को देखकर यह भविष्य वाणी कर दें कि आप जीवन में क्या बनेंगे जबकि आपके डी एन ए में यह रहस्य छिपा है। मनुष्य जीवन की यही विलक्षणता है कि वह चाहे तो देवता और दानव में से कुछ भी बन सकता है।*

महान वैज्ञानिक आइंस्टीन का ऊर्जा संरक्षण का सिद्धांत कहता है कि ऊर्जा न तो नष्ट होती है और न उत्पन्न होती है बल्कि एक रूप से दूसरे रूप में परिवर्तित होती है। इस सिद्धांत से एक बात स्पष्ट होती है कि इस ब्रह्माण्ड की कुल ऊर्जा नियत है। भारतीय दर्शन के अधिकांश धर्म मानते हैं कि जब किसी व्यक्ति की मृत्यु होती है तो उसके शरीर से ऊर्जा निकल जाती है और भौतिक शरीर शेष रह जाता है जिसका अंतिम संस्कार करके पञ्च तत्व वापिस ब्रह्माण्ड को लौटा दिए जाते हैं। लेकिन ऊर्जा के रूप में जीव का अस्तित्व तब तक बना रहता है जब तक कि वह कोई नया स्वरुप (जन्म) ग्रहण नहीं कर लेता। हर नए स्वरूप में पिछले जन्मों में प्राप्त ज्ञान स्मृति के रूप में आगे बढ़ता जाता है। पुनर्जन्म की धारणा के सम्बन्ध में रिसर्च से यह ज्ञात हुआ है कि जन्म के पाँच साल तक, जब तक कि बच्चा अबोध होता है, बच्चे को अपने पूर्व जन्म की स्मृति रहती है और जैसे-जैसे बच्चे का नाता वर्तमान जन्म के माता-पिता और नए वातावरण से मज़बूत होता है वैसे-वैसे उसे पूर्व जन्म की बातों का विस्मरण होता जाता है। यदि किसी तरह हम पुनः अपने बचपन की अबोध अवस्था को प्राप्त कर सकें तो बहुत संभव है कि हमें अपने पिछले जन्मों में लगातार समृद्ध किये गए टैलेंट को जानने में सफलता मिल जाए। *मुझे पूर्ण विश्वास है कि एक दिन ऐसा आएगा जब विज्ञान यह साबित कर देगा कि हर बच्चा न केवल जेनेटिकली यूनिक है बल्कि उसके अंदर एक अद्वितीय टैलेंट है और जिसमें जन्मों-जन्मों में हुआ विकास सम्मिलित है।*

यदि टैलेंट कुछ हद तक जन्मजात नहीं है तो फिर इस प्रश्न की व्याख्या मुश्किल है कि क्यों कुछ लोगों को गायन सीखना या नृत्य करना या खेल खेलना या चित्रकारी आसान लगती है, क्यों कुछ लोग आसानी से मैनेजरियल, वित्तीय प्रबंध, साहसिक गतिविधियों या लीडरशिप के काम में आगे बढ़ जाते हैं या क्यों कुछ व्यक्तियों में लोगों से जुड़ने, उनकी समस्याएं समझकर समाधान करने की जन्मजात प्रतिभा होती है। हाँ, एक बात सौ फ़ीसदी सत्य है कि जो भी व्यक्ति अपनी जन्मजात प्रतिभा के ऊपर लगातार मेहनत नहीं करता है उसके लिए वह टैलेंट दो कौड़ी का नहीं रह जाता। क्या आपने कभी जन्म के एक साल बाद तक किसी बच्चे पर सोते समय ध्यान दिया है। आप देखेंगे कि वह स्वप्न में कभी हँसता है तो कभी रोता है। हमारे यहाँ तो वृद्ध महिलाएँ कहती हैं कि बच्चे के साथ वैमाता(स्थानीय देवी) खेल रही हैं जबकि मेरा मत है कि बच्चे को अपने पूर्व के दुःख-सुख याद आ रहे होते हैं जिनके कारण वह रो या हँस रहा होता है क्योंकि उस दशा में उसे इस जन्म का तो कोई होश नहीं होता। सही बात तो यह है कि टैलेंट की तुलना बीज से की जा सकती है जिसे उचित मिट्टी, पानी, वातावरण, प्रकाश इत्यादि न मिले तो समूल नष्ट होने से कोई नहीं बचा सकता। दूसरे शब्दों में हर व्यक्ति के अंदर जन्म से ही कोई न कोई ऐसी अभिरुचि, रुझान या झुकाव अवश्य होता है जिसे जान कर उसके भविष्य के उन क्षेत्रों को समझा जा सकता है जिनमे उसके सफल होने की सर्वाधिक सम्भावना है।

अपने अनूठेपन को खोजना अभी भी मुश्किल नहीं है – लेकिन इसके लिए आपको अपने बचपन के दिनों में लौटना होगा। आपको बचपन में क्या अच्छा लगता था? आप किस प्रकार के सपने देखते थे? आप बड़ा होकर क्या बनना चाहते थे? वे कौन से काम थे जिन्हें करने में आपको समय का पता ही नहीं लगता था? वे कौन से काम थे जिन्हें आप करते-करते सो जाते थे और जागते ही फिर शुरू कर देते थे? आपकी रुचियाँ क्या थीं? कौन से काम आपका ध्यान आकर्षित करते थे?

आपको इन प्रश्नों का उत्तर खोजना होगा। वास्तव में जीवन का उद्देश्य कुछ बाहर प्राप्त करना नहीं है बल्कि ज़िंदगी का उद्देश्य गहरे अर्थों में 'स्व'की खोज है। मेरे प्रिय विचारक ओशो कहते हैं कि जीवन का सबसे आधारभूत प्रश्न है-मैं कौन हूँ?

अपनी आँखें बंदकर अपने बचपन में पहुँचिए। क्या यह मुश्किल है? नहीं आप एकांत में बैठकर या फिर किसी बगीचे में प्रकृति की गोद में सुबह के समय ध्यान करके कई दिन लगातार प्रयास से अपने बचपन को फिर से देख सकते हैं। आपको यह जानना है कि वे कौन से काम थे जिनमे आप पूरे-पूरे दिन बिना थके लगे रहते थे। वे कौन से सपने थे जिन्हें आप बार-बार देखते थे। आपका रोल मॉडल कौन था जिसके जैसा आप बनना चाहते थे।

आपकी मौलिकता खोजने के इस काम में आपके बुजुर्ग दादा-दादी, माता-पिता, मित्र, शिक्षक और पड़ोसी मदद कर सकते हैं। इसके लिए आपको उनसे आग्रह करना होगा और उनके साथ बैठना होगा। आपके बचपन को जानने वाले लोग आपके जीवन के उन बिंदुओं को रेखांकित कर सकते हैं जिनमे आप अनूठे थे। ऐसा करके आपको उन चार-पाँच क्षेत्रों का पता चल जाएगा जिनमे बचपन में आपकी रूचि थी। अगले अध्याय में इस पर और गहरे तरीक़े से विचार करेंगे।

6

बचपन की जिज्ञासा को फिर से जगाएं

माना मैंने युवा-काल का जीवन खूब निराला है।
आकांक्षा, पुरुषार्थ, ज्ञान का उदय मोहनेवाला है।।

किंतु यहाँ झंझट है भारी युद्ध-क्षेत्र संसार बना।
चिंता के चक्कर में पड़कर जीवन भी है भार बना।।

आ जा बचपन! एक बार फिर दे दे अपनी निर्मल शांति।
व्याकुल व्यथा मिटानेवाली वह अपनी प्राकृत विश्रांति।।

वह भोली-सी मधुर सरलता वह प्यारा जीवन निष्पाप।
क्या आकर फिर मिटा सकेगा तू मेरे मन का संताप?

–सुभद्रा कुमारी चौहान की कविता
'मेरा नया बचपन' से

क्या आपको बचपन के वे प्रश्न याद हैं जो आप अपने दादा-दादी, नाना-नानी या मम्मी-पापा से पूछते थे। जब आप पूछते थे कि चंद्रमा कहाँ से आता है? सूर्य रोज़ सुबह कैसे आ जाता है? और आप उनके जवाबों से संतुष्ट नहीं होते थे। आपको आज फिर से बचपन की उसी जिज्ञासा को अपने अंदर पैदा करने की ज़रूरत है। क्या आप मानेंगे

कि न्यूटन, आइंस्टाइन, हॉकिंग, ओशो, गौतम बुद्ध, महावीर स्वामी आदि दुनिया के तमाम महान वैज्ञानिक और दार्शनिक अपने सम्पूर्ण जीवन काल में जिज्ञासु रहे। उनके जीवन की सबसे बड़ी विलक्षण बात जो उन्हें औरों से विशिष्ट बनाती है-मौक़ा मिलते ही एकांत में बैठना और जिज्ञासा। सच्चाई यह है कि जब आप जिज्ञासु रहते हैं तो प्रकृति आपके समक्ष जीवन के महत्वपूर्ण रहस्यों को उजागर करती है। आपकी जिज्ञासु प्रवृत्ति ही आपका अनूठापन खोजने में आपकी मदद कर सकती है।

बचपन में आप किसी काम को करने में कोई शर्म महसूस नहीं करते थे। जब कोई कहता था कि ताली बजाओ या नाच के दिखाओ या किसी की नक़ल करो तो आप तुरंत वैसा ही कर देते थे और आप यह बिलकुल नहीं सोचते थे कि सामने वाले आपका मज़ाक़ तो नहीं उड़ा रहे हैं फिर आज आपके अंदर अपनी प्रतिभाओं का प्रदर्शन करते समय संकोच क्यों होता है? आपको अपना प्रदर्शन करते समय हिचक क्यों होती है? क्या हम फिर से बचपन की तरह प्रयास करना शुरू नहीं कर सकते? क्या हम फिर से अपनी कल्पनाओं के रेत के महल नहीं बना सकते?

हम आज जिस स्थिति में है वह हमारी सीमित कल्पना का नतीजा है और यदि हम अपनी ज़िंदगी के बारे में कल्पना करने में कंजूसी करते हैं तो हम अपनी पूरी ऊँचाई तक विकास नहीं कर पाएंगे। किसी विद्वान ने सच ही कहा है कि *हम अपनी कल्पना से ज़्यादा ऊपर नहीं उठ सकते। आइए अपनी कल्पना को अनंत ऊँचाई तक उड़ने दें।*

इस स्थिति के लिए हमारे माता-पिता और शिक्षकों की बड़ी भूमिका है जिन्होंने सदैव कहा -

तुम यह नहीं कर पाओगे,
या तुमसे ये नहीं हो सकेगा,
या तुम किसी लायक नहीं हो,
या तुम पड़ोसी के बच्चे से पढ़ाई में कमज़ोर हो,
या तुम देखने में सुंदर नहीं हो,
तुम छोटे हो, तुम मोटे हो, तुम्हारा कुछ नहीं हो सकता,
तुम कोई बड़ा काम नहीं कर पाओगे

तुम कोई काम अच्छे से नहीं करते... क्योंकि ऐसा कर के उन्होंने हमारी आशाओं, इच्छाओं और सपनों को मार डाला है और नैसर्गिक गुणों का विकास रोक दिया है। क्या आपने कभी सोचा है कि आपके सपने आपके बच्चों के सपनों का गला घोट देंगे और वो आपके जैसा तो बन ही नहीं सकता अपने जैसा भी नहीं रह जाएगा।

यदि हम अपने बच्चों को कुछ सिखाना चाहते हैं तो उन्हें महापुरुषों की ज़िंदगी के बारे में बताएँ। उन्हें उन लोगों के बारे में बताएं जिन्होंने साहस के बल पर महान काम किये हैं। यदि हम अपने बच्चों में निराशा भाव आने देंगे तो भविष्य में वे जीवन की कठोर परिस्थितियों का सामना निडरता के साथ नहीं कर पाएंगे। आवश्यकता इस बात की है कि हम उनको निडर होने, निराशा को त्यागने, उत्साह से जीवन जीने, सबको प्रेम करने, मितव्ययी बनने, कम साधनों में ही जीवन यापन करने, चुनौतियों का सामना करने और जीवन में उच्च आदर्श अपनाने हेतु प्रेरित करें अन्यथा की स्थिति में ज़रा सी कठिनाई में वे सोचने लगेंगे कि इससे तो आत्महत्या कर लेना ही बेहतर है।

अपने बच्चों को विश्व के सात महाद्वीपों की सर्वोच्च चोटियों पर विजय प्राप्त करने वाली *अरुणिमा सिन्हा* की कहानी सुनाएँ जिसने एक दुर्घटना में अपना एक पैर खोने के बाद एक नकली पैर और दूसरे पैर में रॉड पड़ी होने के बावजूद यह कारनामा कर दिखाया। अपने बच्चों को *एरिक व्हेनमेयर* की कहानी सुनाएँ जिन्होंने 13 वर्ष की आयु में आँखों की रौशनी पूरी तरह गँवाने के बाद माउन्ट एवरेस्ट पर चढ़ाई करने की ठानी और 25 मई 2001 को अपना स्वप्न साकार कर दिया। उन्हें *विल्मा रूडोल्फ़* के बारे में बताएं जिनके बारे में डॉक्टरों ने भविष्यवाणी कर दी थी कि वह फिर कभी चल नहीं सकेंगी लेकिन उसने संकल्प लिया कि वह पृथ्वी पर सबसे तेज़ दौड़ने वाली लड़की बनेगी और रोम में 1960 के ग्रीष्म कालीन ओलम्पिक में 100 मीटर, 200 मीटर और 4X400 मीटर दौड़ के गोल्ड मेडल जीतकर यह सिद्ध कर दिया कि नामुमकिन कुछ भी नहीं। *ग्लेन कनिंघम* को कौन भूल सकता है जिनके पैर आठ वर्ष की आयु में स्कूल में हुई दुर्घटना में जल गए थे और उनके भाई फ़्लॉयड की मौत हो गई थी। डॉक्टरों ने उनके शरीर को इन्फ़ेक्शन से बचाने के लिए पैर काटने के लिए कहा तो उन्होंने इन्कार कर दिया था और तब डॉक्टरों ने घोषणा कर दी थी कि उनका जीवित रहना

मुश्किल है और यदि वे किसी तरह बच भी गए तो पूरी ज़िंदगी व्हीलचेयर पर बिताएंगे लेकिन कनिंघम किसी और मिट्टी के बने थे। उन्होंने दो साल की मेहनत के बाद व्हीलचेयर के बिना चलना शुरू कर दिया और देखते ही देखते दौड़ना चालू कर दिया। 1934 में वे एक मील की दौड़ सबसे तेज़ दौड़ने वाले बने और 1936 के बर्लिन ओलम्पिक में 1500 मीटर की दौड़ में सिल्वर मेडल जीतकर पूरी दुनिया को चौंका दिया।

उपरोक्त सभी लोगों ने परेशानी, कष्ट और अवरोधों को मानने से इनकार कर दिया था और पूरी दुनिया के सामने एक उदाहरण बनने, अपनी ज़िंदगी मामूली तरीक़े से नहीं जीने और दुनिया की दया पर निर्भर न होने का संकल्प लिया था और उनके इस संकल्प ने उनके जीवन के सेकंड हाफ़ को अविस्मरणीय बना दिया।

यदि आप पर्याप्त प्रयास करने के बाद भी अपनी मूल विशेषताएं नहीं पहचान पाए हैं तो मेरा आपसे आग्रह है कि वर्तमान में जो काम आप कर रहे हैं, जिन विविध लक्ष्यों का आप पीछा कर रहे हैं उनके संबंध में अपने आप से वही प्रश्न लगातार पूछते रहें जिनका जवाब आप अपने बचपन में तलाश रहे थे। बचपन में अपने प्रश्नों के उत्तर ना खोज पाने के पीछे सबसे बड़ा कारण वे परिस्थितियाँ हैं जिनमें आपकी परवरिश हुई है, हो सकता है कि आपके देवीयमान गुणों के विकास के लिए पर्याप्त नकारात्मक स्थितियाँ रही हो जिससे आपकी विशेषताओं का पौधा खिलने से पहले ही मुरझा गया हो।

ऐसे में आज की स्थिति में अपने 'स्व' को जानना ही एकमात्र विकल्प है।

आइये आज की स्थिति में अपने आप से निम्न प्रश्न पूछे :

मुझे किस काम में रुचि है?

मुझे कौन सी जानकारियाँ पाना अच्छा लगता है?

वे कौन सी किताबें हैं जिन्हें मैं पढ़ना शुरू करने के बाद अंत किए बिना नहीं रह सकता और यह किताबें किन विषयों से संबंधित हैं?

मुझे अपनी हॉबीज़ में कौन सी हॉबी अच्छी लगती है जिसके लिए मैं अपना सर्वस्व बलिदान कर सकता हूँ?

क्या मैं अपने आजीविका के वर्तमान साधन से संतुष्ट हूँ या मैं इसे बदलना चाहता हूँ?

मैं किस चीज़ को बेहतर तरीक़े से कर लेता हूँ?

मेरे पास समाज की किस समस्या का समाधान है?

इस तरह आप 5 से 10 विषयों की सूची बना लें, फिर अपनी अंतरात्मा से मार्गदर्शन लें या अपने मित्रों, परिवार या फिर अपने वरिष्ठों से पूछें कि मुझे इनमें से किस विषय को अपना लक्ष्य बनाना चाहिए।

मशहूर राइटर चेतन भगत ने अपना अनूठापन खोजने की प्रक्रिया को एक इंटरव्यू में बड़े ही स्पष्ट तरीक़े से बताया। उन्होंने कहा कि जब हॉन्गकॉन्ग में गोल्डमैन सॉक्स की इन्वेस्टमेंट बैंकर की नौकरी से वे ऊबने लगे तो उन्होंने अपने आप से यह प्रश्न पूछना शुरू किया–मुझे किस चीज़ से ख़ुशी मिलती रही है। कई दिनों के प्रयास के बाद उन्हें याद आया कि जब उन्होंने अपनी स्कूल मैगज़ीन के लिए पाँचवी कक्षा में पढ़ते समय लिखा था और जब वो पत्रिका छपकर आयी थी तो उसमे अपना नाम पढ़कर जो ख़ुशी मिली थी वैसी ख़ुशी इस नौकरी में नहीं मिल रही है। इसी तरह विचार करते हुए जब उन्होंने अपनी कॉलेज लाइफ़ के बारे में सोचा तो उन्हें लगा कि उन दिनों नाटक (प्ले) लिखने में जो आनंद आता था वो अब कहाँ और उन्होंने तय कर लिय। कि मुझे एक लेखक बनना है। अब अगला प्रश्न था–क्या लिखूँ? इसका जवाब भी उन्हें अपने आईआईटी हॉस्टल में बिताये दिनों में मिला–फ़ाइव पॉइंट्स समवन।

यहाँ मैं आपको सावधान रहने का दुस्साहस करना चाहूँगा कि भले ही आप कितने ही टैलेंटेड क्यों न हों यदि सतत प्रयास नहीं करेंगे तो आप किसी भी क्षेत्र में नाम नहीं कर पाएंगे और आपका टैलेंट सिर्फ़ आपकी हॉबी बन कर रह जाएगा। इसलिए जिस क्षेत्र का चयन आप करें उसके पीछे अपना सर्वस्व न्योछावर करने के लिए तैयार हो जाएँ।

आशा है अब तक आप अपने जीवन के उस जुनून को पहचान गए होंगे जिसके ऊपर आप अपना तन, मन, धन और सर्वस्व समर्पित करना चाहेंगे। यदि आप ऐसा कर चुके हैं तो मैं आपको बधाई और शुभकामनाएं देता हूँ।

आइये अब अगले चरण की ओर बढ़ते हैं। आगे की कार्यवाही के लिए आपको अपनी आज की मानसिकता को समझना होगा। वे कौन से काम हैं जिन्हें करने में आपको इस समय अच्छा लगता है? इसका जवाब जानने अर्थात अपना लक्ष्य पहचानने की एक प्रक्रिया का वर्णन विद्वानों ने किया है जिसे हम अगले अध्याय में विस्तार से जानेंगे।

7

अपने अनूठेपन को अपना लक्ष्य बनाएं

लक्ष्य सफलता के लिए उतने ही अनिवार्य हैं,
जितनी जीवन के लिए हवा।

–डेविड जे. श्वाट्र्ज़

अनूठापन जानना मतलब अपना टेलेंट जानना। स्पष्ट है कि आप कुछ क्षेत्रों में दूसरों से बेहतर महसूस कर रहे हैं। आपने अब तक उन तीन-चार क्षेत्रों की पहचान कर ली है जिनमे आप खुद को अच्छा पाते हैं। अब अगला कदम है उस एक चीज़ की पहचान करने का जिसके लिए हम अपना शेष जीवन झोंकने के लिए तैयार हैं। अगर आप किसी चीज़ के सपने देख रहे हैं और कोई परिणाम नहीं मिल रहा है तो प्रतिदिन अपना लिखा हुआ लक्ष्य सुबह सोकर उठते समय और रात में सोते समय अपनी आँखों के सामने रखें और मार्गदर्शन के लिए शांत बैठकर फ़ोकस करते हुए ईश्वर को याद करें। आपको अपना लक्ष्य जिसे आप बेइंतहा प्यार करते हैं उसके साकार होने के सम्बन्ध में विश्वास रखते हुए तीव्र भावनाएं महसूस करना होगा। आप भावनाओं और विश्वास की ताक़त को अब तक शायद न मानते हों लेकिन सच्चाई यह है कि कर्म में जब भावना की तीव्रता शामिल होती है और मन में सफलता का दृढ विश्वास हो तभी चमत्कार घटित होते

हैं और व्यक्ति ऐसा कारनामा कर दिखाता है जिसकी उसने स्वयं कल्पना नहीं की थी।

बिना लक्ष्य के, प्रयास बिना पतवार की नाव की तरह है। जब आप सुबह जागने के बाद या सोते समय शांत मुद्रा में बैठे हों तो अपने आप से निम्न में से कोई प्रश्न पूछें -

1. जीवन में मेरा उद्देश्य क्या है?
2. मुझे क्या करने के लिए बनाया गया है?
3. मेरा यहाँ होने का क्या कारण है?

इन सवालों का जबाव देने का ख़ुद से प्रयास न करें बल्कि प्रकृति में चेतना के सर्वोच्च स्तर अनंत प्रज्ञा से जवाब मिलने की प्रतीक्षा करें। अक्सर जवाब किसी विचार, प्रेरणा, किसी के कथन, स्वप्न या चित्र के रूप में कौंध सकता है इसलिए जब आप स्वयं की खोज में जुटे हों तब अपने पास पेन और डायरी साथ रखना न भूलें क्योंकि आपका उत्तर आपके पास किस रूप में आएगा यह कोई नहीं जानता। जब आपको अपने उत्तर का संकेत मिले तो उस पर यक़ीन रखकर यह सोचें कि आप इस दिशा में तत्काल क्या-क्या क़दम उठा सकते हैं। यहाँ एक बात और कहना चाहूँगा कि भले ही आपको इस समय यह निश्चित नहीं है कि आप क्या चाहते हैं लेकिन मैं मानता हूँ कि आप यह ज़रूर जानते हैं कि आप क्या नहीं चाहते इसलिए भूलकर भी अपनी ऊर्जा, समय और धन को उन चीज़ों पर बर्बाद करने से बचें जिन चीज़ों को आप नहीं चाहते। यहाँ मैं अवचेतन मन की शक्ति के सम्बन्ध में विद्वान जोसेफ़ मर्फ़ी के विचारों को दोहराना चाहूँगा कि हमारा अवचेतन मन अपने उच्चतम कार्य तब करता है जब हमारा तार्किक चेतन मन शिथिल या उनींदी अवस्था में हो। स्वयं की खोज के लिए हमें अपने अंदर गहरे झाँकने और ज्ञानेन्द्रियों की सीमा के उस पार पहुँचने के लिए महसूस करना ज़रूरी है जिसमे हमारी कल्पना उड़ान भरने के लिए स्वतंत्र हो। ध्यान के स्तर पर पहुँचने के लिए अर्द्धनिद्रा की स्थिति को सर्वोत्तम माना गया है।

इस पूरी प्रक्रिया के संबंध में मनोवैज्ञानिक और मनोविश्लेषकों का मानना है कि जब भी विचार हमारे अवचेतन मन तक पहुँच जाते हैं, तो

मस्तिष्क की कोशिकाओं में उनकी छाप बन जाती है। जैसे ही हमारा अवचेतन किसी विचार को स्वीकार कर लेता है, यह उसे साकार करने में तत्काल जुट जाता है। विचारों के साहचर्य के अनुसार काम करके यह अपने लक्ष्य को साकार करने के लिए ज्ञान के हर उस हिस्से का इस्तेमाल करता है जो हमने ज़िंदगी भर इकट्ठा किया है। यह हमारे भीतर की असीमित शक्ति, ऊर्जा और बुद्धि का इस्तेमाल करता है। परिणाम पाने के लिए यह प्राकृतिक नियमों का इस्तेमाल करता है। यह इस हेतु हमारे द्वारा पूर्व में पढ़ी, देखी या सुनी गयी कोई बात या किसी अन्य आश्चर्यजनक तरीक़े से जवाब प्रस्तुत कर सकता है। कई बार यह हमारी मुश्किलों का समाधान तत्काल खोज लेता है, जबकि कई बार कई दिनों, सप्ताहों या इससे भी ज़्यादा समय लग सकता है। इसका तरीक़ा अनोखा और समाधान का समय हमारे दृढ़ विश्वास से तय होता है जो कि वैज्ञानिक अभी खोज नहीं पाए हैं। ये समाधान हमारे अंतर्ज्ञान और अतीन्द्रिय क्षमता के विस्तार पर निर्भर करते हैं। मनोवैज्ञानिक मानते हैं कि इसके पीछे विश्वास और इच्छा-शक्ति की प्रमुख भूमिका है।

ईश्वर ने हम सब की अलग-अलग कोडिंग की हुई है और उसे डिकोड करने का इकलौता माध्यम ध्यान करना और प्रार्थना करना है। जो भी चीज़ें हमने देखी, पढ़ी या सुनी हैं वे सब हमारी मेमोरी (स्मृति) का हिस्सा हैं लेकिन आपकी स्मृति ज्ञान का केवल एक हिस्सा है। देखा जाये तो संसार के सारे मन आपस में उसी प्रकार से जुड़े हुए हैं जिस प्रकार कंप्यूटर, मोबाइल और अन्य आधुनिक संसाधन इंटरनेट से जुड़े रहते हैं। आप और हम जो विचार सोचते या व्यक्त करते हैं वह एक प्रकार की ऊर्जा है। वैज्ञानिकों ने ऐसे यंत्र बना लिए हैं जो केवल सोचने मात्र से ऑपरेट किये जा सकते हैं। इस प्रकार जब आप बार-बार तीव्र भावनाओं के साथ किसी बात पर पूर्ण विश्वास के साथ फ़ोकस करते हैं तो आपका मस्तिष्क संसार के सभी मस्तिष्कों के साथ जुड़ जाता है और आपका मस्तिष्क (जो कि ट्रांसमीटर और रिसीवर दोनों है) आवश्यक जानकारी को ग्रहण कर लेता है। इसके लिए केवल एक ही शर्त है-दोनों मस्तिष्क की फ्रीक्वेंसी समान स्तर पर होना। फ़िज़िक्स में इस घटना को रेज़ोनेंस कहते हैं। इस घटना में छोटी फ्रीक्वेंसी भी बड़ी तीव्रता से महसूस होती है।

तो आइये अपने जीवन की दूसरी पारी शुरू करने के लिए मूल प्रश्न की ओर आगे बढ़ें और शुरुआत करने के लिए अपने आप से कुछ प्रश्न पूछें :

बचपन में मुझे क्या खेलना अच्छा लगता था?
बचपन मे मुझे किन स्थानों पर जाना पसंद था?
बचपन मे मुझे कौनसी चीज़ें आकर्षित करती थीं?
मुझे कौन सी किताबें पढ़ना अच्छी लगती थीं?
मुझे किन बातों को जानने की जिज्ञासा होती थी?
मुझे किस बारे में बात करना पसंद था?
मुझे किन खिलौनों से खेलना पसंद था?
मुझे क्या चीज़ें बनाना अच्छा लगता था?
मुझे प्रकृति में किस चीज़ को जानना अच्छा लगता था?
वह कौन सी चीज़ थी जो मुझे अपनी तरफ़ खींचती थी?
प्रकृति का कौन सा रहस्य मुझे जानने की इच्छा होती थी?
मुझे कौन से पशु-पक्षी, पेड़-पौधे, झरने-समुद्र पसंद थे और मुझे कहाँ घूमने जाना पसंद था?

उपरोक्त प्रश्नों का उत्तर आपको बहुत ही सूक्ष्मता और गहराई से जानने का प्रयास करना है और इस काम में पर्याप्त समय लगाना है। यह समय एक-दो हफ़्ते से लेकर कई महीने और वर्षों तक हो सकता है। अपने वास्तविक स्वरुप की पहचान के इस काम को करते समय धैर्य से काम लें अन्यथा भीड़ भरी दुनिया में आप पहले की तरह खोये रहेंगे और इस पृथ्वी पर अपने आने के उद्देश्य को कभी प्राप्त नहीं कर पाएंगे। *मैं चाहता हूँ कि आप अपने अंदर अपने बचपन की वही भावना विकसित करें जो आप हार मानने के बाद महसूस करते थे। क्या आपको याद है कि आप चलने के अपने प्रयास में कितनी बार गिरे थे लेकिन चलने की कोशिश बंद नहीं की थी। साइकिल चलाना सीखने के लिए बार-बार गिरने के बावजूद प्रयास करना नहीं छोड़ते थे। आज उसी प्रयास की ज़रूरत है जिससे आप अपनी दिशा को समझ कर नया जीवन प्रारम्भ करें।*

अपने प्रश्न का उत्तर प्राप्त करने के लिए विश्व के सभी वैज्ञानिक, कलाकार, साहित्यकार आदि सृजनकर्ता काम करते समय अक्सर अकेलापन पसंद करते हैं क्योंकि उस समय किसी विषय पर फ़ोकस करने की क्षमता अनंत हो जाती है। *ध्यान फ़ोकस करने के उच्चतम स्तर के सिवाय कुछ नहीं है।* इसलिए जब आप अपना जीवन लक्ष्य खोज रहे हों तो उत्साहित होकर पूर्ण विश्वास के साथ बिना किसी प्रयास के विचार करें। *आपका मन संसार के अरबों मन से जुड़ा हुआ है। आप अपने किसी प्रश्न को जिस तरह इंटरनेट पर किसी सर्च इंजन पर खोजते हैं उसी प्रकार आपका मन एक ऐसे नेटवर्क का पार्ट है जिसमे पृथ्वी के सारे मस्तिष्क जुड़े हुए हैं और इस नेटवर्क का नाम है–अनंत प्रज्ञा। इसमें ज्ञान के सभी ज्ञात और अज्ञात स्रोत जुड़े हुए हैं। आइये आस्था और विश्वास के साथ अनंत प्रज्ञा के साथ जुड़ने के लिए ध्यान का अभ्यास करने की आदत डालें।*

न्यूटन, आइंस्टीन, एडिसन, हॉकिंग, रामानुजन– इन सब में एक बात कॉमन है कि ये सभी जिज्ञासु रहे हैं और घटित होने वाली घटनाओं के पीछे के कारण जानने के लिए जी–जान से जुटे रहे। *कहते हैं कि जो जानना चाहता है प्रकृति उसके सामने अपने रहस्य उजागर कर देती है। इसके लिए ज़रूरी है कि आपके मस्तिष्क इतने जाग्रत हो जाएँ कि ब्रह्माण्ड से विचारों का आदान–प्रदान करने लगें।* विश्व के अधिकांश सृजनकर्ता एकांत में बैठकर विचार करने, अपनी अंतरात्मा से बात करने, लगातार अध्ययन और ध्यान करने के तरीक़े को जाने–अनजाने में अपनाते रहे हैं क्योंकि एकाग्र हुए बिना जीवन में कुछ बड़ा हासिल नहीं किया जा सकता।

हो सकता है आपको मेरी बात पर विश्वास न हो। मैं आपको एडिसन, आइंस्टीन, न्यूटन, हॉकिंग और रामानुजन की बायोग्राफ़ी को पढ़कर उनके बचपन को समझने के लिए अनुरोध करना चाहूँगा। *सेव तो रोज़ ही पेड़ से टपकते हैं लेकिन उन्हें देखकर किसी और ने गुरुत्वाकर्षण के बारे में क्यों नहीं सोचा?*

ये रही *न्यूटन* की वह कहानी जो उन्होंने 1752 में प्रकाशित 'मेमोयर ऑफ़ आइजेक न्यूटन्स लाइफ़' के लेखक विलियम स्टुकली के साथ शेयर की थी –

वर्ष 1665 में इंग्लैंड में ब्यूबोनिक महामारी फैलने से कैम्ब्रिज विश्वविद्यालय बंद हो गया था और सारे विद्यार्थी अपने-अपने घरों को लौट गए थे। आइजक न्यूटन भी अपने घर वूल्स्थोर्प मैनर लौट आये थे। कोरोना काल की तरह उस समय भी लोग सेल्फ़ आइसोलेशन में थे तभी एक दिन सेव के पेड़ के नीचे बैठे न्यूटन को पेड़ से गिरा सेव यह सोचने पर विवश कर गया कि चीज़ें नीचे ही क्यों गिरती हैं। वे सोचते रहे और आख़िरकार कई दिनों की मेहनत उन्हें इस नतीजे पर ले गयी कि पृथ्वी की चमक हर चीज़ को नीचे की ओर खींचती है। *क्या आप मेरी बात से सहमत होना चाहेंगे कि जिस समय न्यूटन ने पेड़ से सेव को गिरता हुआ देखा उस समय वे ध्यान की अवस्था में थे क्योंकि ध्यान की अवस्था सबसे जागृत अवस्था है जिसमे हमारी दृष्टि सूक्ष्म हो जाती है और हम इस विराट प्रकृति से जुड़ने में सक्षम हो जाते हैं।*

यहाँ हमें *अकेलेपन और एकांत का फ़र्क़* ज़रूर जानना चाहिए। अकेलापन एक मजबूरी है जबकि एकांत एक वरदान। अकेलापन कहता है कि हमारी ज़िंदगी में अब कोई नहीं है और हम अवसाद से घिर जाते हैं जबकि एकांत हमें ख़ुद से जुड़ने का मौक़ा और शांति देता है। एकांत शरीर और मन को आत्मा से मिलाता है तथा उस परमशक्ति से जोड़ता है जिससे हमें दुःख में सुख और संकट में अवसर दिखाई देने लगते हैं और हम स्थित प्रज्ञ बनते हैं मतलब हर परिस्थिति में संयम रखना जान पाते हैं। यदि हमने एकांत को लाचारी समझा तो यह हमारे अंदर नेगेटिविटी, उदासी और बेचैनी भर देगा जो कि कोरोना से भी ज़्यादा ख़तरनाक हो सकता है इसलिए मस्ती से समय गुज़ारिये और यह सोचिये कि यह समय भी गुजर जायेगा। एकांत सोच-समझकर उठाया गया क़दम है जिसका उद्देश्य अलगाव न होकर जुड़ाव होता है। जुड़ाव अपने आप से, अपने लक्ष्य से, अपने आराध्य से और अपनी आत्मा से। इस जुड़ाव से सम्पूर्णता आती है और इसके बिना सृजन नहीं किया जा सकता क्योंकि कोलाहल में किसी भी चीज़ पर फ़ोकस करना असम्भव जैसा है। *हमें अकेलेपन को एकांत और एकाकीपन में बदलने की कला आना चाहिए ताकि जीवन के संगीत को सुन सकें, महसूस कर सकें और शांति अनुभव कर सकें। सोचने और चिंतन-मनन का समय निकालकर अपने दिमाग़ के एंटीना को विचार पकड़ने*

की दिशा में घुमाने की ज़रुरत है। एकांत का अभ्यास धीरे-धीरे आपको उस स्थिति में पहुँचा देगा जब आप बस स्टैंड, रेल्वे स्टेशन या मॉल में भी अपने आपको फ़ोकस रख पाएंगे।

अपने जीवन का मक़सद समझने में आपको कई बरस भी लग सकते हैं-किसी भी व्यक्ति को अपने जीवन का उद्देश्य समझने में बार-बार आत्म चर्चा करना होती है और परिणाम को भी देखना होता है। इसके लिए **'ट्रायल एंड एरर'** की विधि का इस्तेमाल करना उचित रहेगा जिसमे हम कुछ समय प्रत्येक टैलेंट को आज़माते हैं और जिस क्षेत्र में स्कोप समझ में न आए उसे छोड़ते चले जाते हैं।

उदाहरण के लिए भारत के सबसे प्रसिद्ध फ़िल्म स्क्रिप्ट राइटर जोड़ी सलीम जावेद में से *सलीम खान को अपना उद्देश्य ढूँढ़ने में पंद्रह साल लगे और इस दौरान कई करियर अपनाने का प्रयास किया।* प्रस्तुत है एक टी वी चैनल को दिए गए उनके इंटरव्यू के अंश -

अपना आत्म विश्लेषण कैसे करना है यह *सलीम खान* से सीखा जा सकता है। इंदौर में डी आई जी स्तर के पुलिस अधिकारी के पुत्र सलीम जब 09 वर्ष के थे तो माँ की टी बी की बीमारी से मौत हो गयी और 14 की उम्र में पिता भी चल बसे थे और बड़े भाई को टी बी हो गयी थी। उन्हें वफ़ादार नौकरों ने पाला। वे बचपन में क्रिकेटर बनना चाहते थे लेकिन सलीम दुर्रानी की बैटिंग देखकर उनकी समझ में आ गया कि वे इतनी अच्छी बैटिंग नहीं कर सकते। इसके बाद उन्होंने फ़्लाइंग को अपना कॅरियर बनाने की सोची और ट्रेनिंग ली लेकिन बाद में उन्हें लगने लगा कि इसमें कोई रोमांच नहीं है क्योंकि वे कुछ ख़ास करना चाहते थे। फिर उन्होंने हीरो बनने का सोचा और 23 साल की उम्र में मुंबई का रुख़ किया। के अमरनाथ उन्हें हीरो के रूप में लांच करना चाहते थे लेकिन उनकी फ़िल्म 'कल हमारा है' कुछ ख़ास नहीं कर सकी इसलिए उन्होंने 1960 में 'बारात' फ़िल्म में हीरो अजीत के भाई का रोल सलीम को दे दिया और पर्दे पर 'प्रिन्स सलीम' का जन्म हुआ। उस समय तनख्वाह 400 रूपये महीना या 13 रूपये रोज़ मुकर्रर हुई। अगले सात साल तक छुट पुट रोल करते-करते वे 30 के हो चुके थे और उनकी समझ में आ गया था कि फ़िल्मों में अभिनय करके वे

पेट तो भर सकते हैं लेकिन ऊँचाई हासिल नहीं कर सकते। इस दौरान वे माहिम में पड़ोस में रहने वाले एक डेंटिस्ट की बेटी सुशीला चरक से शादी करके सलमान के पिता भी बन चुके थे। उन्हें अब अपना कॅरियर फिर से बदलना था। उन्हें लगा कि वे लेखक बन सकते हैं क्योंकि कॉलेज के दिनों में वे दोस्तों के लिए लव लेटर राइटर का काम किया करते थे। एक्टिंग के दौरान ही वे प्यासा, काग़ज़ के फूल और चौदहवीं का चाँद जैसी फ़िल्मों के राइटर अबरार अल्वी के असिस्टेंट के तौर पर काम करने लगे थे। बतौर राइटर प्रिन्स सलीम की पहली फ़िल्म थी 'दो भाई' जो चली नहीं फिर दूसरी कहानी लिखी जिसमे दिलीप कुमार को खामियाँ नज़र आईं और धर्मेंद्र ने तो साइनिंग अमाउंट 2500 रूपये भी एडवांस बतौर लेकर वापस कर दिया, लेकिन उस कहानी पर फ़िल्म बनाई प्रकाश मेहरा ने जिसका शीर्षक रखा गया – 'ज़ंजीर' और इस फ़िल्म के साथ ही सलीम जावेद की जोड़ी और अमिताभ बच्चन की क़िस्मत बदल गयी। अब फ़िल्म की क्रेडिट में लेखक का महत्व स्थापित हो चुका था। *लेकिन ज़ंजीर तक पहुँचने में सलीम को 15 साल लग गए।*

अब मैं आपको दो कहानियाँ और सुनाना चाहूँगा। इन कहानियों के किरदारों के ऊपर करियर चुनने के लिए एक तरफ़ पिता का दवाब था तो दूसरी तरफ़ उनका पैशन था। पहली कहानी का सम्बन्ध है भारतीय क्रिकेट टीम के स्पिनर *यजुवेंद्र चहल* से जबकि दूसरी कहानी है भारतीय सिनेमा के सुपर स्टार *दिलीप कुमार* की।

भारतीय टीम के स्पिनर खिलाडी यजुवेंद्र की कहानी काफ़ी रोचक है। जब उनकी आयु 4–5 साल थी तब पेशे से वकील उनके पिता के के चहल उन्हें शतरंज में ग्रैंड मास्टर बनाना चाहते थे लेकिन यजुवेंद्र की एक शर्त थी कि वो चेस तभी खेलेंगे जबकि उन्हें क्रिकेट भी खेलने दिया जाये। फिर क्या था पिता तैयार हो गए और शतरंज में यजुवेंद्र अंडर-12 के नेशनल चैंपियन बन गए और ग्रीस में आयोजित हुई विश्व यूथ चेस चैंपियनशिप में भी भाग लिया। उनकी FIDE रेटिंग 1946 तक पहुँची लेकिन स्पॉन्सर नहीं मिलने से उन्होंने शतरंज के स्थान पर क्रिकेट को ज़्यादा फोकस करना शुरू कर दिया। मज़ेदार बात यह थी कि वे क्रिकेट में तेज़ गेंदबाज बनना चाहते थे और उनके पिता उन्हें लेग स्पिनर बनाना चाहते थे उनके पिता

ने इसके लिए अपने खेत में पिच बनवा दी थी। आख़िरकार यजुवेंद्र की मेहनत रंग लायी और भारतीय क्रिकेट टीम में स्थान मिल गया और यजुवेन्द्र चहल श्रीलंका क्रिकेट टीम के अजंता मेंडिस के बाद दुनिया के इकलौते ऐसे क्रिकेट खिलाड़ी बन गए जिन्होंने ट्वेन्टी-ट्वेन्टी क्रिकेट में एक मैच में 6 विकेट लिए हैं।

फ़िल्मी दुनिया में अमिताभ से शाहरुख़ तक सबके आदर्श मुहम्मद यूसुफ़ उर्फ़ दिलीप कुमार के पिता पेशावर में फल बेचा करते थे। इनका परिवार मुंबई आ गया तब उनकी आयु 06 साल थी। लेकिन माँ और बड़े भाई की तबियत ख़राब रहने और बंबई की ह्यूमिड कंडीशन के कारण ये देवलाली में शिफ़्ट हो गए लेकिन देवलाली में कटोनमेंट एरिया होने से सेकंड वर्ल्ड वार के दौरान इन्हे फिर से बॉम्बे आना पड़ा। स्कूल में पढ़ाई के साथ साथ उन्हें फुटबॉल खेलने का शौक़ था जबकि उनके पिता चाहते थे कि वे दिमाग़ का खेल शतरंज खेलें। उन्होंने दोनों चीज़ें खेलीं। फुटबॉल में वे क्लब लेवल तक खेलने लगे। चौदह वर्ष की आयु तक उन्होंने कोई फ़िल्म नहीं देखी थी। अंजुमन में स्कूली पढ़ाई करने के बाद वे विल्सन कॉलेज में पढ़ने लगे लेकिन घरेलू हालत के कारण उन्हें पढ़ाई छोड़नी पड़ी। उन्होंने ताज मोहम्मद के सहयोग से पुणे की मिलिट्री कैंटीन में नौकरी कर ली और उन्हें इसके बदले 36 रूपये महीना मिलने लगा। कैंटीन में काम करने के दौरान उन्होंने देखा कि अंग्रेज लोग अपने साथ खाने के लिए फल लाते थे तो उन्होंने कैंटीन के मालिक से बात करके कैंटीन में एक फ्रूट स्टाल लगा लिया। जब पहले दिन का प्रॉफ़िट देखा तो आँखें खुली की खुली रह गयीं क्योंकि उनका पहले दिन का प्रॉफ़िट था-25 रूपये। ज़िंदगी अच्छी चल रही थी कि कन्टोन्मेंट में लाइसेंस किसी और को मिल गया और अब पुणे में रहने का कोई कारण नहीं बचा था इसके साथ ही वृद्ध पिता को कारोबार में सहयोग देने के लिए अपने कमाए 5000 रूपये लेकर युसूफ़ मुंबई अपने पिता के पास आ गए। वक़्त गुज़रता गया और इसी दौरान उन्हें चर्च गेट पर लोकल ट्रेन में देविका रानी और हिमांशु राय के फ़ैमिली डॉक्टर डॉ मसानी से मुलाक़ात हुई जिन्होंने कहा कि तुम एक्टर बन सकते हो और देविका रानी से मिलने को कहा। देविका रानी ने इनका ऑडिशन लेकर 500 रूपये महीने पर तीन साल का कॉन्ट्रैक्ट कर लिया। जब आलोचनाएं हुईं कि किसने इस लड़के को ले लिया, इसे एक्टिंग तो आती नहीं है और यह तो

कहीं से हीरो नहीं लगता, इसे तो विटामिन खाने चाहिए तो इससे दिलीप कुमार की समझ में आ गया था कि बिना सीखे एक्टिंग का दरिया पार नहीं किया जा सकता इसलिए उन्होंने पढ़ना, अपनी आवाज़ को सुधारना और उस समय के हॉलीवुड के एक्टर्स जेम्स स्टुअर्ट, इंगलित बरनमन और अन्य एक्टर्स की फ़िल्मे देखकर इमोशंस की डेलिवरी को समझना शुरू किया और घंटों अकेले में रियाज़ करने लगे। यह उनकी ज़िद ही थी 'अब मैं एक्टर बन के दिखाऊँगा।' उस समय के ज़्यादातर एक्टर्स थियेटर करते थे जिनका इन्हें कोई अनुभव नहीं था। फ़िल्म मेला के बाद उन्होंने वह काम किया जिसे मेथड स्कूल ऑफ़ एक्टिंग कहा जाता है मतलब एक्टर किरदार बन जाता है। लेकिन ट्रेजिक फ़िल्म करते-करते और फ़िल्म के अंत में मरते-मरते उन्हें मरने का अहसास होने लगा था और साइकेट्रिक से लंदन जाकर इलाज लेना पड़ा लेकिन अंदाज़ फ़िल्म के बाद भारत के ट्रेजिडी किंग का जन्म हो चुका था।

अक्षय कुमार मार्शल आर्ट सिखाते-सिखाते मॉडल और अभिनेता बन गए- पंजाब के अमृतसर में जन्मे आर्मी अफ़सर के बेटे अक्षय का असली नाम *राजीव हरी ओम भाटिया* है, उनका बचपन दिल्ली के चाँदनी चौक में और युवावस्था मुंबई के कोलीवाडा में बीता।

अक्षय का सपना एक मार्शल आर्टिस्ट बनने का था जिसे सीखने वो बैंकाक चले गए। वहाँ पैसों की कमी को पूरा करने के लिए वेटर और बावर्ची का काम भी उन्हें करना पड़ा। मुंबई लौटकर वह मार्शल आर्ट सिखाने लगे, जिससे उनको लगभग चार हज़ार रूपये महीने में मिल जाते थे। उनका एक छात्र फ़ोटोग्राफ़र था, उसने अक्षय को मॉडल बनने की सलाह दी और एक कंपनी में उनका असाइनमेंट भी करा दिया। मॉडलिंग में ज़्यादा पैसे मिलने की सम्भावना थी इसलिए उन्होंने मॉडलिंग के क्षेत्र में हाथ आज़माना शुरू कर दिया। उन्होंने कई फ़िल्मों में बैकग्राउंड डांसर का काम भी किया। मॉडलिंग के क्षेत्र में आने के क़रीब दो महीने बाद एक दिन उन्हें एक विज्ञापन के लिए बंगलौर जाना था लेकिन उनकी फ़्लाइट छूट गयी, निराश हो कर वह अपने एक दोस्त के साथ एक फ़िल्म स्टूडियो चले गए जहाँ प्रोड्यूसर *प्रमोद चक्रवर्ती* ने अपनी फ़िल्म दीदार के लिए अक्षय को लीड रोल के लिए चुना। एक अभिनेता का जन्म हो चुका था।

जब आप वर्तमान परिस्थितियों को ध्यान में रखकर अपनी दिशा तय करते हैं तो आप अपनी असफलता के सारे रास्ते बंद कर देते हैं। अब केवल आपके जुनून को प्राप्त करने के लिए इच्छा को दृढ़ इच्छाशक्ति में बदलना, एक कार्य योजना बनाना तथा उस पर अनुशासित तरीक़े से अमल करना शेष रह जाता है। यदि आपने अब तक अपना लक्ष्य तय नहीं किया है तो *जैक केनफ़ील्ड* के द्वारा कही नीचे लिखी बात आपकी आँखें खोल देगी।

जो लोग लक्ष्य नहीं बनाते हैं,
वे अंततः उन लोगों के लिए काम करते हैं, जो लक्ष्य बनाते हैं।

इसलिए आपको अपने जीवन से केवल एक विचार को चुनकर उसे अपने लक्ष्य के रूप में निश्चित करना है। अगले अध्याय में हम इस विषय को विस्तार से जानेंगे।

8

केवल एक विचार काफ़ी है

विचार ही समस्त दौलत का शुरूआती बिंदु है
–नेपोलियन हिल

हमारे मन में प्रतिदिन लगभग साठ हज़ार विचार उत्पन्न होते हैं लेकिन वे आंधी की तरह आते हैं और तूफ़ान की तरह निकल जाते हैं। हम उन्हें पकड़ नहीं पाते। हालाँकि ज्यादातर विचार पुराने होते हैं लेकिन पाँच-दस प्रतिशत नए भी होते हैं। *आपको अपना लक्ष्य प्राप्त करने के लिए उमड़ते-घुमड़ते इन हज़ारों-लाखों विचारों में से केवल एक विचार को पकड़ना है और उस पर ध्यान देकर उसे अपनी साँसों का मन्त्र बना लेना है। बस आपका विचार ऐसा हो जिससे लोगों की किसी समस्या का समाधान हो जाए। जितनी बड़ी समस्या का समाधान आप करेंगे उतने ही ज्यादा आप सफल होंगे इसलिए जब भी लोगों के बीच जाएँ तो उनके जीवन को ग़ौर से देखें और उनकी परेशानियों को समझें और फिर इस बारे में ध्यान केंद्रित करना शुरू करें आप लोगों के जीवन को कैसे सरल बना सकते हैं।*

जब मैं इन शब्दों को लिख रहा हूँ तो उस व्यक्ति को धन्यवाद देना चाहूँगा जिसने इंडिक फ़ोंट बनाए जिसमे लिखा तो अँग्रेजी में जाता है लेकिन टाइप मनचाही चुनी हुई भाषा में होता है। यदि ऐसा नहीं होता तो मैं स्वयं टाइप नहीं कर पाता।

उदाहरण के लिए *फ्रैंक वूलवर्थ* ने सोचा कि क्यों न एक ऐसा स्टोर खोला जाए जिसमें हर सामान पाँच और दस सेंट की क़ीमत पर मिले। *हेनरी फ़ोर्ड* का सपना एक ऐसी कार बनाने का था जिसे आम आदमी ख़रीद सके। इसके लिए सोलह वर्ष की उम्र में घर छोड़ने के बाद से वे दिन में स्टीम इंजन सुधारने का काम करते और रात में घड़ियाँ सुधारने का। हर दिन वे तेरह-चौदह घंटे काम करते लेकिन चालीस वर्ष की आयु तक उनके कई बिज़नेस चौपट हो चुके थे और वे लगभग दिवालिया थे।

मशहूर निवेशक *जॉर्ज सोरोस* के मन में सितंबर 1992 में विचार आया कि ब्रिटेन की मुद्रा पाउंड के भाव गिरने वाले हैं तो उन्होंने अपने विचार पर विश्वास करके अपनी पूँजी मुद्रा बाज़ार में लगा दी और आप आश्चर्य करेंगे कि उन्हें एक ही रात में एक अरब डॉलर का लाभ हुआ। *बिल गेट्स* को सॉफ़्टवेयर और *स्टीव जॉब्स* को परसनल कंप्यूटर बेचने, *टॉम मोनहान* को पिज़्ज़ा की होम डिलिवरी, *माइकल डेल* को कंप्यूटर की सीधे ग्राहक को डिलिवरी, *पियेर ओमिडयार* को सामान की ऑनलाइन नीलामी, *जॉर्ज ईष्टमैन* को फ़ोटोग्राफ़ी को सरल बनाने, *एडविन लैंड* को खींचा गया फ़ोटो तत्काल देखने के लिए पोलरॉइड कैमरा, *सायरस मैक्कॉर्मिक* को फसल कटाई आसान करने, *लिवाई स्ट्रॉस* को चांदी के खनिकों की जेब फटने की समस्या से निबटने, *रूथ हैंडलर* को लड़कियों को खेलने के लिए सुंदर गुड़िया बनाने, *एडी डेसलर* को खिलाडियों के जूते फटने की समस्या का समाधान करने, *सर्गेई बिन* और *लैरी पेज* को इंटरनेट पर सर्च करने की समस्या का समाधान करने, *डेनियल अब्राहम* को लोगों को स्लिम बनाने, *हैंस विल्सडोर्फ़* को घड़ी को जेब से हटाकर कलाई में बाँधने, *चेस्टर कार्लसन* को अपने वकालत में लगने वाले कागज़ों की कई प्रतियों की समस्या का समाधान करने और *मार्क ज़करबर्ग* को सोशल नेटवर्किंग वेबसाइट बनाने का विचार आया और इन सभी ने अपने विचार पर तुरंत काम करना शुरू कर दिया। और तो और हंगरी के *एनरो रुबिक* ने एक ऐसा खिलौना बनाया जो न चलता था, न बोलता था लेकिन जिस के रंग एक सा करने में लोगों का दिमाग़ चकरा जाता था। कई लोगों ने ऊपर लिखे लोगों के विचारों पर शंका की लेकिन इन्होंने शंका करने वालों की नहीं सुनी और इसका परिणाम हुआ-ये सब अरबपति बने।

भारत के पूर्व मुख्य न्यायाधीश एन. यू. बेग के घर जन्मीं *शहनाज़ हुसैन* का दिमाग़ बचपन से ही क्रिएटिव चीज़ों में काफ़ी लगता था लेकिन 15 वर्ष की हुई तो उनकी शादी करा दी गई। अचानक से परिवार संभालने की ज़िम्मेदारी आ गई और शादी के एक साल बाद ही एक बच्चा भी हो गया परन्तु इन ज़िम्मेदारियों के बीच भी उन्होंने ब्यूटीशियन बनने का सपना नहीं छोड़ा। यह सपना उन्होंने बचपन से देखा था लेकिन कभी किसी को बोला नहीं था। वे ब्यूटिशियन बनने की प्रैक्टिस करने के लिए थोड़ा-थोड़ा समय निकालने लगीं और फिर एक दिन अपने सपने के बारे में अपने पति से बात की। एक बार नौकरी के सिलसिले में जब शहनाज़ हुसैन के पति इराक गए। उसी समय शहनाज़ ने लंदन में जाकर ब्यूटीशियन का कोर्स किया। शहनाज़ ने शुरू से ही सोचा था कि उन्हें हर चीज़ नैचुरल रखनी है। नैचुरल और हर्बल प्रोडक्ट्स की जानकारी लेने के लिए उन्होंने लगभग 10 सालों तक लंदन, पेरिस, न्यूयॉर्क और कॉपनहेगन के प्रतिष्ठित पॉर्लरों में ट्रेनिंग ली। ट्रेनिंग लेने के लिए उन्होंने वहाँ के पार्लर में छोटे-मोटे काम भी किए। ट्रेनिंग पूरी कर शहनाज़ हुसैन साल 1977 में भारत लौटीं। लेकिन देश लौटने के बाद उन्होंने अपने पिताजी से 36 हज़ार रुपये उधार लेकर अपना छोटा सा ब्यूटी पार्लर अपने दिल्ली स्थित घर में ही खोला था और इसका नाम 'शहनाज़ हुसैन हर्बल' रखा। एक इंटर्व्यू में उन्होंने कहा- मैं घर के कभी ना ख़त्म ना होने वाले काम से बोर हो गई थी। मैं हमेशा से सबसे सुंदर दिखना चाहती थी और लोगों को सुंदर बनाना चाहती थी। इसलिए हर चीज़ को मैं अच्छे और सुंदर तरीक़े से करती और धीरे-धीरे मेरा शौक़ कब मेरा जुनून बन गया, मुझे मालूम ही नहीं चला। इसलिए मैंने ब्यूटीशियन में ही करियर बनाने का फ़ैसला किया।

जब डे *विट वैलेस* 1918 में सेना के अस्पताल में भर्ती थे, तो उन्होंने बहुत सी पत्रिकायें पढ़ीं। उन्हें पढ़ते समय उनके मन में यह विचार आया कि अधिकांश लेख ज़रूरत से ज़्यादा लंबे थे। उन्होंने सोचा कि क्यों न इन लेखों को छोटा करके उनका सार प्रकाशित किया जाये, ताकि पाठकों को उन्हें पढ़ने में कम समय लगे।

अस्पताल से निकलने के बाद वैलेस ने संक्षिप्त लेखों का संकलन तैयार किया और कई प्रकाशकों के सामने अपनी योजना रखी लेकिन प्रकाशकों ने

उनके विचार को नकारते हुए जवाब दिया कि इस तरह की पत्रिका सफल नहीं हो सकती। परंतु वैलेस को स्वयं पर और अपने विचार पर विश्वास था, इसलिये उन्होंने हार नहीं मानी और ख़ुद ऐसी पत्रिका निकालने का फ़ैसला किया। उन्होंने संभावित पाठकों को सीधे चिट्ठियाँ लिखकर अपनी योजना बताई। ग्राहकों से सदस्यता शुल्क के रूप में 5000 डॉलर इकट्ठे हो गये। बहरहाल, पत्रिका प्रकाशित करने के लिये 6300 डॉलर की ज़रूरत थी। इसलिये उन्होंने 1300 डॉलर उधार लिये और अंततः फ़रवरी 1922 में *रीडर्स डाइजेस्ट* का पहला अंक प्रकाशित हुआ। वैलेस दंपति ने अपनी पत्रिका को सफल बनाने के लिये काफ़ी संघर्ष किया। लीला एक कंपनी में नौकरी करने लगीं, ताकि घर का ख़र्च चल सके। इसके बाद वे रात में पत्रिका का संपादकीय काम करती थीं। चूँकि उनके पास पत्रिकायें ख़रीदने के पैसे नहीं थे, इसलिये वैलेस लाइब्रेरी में दिन भर बैठकर लेख उतारते थे। कुछ साल में ही उनकी मेहनत रंग लाई और रीडर्स डाइजेस्ट सफल हो गई। वैलेस ने अंततः तथाकथित विशेषज्ञों को ग़लत साबित कर दिया।

1943 में आई बी एम के चेयरमेन टॉमस वाटसन ने कहा था कि संसार में ज़्यादा से ज़्यादा पाँच कंप्यूटर बिक सकते हैं। इसी प्रकार डिजिटल इक्विपमेंट कॉर्पोरेशन के संस्थापक केन ओल्सन ने कहा था–मुझे ऐसा कोई कारण नहीं दिखता कि लोग अपने घर में कंप्यूटर रखना चाहेंगे लेकिन माइकल डेल और स्टीव जॉब्स ने उनकी बात नहीं मानी और पर्सनल कंप्यूटर घर–घरमें लोकप्रिय कर दिए।

मेसाचुसेट्स इंस्टिट्यूट ऑफ़ टेक्नोलॉजी के विशेषज्ञों ने जिलेट से कहा था कि इतनी पतली ब्लेड बनाना सम्भव नहीं है लेकिन जिलेट को इससे कोई फ़र्क़ नहीं पड़ा।

न्यू यॉर्क की झुग्गी बस्ती में बड़ी हुईं एस्टी लॉडर ने बचपन से ग़रीबी को क़रीब से देखा था जिससे बाहर निकलने का उन्होंने संकल्प कर लिया था। जब उन्होंने कॉस्मेटिक्स का बिज़नेस शुरू किया, तो लोगों ने उन्हें यह काम न करने की सलाह दी, लेकिन उन्होंने इस सलाह पर ध्यान नहीं दिया। रात को वे सौंदर्य प्रसाधन बनाती थीं और दिन में उन्हें दुकानों के शेल्फ़ तथा ग्राहकों के घर पर पहुँचाने का काम करती थीं। लॉडर अपने सौंदर्य प्रसाधनों को बेचने के लिये जनरल स्टोर्स पर निर्भर नहीं रहीं। उन्होंने सड़क

की नुक्कड़ों, फुटपाथ, मित्रों और ग्राहकों के घरों, होटल के कमरों और ब्यूटी पार्लरों में अपने सौंदर्य प्रसाधन रखवाकर बेचे। उन्होंने विज्ञापन देने के बजाय 'सामान के साथ मुफ़्त उपहार' देने की परंपरा शुरू की और अपने सपने को साकार करते हुए सभी भविष्यवाणियों को ग़लत साबित कर दिया।

केंटकी फ्राइड चिकन (के एफ़ सी) का नाम आपने ज़रूर सुना होगा। कभी रेस्तराँ में बर्तन धोने वाले *हर्लेन सेंडर्स* ने इसकी शुरुआत बासठ वर्ष की आयु में सिर्फ़ 87 डॉलर की जमापूँजी से की थी।

वियतनाम युद्ध में कैप्टन के रूप में शामिल हुए फ्रेड स्मिथ ने ओवरनाइट पैकेज डिलीवरी का विचार देकर तहलका मचा दिया- चार साल की उम्र में अपने पिता को खोने वाले और जन्म से हड्डियों की विकृति के कारण बैसाखियों के सहारे चलने वाले फ्रेड स्मिथ ने येल विश्वविद्यालय से ग्रैजूएशन के बाद तीन साल के लिए अमेरिकी सेना की मरीन कोर्प्स में कमीशन प्राप्त किया और वियतनाम युद्ध में कैप्टन के रूप में सेवा करते हुए सिल्वर स्टार, ब्रोंज स्टार तथा पर्पल हार्ट्स जैसे सम्मान प्राप्त किए। उनके पास पायलट का लाइसेंस था। उन्होंने ओवर नाइट पैकेज डिलीवरी के विचार को अपनी मेहनत से सफल बना दिया।

लाइफ़ ऑफ़ जीसस क्राइस्ट फ़िल्म देखकर दादा साहेब फाल्के ने भारत में फ़िल्म बनाने के बारे में सोचा–

दादा साहेब फाल्के के पास कोई प्लान नहीं था। वो उस समय लक्ष्मी आर्ट प्रिंटिंग प्रेस में काम करते थे। कुछ अलग करने की चाह में उन्होंने लक्ष्मी आर्ट प्रिंटिंग प्रेस छोड़ दी। घर में पत्नी सरस्वती फाल्के थीं जो उन्हें नौकरी छोड़ने पर डांट रही थीं। इसी बात की उलझन में वो अपने छोटे बेटे बालाचंद्रा के साथ गिरगाँव में टहलने निकले।

'रास्ते में उन्होंने देखा एक टेंट में थिएटर बना था। रात का समय था, अंदर से उजाला दिख रहा था, बैंड बज रहा था। जब बेटे बालाचंद्र ने कहा, दादा (पिता) क्या हम अंदर जाकर फ़िल्म देखें, तो वो राजी हो गए। अंदर जाकर दोनों ने *अमेजिंग एनिमल* नाम की विदेशी फ़िल्म देखी। घर जाकर बालाचंद्र ने माँ को जब बताया कि पर्दे पर उसने चलते हुए जानवर देखे, तो उन्हें यक़ीन नहीं हुआ। दादा साहेब ने पत्नी से कहा कि मैं आपको भी कल दिखाऊँगा। अगले दिन उसी जगह *लाइफ़ ऑफ़ जीसस क्राइस्ट* नाम

की विदेशी फ़िल्म लगी थी। ये फ़िल्म ही उनकी ज़िंदगी के लिए टर्निंग पॉइंट साबित हुई। फ़िल्म देखकर उन्होंने सोचा कि कब तक हम वेस्टर्न कल्चर या उनके देवी-देवताओं को देखेंगे, कौन राम-कृष्णा बनाएगा। हमारा कल्चर कौन बताएगा। तब उन्होंने ये ज़िम्मेदारी उठाई।

आप अपने विचारों के साथ क्या करते हैं –

'जो भी इंसान नहाता है, उसके मन में एक न एक विचार ज़रूर आता है, लेकिन वही व्यक्ति कुछ कर पाता है, जो नहाकर निकलता है और शरीर पोंछकर उस विचार के बारे में कुछ करता है' नार्मन बुशनेल ने जब यह बात कही तो उनका मतलब था कि विचारों के प्रति न केवल चौकन्ना, सजग या सचेत रहना है बल्कि जैसे ही कोई कारगर विचार मिले तुरंत लिख लेना है जैसे कि दुनिया के महानतम गणितज्ञ रामानुजन करते थे। रामानुजन रात को सोते समय अपने पास पेन और डायरी रखते थे और जैसे ही सपने में किसी थे ओरम या गणना का विचार आता वे तुरंत लिखते चले जाते थे। इसलिए आज से अपने पास हमेशा एक पेन और नोटबुक रखने की आदत डालें क्योंकि महत्वपूर्ण विचार आपके मन में कभी भी और कहीं भी आ सकता है। *ज़्यादातर महत्वपूर्ण विचार प्रकृति के साथ जुड़ते समय मसलन पेड़ों के आसपास या पानी के आसपास घूमते समय, यात्रा के समय, सोचालय (शौचालय) में शौच के समय, बाथरूम में नहाते समय, सोते समय या गहन ध्यान की अवस्था में आ सकते हैं इसलिए इन जगहों पर अपने साथ नोटबुक रखना न भूलें।* आचार्य रजनीश को जब कोई महत्वपूर्ण विचार आता था तो वे एक स्थान पर रूककर गहन चिंतन में डूब कर लिखने बैठ जाते थे।

दाढ़ी बनाते समय भी उपयोगी विचार आ सकता है जिसे आप महानता तक ले जा सकते हैं–

शिकागो में पले जिलेट को 1871 में लगी एक आग में अपने परिवार की संपत्ति के नुक़सान के कारण काम पर जाने के लिए मजबूर होना पड़ा, इसलिए वो हार्डवेयर उत्पादों के ट्रैवलिंग सेल्समैन बन गए। वे क्राउन कॉर्क एंड सील कंपनी के सामान बेचते थे। वे दिन भर घूम-घूम कर सामान बेचते

और रात में नयी-नयी चीज़ें खोजते और उनपर काम करते। उनकी कंपनी के चेयरमैन विलियम पेंटर ने सलाह दी कि काँच की बोतल के ढक्कन की तरह कोई ऐसी चीज़ बनाओ जिसकी रोज़ ज़रूरत पड़े और उपयोग करने के बाद फेंक दी जाए। उन्होंने डिक्शनरी के सैकड़ों पन्ने पढ़ डाले ताकि किसी शब्द को देखकर शायद कोई विचार मन में कौंधे लेकिन कुछ नहीं हुआ और 28 साल तक फेरी लगाकर सामान बेचने के बाद भी कोई महान काम नहीं कर सके। एक दिन अपने भोंथरे उस्तरे से दाढ़ी बनाते समय ख़्याल आया कि क्यों न ऐसी सेफ़्टी रेज़र ब्लेड बनायी जाये जिसके दोनों सिरों पर धार हो और जिसे उपयोग करने के बाद फेंक कर दूसरी का उपयोग किया जा सके। उनकी कल्पना में ऐसी ब्लेड की तस्वीर उभर आयी। इसके बाद उन्होंने एक स्केच बनाया और विशेषज्ञों से सलाह ली लेकिन किसी को इतनी पतली ब्लेड बनाने पर विश्वास नहीं हो रहा था लेकिन उन्होंने हार नहीं मानी आख़िरकार विलियम एमरी निकरसन ने उनके सपने के सेफ़्टी रेज़र ब्लेड को बना दिया। आज की तरह उस समय भी जिलेट का रेज़र सस्ता तथा ब्लेड महँगी होती थी। पहली साल में जिलेट ने केवल 51 रेज़र और 168 ब्लेड बेचे। धीरे धीरे लोगों को इसकी आदत हो गयी और जिलेट की ज़िंदगी बदल गयी।

अच्छे विचार साधारण होते हैं - असाधारण तो वे लोग होते हैं,
जो उन्हें साकार करने के लिए कड़ी मेहनत करेंगे।

-एश्ले ब्रिलिएंट

विश्व की सबसे बड़ी सबमरीन सैंडविच चेन *सब वे* की स्थापना इसके संस्थापक *फ्रेड डिलयुका* के बड़े सपनों की बुनियाद पर हुई थी। वे मैकडोनाल्ड्स से बड़ी फ्रेंचाइज़ी चेन बनाना चाहते थे। उनके पास कॉलेज की पढ़ाई के लिए पैसे नहीं थे। 17 वर्ष की आयु में वे 1.25 डॉलर प्रति घंटे में स्थानीय हार्डवेयर स्टोर में क्लर्क का काम करते थे। उनके मित्रों पीटर वक़ ने उन्हें सैंडविच की दुकान खोलने की सलाह दी और 1 हज़ार डॉलर का निवेश भी किया। दोनों पार्टनर बन गए। वे दस साल के भीतर 30 सब वे सैंडविच शॉप्स खोलना चाहते थे लेकिन सात साल बाद तक

कनेक्टिकट राज्य के भीतर 16 शॉप्स ही खोल पाए थे। बैंक ने उन्हें क़र्ज़ देने से मना कर दिया तब एक वक़ील ने उन्हें फ़्रेंचाइज़ी खोलने की सलाह दी। जब फ़्रेड ने अपने मित्र ब्रायन डिक्सन से फ़्रेंचाइज़ी खोलने को कहा तो डिक्सन नौकरी छोड़कर फ़्रैंचाइजी खोलने को तैयार नहीं हुए लेकिन दुर्भाग्य से डिक्सन की कंपनी दिवालिया हो गई। मजबूरी में वह फ़्रेंचाइज़ी खोलने को तैयार हो गया और 'डॉक्टर एसोसिएट्स इंक'नामक यह कंपनी वर्ष 2002 में अमेरिका में मैकडोनाल्ड्स से ज़्यादा आउटलेट खोलने में सफल हुई और फ़्रेड का सपना पूरा हुआ।

टाइम, फ़ॉर्च्यून, लाइफ़ और स्पोर्ट्स इलस्ट्रेटेड पत्रिकाओं की शुरुआत करने वाले *हेनरी रॉबिंसन ल्यूस* का सपना था कि वे समाचारपत्र उद्योग में अपना नाम करेंगे। प्रारंभ में वे अपने मित्र ब्रिटन हेडन के साथ येल यूनिवर्सिटी के अख़बार डेली न्यूज़ को निकालते थे। पढ़ाई पूरी करने के बाद अनुभव के लिए उन्होंने अख़बारों में काम किया तथा शिकागो डेली न्यूज़ और बाल्टीमोर न्यूज़ में काम करके पत्रकारिता का अनुभव प्राप्त किया। उनके पास पूँजी की कमी थी, संवाददाता नहीं थे और प्रोत्साहन नहीं था लेकिन उन्होंने अपने सपने का पीछा किया। 1923 में टाइम पत्रिका निकाली, 1929 में फ़ॉर्च्यून, 1936 में लाइफ़ और 1954 में स्पोर्ट्स इलस्ट्रेटेड निकाली। ये पत्रिकाएँ आज दुनिया की सबसे प्रतिष्ठित पत्रिकाएँ कहलाती हैं।

हम जिस चीज़ की अपेक्षा करते हैं वही हमें मिलता भी है और उतनी ही मात्रा में मिलता है। आपके मस्तिष्क में उत्पन्न होने वाले विचार चुम्बक की तरह होते हैं जो अपने जैसी चीज़ों, परिस्थितियों और व्यक्तियों को ही आकर्षित करते हैं। इस सिद्धांत को मनोवैज्ञानिक आकर्षण का नियम कहते हैं। यदि आपके विचार ग़रीबी और बीमारी पर केंद्रित रहते हैं तो ये आपकी तरफ़ ग़रीबी और रोगों को ही आकर्षित करेंगे। आप अपने मन में जो कुछ भी पकड़े हुए बैठे हैं उसके विपरीत कुछ और उत्पन्न होने की संभावना नहीं बन सकती है। दरअसल आपका मानसिक नज़रिया ही वह साँचा होता है जो आपके जीवन को आकार देता है। आपको सफलता भी सबसे पहले मानसिक रूप से मिलती है और बाद में वह भौतिक रूप से प्रकट होती है इसलिए हर चीज़ को रचनात्मक तरीक़े से देखने की आदत डालनी चाहिए। शंका और अनिश्चितता से जीवन को नहीं देखना चाहिए। *हमेशा यह विश्वास*

करने की आदत डालें कि आपके साथ सर्वश्रेष्ठ होने वाला है। समृद्धि मन में शुरू होती है और इसी कारण अभाव और संभावित अपमान के डर की वजह से बहुत से लोग अपनी मनचाही चीज़ें हासिल नहीं कर पाते हैं।

हम भूल जाते हैं कि शक्तियाँ हमारे भीतर ही हैं लेकिन हमारी अज्ञानता के कारण वे निष्क्रिय अवस्था में होती हैं और दिखाई नहीं देती हैं। इसलिए हम अपने आप को बदलने में अक्षम पाते हैं। *आपका जीवन यदि कोई बदल सकता है तो वह केवल आप ही बदल सकते हैं इसके लिए जितने भी संसाधनों की ज़रूरत है वे आपके पास, आपके भीतर मौजूद हैं आपको केवल उनका इस्तेमाल करना सीखना है।* इसलिए आप व्यक्तित्व के जो गुण स्वयं में देखना चाहते हैं उन्हें सीख सकते हैं, विकसित कर सकते हैं और उन पर मेहनत कर सकते हैं। विकसित करने लायक गुण हैं-धैर्य, दयालुता, उदारता, विनम्रता, श्रेष्ठता और ईमानदारी और इन सबका परिणाम श्रेष्ठ आत्मछवि।

सकारात्मक और नकारात्मक सुझाव-

जब आप एक बार अपना लक्ष्य तय कर लें तो नकारात्मकता से अपने विचारों का बचाव करना उतना ही महत्वपूर्ण है जितना कि महत्वपूर्ण है फसल को खर-पतवार से बचाना। *किसी का एक कथन आपकी सम्पूर्ण ज़िंदगी को बर्बाद करने के लिए काफ़ी है क्योंकि यदि आप सावधान नहीं हैं तो आप किसी की कही गयी बात को सच मान लेंगे और उसके अनुरूप व्यवहार करने लगेंगे।* कुछ प्रचलित नकारात्मक सुझाव या कथन निम्न है -

- तुम कुछ नहीं कर सकते
- तुम कभी कुछ नहीं बन पाओगे
- तुम असफल हो जाओगे
- तुम्हारी सफलता की बिलकुल भी सम्भावना नहीं है
- तुम बिलकुल ग़लत रास्ते पर हो
- कोई भी भरोसे के क़ाबिल नहीं है
- इतनी ज़्यादा कोशिश करने से कोई फ़ायदा नहीं है

- तुम्हारी उम्र अब ज़्यादा हो चुकी है
- तुम कभी नहीं जीत सकते
- सावधान रहना, तुम्हें भयंकर बीमारी हो सकती है
- अब कुछ नहीं हो सकता

बचपन में आप दूसरों की कही गयी बातों को सच मान लेते थे जिसका परिणाम आपकी वर्तमान स्थिति है। इसलिए *जब आपने स्वयं की स्थिति को बदलने का दृढ़ संकल्प कर ही लिया है तब आवश्यकता है कि आप अपने जीवन में रिसेट का बटन दबाकर अपनी रीकंडीशनिंग करें और अतीत की बातों को भूलकर आगे बढ़ें।*

हमारा समाज हमारी शक्तियों का लाभ लेने के बजाय हमारी कमज़ोरियों को मज़बूत बनाने पर ध्यान केंद्रित करता है। स्कूल में अगर आपको तीन विषयों में ए ग्रेड मिलते हैं और एक में डी ग्रेड मिलता है, तो आपके आस-पास के सभी लोग उस 'डी' पर ही ध्यान केंद्रित करते हैं। स्कूल में हमारे ग्रेड, मानक टेस्ट के स्कोर, प्रदर्शन समीक्षाएँ, यहाँ तक कि ख़ुद को सुधारने की कोशिशें भी हमारी कमियों को रेखांकित करती हैं और हमें उन्हें सुधारने के लिए प्रेरित करती हैं, लेकिन अगर हम उन कमियों को अपनी असफलता मानने के बजाय जीवन के सबक मान लें तो कितना अच्छा हो। बेनडिक्टीन नन सिस्टर जोआन चिटिस्टर ने लिखा है, हमें यह अहसास होता है कि हमें हर चीज़ नहीं करनी है, हम हर चीज़ नहीं कर सकते, मैं जो नहीं कर सकती, वह किसी दूसरे की प्रतिभा और ज़िम्मेदारी है... मेरी सीमाएँ दूसरे लोगों की प्रतिभाओं के लिए जगह बनाती हैं। *अपनी कमज़ोरियों पर ध्यान केंद्रित करने के बजाय हम अपनी शक्तियों पर केंद्रित होने का प्रयास करें और उन्हें अपने जीवन के केंद्र में लाने के तरीक़े खोजें।*

जब योग्यताओं की बात आती है, तो आपको अपनी शक्तियों पर केंद्रित होना चाहिए, लेकिन अगर आपकी कमज़ोरियाँ परानुभूति, करुणा, दया और उदारता जैसे भावनात्मक गुण हों, तो आपको उनके विकास में जुटे रहना चाहिए और यह काम कभी नहीं छोड़ना चाहिए। अगर आपमें करुणा नहीं हैं, तो कंप्यूटर का उस्ताद होने में कोई तुक नहीं है क्योंकि आख़िरकार आप एक इंसान हैं।

9

अपने जीवन का मक़सद पहचानने के बाद

अधिकतर लोग अपना 90 प्रतिशत समय वहाँ लगाते हैं, जहाँ वे सर्वश्रेष्ठ नहीं होते हैं और सिर्फ़ 10 प्रतिशत अपनी सर्वश्रेष्ठ योग्यता पर लगाते हैं। सफल लोग वे 90 प्रतिशत काम दूसरों को सौंप देते हैं और इस तरह अपना सारा समय अपनी 'अनूठी' योग्यता पर लगाने में समर्थ होते हैं।

–गैरी हैल्बर्ट

आपने अपने भविष्य का निर्धारण कर लिया है। अब आपको जीवन में आगे बढ़ने से कोई नहीं रोक सकता लेकिन बड़े से बड़े सपने एक कार्य योजना और कर्म के बिना बेकार हैं। इसलिए मैं यहाँ आपको सावधान करने की जुर्रत कर रहा हूँ कि *आगे बढ़ने से पहले अपने जीवन के पहले चरण से प्राप्त अनुभवों, अपनी योग्यताओं,अपने संसाधनों और कमज़ोरियों का एक संतुलित विश्लेषण (SWOT analysis) करें।*

आपने जो बनने का फ़ैसला किया है, उस क्षेत्र में वर्तमान में आपकी क्या हैसियत है, यह आकलन आपने कर लिया होगा। अब ज़रूरत है आपके द्वारा चिन्हित क्षेत्र में मास्टरी हासिल करने की क्योंकि बिना स्पेशलिस्ट बने आप दुनिया के किसी भी क्षेत्र में नेतृत्व नहीं कर सकते। अब वो समय गया जब केवल एम बी बी एस की डिग्री से ही नामी गिरामी डॉक्टर का तमगा

मिल जाता था अब तो हर अंग के लिए एम एस या एम डी के बिना काम नहीं चलने वाला। इसलिए अपने क्षेत्र में सर्वोत्कृष्ट बने बिना विश्राम की कल्पना करना सिवाय मूर्खता के कुछ नहीं है।

उदाहरण के लिए माना कि आप गायक बनने में रूचि रखते हैं क्योंकि बचपन से आज तक आप विभिन्न मंचों पर परफ़ॉर्म करते रहे हैं और स्कूल और कॉलेज के समय में जाने-माने गायक रहे हैं लेकिन हो सकता है कि आप कभी शास्त्रीय संगीत नहीं सीख पाए और इसलिए सुरों की बारीकियाँ नहीं जानते। ऐसे में आपमें नैसर्गिक प्रतिभा होने के बाद भी एक सीमा के बाद सफल होने की गुंजाइश कम होगी। इसलिए समय निकालकर आपको सबसे पहले एक गुरू ढूँढ़ना होगा जो आपको सात सुरों की कोमलता और तीव्रता समझा सके और रियाज़ करने में मार्गदर्शन कर सके। ज़्यादातर गायक गाते समय प्रारम्भ में किसी बड़े गायक की नक़ल करते हैं जैसे कि मुकेश और किशोर जैसे गायक भी प्रारम्भ में कुंदल लाल सहगल की नक़ल करते थे; महेंद्र कपूर मुहम्मद रफ़ी की और लता मंगेशकर भी शुरू में नूरजहां को फ़ॉलो करती थी। लेकिन इन सभी ने जल्द ही अपनी अलग शैली विकसित करके अपना नाम गायकी के इतिहास में अमर कर दिया दूसरी तरफ़ विपिन सचदेवा, बावला, सोनू निगम और कुमार सानू जैसे गायक अपने आदर्श गायकों की नक़ल से कभी पीछा नहीं छुड़ा सके जिसका परिणाम यह हुआ कि वे लाख कोशिशों के बाद भी अपनी मौलिकता को सिद्ध नहीं कर सके। सच तो यह है कि नक़ल करने से हमारे सोचने की क्षमता ख़त्म हो जाती है। दूसरी बात है जब आप अपने ख़ुद के आलोचक बन जाते हैं तो फ़र्क़ आना शुरू हो जाता है। आवश्यकता केवल इतनी है कि अगर आप पहचान बनाना और सराहना पाना चाहते हैं तो अपने प्रोडक्ट को दूसरों की नज़र से देखना शुरू कर दीजिये- 'निंदक नियरे राखिए, आँगन कुटी छबाए'

यह ज़रूरी नहीं है कि आपके सपने पर लोगों को भी आपके जितना भरोसा हो। आपका सपना आपका बच्चा है उस पर दूसरे भरोसा क्यों करेंगे। प्रोफ़ेसर जॉन हेनरी पॉपर ने यह घोषणा की थी कि एडिसन के बिजली के बल्ब के आविष्कार का कोई भविष्य नहीं है लेकिन इसके बावजूद एडिसन ने इसे बनाया। साइंटिफ़िक अमेरिकन जर्नल ने राइट बंधुओं की हवाई उड़ान को झूठा दावा माना था लेकिन फिर भी वे नहीं रुके। टेलीफ़ोन के आविष्कार

के बारे में अलेक्ज़ेंडर ग्राहम बेल के दावे के बाद पूँजीपति जे पी मॉर्गन ने कहा था कि इसमें व्यावसायिक सफलता की अब कोई संभावना नहीं है। लेकिन इससे बेल को कोई फ़र्क़ नहीं पड़ा।

यदि आप कुछ करना चाहते हैं तो यह मानकर फिर से शुरू करें कि कोई भी काम छोटा नहीं होता है। आप किसी भी स्तर से अपना सेकेंड हाफ़ प्रारंभ कर सकते हैं। उदाहरण के लिए 60 साल के रिटायर्ड पैरामेडिको एंबुलेंस ड्राइवर *कीस वेलदोबोर* नीदरलैंड्स के हैं और उन्होंने संकल्प लिया कि वे लोगों की अंतिम इच्छा पूर्ण करेंगे। क्या आप विश्वास करेंगे कि वो अब तक 14 हज़ार लोगों की अंतिम इच्छा पूरी कर चुके हैं। एम्बुलेंस विश फ़ाउंडेशन के अंतर्गत वे हर दिन छह गंभीर रूप से बीमार लोगों की मदद करते हैं।

इसलिए जिस क्षेत्र में आप आगे बढ़ना चाहते हैं उस क्षेत्र के सबसे सफल व्यक्ति को अपना *रोल मॉडल* मानकर उसके आगे बढ़ने के सिद्धांतों को समझिये लेकिन भूलकर भी उसे कॉपी करने की कोशिश मत कीजिए क्योंकि नक़ल अंततः आत्महत्या जैसा क़दम साबित होगी। आप किसी की नक़ल करके रोज़ी-रोटी तो कमा सकते हो लेकिन याद रखे जाने योग्य नहीं बन सकते।

तो फिर आप क्या सोच रहे हैं?

संगीतकार, खिलाडी, टेक्नोलॉजिस्ट, चित्रकार, फ़ोटोग्राफ़र, प्रशासक, किसी कम्पनी के सीईओ, बिज़नेसमैन, शेयर मार्केट के दिग्गज, पर्वतारोही, पक्षी विज्ञानी, वैज्ञानिक, वक़्ता, राजनेता, अभिनेता, सोशल एक्टिविस्ट, सोशल इन्फ़्लुएन्जर, यूटूबर आदि लाखों क्षेत्रों में से किसी भी क्षेत्र में आप आगे बढ़ना चाहते हैं तो निम्न तथ्यों पर विचार करें :

1. क्या आप में लक्ष्य को प्राप्त करने के लिए प्रारंभिक ज्ञान है?
2. क्या आप ने लक्ष्य प्राप्ति के लिए आवश्यक ट्रेनिंग ली है, यदि नहीं तो ट्रेनिंग के क्या अवसर हैं?
3. क्या आपके क्षेत्र में आगे बढ़ने के लिए कोई मार्गदर्शक आपके सम्पर्क में है?
4. आपके क्षेत्र में राष्ट्रीय और अंतर्राष्ट्रीय स्तर पर सर्वश्रेष्ठ कौन है?

5. अपके क्षेत्र में सफल होने के लिए आपको क्या और सीखने की ज़रूरत है?
6. अपनी प्रतिभा का प्रदर्शन करने के लिए कौन-कौन से अवसर उपलब्ध हैं?
7. अपने लक्ष्य को प्राप्त करने के लिए शुरुआत अपने वर्तमान काम के साथ करना है या फिर नई शुरुआत करना है?
8. आपको आगे बढ़ने से रोकने के लिए कौन-कौन सी बाधाएं महसूस होती हैं?
9. क्या आपके आसपास का माहौल प्रेरक है?
10. आपको कौन-कौन लोग प्रोत्साहित और कौन से लोग हतोत्साहित करते हैं?
11. आपके रुचि के क्षेत्र के संबंध में उपलब्ध साहित्य क्या है?
12. सफल होने के लिए बनाई गई कार्ययोजना के प्रत्येक चरण की समय-सीमा क्या आपने तय कर ली है?

उपरोक्त प्रश्नों में से प्रत्येक पर अब हम विस्तार से चर्चा करेंगे। मैं चाहता हूँ कि आप भी अपने आप को 'अभी नहीं तो कभी नहीं' की तीव्र भावना से ओतप्रोत होकर प्रयास करें क्योंकि अब दूसरी पारी में पहली पारी की कोई ग़लती किसी भी हालत में हमें कहीं का नहीं छोड़ेगी।

पहले हाफ़ में आप माता-पिता, शिक्षक, मित्र, रिश्तेदार, पड़ोसी से प्रेरित और वातावरण से प्रभावित होकर आगे बढ़े थे लेकिन दूसरे हाफ़ में सम्पूर्ण ज़िम्मेदारी आप ने स्वयं ली है और आपके मन में किसी भी प्रकार का लोभ, लालच या दवाब नहीं है इसलिए प्रत्येक चयन सोच-विचारकर करना ज़रूरी है क्योंकि ज़िंदगी न मिलेगी दोबारा। आगे बढ़ने के लिए आप अपने मन से इस बात को निकाल दें कि आपके द्वारा चुना गया क्षेत्र पुराना लोकप्रिय क्षेत्र है अथवा एकदम नया। आप तो अपने काम में सच्चे मन से जुट जाएँ बस।

उदाहरण के लिए भारत में *प्रशांत किशोर* के पहले किसी ने शायद ही कभी सोचा होगा कि कोई कंपनी चुनावी रणनीति बनाने के लिए भी खोली

जा सकती है। यूनाइटेड नेशंस में पब्लिक हेल्थ का काम देखने वाले किशोर की आयी पैक (इंडियन पॉलिटिकल एक्शन कमेटी) कंपनी ने भारत में कई राजनीतिक पार्टियों को चुनावी रणनीति बनाने में न केवल सहयोग किया है बल्कि जिताने में भी योगदान किया है। *मैंने स्वयं मोटिवेशनल स्पीकर बनकर लोगों की ज़िंदगी में परिवर्तन लाने तथा उन्हें सक्षम महसूस कराने का संकल्प लिया है तो इस बात से फ़र्क़ नहीं पड़ता कि इस क्षेत्र में कितने बड़े-बड़े नाम हैं। सच तो यह है कि आठ अरब आबादी का मार्गदर्शन करने के लिए मेरे जैसे हज़ारों मार्गदर्शक भी कम पड़ेंगे।*

इस अध्याय का अंत मैं इन पंक्तियों के साथ करना चाहूँगा-

लक्ष्य ही काफ़ी नहीं हैं। आपको लक्ष्यों के साथ-साथ
डेडलाइन्स भी चाहिए: पर्याप्त बड़े लक्ष्य इसलिए, ताकि आप
उनके बारे में रोमांचित हो जाएँ और डेडलाइन्स इसलिए, ताकि
आप दौड़ें। इनमें से कोई भी एक दूसरे के बिना ज़्यादा अच्छा
नहीं है, लेकिन मिलकर वे ज़बर्दस्त हो सकते हैं।

-बेन फ़ेल्डमैन

10

आपका सक्सेस प्लान

An idiot with a plan can beat a genius without a plan

–Warren Buffett

आगे बढ़ने से पहले मैं आपको स्व सहायता और प्रेरणा के क्षेत्र में महानता का दर्जा प्राप्त *नेपोलियन हिल* के लक्ष्य के सम्बन्ध में छः क़दमों की ओर ध्यान दिलाना चाहूँगा जिन्हें पढ़ने के बाद शायद ही कोई भूल पाता है। उनके शब्दों में धधकती इच्छा को कागज़ के एक टुकड़े पर लिखने के बाद तीव्र भावना के साथ कल्पना कीजिए कि आगने वे लक्ष्य प्राप्त कर लिये हैं। आशावादी व सकारात्मक रूप से निरंतर उनको उद्धृत करते रहिए। लक्ष्यों की प्राप्ति के आरंभिक बिंदु इन छह अक्षरों के शब्द DESIRE में निहित हैं – Determine (संकल्प कीजिये), Evaluate (मूल्यांकन कीजिए), Set (निर्धारित कीजिए), Identify (पहचान कीजिए), Repeat (दोहराइए), Each day (प्रतिदिन)

आइये उन छः क़दमों का सारांश पढ़ते हैं जो हिल ने *थिंक एंड ग्रो रिच* पुस्तक में अमीरी के सम्बन्ध में कही हैं और जब वे अमीरी की बात कर रहे होते हैं तब उनका मक़सद केवल धन कमाना नहीं होता बल्कि अमीरी की परिभाषा में उन्होंने धन के अलावा सेहत, आध्यात्मिकता, आनंद, मानसिक शांति आदि सभी तत्वों को सम्मिलित किया है।

आइये इन छः क़दमों को आपके द्वारा निर्धारित लक्ष्य के सम्वन्ध में पुनः दोहराता हूँ -

1. एक निश्चित लक्ष्य तय करें जिसे प्राप्त करने की आपकी प्रबल इच्छा है।
2. यह निश्चित करें कि उस लक्ष्य प्राप्ति के बदले में आप इस संसार के सामने क्या प्रस्तुत करना चाहेंगे। उदाहारण के लिए यदि आप क्रिकेट के खेल में आगे बढ़ना चाहते हैं तो आप बैटिंग, बॉलिंग, विकेटकीपिंग में से क्या करना चाहेंगे।
3. आपके लक्ष्य प्राप्त करने की निश्चित तारीख़ क्या है।
4. एक निश्चित विस्तृत कार्य योजना बनायें जिसमे आपके समय, श्रम, खानपान, संसाधन, टीम, अवसर आदि का विस्तृत ब्यौरा हो। कार्य योजना पर तत्काल काम करना शुरू करें।
5. अपने लक्ष्य को प्राप्त करने की डिटेल्ड माइक्रो प्लान, टाइम लाइन और ब्यौरे की प्रत्येक बात को लिखें।
6. अपने लिखे हुए लक्ष्य, कार्य योजना और उसकी संक्षिप्त रूप रेखा को अपनी आँखों से ओझल न होने दें और उसे दिन में दो बार-प्रतिदिन सुबह और शाम को ज़ोर-ज़ोर से पढ़ें। आप लक्ष्य के कितने नज़दीक पहुँचे हैं यह जानने के लिए अपना प्रतिदिन मूल्यांकन करें। यदि प्रति दिन एक प्रतिशत प्रगति भी करेंगे तो उपलब्धि अविस्मरणीय होगी।

कल्पना करें कि आप किसी देश की लंबी यात्रा पर जाने वाले हैं। इसके लिए आपको सबसे पहले तो अपनी मंज़िल चुननी होगी। फिर आपको नक़्शा लाकर वहाँ पहुँचने का सबसे अच्छा तरीक़ा खोजना होगा। हर दिन सफ़र शुरू करने से पहले आप नक़्शे में अपनी स्थिति को देखेंगे कि आप कहाँ हैं और शाम तक कहाँ पहुँचना चाहते हैं। ज़िंदगी भी काफ़ी हद तक ऐसी ही होती है।

अगर आप अपने सर्वश्रेष्ठ स्वरूप और अपने लिए सचमुच संभव हर चीज़ हासिल करना चाहते हैं, तो आपको अपने और अपनी रवानगी के बिंदु के बारे में निष्ठुरता से ईमानदार होना होगा। आपको बैठकर विस्तार

से अपना विश्लेषण करना होगा और यह फ़ैसला करना होगा कि हर क्षेत्र में आज आप ठीक-ठीक कहाँ हैं। आज आप जहाँ हैं, वहाँ से मनचाही मंज़िल तक पहुँचने के लिए क्या आपने पर्याप्त समय आवंटित किया है? क्या आपका लक्ष्य यथार्थवादी है? अगर नहीं है, तो पूरी ईमानदारी का परिचय दें और अपनी गणनाओं व कल्पनाओं, दोनों को रिवाइज़ कर दें। अगर आपकी ज़िंदगी में कोई ऐसी चीज़ है, जिसे आप आज दोबारा नहीं करेंगे, तो आपका अगला सवाल यह होना चाहिए : आप उसे कैसे और कितनी जल्दी छोड़ सकते हैं? किन समयसाध्य गतिविधियों को आप कम कर सकते हैं या ख़त्म कर सकते हैं?

ब्रायन ट्रेसी अपनी पुस्तक Goals में लिखते हैं :

विभिन्न विषयों पर अनगिनत भाषण देने के बाद अगर मुझे कुछ कहने के लिए सिर्फ़ पाँच मिनट का वक़्त दिया जाए और सफल बनाने वाला कोई एक सबसे अचूक विचार बताने को कहा जाए, तो मैं आपसे कहूँगा, अपने लक्ष्य तय करें, उन्हें हासिल करने की योजना बनाएँ और अपनी योजना पर हर रोज़ मेहनत करें। *वे कहते हैं-लक्ष्य से ही सफलता मिलती है; बाक़ी हर चीज़ तो बस कमेंट्री है। स्पष्ट लक्ष्य होने पर सामान्य बुद्धि वाला व्यक्ति भी ऐसे जीनियस से आगे निकल जाएगा, जिसे यह मालूम ही न हो कि वह दरअसल चाहता क्या है। लक्ष्य तय करते ही आपकी ज़िंदगी की बागडोर आपके हाथ में आ जाती है। बिना लक्ष्य के जीना घने कोहरे में गाड़ी चलाने जैसा है* जबकि स्पष्ट लक्ष्य होने पर आपका आत्मविश्वास बढ़ता है, आपकी क्षमता का विकास होता है और आपकी प्रेरणा का स्तर ऊँचा होता है।

वे अपने बारे में बताते हैं कि कैसे उनकी ज़िंदगी बदली। ये रही ब्रायन ट्रेसी की प्रेरणादायक कहानी-

अठारह साल की उम्र में पढ़ाई पूरी किए बिना मैंने हाई स्कूल छोड़ दिया। मैं एक छोटे से होटल में बर्तन माँजने का काम करने लगा। वहाँ से निकलकर मैं कार धोने की नौकरी करने लगा। उसके बाद फ़र्श धोने का काम करने लगा। अगले कुछ सालों तक मैं मेहनत-मज़दूरी वाले बहुत से काम करता रहा और पसीना बहाकर रोज़ी-रोटी कमाता रहा। मैंने आरा मशीनों और फ़ैक्ट्रियों में काम किया। मैंने खेतों और पशुपालन केंद्रों पर

काम किया। मैंने लकड़ी के पीठों में चेन सॉ पर काम किया और लॉगिंग का मौसम ख़त्म होने पर कुएँ भी खोदे। मैंने ऊँची इमारतों पर मज़दूर का काम किया और नॉर्थ अटलांटिक में नॉर्वे के जहाज़ पर नाविक का काम भी किया। अक्सर मैं अपनी कार या किसी सस्ते लॉज में सोता था। तेईस साल की उम्र में मैं कटाई के मौसम में घुमंतू खेतिहर मज़दूर का काम करता था, खलिहान में पुआल के ऊपर सोता था और किसान के परिवार के साथ भोजन करता था। मैं अशिक्षित और अकुशल मज़दूर था और फ़सल कटने के बाद फिर बेरोज़गार हो जाता था। जब मुझे मेहनत-मज़दूरी का कोई काम नहीं मिला, तो मैं सेल्स लाइन में चला गया, जहाँ मुझे प्रॉडक्ट बेचने पर कमीशन मिलता था। मैं ऑफ़िस और घरों में जाकर अजनबियों को सामान बेचने की कोशिश (Cold Calling) करने लगा। अक्सर मेरा लक्ष्य दिन भर में सिर्फ़ एक सामान बेचना होता था, ताकि लॉज का किराया निकल आए और उस रात सोने की जगह मिल जाए। यह ज़िंदगी की कोई बेहतरीन शुरुआत तो नहीं थी। *फिर एक दिन मैंने एक क़ाग़ज उठाया और उस पर अपने लिए बिलकुल असंभव नज़र आने वाला लक्ष्य लिख दिया। यह लक्ष्य था, ऑफ़िस और घर-घर जाकर सामान बेचना और हर महीने 1,000 डॉलर कमाना। मैंने उस काग़ज को मोड़कर दूर रख दिया और फिर वह मुझे दोबारा कभी नहीं दिखा। लेकिन तीस दिन बाद मेरी पूरी ज़िंदगी बदल गई।* इस दौरान मैंने सामान बेचने की एक ऐसी तकनीक खोजी, जिसे आज़माने के पहले ही दिन मेरी आमदनी तीन गुनी हो गई।

क्या आप कबूतर से बेहतर लक्ष्य साध सकते हैं-आप एक पत्रवाहक कबूतर (homing pigeon) को उसके बसेरे से बाहर निकालकर एक पिंजरे में रखते हैं, उस पिंजरे पर कंबल ढँककर एक बक्से में पैक कर देते हैं और फिर उस बक्से को एक बंद ट्रक में रख देते हैं। आप किसी भी दिशा में हज़ार मील दूर चले जाएँ और इसके बाद अपना ट्रक खोलें, बक्सा बाहर निकालें, कंबल हटाएँ और कबूतर को पिंजरे से बाहर निकाल दें। वह फ़ौरन हवा में उड़ जाएगा, तीन चक्कर लगाएगा और फिर बिना किसी ग़लती के एक हज़ार मील दूर स्थित अपने बसेरे की तरफ़ चल देगा। दुनिया के किसी भी अन्य प्राणी के पास यह अविश्वसनीय साइबरनेटिक, लक्ष्य-केंद्रित हुनर नहीं होता है - सिवाय इंसान के। आपमें भी लक्ष्य हासिल करने की वही

योग्यता है, जो पत्रवाहक कबूतर में है। दरअसल, आपमें एक और अद्भुत चीज़ है। जब आपका लक्ष्य बिलकुल स्पष्ट होता है, तो आपको तो यह पता करने की भी ज़रूरत नहीं है कि यह कहाँ है या इसे कैसे हासिल करना है। आप ठीक-ठीक क्या पाना चाहते हैं, बस इतना फ़ैसला भर कर लेने से ही बिना किसी ग़लती के अपने लक्ष्य की ओर बढ़ने लगेंगे और आपका लक्ष्य बिना किसी ग़लती के आपकी ओर बढ़ने लगेगा। बिलकुल सही समय और जगह पर आप और आपका लक्ष्य एक-दूसरे से मिल जाएँगे। प्रकृति आपके लक्ष्यों के आकार के बारे में परवाह नहीं करती। अगर आप छोटे लक्ष्य तय करते हैं, तो आपका स्वचालित लक्ष्य-प्राप्ति तंत्र आपको छोटे लक्ष्य हासिल करने में समर्थ बनाएगा। अगर आप बड़े लक्ष्य तय करते हैं, तो यह नैसर्गिक क्षमता आपको बड़े लक्ष्य हासिल करने में समर्थ बनाएगी।

इतने कम लोगों के पास स्पष्ट, लिखित, नापने योग्य, समयबद्ध लक्ष्य क्यों होते हैं? हर किसी के पास ऐसे लक्ष्य क्यों नहीं होते, जिनकी दिशा में वे हर दिन काम करें? यह जीवन का एक बड़ा रहस्य है।

चार कारणों से लोग अपने लक्ष्य तय नहीं करते :

1. वे लक्ष्यों को महत्वपूर्ण नहीं मानते-लोगों को लगता है कि लक्ष्य नहीं तय करने से कोई फ़र्क़ नहीं पड़ेगा।
2. वे जानते ही नहीं हैं कि *लक्ष्य कैसे तय किए जाते हैं।* लक्ष्य, इच्छा से एकदम अलग होता है। यह स्पष्ट होता है, लिखित होता है और विशिष्ट होता है। इसे किसी को भी जल्दी से और आसानी से बताया जा सकता है। आप इसकी दिशा में अपनी प्रगति को नाप सकते हैं। जब आप इसे हासिल कर लेते हैं या नहीं कर पाते, तो आप यह बात जान जाते हैं।
3. वे *असफलता* से डरते हैं-असफलता से बचने के लिए वे लक्ष्य ही तय नहीं करते। वे सफलता की अपनी संभावना से काफ़ी निचले स्तर पर ही काम करते-करते ज़िंदगी गुज़ार देते हैं।
4. अस्वीकृति (Rejection) का डर। लोग इस बात से डरते हैं कि अगर उन्होंने कोई लक्ष्य तय किया और कामयाब नहीं हो पाए, तो दूसरे लोग उनकी आलोचना करेंगे या हँसी उड़ाएँगे। यह भी एक कारण है कि

> शुरुआत में आपको अपने लक्ष्य गोपनीय रखने चाहिए। किसी को भी न बताएँ। दूसरों को परिणाम देखने दें, उन्हें पहले से कुछ भी न बताएँ। जो वे जानते ही नहीं हैं, उससे वे आपको चोट नहीं पहुँचा सकते।

मार्क मैक्कॉरमैक ने अपनी पुस्तक *व्हाट दे डोन्ट टीच यू एट हार्वर्ड बिज़नेस स्कूल* में 1979 और 1989 के बीच हार्वर्ड में हुए एक अध्ययन के बारे में बताया है। 1979 में हार्वर्ड के एमबीए ग्रेजुएट्स से पूछा गया, क्या आपने अपने भविष्य के लिए स्पष्ट, लिखित लक्ष्य तय किए हैं और उन्हें हासिल करने की कोई योजना बनाई है? पता चला कि सिर्फ़ 3 प्रतिशत ग्रेजुएट्स के पास लिखित लक्ष्य और योजनाएँ थीं। तेरह प्रतिशत के पास लक्ष्य तो थे, लेकिन उन्होंने लिखे नहीं थे। 84 प्रतिशत के पास स्पष्ट लक्ष्य ही नहीं थे, सिवाय इसके कि वे बिज़नेस स्कूल से जाने के बाद गर्मियों का आनंद लें। दस साल बाद 1989 में शोधकर्ताओं ने उस क्लास के सदस्यों से दोबारा संपर्क किया। उन्होंने पाया कि *जिन 13 प्रतिशत के पास अलिखित लक्ष्य थे, वे लक्ष्य न बनाने वाले 84 प्रतिशत विद्यार्थियों से औसतन दोगुना कमा रहे थे। लेकिन उन्हें सबसे आश्चर्यजनक बात तो यह लगी कि हार्वर्ड छोड़ते वक़्त जिन 3 प्रतिशत ग्रेजुएट्स के पास स्पष्ट, लिखित लक्ष्य थे, वे बाक़ी सभी 97 प्रतिशत से औसतन दस गुना ज़्यादा कमाई कर रहे थे।* इन लोगों के मामले में इकलौता फ़र्क़ स्पष्ट लक्ष्यों का था, जो उन्होंने पढ़ाई पूरी करते वक़्त बनाए थे।

आपको इसी समय निश्चित करना होगा कि कि आप ठीक-ठीक क्या चाहते हैं और आप इसे सबसे अच्छी तरह कैसे हासिल कर सकते हैं। स्टैनफ़ोर्ड यूनिवर्सिटी के अनुसार आम आदमी अपनी सिर्फ़ 2 प्रतिशत मानसिक क्षमता का ही इस्तेमाल कर पाता है। बाक़ी क्षमता रिज़र्व रहती है और बाद के किसी समय के लिए बचाकर रखी जाती है जो कभी नहीं आता। इसका सबसे बड़ा कारण होता है लक्ष्य का अभाव। मनोवैज्ञानिकों का मानना है कि मस्तिष्क में पाया जाने वाला ऊँगली जितना छोटा रैटिकुलर कोर्टेक्स टेलीफ़ोन स्विचबोर्ड की तरह सारी सूचनाओं को एकत्रित कर लक्ष्य प्राप्ति हेतु प्रेरित करता है।

ज़्यादातर विद्वानों ने लक्ष्य के सम्बन्ध में निम्न बातें कही हैं-

1. यह ऐसा होना चाहिए, जिसे आप व्यक्तिगत रूप से वाक़ई चाहते हों। इस लक्ष्य को पाने की आपकी इच्छा इतनी गहरी होनी चाहिए कि इसे हासिल करने के विचार से ही आप रोमांचित और ख़ुश हो जाएँ।
2. यह स्पष्ट और ख़ास होना चाहिए। यह ऐसा होना चाहिए कि इसे शब्दों में व्यक्त किया जा सके और इतनी स्पष्टता से लिखा जा सके कि कोई बच्चा भी इसे पढ़कर जान जाए कि आप क्या चाहते हैं और आप उसे अब तक हासिल कर पाए हैं या नहीं।
3. यह नापने योग्य और संख्यात्मक होना चाहिए। मैं ढेर सारा पैसा कमाना चाहता हूँ, कहने के बजाय यह कहना ज़्यादा बेहतर होगा मैं अमुक तारीख़ तक सालाना एक लाख डॉलर कमाना चाहता हूँ।
4. यह विश्वसनीय और संभव होना चाहिए। आपका प्रमुख निश्चित उद्देश्य कभी इतना ज़्यादा बड़ा या मूर्खतापूर्ण नहीं होना चाहिए, जिसे हासिल करना नामुमकिन हो।
5. प्रमुख निश्चित उद्देश्य तक पहुँचने में सफलता की तार्किक संभावना होनी चाहिए - शुरुआत में शायद 50 प्रतिशत। अगर आप पहले कभी प्रमुख उद्देश्य तक न पहुँच पाए हों, तो ऐसा लक्ष्य तय करें, जिसमें सफलता की संभावना 80-90 प्रतिशत हो। इसे आसान रखें, कम से कम शुरुआत में। बाद में आप सफलता की इससे काफ़ी कम संभावनाओं के साथ बड़े लक्ष्य तय कर सकते हैं और इसके बावजूद आवश्यक क़दम उठाने के लिए प्रेरित हो सकते हैं। बहरहाल, शुरुआत में ऐसे ही लक्ष्य तय करें, जो विश्वसनीय और संभव हों और जिनमें सफलता की काफ़ी संभावना हो, ताकि आपको शुरू से ही जीत का विश्वास हो सके।
6. आपका प्रमुख निश्चित उद्देश्य बाक़ी लक्ष्यों के सामंजस्य में होना चाहिए। अगर आप एक तरफ़ अपने करियर में आर्थिक सफलता पाना चाहते हैं, लेकिन दूसरी तरफ़ ज़्यादातर वक़्त गोल्फ़ खेलना चाहते हैं, तो ये दोनों लक्ष्य एक साथ नहीं चल सकते। आपके प्रमुख लक्ष्य आपके छोटे लक्ष्यों और जीवनमूल्यों के तालमेल में होने चाहिए।

आप चाहे जिस लक्ष्य को अपने प्रमुख निश्चित उद्देश्य के रूप में चुनें, उसे एक अलग काग़ज़ पर लिख लें। आप इस लक्ष्य को हासिल करने के लिए क्या-क्या कर सकते हैं? दिमाग़ में आने वाली हर चीज़ को लिख लें। फिर अपनी सूची की कम से कम एक चीज़ कर दें। इस लक्ष्य को तीन बाई पाँच के इंडेक्स कार्ड पर लिखकर हमेशा अपने साथ रखें तथा नियमित समीक्षा करते रहें। इस लक्ष्य के बारे में सुबह, दोपहर और रात, हर वक़्त सोचें। इसे हासिल करने के तरीक़ों की लगातार तलाश करते रहें। इसके लिए आपको सिर्फ़ एक ही सवाल पूछना होगा : कैसे? लक्ष्य के बारे में ही सोचते रहें। प्रमुख निश्चित उद्देश्य चुनने और उस पर एकाग्रता से ध्यान केंद्रित करने का निर्णय आपकी ज़िंदगी को इतना बदल देगा, जितना कोई दूसरा निर्णय नहीं बदल सकता। इसकी बदौलत आप रास्ते की तमाम बाधाओं और मुश्किलों को पार कर जाएँगे। आपका प्रमुख निश्चित उद्देश्य चाहे जो हो, उसे लिख लें और आज ही उस पर काम शुरू कर दें।

तय करें कि लक्ष्य हासिल करने के लिए आपको अतिरिक्त मेहनत, समय और समर्पण के रूप में कितनी क़ीमत चुकानी होगी और फिर चुकाने में जुट जाएँ।

आपके प्रमुख निश्चित उद्देश्य को तय करने के लिए अहम सवाल यह है : *आप किस एक चीज़ का सपना देखने की हिम्मत करेंगे, बशर्ते आपको पता हो कि आप असफल नहीं हो सकते?*

आपके लिए यह पुस्तक एक नक़्शे और मार्गदशिका जैसी है। मैं आपको एक आज़माया हुआ सिस्टम देना चाहता हूँ, जिसका इस्तेमाल करके आप ज़िंदगी भर फ़ास्ट ट्रैक पर चल सकें।

11

नयी सोच नया विश्वास

रुचि और संकल्प में फ़र्क़ होता है। जब आप किसी काम को करने में रुचि रखते हैं, तो आप उसे सिर्फ़ तभी करते हैं जब यह सुविधाजनक होता है। जब आप किसी काम को करने के लिए संकल्पवान होते हैं, तब आप कोई बहाना नहीं बनाते।

–केन ब्लैंचर्ड

आपका सपना आपकी पैदाइश है इसलिए इसे पालने-पोसकर बड़ा करने की ज़िम्मेदारी आपकी है। आप अपने पहले हाफ में अपने सपनों को भूलकर दूसरों के सपने साकार करने में लगे रहे इसलिए अपने सेकंड हाफ में आपको अपने सपने के साथ ही सोना है, उठना-बैठना, खाना और नहाना है। जिस तरह पड़ोसी या समाज के किसी व्यक्ति के कहने से आप अपने बच्चे को अपने घर से नहीं निकालते उसी तरह अपने सपने मतलब अपने लक्ष्य को भी अपने दिल से किसी के कहने से मत निकालिए। सही समय का इंतज़ार कीजिए और तब तक अपने सपने को साकार करने की दिशा में प्रतिदिन थोड़ा-थोड़ा प्रयास रोज़ करते जाइए। यहाँ *सबसे महत्वपूर्ण निर्णय यह है कि आपको अब तय करना है कि अपने लक्ष्य का पीछा करने की शुरुआत आप अपने वर्तमान काम के साथ करना चाहते हैं या सब कुछ छोड़-छाड़कर एकदम नए सिरे से।* यहाँ आपसे मेरा अनुरोध है कि आप अपने निर्णय से पहले अपने माता-पिता, गुरुजनों, मित्रों और अन्य

नज़दीकी लोगों से इस सम्बन्ध में गहन चर्चा करके ही निर्णय लें। उदाहरण के लिए यदि आप नौकरी करते हैं और आपकी पत्नी और बच्चे या माता-पिता आप पर आश्रित हैं तब एकदम से अपनी वर्तमान आजीविका को छोड़ देना दुस्साहस का काम होगा। यहाँ इस बात को समझना भी ज़रूरी है कि नए काम में आप रातों-रात स्टार नहीं बन सकते इसलिए अपने दायित्व, आर्थिक स्थितियों और नए क्षेत्र में सफलताओं की सम्भावना को समझकर ही निर्णय लेना उचित रहेगा।

बेहतर होगा कि जब तक बहुत मुश्किल न हो आप शुरुआत अपने वर्तमान काम के साथ करें। आप कोई भी काम कर रहे हों, काम के घंटे एवं नियमित दिनचर्या के बाद आप रोज़ पाँच-छह घंटे अपने पैशन के काम को दे सकते हैं। यदि आप साल के 365 दिन में से दो सौ दिन भी ऐसा कर पाते हैं तो वर्ष में अपने जुनून पर 1000 घंटे आपको अपने क्षेत्र में स्थापित करने के लिए एक बड़ा ट्रिगर साबित होगा। मेरा एक सुझाव और है कि शुरुआत में अपने जुनून के बारे में ज़्यादा शोर मचाने से बचें क्योंकि हो सकता है आपके कुछ साथी कानाफूसी करके आपके काम में बाधा बन कर खड़े हो जाएँ। आपको आमिर खान की 'सीक्रेट सुपर स्टार' (2017) फ़िल्म की इनसिया याद होगी जो अपने गायन के जुनून को दुनिया से तब तक छुपाकर रखती है जब तक कि तहलका नहीं मच जाता। *एप्पल कंप्यूटर से अमीर बनने वाले वोज़नियाक ह्यूलेट पैकार्ड कंपनी में काम करने के बाद रात को अपने कंप्यूटर संबंधी प्रयोग करते थे। इसी तरह करसन भाई पटेल भी दिन भर सरकारी नौकरी करने के बाद रात को निरमा बनाते थे और छुट्टी के दिन ग्राहकों को बेचते थे। हेनरी फ़ोर्ड भी दिनभर एडिसन की कंपनी में काम करने के बाद रात को अपने कार संबंधी प्रयोग और घड़ी सुधारने का काम करते थे। जॉर्ज ईस्टमैन दिनभर बैंक में नौकरी करने के बाद रात में अपने फ़ोटोग्राफ़ी संबंधी प्रयोग करते थे। यानी अगर आप में प्रबल इच्छा हो, सफलता का सपना साकार करने का संकल्प हो तो आप दिन में नौकरी करके रात को अपने सपने पर काम कर सकते हैं।* यह जान लीजिए कि 9 से 5 की नौकरी करके आज तक कोई व्यक्ति बिलिनियर नहीं बन सका है। आप अमीर उस काम से बन सकते हैं जो आप 5 बजे शाम से आधी रात तक और सुबह जागने से लेकर अपने काम पर जाने से पहले तक करते हैं।

अपने काम के साथ-साथ अपने पैशन को फ़ॉलो करने में सबसे पहली बात तो यह है कि रिस्क फैक्टर मिनिमम हो जाता है। दूसरी बात यह कि आजीविका का साधन उपलब्ध रहने से पारिवारिक दायित्व अथवा अन्य लायविलिटी का निर्वहन आसान हो जाता है एवं ट्रेनिंग और अन्य संसाधनों पर व्यय के लिए किसी के सामने हाथ नहीं फैलाना पड़ता। तीसरी बात यह है कि यदि सफलता मिलने में देर लगती है तो भी आप सहन करने की स्थिति में रहते हैं।

जब आपको लगने लगे कि सपने पूरे करने की ख़ातिर नई राह, नया जॉब या नए अवसर को अपनाना ज़रूरी है तो निर्णय हड़बड़ी में न लें। नीचे लिखे चार स्टेप अपनाएँ-

1. एक सिम्पल सा रूल है कि जब आप कोई जगह छोड़ें तो उसे पहले से बेहतर स्थिति में छोड़कर जाएँ जिससे एक तो आपको लम्बे समय तक याद रखा जायेगा तो दूसरी तरफ़ आप का मॉरल हाई रहेगा और आत्मविश्वास भी बढ़ेगा।
2. अपनी टीम के साथ अपने संबंधों को मज़बूत करें और इस दौरान उनसे भी रिश्ते जोड़ें जिनसे आप पहले दूर-दूर रहते थे। जीवन में कब, कौन, कहाँ उपयोगी हो जाए कोई नहीं जानता इसलिए पॉजिटिव नोट पर परिवर्तन करें क्योंकि सम्बन्ध दुनिया के सबसे बड़े एसेट हैं।
3. जब आप को यह पता चल जाए कि आपका उत्तराधिकारी कौन है तो उसे काम की बारीकियाँ सिखाएँ तथा सपोर्ट करें।
4. जब भी पुराने दिनों का फ़ीडबैक पूछा जाये तो उन बातों को दोहराएं जो आपने इस दौरान सीखीं हैं।

दो देशों भारत और बांग्लादेश के राष्ट्र गीत के रचयिता और साहित्य में नोबल प्राइज़ प्राप्त करने वाले *रवींद्र नाथ टैगोर* उस समय भारत के सबसे समृद्ध परिवार में से एक में कलकत्ता में जन्मे थे। उनके बड़े भाई भारत के पहले आई सी एस सत्येंद्र नाथ टैगोर थे। उनके परिवार में एक से बढ़कर एक कलाकार, साहित्यकार और संगीतकार थे। उनके पिता देवेंद्र नाथ टैगोर एक जाने-माने समाज सुधारक थे लेकिन तब भी उनकी ज़िंदगी में एक

दुःख था। उनकी माँ उन्हें अल्पायु में ही छोड़कर चल बसी थीं जिस कारण उनका लालन-पालन नौकरों ने किया। आठ वर्ष की आयु में अपनी पहली कविता और सोलह वर्ष की आयु में पहली लघु कथा लिखने वाले रवींद्र को उनके पिता वकील बनाना चाहते थे। पिता की बात मानकर उन्होंने इंग्लैंड में वकालत की पढ़ाई तो शुरू की लेकिन मन साहित्य की ओर खिंच रहा था इसलिए वकालत की पढ़ाई छोड़कर भारत वापस आ गए। भारत में आकर उन्होंने साहित्य, संगीत, चित्रकारी, नाटक और राजनीति के क्षेत्र में जो योगदान किया है वह अभूतपूर्व है। सच कहूँ तो उनके जैसा काम करने में कई व्यक्तियों को मिलकर कई-कई जन्म लेना पड़ेंगे।

बचपन में टैगोर को डर था कि उनका कविताएँ लिखने का शौक़ घर वालों को पसंद नहीं आएगा। इसलिए उन्होंने अपनी कविता की पहली किताब मैथिली में लिखी। इस किताब को उन्होंने छद्म नाम 'भानु सिंह' के नाम से लिखा। भानु का मतलब भी रवि ही होता है। ये कविताएँ उन्होंने अपने परिवार वालों को सुनाईं। परिवार वाले बड़े ख़ुश हुए। इसके बाद गुरुदेव ने बांग्ला में रचनाएँ लिखनी शुरू कीं। 1891 से अगले दस वर्ष तक वे शिलैदाह और शहजादपुर में अपने परिवार की संपत्ति का प्रबंधन करने के लिए पूर्वी बंगाल (अब बांग्लादेश) में अधिकांश समय पद्मा नदी पर हाउस बोट में रहे और उनका यह समय ग्रामीण परिवेश के अनुभव के रूप में उपयोगी रहा। *सन 1901 में उन्होंने पश्चिम बंगाल में शांति निकेतन की स्थापना की। सन 1902 में पत्नी की मृत्यु और 1903 में उनकी पुत्री रेणुका और 1907 में पुत्र शमीन्द्र नाथ टैगोर की मृत्यु ने गीतांजलि के लिए एक अवसर उपलब्ध कराया क्योंकि उनका दुःख अब इतना गहन हो चुका था कि अब उससे गीतांजलि ही बह सकती थी।*

जीवन के 51 वर्षों तक गुरुदेव की सारी उपलब्धियाँ और सफलताएँ केवल कोलकाता और उसके आसपास के क्षेत्र तक ही सीमित रही। अपने बेटे के साथ 1912 में समुद्री मार्ग से सिटी ऑफ़ ग्लास्गो जहाज से भारत से इंग्लैंड जाते समय उन्होंने अपने कविता संग्रह गीतांजलि का अँग्रेजी अनुवाद करना प्रारंभ किया। गीतांजलि का अनुवाद करने के पीछे उनका कोई उद्देश्य नहीं था केवल समय काटने के लिए कुछ करने की गरज से उन्होंने गीतांजलि का अनुवाद करना प्रारंभ किया। उन्होंने एक नोटबुक में

अपने हाथ से गीतांजलि का अँग्रेजी अनुवाद किया। लंदन में जहाज से उतरते समय उनका पुत्र उस सूटकेस को ही भूल गया जिसमें वह नोटबुक रखी थी। इस ऐतिहासिक कृति की नियति में किसी बंद सूटकेस में लुप्त होना नहीं लिखा था। वह सूटकेस जिस व्यक्ति को मिला उसने स्वयं उस सूटकेस को रवींद्रनाथ टैगोर तक अगले ही दिन पहुँचा दिया। लंदन में टैगोर के अंग्रेज मित्र चित्रकार रोथेंस्टिन को जब यह पता चला कि गीतांजलि को स्वयं रवींद्रनाथ टैगोर ने अनुवादित किया है तो उन्होंने उसे पढ़ने की इच्छा ज़ाहिर की। गीतांजलि पढ़ने के बाद रोथेंस्टिन उस पर मुग्ध हो गए। उन्होंने अपने मित्र डब्ल्यू.बी. यीट्स को गीतांजलि के बारे में बताया और वो नोटबुक उन्हें भी पढ़ने के लिए दी। इसके बाद जो हुआ वह इतिहास है। यीट्स ने स्वयं गीतांजलि के अँग्रेजी के मूल संस्करण की प्रस्तावना लिखी।

जिन लोगों ने अपने क्षेत्र में सफलता का परचम लहराया है उनमे *स्टीव जॉब्स* ने अपनी पहली नौकरी वीडियो गेम कंपनी अटारी में की। हालाँकि इससे पहले उन्होंने एच पी कम्पनी में ग्रीष्मकालीन इंटर्नशिप में असेंबली लाइन वर्कर के रूप में काम किया था जहाँ उनकी मुलाक़ात अपने पाँच वर्ष सीनियर स्टीव वोज़नियाक से हुई और आगे चलकर दोनों ने एप्पल कंपनी की स्थापना जॉब्स के गैराज में की थी। एच पी कम्पनी में काम के दौरान उनके काम से एच पी के संस्थापक विलियम हेवलेट बहुत प्रभावित हुए थे। अमेज़ॉन के संस्थापक *जेफ़ बेजोस* ने अपने करियर की शुरुआत सोलह वर्ष की आयु में मियामी में मैक्डोनाल्ड्स में 1980 में ग्रिल ऑपरेटर के रूप में की थी जहाँ वे बर्गर बनाने का काम करते थे। इस नौकरी में उन्हें मुश्किल से दो रुपए प्रति घंटे की सैलरी मिलती थी। बेजोस ने बाद में कम्प्यूटर इंजीनियरिंग की पढ़ाई की और वॉल स्ट्रीट में बैंकर्स ट्रस्ट नामक कम्पनी में नौकरी की। इस नौकरी के दौरान उन्हें अमेरिका में खूब घूमने और ख़रीददारों की समस्याओं को समझने का मौक़ा मिला जिससे आगे चलकर अमेज़ॉन कम्पनी में ग्राहकों की भावनाएं और आवश्यकताएं समझने की प्रेरणा मिली। टेस्ला के सीईओ *इलोन मस्क* ने भी अपने करियर की शुरुआत पालो आल्टो में विडिओ गेम बनाने वाली कम्पनी से की थी। अलीबाबा के संस्थापक *जैक मा* ने शुरुआत अँग्रेजी टीचर के रूप में की थी। *दुनिया के सबसे बड़े निवेशक और बर्क शायर हैथवे के सीईओ*

वारेन बफ़े ने अपने करियर की शुरुआत तेरह वर्ष की आयु में न्यूज़पेपर *दी वाशिंगटन पोस्ट* बाँटने वाले डिलीवरी बॉय से की थी। उन्हें इस काम के लिए 175 डॉलर प्रति महीने मिलते थे। बाद में उन्होंने पिनबॉल मशीन का व्यवसाय किया। आप आश्चर्य करेंगे कि स्नातक की पढ़ाई करने तक वारेन बफ़े दस हज़ार डॉलर कमा चुके थे। ओप्रा विनफ़्रे ने अपनी शुरुआत अपने पिता की नैशविले नाई की दुकान के बगल में किराने की दुकान में एक औसत मामूली नौकरी से की थी और कुछ वर्ष बाद सोलह साल की उम्र में वे स्थानीय रेडिओ स्टेशन के लिए समाचार वाचिका बन गयीं। *माइकल ब्लूमबर्ग* शुरुआत में पार्किंग लॉट अटेंडेंट के रूप में काम करते थे। *बिल गेट्स* ने पहली नौकरी हाई स्कूल की पढ़ाई के दौरान टी आर डब्ल्यू के लिए कंप्यूटर प्रोग्रामर के रूप में की थी। स्टार वार्स सीरीज बनाने वाले *जॉर्ज लुकास* ने अपनी शुरुआत अमेरिकी सेना के एक कैमरामैन के शिक्षण सहायक के रूप में की थी। इनफ़ोसिस के संस्थापक *नारायण मूर्ति* ने सोफ्ट्रॉनिक्स नामक कम्पनी बनाई लेकिन जब यह विफल हो गयी तब उन्होंने पाटनी कम्प्यूटर सिस्टम्स में दस हज़ार रूपये महीने की सैलरी पर काम किया फिर आगे चलकर साल 1981 में 06 दोस्तों के साथ मिलकर इनफ़ोसिस की शुरुआत की। धीरू भाई अम्बानी ने अपनी पहली नौकरी अदन में एक गैस स्टेशन पर अटेंडेंट के रूप में शुरू की थी जिसमे 300 रूपये महीना मिलते थे।

अगली कहानी एक ऐसे अभिनेता की है जिन्होंने हाल ही में अपनी नौकरी से इस्तीफा दिया है। नौकरी भी ऐसी वैसी नहीं है। आई ए एस की नौकरी से इस्तीफा देना कोई मामूली बात नहीं है। भारत की इस सबसे बड़ी परीक्षा में शामिल होने वालों का मई 2023 में आँकड़ा 13 लाख रहा जबकि कुल रिक्तियाँ 1255 हैं। यदि गणना करें तो सफलता का प्रतिशत 0.00096 प्रतिशत है। ऐसी गरिमापूर्ण और स्वप्न साकार होने जैसी परीक्षा को 2011 में 94 वीं रैंक के साथ सफल होकर आई ए एस बनने वाले जौनपुर के *अभिषेक कुमार सिंह* ने एक्टिंग के करियर को आगे बढ़ाने के लिए अपने पद से हाल ही में इस्तीफा दे दिया है। वे अपने इंटरव्यूज़ में शायर रूमी का एक कथन उदधृत करते हैं – *'मौत का ज़ायका सब ने चखा है, मगर ज़िन्दगी का ज़ायका किसी–किसी को नसीब होता है।'* अपने जीवन

के हर रंग का आनंद लेने के लिए तत्पर अभिषेक अपने ब्रेक अप के दौरान गहरे अवसाद के दौर से गुज़रे और इसी दौरान अपने आई पी एस पिता के कहने पर यू पी एस सी एग्ज़ाम में शामिल हुए लेकिन अंदर ही अंदर अभिनय हिलोरें मार रहा था। उन्होंने मुंबई में लक्मे फ़ैशन वीक में रैंप वाक किया था। इंस्टाग्राम पर तीस लाख फ़ॉलोवर रखने वाले अभिषेक अभी तक जुबिन नौटियाल और वी प्राक के गानों पर वीडियो सॉन्ग में परफ़ॉर्म कर चुके हैं और हाल में अभिनेत्री सनी लियोनी के साथ एक गीत की रिकॉर्डिंग की है। अपने अभिनय और गानों को लेकर अपना दूसरा हाफ़ शुरू करने वाले अभिषेक की पत्नी दुर्गा शक्ति नागपाल भी आई ए एस अधिकारी (वर्तमान में डी एम बांदा) हैं। *अपने इस पैशन को अपना करियर बनाने का निर्णय लेने में तैंतीस वर्षीय अभिषेक ने 12 साल का समय लिया है और इस दौरान अपनी संभावनाओं का विश्लेषण भी किया है।* आइये उनके एक्टिंग कॅरियर के शुरू होने की कहानी पर एक निगाह डालते हैं – वह एक आईएएस अधिकारी के रूप में अपने काम के लिए प्रसिद्ध हुए। उनके अभिनय करियर की शुरुआत संयोग से हुई थी। 2019 के अंत में अभिषेक अपने आधिकारिक काम के लिए मुंबई गए थे इसी दौरान एक दिन उन्हें अपने मित्र के कार्यालय में दोपहर के भोजन के लिए आमंत्रित किया गया। वहाँ दिल्ली क्राइम सीजन 2 की टीम भी मौजूद थी चूँकि उन्हें भी उनके मित्र ने आमंत्रित किया था। वे आपस में बातचीत करने लगे। फिर दिल्ली क्राइम टीम ने अभिषेक को दिल्ली क्राइम नेटफ्लिक्स वेब सीरीज़ के सीज़न 2 में एक आईएएस अधिकारी की भूमिका की पेशकश की। उन्होंने अभिषेक से कहा कि सीजन 2 में एक आईएएस अधिकारी की भूमिका है, क्या आप इसे करेंगे? उस वक़्त वह घबरा गये। लेकिन उनके दोस्त ने उन्हें प्रोत्साहित किया और कहा कि आप एक आईएएस अधिकारी हैं और वह यह भूमिका निभा सकते हैं। इसलिए अभिषेक सीरीज में काम करने के लिए तैयार हो गए। इस तरह उन्होंने एक्टिंग की दुनिया में क़दम रखा।

इसके बाद उन्होंने चार पंद्रह नाम की एक और सीरीज में भी काम किया। उन्हें बी प्राक के गाने 'दिल तोड़ के में' भी कास्ट किया गया था। उन्होंने अपने अभिनय करियर में प्रसिद्धि और सफलता भी हासिल की है। उनके साहसिक निर्णय के लिए बधाई और शुभकामनायें।

भारत को दो क्रिकेट विश्व कप जिताने वाले विकेट कीपर बल्लेबाज़ *महेंद्र सिंह धोनी* बचपन से एक्टर जॉन अब्राहम की तरह लम्बे बाल रखते थे और अच्छा बैडमिंटन और फूटबाल खेलते थे। वे अपनी टीम के गोल कीपर हुआ करते थे। उनके फुटबॉल कोच *केशव बनर्जी* ने उनकी प्रतिभा को पहचाना और स्थानीय क्रिकेट क्लब में विकेटकीपर के रूप में खेलने को प्रेरित किया। *धोनी ने DAV जवाहर मंदिर राँची से हायर सेकंडरी परीक्षा पास कर सेंट जेवियर्स कॉलेज राँची से B.Com में प्रवेश लिया लेकिन इसी दौरान साउथ ईस्टर्न रेल्वे में टिकट इंस्पेक्टर की नौकरी लग जाने से जुलाई 2001 से जुलाई 2004 तक (तीन साल) क्रिकेट और नौकरी के बीच संतुलन बनाने के लिए ज़बरदस्त संघर्ष किया।* इस दौरान वे क्लब क्रिकेट, शीश महल ट्रॉफ़ी, रणजी ट्रॉफ़ी एवं इंडिया ए टीम से खेलते रहे। आप को सुनकर आश्चर्य होगा कि धोनी के पास कोई स्पोंसर नहीं था और इस दौरान स्थानीय स्पोर्ट्स व्यापारी देवल सहाय उन्हें प्रत्येक छक्के पर पचास रूपये का इनाम देते थे। जैसे ही 2004-05 की एक दिवसीय अंतर्राष्ट्रीय श्रंखला के लिए सौरव गांगुली के समर्थन से उन्हें भारतीय टीम में चुना गया उनके लिए नौकरी करना ज़रूरी नहीं रहा।

अपने काम के साथ अपना दूसरा हाफ़ शुरू करने वाले हमारे दूसरे रोल मॉडल हैं सदी के महानायक *अमिताभ बच्चन* जो कि 81 साल के हो चुके हैं। उम्र के इस पड़ाव पर भी अमिताभ के पास 5 बड़ी फ़िल्में हैं, जिनके जरिए उन पर क़रीब 1750 करोड़ का दाँव लगा है। इतना दाँव इस समय तक शाहरुख़ खान, सलमान खान, आमिर खान और रजनीकांत पर भी नहीं लगा है। आज जबकि 80 के दशक के धर्मेंद्र, जीतेंद्र जैसे सभी सितारों की चमक फीकी पड़ गई है, लेकिन अमिताभ की चमक आज भी बरकरार है। बिग बी सिर्फ़ 25% लिवर पर ही ज़िंदा हैं, उनका 75% लिवर ख़राब है। पहली अधूरी मोहब्बत से हारकर जब अमिताभ बच्चन ने फ़िल्मों में आना चाहा तो लोगों ने उनकी साँवली रंगत, भारी आवाज़ और ऊँचे कद का जमकर मज़ाक़ उड़ाया। ये बात भी सच है कि इन्हीं 3 खूबियों के साथ वो महानायक बने।

एक दिन मशहूर राइटर सुमित्रानंदन पंत उनके घर नवजात बच्चे को देखने पहुँचे। जब उन्हें पता चला कि हरिवंश राय बच्चन ने भारत छोड़ो

आंदोलन से प्रेरित होकर बेटे का नाम इंक़लाब (जिसका अर्थ है-क्रांति, बदलाव) रखा है तो उन्होंने नाम बदलकर अमिताभ कर दिया। अमिताभ का अर्थ है-अत्यंत तेजस्वी या गुणवान। इलाहाबाद के बॉयज़ हाई स्कूल और नैनीताल के शेरवुड कॉलेज से पढ़ाई करने के बाद उन्होंने दिल्ली यूनिवर्सिटी के किरोड़ीमल कॉलेज में आर्ट्स की मास्टर डिग्री ली। *1963 में 21 साल की उम्र में अमिताभ बच्चन नौकरी की तलाश में इलाहाबाद से कोलकाता आ गए।* कोलकाता की शॉ वैलेस नाम की शराब कंपनी में उन्हें क्लर्क की नौकरी भी मिल गई। इसके बाद शिपिंग फ़र्म बर्ड एंड हिल्जर्स और ब्लैकर्स कंपनी में काम किया। समाचारपत्रों में छपी एक कहानी के अनुसार कुछ समय के लिए उन्होंने ICI कंपनी में भी काम किया, जहाँ उनकी चंद्रा नाम की महाराष्ट्रियन लड़की से मुलाक़ात हुई। अमिताभ उस लड़की के सीनियर थे। उनकी तनख्वाह 1500 रुपए थी और चंद्रा की महज चार सौ। काम करते हुए दोनों को प्यार हो गया। ये उनकी पहली मोहब्बत थी। अमिताभ ने जब उनसे शादी के लिए इज़हार किया,तो उन्होंने साफ़ इनकार कर दिया। इस बात से वो बुरी तरह टूट गए। दिल टूटने पर उन्होंने तुरंत नौकरी छोड़ दी, जिससे उन्हें 26 दिन की तनख्वाह भी नहीं मिली। नौकरी के बाद शहर भी छोड़ना था, तो वो सीधे कोलकाता से बॉम्बे (अब मुंबई) पहुँच गए। कोलकाता के दिनों की चर्चा अमिताभ हर बार कौन बनेगा करोड़पति में अक्सर कर देते हैं। *ख़ास बात यह है कि 1963 से 1968 के बीच के साढ़े पाँच साल तक कलकत्ता में रहने के दौरान वे थियेटर ग्रुप से लगातार जुड़े रहे। नौकरी के बाद के समय को वे नाटकों में अभिनय में बिताते थे।* साठ के दशक में प्राइवेट कंपनियों में काम करने वाले कुछ नौजवानों ने, जो स्वयं को 'बॉक्स वाला' कहते थे, ने एक नाटक मण्डली क़ायम की जिसका नाम था-द एमेचर्स। द *क्वीन एन्ड द रिबेल* नाटक में अमिताभ ने स्टेज मैनेजर का दायित्व भी संभाला था। मुंबई पहुँचकर अमिताभ बच्चन नौकरी के लिए एक दफ़्तर से दूसरे दफ़्तर चक्कर लगाते रहे। हर जगह से रिजेक्शन ही हाथ आया। एक बार वो एक रेडियो स्टेशन में नौकरी माँगने पहुँच गए। रेडियो में सिर्फ़ आवाज़ का ही काम था, तो उस समय मशहूर आवाज़ रहे अमीन सयानी ने उनका ऑडिशन लिया। आवाज़ सुनते ही अमीन बोल पड़े- तुम्हारी आवाज़ बहुत भारी है, लोग इसे सुनकर भाग जाएँगे। *हरिवंशराय बच्चन चाहते थे कि अमिताभ कोई ढंग की नौकरी करें, लेकिन उन्हें अभिनय में दिलचस्पी*

थी। हालाँकि, उनके बड़े भाई अजिताभ उनके मन में पनप रहे हीरो बनने के ख्वाब को अच्छी तरह जानते थे। एक दिन अजिताभ मुंबई से दिल्ली आ रहे थे कि सफ़र में पास बैठे एक लड़के से पता चला कि ख़्वाजा अब्बास अपनी फ़िल्म के लिए नए चेहरे की तलाश में हैं। अजिताभ ने तुरंत अपने बैग से भाई की तस्वीर निकाली और उस लड़के को थमा दी। कह दिया कि ये तस्वीर उन तक पहुँचा दो, साथ ही उनसे संपर्क करने के लिए नंबर भी लिखा। अगले दिन तस्वीर ख़्वाजा अहमद अब्बास तक पहुँची और उन्होंने तुरंत उन्हें मिलने बुला लिया। अमिताभ उस समय दिल्ली में थे, जो एक कॉल आते ही मुंबई पहुँच गए। बातों-ही-बातों में जब ख़्वाजा अब्बास को पता चला कि अमिताभ हरिवंश राय बच्चन के बेटे हैं तो उन्होंने पूछा- *क्या घर से भागकर आए हो?* अमिताभ ने जवाब में ना कहा। इसके बावजूद ख़्वाजा अब्बास ने हरिवंश राय बच्चन को ख़त लिखकर पूछा कि कहीं उन्हें बेटे के फ़िल्मों में आने पर एतराज़ तो नहीं। जब ख़त के जवाब में सहमति मिली तो कुछ दिनों बाद ख़्वाजा ने 5 हज़ार रुपए देकर अमिताभ को साइन कर लिया। 15 फ़रवरी 1969 को अमिताभ ने फ़िल्म सात हिंदुस्तानी साइन की जो 7 नवंबर 1969 को रिलीज हुई। सदी के महानायक का दूसरा हाफ़ शुरू हो चुका था।

मेरी कहानी के अगले पात्र को अमेरिकी पत्रिका टाइम ने 'पर्सन ऑफ़ द सेंचुरी' के ख़िताब से नवाज़ा है। *क्या आप यह मानेंगे कि अल्बर्ट आइंस्टीन को जब किसी भी शिक्षण संस्थान ने शिक्षण कार्य के लायक नहीं समझा तब बर्न के स्विस पेटेंट कार्यालय में एक साक्षात्कार जो अच्छा नहीं गया, उसके बावजूद मित्र मार्सेल ग्रॉसमैन के पिता की अनुशंसा पर आइंस्टीन को एक परिवीक्षाधीन पेटेंट परीक्षक के रूप में भर्ती किया गया था। यह नौकरी उनके जीवन का टर्निंग पॉइंट साबित हुई क्योंकि वर्ष 1902 में अविवाहित होने के बावजूद उनका सर्बिया की रहने वाली मिलेवा मैरिक के साथ एक बच्चा हो गया था, पिता दिवालिया होने की कगार पर थे और गंभीर रूप से बीमार थे। 23 जून 1902 से अल्बर्ट आइंस्टीन ने तृतीय श्रेणी के तकनीकी विशेषज्ञ के रूप में काम शुरू किया और यांत्रिक क्षेत्र में पेटेंट आवेदनों की जाँच की। उन्हें प्रति माह 292 स्विस फ्रैंक मिलते थे जो उस समय उनके जीवनयापन करने के लिए पर्याप्त थे। अपने खाली समय में उन्होंने ख़ुद को सैद्धांतिक भौतिकी के लिए समर्पित कर दिया और अपनी*

डॉक्टरेट थीसिस पर काम किया। पेटेंट कार्यालय के वातावरण का आइंस्टीन पर सकारात्मक प्रभाव पड़ा। वे अपना काम जल्दी निबटा लेते थे जिसके कारण उन्हें रिसर्च करने का पर्याप्त समय मिल जाता था। वे *कभी-कभी वायलिन उठा लेते थे जिससे शायद उन्हें सोचने में मदद मिलती थी।* 1904 में जब उनकी परिवीक्षा अवधि समाप्त हुई तो उन्हें स्थायी आधार पर नियुक्त किया गया। सबसे पहले एक पदोन्नति स्थगित कर दी गई क्योंकि पेटेंट कार्यालय के निदेशक ने सोचा कि आइंस्टीन को मैकेनिकल इंजीनियरिंग से बेहतर परिचित होना होगा। वर्ष 1905 विज्ञान के इतिहास में ऐनस मिराबिलिस (चमत्कारिक वर्ष) के रूप में जाना जाता है। इस वर्ष आइंस्टीन ने अपने सबसे महत्वपूर्ण कार्य प्रकाशित किए, जिनमें फ़ोटोइलेक्ट्रिक प्रभाव पर ग्रंथ (जिसके लिए उन्हें बाद में नोबेल पुरस्कार मिला) और सापेक्षता का विशेष सिद्धांत (प्रसिद्ध सूत्र $E = mc^2$ के साथ) शामिल हैं। संक्षेप में वर्ष 1905 में एक प्रतिभा का विस्फ़ोट हुआ। 1906 में उन्हें द्वितीय श्रेणी विशेषज्ञ के रूप में पदोन्नत किया गया। उनका मासिक वेतन बढ़कर 375 स्विस फ्रैंक हो गया। उन्होंने 1905 में अपनी डॉक्टरेट थीसिस सफलतापूर्वक जमा कर दी थी, लेकिन 1907 में बर्न विश्वविद्यालय ने उनके निवास को अस्वीकार कर दिया था। केवल एक वर्ष बाद ही वे सफल हुए और अब अंशकालिक निजी व्याख्याता के रूप में काम करने में सक्षम थे। *उन्होंने पेटेंट कार्यालय में अपने काम के घंटों से पहले सुबह 7 बजे से 8 बजे तक या काम के घंटों के बाद शाम 6 जजे से 7 बजे तक अपने कई व्याख्यान दिए। कहा जाता है कि उनके पहले व्याख्यान में केवल तीन श्रोता थे, जिनमें पेटेंट कार्यालय के दो सहकर्मी भी शामिल थे। सन 1902 से 1909 तक के सात वर्ष उनकी ज़िंदगी के सबसे उल्लेखनीय वर्ष रहे।* 1907 में जीवन में घटी एक घटना को उन्होंने 'मेरे जीवन का सबसे सुखद विचार' के रूप में वर्णित किया है-मैं बर्न पेटेंट कार्यालय में अपनी कुर्सी पर बैठा था, जब अचानक मेरे मन में विचार आया, 'यदि कोई व्यक्ति मुक्त रूप से गिर रहा है, तो उसे अपना वज़न महसूस नहीं होता है।' मैं आश्चर्यचकित था। इस सरल विचार ने मुझ पर गहरा प्रभाव डाला। इसने मुझे गुरुत्वाकर्षण के सिद्धांत की दिशा में प्रेरित किया और इस प्रकार सापेक्षता के सामान्य सिद्धांत की राह पर अग्रसर हुआ। अंततः 1909 में उन्हें ज़्यूरिख विश्वविद्यालय में सैद्धांतिक भौतिकी के लिए एक असाधारण प्रोफ़ेसरशिप प्राप्त हुई और वे ख़ुद को

विशेष रूप से विज्ञान के लिए समर्पित करने में सक्षम हुए। लेकिन शायद उनका सबसे महत्वपूर्ण काम एक पेटेंट परीक्षक के रूप में उनके सात वर्ष के कार्यकाल के दौरान हुआ। अल्बर्ट आइंस्टीन जानते थे कि कड़ी मेहनत कैसे करनी है, और वह यह भी जानते थे कि कब छुट्टी लेनी है। उन्होंने एक बार कहा था, *"मुझमें कोई विशेष प्रतिभा नहीं है। मुझे केवल जुनून की हद तक उत्सुकता है।"*

ध्यान रखें कि काम के आठ घंटे के अलावा,
प्रत्येक दिन में बेवकूफ बनाने के लिए भी आठ घंटे होते हैं,
और फिर रविवार भी होता है।

–अल्बर्ट आइंस्टीन

आम तौर पर केवल चार घंटों में वे अपना काम पूरा कर लेते थे और फिर अपने वैज्ञानिक कागज़ात पर काम करना शुरू कर देते थे। पेटेंट कार्यालय ने आइंस्टीन को एक स्थिर आय और रचनात्मक सोचने के लिए जगह प्रदान की। 1902 में, आइंस्टीन के पिता की मृत्यु हो गई, जिससे उन्हें अपनी माँ और बहन की देखभाल करनी पड़ी, जो अविश्वसनीय रूप से कठिन था क्योंकि वह बेरोज़गार थे। इसके अलावा, परिवार पर आइंस्टीन के चाचा का काफ़ी क़र्ज़ था। यह वित्तीय तनाव, जो बड़े पैमाने पर असफल व्यवसाय के कारण था। आइंस्टीन ने पेटेंट कार्यालय में अपने डेस्क की दराज़ को सैद्धांतिक भौतिकी ब्यूरो कहा था। दरअसल आइंस्टीन ने पेटेंट कार्यालय में बिना किसी को कुछ बताए अपने विचार विकसित किये थे। उनका बाद का जीवन काफ़ी उथल-पुथल भरा रहा जिसमे व्यक्तिगत संबंधों से लेकर हिटलर की नाराज़गी तक कई परेशानियाँ शामिल हैं लेकिन 1909 से उनकी ज़िंदगी का दूसरा हाफ़ शुरू हो गया था और वे प्रोफ़ेसर बन गए थे।

आज तक के इतिहास में ब्रिटिश रॉयल सोसाइटी के सबसे युवा फ़ेलो *श्रीनिवास रामानुजन* को पढ़ते समय मन हमेशा गर्व से भर जाता है लेकिन साथ ही आँख में आँसू भी आ जाते हैं। विवेकानंद की तरह केवल बत्तीस साल के जीवन में भारत के इस सपूत ने भारत की ब्रिटिश गुलामी के समय उन ऊँचाइयों को छुआ जिन्हें किसी के लिए भी छूना असंभव है। रामानुजन,

एडिसन और आइंस्टीन के बचपन में एक साम्य है कि ये तीनों ही बचपन में काफ़ी देर से बोलना शुरू किये और तीनों ही जिज्ञासु रहे। इन तीनों की ही आदत प्रश्न करने की रही। आइंस्टीन की तरह रामानुजन ने भी जीवन के पहले हाफ़ में नौकरी की। हाई स्कूल की परीक्षा उत्तीर्ण करने के बाद इन्हें गणित और अँग्रेजी में अच्छे अंक लाने के कारण सुब्रमण्यम छात्रवृत्ति मिली और आगे कालेज की शिक्षा के लिए प्रवेश भी मिला। रामानुजन का गणित के प्रति प्रेम इतना बढ़ गया था कि वे दूसरे विषयों पर ध्यान ही नहीं देते थे। यहाँ तक की वे इतिहास, जीव विज्ञान की कक्षाओं में भी गणित के प्रश्नों को हल किया करते थे। नतीजा यह हुआ कि ग्यारहवीं कक्षा की परीक्षा में वे गणित को छोड़ कर बाक़ी सभी विषयों में फ़ेल हो गए और परिणामस्वरूप उनको छात्रवृत्ति मिलनी बंद हो गई। एक तो घर की आर्थिक स्थिति ख़राब और ऊपर से छात्रवृत्ति भी नहीं मिल रही थी। रामानुजन के लिए यह बड़ा ही कठिन समय था। घर की स्थिति सुधारने के लिए इन्होंने गणित के कुछ ट्यूशन तथा खाते-बही का काम भी किया। कुछ समय बाद 1907 में रामानुजन ने फिर से बारहवीं कक्षा की प्राइवेट परीक्षा दी और अनुत्तीर्ण हो गए। और इसी के साथ इनके पारंपरिक शिक्षा की इतिश्री हो गई।

विद्यालय छोड़ने के बाद का पाँच वर्षों का समय इनके लिए बहुत हताशा भरा था। ऐसे समय में *रामानुजन* के पास न कोई नौकरी थी और न ही किसी संस्थान अथवा प्रोफ़ेसर के साथ काम करने का मौक़ा। बस उनका ईश्वर पर अटूट विश्वास (नामगिरी देवी) और गणित के प्रति अगाध श्रद्धा ने उन्हें कर्तव्य मार्ग पर चलने के लिए सदैव प्रेरित किया। इस समय रामानुजन को ट्यूशन से कुल पाँच रूपये मासिक मिलते थे और इसी में गुज़ारा होता था।

वर्ष 1908 में इक्कीस वर्ष की आयु में इनके माता पिता ने इनका विवाह जानकी नामक कन्या से कर दिया। विवाह हो जाने के बाद अब इनके लिए सब कुछ भूल कर गणित में डूबना संभव नहीं था। अतः वे नौकरी की तलाश में मद्रास आ गए। *बारहवीं की परीक्षा उत्तीर्ण न होने की वजह से इन्हें नौकरी नहीं मिली और उनका स्वास्थ्य भी बुरी तरह गिर गया।* अब डॉक्टर की सलाह पर इन्हें वापस अपने घर कुंभकोणम लौटना पड़ा।

बीमारी से ठीक होने के बाद वे वापस मद्रास आए और फिर से नौकरी की तलाश शुरू कर दी। *ये जब भी किसी से मिलते थे तो उसे अपना एक रजिस्टर दिखाते थे। इस रजिस्टर में इनके द्वारा गणित में किए गए सारे कार्य होते थे।* इसी समय किसी के कहने पर *रामानुजन वहाँ के डिप्टी कलेक्टर श्री वी. रामास्वामी अय्यर से मिले। अय्यर गणित के बहुत बड़े विद्वान थे। यहाँ पर श्री अय्यर ने रामानुजन की प्रतिभा को पहचाना और ज़िलाधिकारी श्री रामचंद्र राव से कह कर इनके लिए 25 रूपये मासिक छात्रवृत्ति का प्रबंध भी कर दिया।* इस वृत्ति पर रामानुजन ने मद्रास में एक साल रहते हुए अपना प्रथम शोधपत्र प्रकाशित किया। शोध पत्र का शीर्षक था *बरनौली संख्याओं के कुछ गुण* और यह शोध पत्र जर्नल ऑफ़ इंडियन मैथमेटिकल सोसाइटी में प्रकाशित हुआ था। *यहाँ एक साल पूरा होने पर इन्होंने मद्रास पोर्ट ट्रस्ट में 1910 में क्लर्क की नौकरी की। इस नौकरी में वे 1913 तक तीन वर्ष तक रहे। सौभाग्य से इस नौकरी में काम का बोझ कुछ ज़्यादा नहीं था और यहाँ इन्हें अपने गणित के लिए पर्याप्त समय मिलता था। यहाँ पर रामानुजन रात भर जाग कर नए-नए गणित के सूत्र लिखा करते थे और फिर थोड़ी देर तक आराम कर के दफ़्तर के लिए निकल जाते थे।* रामानुजन गणित के शोधों को स्लेट पर लिखते थे और बाद में उसे एक रजिस्टर में लिख लेते थे। रात को रामानुजन के स्लेट और खड़िए की आवाज़ के कारण परिवार के अन्य सदस्यों की नींद चौपट हो जाती थी।

इस समय भारतीय और पश्चिमी रहन सहन में एक बड़ी दूरी थी और इस वजह से सामान्यतः भारतीयों को अंग्रेज वैज्ञानिकों के सामने अपनी बातों को प्रस्तुत करने में काफ़ी संकोच होता था। इधर स्थिति कुछ ऐसी थी कि बिना किसी अंग्रेज गणितज्ञ की सहायता लिए शोध कार्य को आगे नहीं बढ़ाया जा सकता था। इस समय रामानुजन के पुराने शुभचिंतक इनके काम आए और इन लोगों ने रामानुजन द्वारा किए गए कार्यों को लंदन के प्रसिद्ध गणितज्ञों के पास भेजा। पर यहाँ इन्हें कुछ विशेष सहायता नहीं मिली लेकिन एक लाभ यह हुआ कि लोग रामानुजन को थोड़ा बहुत जानने लगे थे। इसी समय रामानुजन ने अपने संख्या सिद्धांत के कुछ सूत्र प्रोफ़ेसर *शेषू अय्यर* को दिखाए तो उनका ध्यान लंदन के ही प्रोफ़ेसर हार्डी की तरफ़ गया। प्रोफ़ेसर हार्डी उस समय के विश्व के प्रसिद्ध गणितज्ञों में से एक थे। और अपने सख़्त स्वभाव और अनुशासन प्रियता के कारण जाने जाते थे।

प्रोफ़ेसर हार्डी के शोधकार्य को पढ़ने के बाद रामानुजन ने बताया कि उन्होंने प्रोफ़ेसर हार्डी के अनुत्तरित प्रश्न का उत्तर खोज निकाला है। अब रामानुजन का प्रोफ़ेसर हार्डी से पत्रव्यवहार आरंभ हुआ।

रामानुजम ने अपने करियर की शुरुआत विनम्र लेकिन असाधारण तरीक़े से की थी, यह कैंब्रिज में उनके मार्गदर्शक और गुरु जी. एच. हार्डी को लिखे उनके पत्र से स्पष्ट होता है:

प्रिय महोदय,

मैं आपको अपना परिचय मद्रास में पोर्ट ट्रस्ट कार्यालय के लेखा विभाग में केवल 20/- रु. प्रति वर्ष के वेतन पर एक क्लर्क के रूप में देना चाहता हूँ। मैंने कोई विश्वविद्यालयी शिक्षा नहीं ली है लेकिन मैंने सामान्य स्कूली पाठ्यक्रम पूरा किया है। स्कूल छोड़ने के बाद मैं अपने खाली समय को गणित के काम में लगा रहा हूँ। मैंने विश्वविद्यालय पाठ्यक्रम में अपनाए जाने वाले पारंपरिक नियमित पाठ्यक्रम को नहीं अपनाया है, लेकिन मैं अपने लिए एक नया रास्ता तलाश रहा हूँ। मैंने आम तौर पर भिन्न श्रृंखलाओं की विशेष जाँच की है और मुझे जो परिणाम मिले हैं उन्हें स्थानीय गणितज्ञों ने चौंकाने वाला कहा है।

मैं आपसे संलग्न काग़ज़ात का अध्ययन करने का अनुरोध करूँगा। गरीब होने के नाते, यदि आप आश्वस्त हैं कि कुछ भी मूल्यवान है, तो मैं चाहूँगा कि मेरे प्रमेय प्रकाशित हों। मैंने वास्तविक जाँच-पड़ताल नहीं की है, न कि वे अभिव्यक्तियाँ जो मुझे मिलीं, बल्कि मैंने उन पंक्तियों का संकेत दिया है जिन पर मैं आगे बढ़ता हूँ। अनुभवहीन होने के कारण, आप मुझे जो भी सलाह देंगे, मैं उसे बहुत महत्व दूँगा। मैं आपको जो कष्ट देता हूँ उसके लिए क्षमा माँगता हूँ।

प्रिय महोदय,

वास्तव में आपका, एस. रामानुजन

इस पत्र के साथ उन्होंने लगभग 120 प्रमेय भी संलग्न किये। प्रो. हार्डी ने रामानुजन द्वारा भेजे गए परिणामों को पढ़ने का कष्ट किया और उन्हें उनके काम के लिए बधाई दी। हार्डी के निमंत्रण पर, रामानुजन इंग्लैंड गए और

250 पाउंड की वार्षिक छात्रवृत्ति पर एक शोध विद्वान के रूप में शामिल हुए।

1916 में रामानुजन को उनके शोध कार्य के आधार पर कैम्ब्रिज विश्वविद्यालय की बी.ए. की डिग्री से सम्मानित किया गया। 1918 में वे पहले गणितज्ञ थे जिनका नाम रॉयल सोसाइटी की फ़ेलोशिप के लिए पहले प्रस्ताव में स्वीकार किया गया था। उसी वर्ष उन्हें कैम्ब्रिज के ट्रिनिटी कॉलेज का फ़ेलो चुना गया। इस प्रकार हार्डी ने गणितज्ञों का मूल्यांकन किया: 0 से 100 के पैमाने पर, हार्डी ने ख़ुद को 25, लिटिलवुड को 30, हिल्बर्ट को 80 और रामानुजन को 100 का स्कोर दिया।

सत्य और अहिंसा के पुजारी *महात्मा गांधी* जिनसे प्रभावित होकर नेल्सन मंडेला और मार्टिन लूथर जैसे दुनिया के ज़्यादातर नेताओं ने अपने देशों में स्वतंत्रता आंदोलन को नेतृत्व प्रदान किया। गांधी जी के भी कार्मिक जीवन के दो हिस्से हैं। पहले हाफ़ में गांधीजी ने 1887 में मैट्रिक की परीक्षा उत्तीर्ण की। 1888 में वे कानून की पढ़ाई करने और बैरिस्टर बनने के लिए इंग्लैंड चले गये। 6 नवंबर 1888 को, गांधीजी को *इनर टेम्पल* के एक छात्र के रूप में भर्ती कराया गया था । लगभग इसी समय, उन्होंने भारतीय कानून और न्यायशास्त्र के पाठ्यक्रमों के लिए यूनिवर्सिटी कॉलेज, लंदन में एक छात्र के रूप में दाख़िला लिया। दिलचस्प बात यह है कि इनर टेम्पल ने भारत में सविनय अवज्ञा आंदोलन के दौरान कारावास के बाद 1922 में गांधीजी को बर्खास्त कर दिया था, लेकिन बाद में उनका नाम अपनी सूची में बहाल कर दिया और 1984 में अपने पुस्तकालय में उनके विशेष चित्र का अनावरण करके उन्हें सम्मानित भी किया।

अपनी परीक्षाएँ उत्तीर्ण करने के बाद, गांधीजी को 10 जून, 1891 को बार में बुलाया गया और अगले दिन उन्हें इंग्लैंड के उच्च न्यायालय में नामांकित किया गया। इसके एक दिन बाद, वह भारत के लिए रवाना हुए। *भारत लौटने के बाद, महात्मा गांधी ने बॉम्बे में एक वकील के रूप में वकालत की प्रैक्टिस शुरू की। यहाँ, उन्होंने अपना पहला मामला उठाया ममीबाई नाम के एक क्लाइंट का और अपनी फ़ीस के रूप में 30 रुपये लिए। यह एक छोटा सा मामला था जिसने लघु वाद न्यायालय में गांधीजी की शुरुआत को चिह्नित किया।* गांधीजी प्रतिवादी ममीबाई की ओर से

पेश हो रहे थे और इस प्रकार उन्हें अदालत में दूसरे पक्ष के गवाहों से जिरह करनी पड़ी। *कहा जाता है वे बहुत अच्छे तरीक़े से जिरह न कर सके आख़िरकार उन्होंने अपनी अदालत और मुवक्किल से माफ़ी माँगी और कहा कि वह इस मामले का संचालन नहीं कर सकते। उन्होंने अपने मुवक्किल से एक अलग वकील नियुक्त करने को कहा और फ़ीस वापस कर दी। गांधीजी बिना यह जाने कि उनकी मुवक्किल अपना केस जीत गई है या हार गई है, जल्दी से अदालत से बाहर निकल गए। बंबई में 6 महीने के निराशाजनक प्रवास के बाद, गांधीजी ने अपनी वकालत राजकोट में स्थानांतरित कर दी।*

1893 में, गांधीजी डरबन की दादा अब्दुल्ला एंड कंपनी से नौकरी का प्रस्ताव लेकर दक्षिण अफ्रीका चले गए जो उनकी क़ानूनी सेवाएं लेना चाहती थी। गांधीजी ने दादा अब्दुल्ला मामले में गहरी दिलचस्पी ली और पार्टियों को महँगी और लंबी मुक़दमेबाज़ी जारी रखने के बजाय मध्यस्थ को मुक़दमा सौंपने के लिए राजी किया। मध्यस्थ ने अंततः दादा अब्दुल्ला सेठ के पक्ष में फ़ैसला सुनाया। गांधीजी उनकी सफलता से बहुत प्रसन्न हुए और उन्हें विश्वास हो गया कि एक वकील के रूप में वे असफल नहीं होंगे।

महात्मा गांधी का मानना था कि एक वकील का कर्तव्य क़ानूनी और प्रतिकूल लाभों का फ़ायदा उठाना नहीं बल्कि समझौते और सुलह को बढ़ावा देना है। जहाँ तक संभव हो, उन्होंने अपने मुवक्किलों को अपने विरोधियों के साथ अदालत के बाहर समझौता करने की सलाह दी। उनकी वकालत का एक बड़ा हिस्सा सार्वजनिक कार्यों के हित में था, जिसके लिए वे न्यूनतम ख़र्च या कोई शुल्क नहीं लेते थे। इसके अलावा, गांधीजी सत्य से समझौता किए बिना वकालत करना चाहते थे। उन्होंने अपने मुवक्किलों या गवाहों को झूठ बोलने के लिए प्रोत्साहित नहीं किया, भले ही इसके लिए उन्हें केस हारना पड़े। शुरुआत में ही, वह नए ग्राहक को चेतावनी देते थे कि वह कोई झूठा मामला नहीं उठाएंगे या गवाहों को प्रशिक्षित नहीं करेंगे। उनके अपने शब्दों में, उन्होंने ऐसी प्रतिष्ठा बनाई कि एक समय के बाद, ग्राहकों ने झूठे मामलों के साथ उनके पास आना बंद कर दिया।

लगभग 20 वर्षों के क़ानूनी करियर के बाद, गांधीजी ने 1910 में कानून का अभ्यास पूरी तरह से छोड़ दिया और अपना पूरा समय और ऊर्जा समुदाय की सेवा में समर्पित कर दी। वह जनवरी 1915 में दक्षिण

अफ्रीका से भारत लौटे और हमारे स्वतंत्रता संग्राम के अग्रणी नेताओं में से एक बन गए।

गांधीजी अफ्रीका में वकालत करने गए थे और उस समय उनके मन में आंदोलन करने जैसी भावना नहीं थी लेकिन 07 जून 1893 को डरबन से प्रिटोरिआ जाते समय पीटरमारितसबर्ग रेलवे स्टेशन पर प्रथम श्रेणी के टिकट के बावजूद ट्रेन से धकियाकर उतारने वाली घटना ने उनके मन में स्थायी प्रभाव छोड़ दिया जिसका परिणाम था नटाल इंडियन कांग्रेस। इसकी स्थापना भेदभाव से लड़ने तथा भारतीय आप्रवासियों की मदद करने के उद्देश्य से की गई। यह गांधी के सेकंड हाफ़ की बीज रूप में शुरुआत थी। "यह सर्दी का मौसम था, और दक्षिण अफ्रीका के ऊँचे क्षेत्रों में सर्दी अत्यधिक ठंडी होती है। मैरिट्ज़बर्ग ऊँचाई पर होने के कारण ठंड बेहद कड़कड़ाती थी। मेरा ओवरकोट मेरे सामान में था, लेकिन मुझमें उसे माँगने की हिम्मत नहीं हुई, कहीं ऐसा न हो कि मुझे दोबारा अपमानित होना पड़े, इसलिए मैं बैठा रहा और काँपता रहा। मैं अपने कर्तव्य के बारे में सोचने लगा। मुझे जिस कठिनाई का सामना करना पड़ा वह सतही थी, केवल रंग संबंधी पूर्वाग्रह की गहरी बीमारी का एक लक्षण था," गांधी उस रात के बारे में लिखते हैं।

यह गांधीजी के लिए एक लंबी रात थी, जिसने उन्हें भारत की स्थिति के बारे में सोचने और संकल्प लेने पर मजबूर कर दिया कि वे इसके बारे में क्या कर सकते हैं। गांधी ने एक बार टिप्पणी की थी, 'मैं भारत में पैदा हुआ था लेकिन दक्षिण अफ्रीका में बना।' उस रात को 125 साल हो गए हैं, लेकिन पीटरमैरिट्सबर्ग में वह मूर्ति और वेटिंग रूम आज भी भारतीयों की आँखें नम कर देते हैं। दक्षिण अफ्रीका में गांधी को एक बार घोड़ागाड़ी में अंग्रेज यात्री के लिए सीट नहीं छोड़ने पर पायदान पर बैठकर यात्रा करनी पड़ी थी। यही नहीं चालक ने उन्हें मारा भी था। फिर जब अफ्रीका में कई होटलों में dogs and indians are not allowed लिखकर उनका प्रवेश वर्जित किया गया। ये सब उन्हें याद आ रहा था। यहीं से उन्होंने आंदोलन के बीज बो दिए थे।

अलीपुर सेन्ट्रल जेल के एक वर्ष के एकांत ने अरविन्द घोष को महर्षि और योगी बना दिया–1908 मे अनुशीलन समिति के दो युवकों–खुदीराम बोस और प्रफुल्ल चाकी ने जज किंग्ज़फ़ोर्ड को मार डालने की योजना बनाई।

पर उसमे वो नाकाम रहे। स्वतंत्रता आंदोलन के सबसे युवा क्रन्तिकारी खुदीराम बोस पुलिस के हाथों लगे। उन्हें अठारह वर्ष की आयु में फाँसी दी गयी। पुलिस ने अनुशीलन समिति के सदस्यों को पकड़ना शुरु किया। प्रसिद्ध *अलीपुर बम केस केम्ब्रिज में पढ़े और आई सी एस परीक्षा में ग्यारहवीं रैंक हासिल करने के वावजूद शिक्षण कार्य करने वाले बारह भाषाओं में पारंगत अरविंद घोष के जीवन में एक महत्वपूर्ण मोड़ साबित हुआ। एक वर्ष के लिए अरविन्द अलीपुर सेंट्रल जेल के एकान्त कारावास में एक विचाराधीन क़ैदी रहे। वह अलीपुर जेल की एक गंदे सेल में थे जब उन्होंने अपने भविष्य के जीवन का सपना देखा जहाँ भगवान ने उन्हें एक दिव्य मिशन पर जाने हेतु प्रेरित किया। उन्होंने क़ैद की इस अवधि का उपयोग गीता की शिक्षाओं का गहन अध्ययन और अभ्यास के लिए किया। अपने कारावास के दौरान अरविंद घोष ने योग और ध्यान में अपनी रुचि को विकसित किया। अपनी रिहाई के बाद उन्होंने प्राणायाम और ध्यान का अभ्यास शुरू कर दिया* और 1910 में श्री अरविंद घोष कलकत्ता छोड़ पांडिचेरी में बस गए जहाँ उन्होंने एक आश्रम की स्थापना की। 1943 में साहित्य के नोबेल पुरस्कार तथा 1950 में शांति के नोबल पुरस्कार हेतु उनका नाम प्रस्तावित किया गया था।

बचपन में पहले अपने नाना और फिर *अपनी मित्र शशि की मृत्यु के पश्चात् मृत्युंजय की दशा प्राप्त करने वाले* चंद्र मोहन जैन ने 1957 में यूनिवर्सिटी ऑफ़ सागर से 21 वर्ष की आयु में बिना कॉलेज गए फिलॉसफी में गोल्ड मेडल प्राप्त किया। इसके बाद 1958 से 1966 तक वे जबलपुर विश्वविद्यालय में प्रोफ़ेसर रहे। उनके पढ़ाने का तरीक़ा क्रन्तिकारी और मौलिक था जिसके कारण विश्वविद्यालय प्रशासन उन्हें नियंत्रण में करने का प्रयास करने लगा लेकिन रजनीश का स्वभाव अलग था। उन्होंने 1962 से ही 3–10 दिन के ध्यान शिविर (Osho Meditation) आयोजित करना शुरू कर दिए थे और जल्द ही ध्यान केन्द्रित करना उनकी शिक्षाओं में जाना-जाने लगा और वे ख़ुद का दर्शन शास्त्र लोगों को पढ़ाने लगे। इस समय तक रजनीश *'आचार्य रजनीश'* बन गए और फिर 1966 में इन्होंने विश्वविद्यालय छोड़ दिया। यहीं से इन्होंने 20 से 50 हज़ार लोगों को संबोधित करना शुरू कर दिया था। आचार्य रजनीश अत्यंत प्रतिभावान रहे हैं और उनकी दृष्टि और तार्किकता को आज तक कोई व्यक्ति चैलेंज नहीं कर पाया है।

अपने पाठ्यक्रम के पूरा होने पर नौकरी की पेशकशों की *नारायण मूर्ति* के पास भरमार थी क्योंकि उस समय भारत में कुछ ही कंप्यूटर विज्ञान स्नातक थे। उनके पास एचएमटी, टेल्को और एयर इंडिया की नौकरी के प्रस्ताव थे, ये सभी उच्च वेतन की पेशकश कर रहे थे। हालाँकि, उन्होंने अहमदाबाद के इंडियन इंस्टीट्यूट ऑफ़ मैनेजमेंट (IIM) में नौकरी करने के लिए इन सभी प्रस्तावों को अस्वीकार कर दिया, जब IIM के प्रोफ़ेसरों में से एक ने संस्थान में एक दिलचस्प नौकरी के अवसर के बारे में उनसे बात की तो उन्होंने IIM अहमदाबाद में एक मुख्य सिस्टम प्रोग्रामर का पद संभाला। वहाँ उन्होंने टाइम-शेयरिंग कंप्यूटर सिस्टम स्थापित करने पर काम किया जिससे आईआईएम अहमदाबाद हार्वर्ड और स्टैनफ़ोर्ड के बाद टाइम-शेयरिंग सिस्टम स्थापित करने वाला दुनिया का तीसरा बिज़नेस स्कूल बना। आईआईएम में वे काम में काफ़ी व्यस्त रहते थे, *आज भी मूर्ति को लगता है कि आईआईएम में शामिल होना सबसे अच्छा निर्णय था जो उन्होंने अपने पेशेवर जीवन में किया था लेकिन सरकारी नौकरी उन्हें ज़्यादा रास नहीं आई। उन्होंने सॉफ्ट्रोनिक्स नाम से एक कंपनी शुरू की जो डेढ़ साल बाद ही विफल हो गई इसलिए उन्होंने पुणे में* Patni Computer Systems ज्वाइन *किया लगभग दो वर्ष तक पाटनी कंप्यूटर सिस्टम्स में काम करते* हुए फिर से एक उद्यमी बनने का फ़ैसला किया और छह अन्य सॉफ़्टवेयर पेशेवरों के साथ मिलकर एक अन्य कंपनी, इन्फ़ोसिस कंसल्टेंट्स प्राइवेट लिमिटेड (जिसे अब इन्फ़ोसिस लिमिटेड के रूप में जाना जाता है) को 1981 में एक अपार्टमेंट में स्थापित किया। उनके सेकंड हाफ़ को हम आज की टेक्नोलॉजी की भाषा में *मूनलाइटिंग* कह सकते हैं।

मून लाइटिंग के अन्य उदाहरणों में *फ़्लिपकार्ट* का नाम लिया जा सकता है जिसकी स्थापना सचिन और बिन्नी बंसल ने 2007 में की थी। ये दोनों आई आई टी दिल्ली से कम्प्यूटर इंजीनियरिंग पढ़े हैं और फ़्लिपकार्ट शुरू करने से पहले अमेज़न के एम्प्लॉई थे। इनके मन में विचार आया कि ऑनलाइन बुक स्टोर की कोई इंडियन वेबसाइट नहीं है। इसलिए दोनों ने मिलकर शुरुआत में अमेज़न की तरह ऑनलाइन बुक सेलिंग से अपना बिज़नेस शुरू किया था। इसके लिए दोनों ने अपनी सेविंग्स में से चार-चार लाख इन्वेस्ट किये थे ।

भारत के पहले सुपर स्टार गायक और अभिनेता *कुंदन लाल सहगल* उन लोगों में से हैं जिनकी मुकेश, किशोर कुमार और रफ़ी साहब जैसे लीजेंड्री सिंगर्स शुरुआत में नक़ल करते थे और लता जी बचपन में जिनसे कभी मिल न सकने के बावजूद शादी करने की तमन्ना रखती थीं। मुकेश के गाये गीत 'दिल जलता है तो जलने दे' को सुनकर प्रसन्नता में सहगल ने अपना हारमोनियम मुकेश को गिफ़्ट कर दिया था। वे बचपन से ही जम्मू की राम लीला में सितार बजाया करते थे और सूफी संत सलमान युसूफ ने उन्हें संगीत से रूबरू करवाया था। 13 वर्ष की उम्र में उनकी गायन प्रतिभा को देख कर पंकज मलिक और पहाड़ी सान्याल जैसे संगीतकार आश्चर्य करने लगे। *1927 में दिल्ली रेल्वे स्टेशन पर एक साल तक टाइम कीपर की नौकरी करने के बाद वे एक सेल्समेन के रूप में रेमिंग्टन टाइप राइटर बेचने का काम करने लगे लेकिन अपना गायन का रियाज़ नहीं छोड़ा। वे विभिन्न शहरों में जाकर अपने प्रोडक्ट का प्रचार करते थे। एक बार जब अनारकली बाज़ार लाहौर में वे टाइप राइटर का प्रचार कर रहे थे तो उन पर मेहर चंद्र जैन की निगाह पड़ी। अब तक संगीत सहगल के लिए केवल एक शौक़ था जो नौकरी के साथ चल रहा था लेकिन मेहर चंद्र ने उन्हें प्रोत्साहित करना शुरू कर दिया और उन्हें कलकत्ता ले आये। वहाँ उन्होंने कुछ दिन होटल मैनेजर का काम किया अब धीरे धीरे संगीत के सामने बाक़ी सारे काम पीछे छूटने वाले थे।* संगीतकार हरिश्चंद्र बाली को सहगल की आवाज़ पसंद आयी और उन्होंने उन्हें बी एन सरकार से मिलवा कर न्यू थियटर में 200 रूपये महीने पर रखवा दिया। 1932 में सहगल कश्मीरी के नाम से उनकी तीन फ़िल्मे प्रदर्शित हुईं जिनमे उन्होंने गायन के साथ अभिनय भी किया। यहूदी की लड़की फ़िल्म में उनका नाम पर्दे पर के एल सहगल रखा गया। नितिन बोस के निर्देशन में बनने वाली फ़िल्म धूप-छाँव में पंकज मलिक ने प्ले बैक सिंगिंग की शुरुआत भी सहगल से कराई। रेडिओ सीलोन कई सालों तक सुबह 7.57 पर सहगल के गाने बजाकर उन्हें श्रद्धांजलि देता रहा है।

एमवे की स्थापना से पहले रिच डेवॉस और जे वैन एण्डल न्यूट्रिलाइट कंपनी के डिस्ट्रीब्यूटर थे और कम्पनी की प्राकृतिक पदार्थों से बनी मल्टीविटामिन बेचते थे। उन्होंने हाई स्कूल की पढ़ाई के दौरान ही तय कर लिया था कि दोनों दोस्त साथ में मिलकर काम करेंगे। *उनका जीवन बदला*

शिकागो के एक सेमिनार से जहाँ उन्होंने सफल उद्यमियों के भाषण सुने, प्रेजेंटेशन और फ़िल्म स्ट्रिप्स देखीं। मिशिगन लौट कर उन्होंने सीधे ग्राहकों को उत्पाद बेचने का मल्टीलेवल मार्केटिंग का क्रन्तिकारी तरीक़ा शुरू कर दिया और 5000 लोगों की एक टीम खड़ी कर ली। जब 1950 के दशक में कंपनी में आंतरिक संघर्ष छिड़ा तो दोनों ने कंपनी छोड़कर नई कंपनी बनाने का निर्णय लिया। जब उन्होंने न्यूट्रिलाइट छोड़ी तब उनके पास बेचने के लिए कोई प्रॉडक्ट नहीं था लेकिन पुराने सहयोगियों के साथ फ़िस्क़ नामक ऑल परपज लिक्विड क्लीनर बेचने से amway (अमेरिकन वे) की शुरुआत की और बिना समय या टारगेट के बंधन वाली एक नई नेटवर्क मार्केटिंग की कार्य संस्कृति शुरू की। इतना ही नहीं *शुरुआत के 13 वर्ष के भीतर इन्होंने उस न्यूट्रिलाइट कम्पनी को ख़रीद लिया जिसमे कभी ये दोनों नौकरी करते थे। मतलब साफ़ है कि जीवन में अपना सेकंड हाफ़ शुरू करने के लिए अपने काम के साथ प्रयास किये जा सकते हैं और अपनी ज्ञानेन्द्रियों को खुला रखकर नए तरीक़े, विचार और रणनीतियों को अमल में लाया जा सकता है।*

मैनचेस्टर से लंदन ट्रेन में सफ़र के दौरान उन्हें 1990 में जादूगरी के स्कूल में पढ़ने वाले एक युवा लड़के का विचार मन में आया पर ट्रेन यात्रा में विलंब हो रहा था और उन्होंने अपने मन में पूरी कहानी सोच ली और जैसे ही वे लंदन पहुँचीं उन्होंने कहानी को काग़ज़ पर लिख डाला। कुछ दिन बाद उनकी माँ की मौत हो गई और अपने ग़म को भुलाने के लिये बचपन के अपने लिखने के शौक़ को फिर से शुरू कर दिया। जॉब की तलाश में वे पुर्तगाल जाकर अंग्रेज़ी पढ़ाने लगीं।वे रात में जॉब करतीं और दिन में लेखन। यहीं उनकी मुलाक़ात जर्नलिस्ट जॉर्ज औरेंड से हुई और उन्होंने शादी कर ली जो तेरह साल चली। 1993 में तलाक़ के बाद जे के रोलिंग रहने के लिए अपने बच्चे के साथ अपनी बहन के पास स्कॉटलैंड चली गईं लेकिन उन्होंने लिखना नहीं छोड़ा। वे अब तक हैरी पॉटर के तीन चैप्टर पूरे कर चुकी थीं। ज़िंदगी की हताशा और काम न होने के कारण वे डिप्रेशन में रहने लगीं। उन्होंने सिंगल पेरेंट को मिलने वाली सरकारी सहायता के लिए आवेदन किया परंतु मुसीबतों के कारण लिखना नहीं छोड़ा और अपनी पहली किताब हैरी पॉटर एंड फ़िलासफ़र्स स्टोन को पुराने टाइपराइटर

के साथ 1995 में पूरा किया लेकिन बारह पब्लिसर ने उनकी किताब को छापने से मना कर दिया। एक साल बाद लंदन के ब्लूमसबरी पब्लिसिंग हाउस के एडिटर बैरी कनिंघम को पुस्तक की बिक्री का भरोसा नहीं था इसलिए उसने इस शर्त पर पुस्तक प्रकाशित की कि रोलिंग को नौकरी करनी पड़ेगी। एडिटर ने पहला अध्याय अपनी आठ साल की बेटी एलिस को पढ़ने के लिए दिया था जिसे पढ़कर वह पूरी किताब माँगने लगी तब एडिटर ने किताब छापने का निर्णय लिया।

गॉर्डन मूर और रोबर्ट नॉइस फ़ेयरचाइल्ड कम्पनी में काम करते थे। उनके मन में विचार आया कि छोटी सी चिप में मेमोरी इकट्ठा की जा सकती है लेकिन उनकी कम्पनी इसे मानने को तैयार नहीं हुई। इसलिए उन्होंने अपनी नौकरी छोड़कर अपनी कम्पनी एन एम इलेक्ट्रॉनिक्स शुरू की जो आगे चलकर इंटेल कहलाई। शुरुआत में इसमें केवल 12 लोग थे और एक साल तक इनके पास कोई प्रॉडक्ट नहीं था। इनकी पहली कमाई 3000 डॉलर थी जो कि बैंक में जमा ब्याज से हुई थी। इनके इंजीनियर टेड हॉफ़ ने चार चिपों को एक साथ जोड़कर बीच में एक चिप लगा दी और शुरुआत हुई सी पी यू की। फिर तो मेमोरी चिप में ट्रांजिस्टर की संख्या बढ़ा कर शक्तिशाली माइक्रोप्रोसेसर बनने लगे। जब इन्हे आई बी एम का आर्डर मिला तो सब कुछ बदल गया।

'हमको मन की शक्ति देना' जैसे कालजयी गीत की रचना करने वाले बहुमुखी प्रतिभा के धनी *सम्पूरण सिंह कालरा 'गुलज़ार'* अपने पिता की दूसरी पत्नी की इकलौती संतान हैं। माँ उन्हें तब छोड़कर चली गईं जब वे दूध पीते बच्चे थे। बचपन दिल्ली की सब्जी मंडी में बीता। नौ भाई-बहन में चौथे नंबर वाले गुलज़ार को *पिता और बड़े भाई ने पढ़ाने से मना किया तो उन्होंने पेट्रोल पंप पर काम कर पढ़ाई का ख़र्चा निकाला।* पेट्रोल की हवा में लहराती तेज़ ख़ुशबू के साथ उन्होंने अपनी शायरी को काग़ज़ पर उतारना शुरू किया। उर्दू/ पर्सियन/ बंगाली के बाद उन्होंने हिन्दी सीखी। *उन्होंने स्कूल के दिनों में टैगोर की रचनाओं के अनुवाद पढ़े थे जिसे वे अपनी ज़िंदगी का टर्निंग पॉइंट मानते हैं।* रवीन्द्रनाथ ठाकुर और शरत बाबू की रचनाओं के पढ़ने की वजह से गुलज़ार की फ़िल्मों में सीन के संयोजन पर बांग्ला प्रभाव साफ़ दिखाई देता है। दिल्ली से बम्बई में बड़े भाई के पास

कॉलेज की पढ़ाई के लिए आने के बाद उनकी बड़े भाई से नहीं बनी। म्यूज़िक के प्रति उनका झुकाव कॉलेज के दिनों से ही बहुत ज़्यादा था। भाई को गुलज़ार साहब का लिखना भी पसंद नहीं था। उन्हें लगता था कि गुलज़ार साहब ऐसा करके बस समय की बर्बादी कर रहे हैं। इस कारण गुलज़ार साहब को बहुत डांट भी पड़ती थी इसलिए वो अपने पड़ोसी के घर जाकर लिखने की प्रैक्टिस करते थे। राज्यसभा टी वी के एक इंटरव्यू में उन्होंने बताया कि वो पढ़ना चाहते थे लेकिन कोई सपोर्ट नहीं था और पढ़ नहीं पा रहे थे इसलिए बंबई आने के बाद गुलज़ार को कई छोटे मोटे काम करना पड़े जिनमे एक गैराज में काम करना प्रमुख है। वे बेलासिस रोड के बिचारे मोटर्स पर एक्सीडेंट खाई गाड़ियों पर रंग रोगन का काम करते थे। उन्हें गाड़ियाँ पेण्ट करने के दौरान पढ़ने, लिखने का वक़्त मिल जाता था क्योंकि पेंट के पश्चात गाड़ियां सूखने तक वे फ्री रहते थे। प्रोग्रेसिव राइटर्स असोसिएशन की रविवार की बैठकों में उन्हें कृष्ण चंद्र, बेदी और सरदार जाफ़री जैसे साहित्यकारों से सीखने का मौक़ा मिलता था। वे सदा से लेखक बनना चाहते थे। *विमल राय ने कहा कि तुम्हारा भविष्य गैराज में नहीं है और यदि तुम फ़िल्मों में नहीं लिखना चाहते हो तो मेरे असिस्टेंट बन जाओ यह सुनकर गुलज़ार रो पड़े थे।* सचिन देव बर्मन से शैलेन्द्र की नाराज़गी होने से शैलेन्द्र और विमल राय के कहने पर उन्होंने फ़िल्म बंदनी का गीत – 'मोरा गोरा अंग लैले मोहे, मोहे श्याम रंग दे दे' लिखा था। बिमल राय के बाद उन्हें ऋषिकेश मुखर्जी का साथ मिला। फ़िल्म 'मेरे अपने से' उन्होंने निर्देशन की शुरुआत की। इसके बाद उन्होंने कभी पीछे मुड़कर नहीं देखा और भारतीय सिनेमा में अविस्मरणीय योगदान दिया।

1987 में चालीस वर्ष की आयु में मात्र दो हफ़्तों में पुर्तगाली भाषा में लिखी गई विश्व विख्यात कृति *'द अल्केमिस्ट'* को लिखने वाले ब्राज़ीली लेखक *पाओलो कोएलो शुरू से ही लेखक बनना* चाहते थे और इसलिए *एकांत की खोज में समाज से अलग-थलग रहते थे।* परिवार ने इनको *मनोरोगी मानकर 17 वर्ष की अवस्था में मेंटल असायलम भेज दिया लेकिन बीस वर्ष के होने तक वे वहाँ से तीन बार भागे और हर बार वापिस भेज दिए गए।* इसके बावजूद वे हारे नहीं। *माता-पिता की इच्छा से उन्होंने लॉ स्कूल में दाख़िला ले लिया और लेखक बनने के अपने सपने को त्याग दिया। लेकिन एक साल बाद पढ़ाई छोड़ दी और हिप्पी की तरह ज़िंदगी*

बिताते हुए दक्षिण अमेरिका, उत्तरी अफ़्रीका, मेक्सिको और यूरोप की यात्रा की। इतना ही नहीं ड्रग्स भी लेने लगे। ब्राज़ील लौटने पर एक गीतकार के रूप में काम करने लगे लेकिन 1974 में सैन्य सरकार ने उनकी गतिविधियों को विध्वंसक मानकर उन्हें गिरफ़्तार कर लिया। जेल से छूटने पर वे एक अभिनेता, पत्रकार और थियटर निर्देशक भी रहे। 1986 में उत्तर पश्चिमी स्पेन के सेंटियागो डे काम्पोस्टेला की 500 मील की पैदल यात्रा में उनका आध्यात्मिक जागरण हुआ जिसका वर्णन उन्होंने 'द पिलग्रिमेज' में किया है। एक साक्षात्कार में उन्होंने बताया कि इसके बाद उन्होंने लेखक बनने के अपने सपने का पीछा करने का निर्णय लिया और अन्य सारे काम बंद कर दिए।

द अल्केमिस्ट को शुरू में प्रकाशकों ने छापने से मना कर दिया था और इसे ब्राज़ील के पब्लिशिंग हाउस ने केवल 900 प्रतियों में छापा और इसका पुनर्मुद्रण नहीं करने का निर्णय किया था। लेकिन कोएलो कहाँ रुकने वाले थे अगली पुस्तक ब्रिडा के साथ हार्पर कॉलिन्स ने द अल्केमिस्ट को फिर से 1994 में छापा और 2014 में विश्व की सर्वाधिक 67 भाषाओं में अनुवादित होने का गिनीज वर्ल्ड रिकॉर्ड इस किताब ने बनाया है। द अल्केमिस्ट के बारे में कोएलो कहते हैं कि यह किताब तो वर्षों पहले उनकी आत्मा में लिखी गयी थी।

बंगाली फ़िल्मों के एक्टर *निगेल अक्कार* का जीवन किसी फ़िल्मी कहानी से कम नहीं है। वे बताते हैं कि जब तीन साल के थे, तब उनके पिता की मौत हो गई थी इसलिए माँ ने नौकरी करके उनकी परवरिश की लेकिन *स्कूल के दिनों में ग़लत लोगों की संगत में फँसकर अपराध करने लगे। उन पर फिरौती और किडनैपिंग के 18 मामले दर्ज हुए और 20 साल की उम्र में उन्हें नौ साल की जेल हो गई।* तब वे कोलकाता के सेंट जेवियर कॉलेज में ग्रेज़ुएशन फ़ाइनल ईयर में थे लेकिन जेल में ही उनकी मुलाक़ात IG श्री बी डी शर्मा से हुई और उनकी प्रेरणा से उन्होंने जेल में ही मानवाधिकार में PG और कंप्यूटर डिप्लोमा किया। जब उन्हें शर्मा जी ने क़ैदियों के लिए थियेटर, म्यूज़िक और नाटक करने के लिए मंच पर उतारा तो निगेल समझ गए कि वे स्टेज के लिए ही बने हैं। जेल से बाहर निकलकर उन्होंने पचास हज़ार रूपये से कोलकाता फ़ैसिलिटी मैनेजमेंट कम्पनी बनायी

और अपनी कंपनी में 40 पूर्व क़ैदियों को नौकरी दी। *उनके जीवन पर 2012 में फ़िल्म मुक्तधारा बन चुकी है।* 50,000 से शुरू हुई कंपनी का टर्नओवर अब दस करोड़ से ज़्यादा है। और तो और IIM कोलकाता के छात्रों ने निगेल की कंपनी पर स्टडी की है।

विश्व जूनियर एथलेटिक्स में गोल्ड जीतकर इतिहास बनाने वाली *हिमा दास* ने एक महीने के भीतर कुल 05 गोल्ड के साथ जीत का परचम लहरा दिया था। किसान की बेटी हिमा ने अपने विद्यालय के दिनों में लड़कों के साथ फुटबॉल खेलकर क्रीड़ाओं में अपनी रुचि की शुरुआत की थी। उनके पास पहनने के लिए अच्छे जूते तक नहीं थे। *वो अपना करियर फुटबॉल में देख रही थीं और भारत के लिए खेलने की उम्मीद कर रही थीं। फिर जवाहर नवोदय विद्यालय के शारीरिक शिक्षक शमशुल हक़ की सलाह पर उन्होंने दौड़ना शुरू किया।* शमशुल हक़ ने उनकी पहचान नगाँव स्पोर्ट्स एसोसिएशन के गौरी शंकर रॉय से कराई। फिर हिमा दास ज़िला स्तरीय प्रतियोगिता में चयनित हुईं और दो स्वर्ण पदक भी जीतीं। *ज़िला स्तरीय प्रतियोगिता के दौरान 'स्पोर्ट्स एंड यूथ वेलफ़ेयर' के निपोन दास की नज़र उन पर पड़ी और उन्होंने परिवार वालों को हिमा को गुवाहाटी भेजने के लिए मनाया और उनका ख़र्च भी उठाया।* उनके कोच निपोन दास ने जीत के बाद बताया कि वह शुरुआत में थोड़ी धीमी रहती है और अपनी पूरी ऊर्जा अंतिम 100 मीटर में लगा देती है, यही उसकी ख़ासियत है। उनकी ये उपलब्धि ट्रेक पर 02 वर्ष के कड़े अभ्यास का नतीजा है।

बाधाएं कई बार उस रूप में सामने आती हैं जिनके बारे में आप सोच भी नहीं सकते। गाँव के कच्चे रास्तों पर नंगे पैर दौड़ने का अभ्यास करने वाली गरीब बुनकर परिवार में जन्म लेने वाली *दुतीचंद* ने अपने क़दमों से वो कामयाबी हासिल की है, जो किसी एथलीट के लिए सपना होता है। बड़ी बहन सरस्वती से प्रेरणा पाकर दुती ने एथलेटिक्स में क़दम रखा। जहाँ एक के बाद एक चौंकाने वाले रिकॉर्डों को क़ायम करते हुए दुती ने ओड़िसा के साथ-साथ पूरे देश का नाम रोशन किया है। जुलाई 2014 में ग्लासगो कॉमनवेल्थ गेम्स के स्टार्ट होने के कुछ दिन पहले ही इंडियन फ़ेडरेशन ने दुती पर बैन लगा दिया था। ये बैन शारीरिक परेशानी के कारण लगा था। दरअसल दुती के शरीर में टेस्टोस्टेरोन का लेवल कई

गुना ज़्यादा था, जिसके चलते उनको डिस्क्वालिफ़ाई कर दिया गया था और बैन लगा दिया गया था। *वो क़रीब एक साल तक किसी भी प्रतियोता में हिस्सा नहीं ले पाई लेकिन उन्होंने साहस बनाए रखा।* उन्होंने पूरी हिम्मत के साथ स्विट्ज़रलैंड में स्थित कोर्ट ऑफ़ आर्बिट्रेशन ऑफ़ स्पोर्ट्स (सीएएस) में इस बैन के ख़िलाफ़ अपील की है। कोर्ट ने दुती की बात समझी और उनपर से बैन हटा दिया जिसके बाद एक बार फिर से उन्होंने अपना करीयर अपने कोच एन.रमेश के मार्गदर्शन में प्रारम्भ किया। इटली के नेपोली में वर्ल्ड यूनिवर्सियाड में दुती चंद ने अपने से कहीं कद्दावर और लंबे कद की प्रतिद्वंद्वियों को हराकर 100 मीटर की दौड़ को 11.32 सेकंड में पूरा किया और स्वर्ण पदक जीता। वह हिमा दास के बाद देश की दूसरी महिला धावक बनीं जो विश्व स्पर्धा में देश के लिए सोना जीत लाई।

फ़िल्म अभिनेत्री *तापसी पन्नू* ने गुरु तेग बहादुर इंस्टिट्यूट ऑफ़ टेक्नोलॉजी नई दिल्ली से कंप्यूटर साइंस में इंजीनियरिंग की डिग्री के बाद भारत की दूसरी सबसे बड़ी सॉफ़्टवेयर कम्पनी इनफ़ोसिस में कैंपस सिलेक्शन के बावजूद नौकरी के ऑफ़र को ठुकराकर 2008 में चैनल V के टैलेंट शो Get Gorgeous में चयनित होकर मॉडलिंग का रास्ता चुना। इसके बाद फ़ेमिना मिस इंडिया कांटेस्ट में हिस्सा लेकर मिस फ्रेश फ़ेस और मिस ब्यूटीफुल स्किन ख़िताब जीते हैं। बहन सगुन पन्नू के साथ द वेडिंग फ़ैक्ट्री नाम से वैडिंग प्लानिंग के बिज़नेस के अलावा वे एक बैडमिंटन टीम पुणे सेवन एसेस की मालकिन हैं।

अब हम अगले अध्याय की तरफ़ बढ़ना चाहेंगे जिसमे हम जानेंगे कि वह कौन सी शक्ति है जो साधारण से व्यक्ति को असाधारण बना सकती है जिसे हम गुरु कहते हैं और जिसके बारे में भारतीय शास्त्र कहते हैं–

गुरुर्ब्रह्मा गुरुर्विष्णुर्गुरुर्देवो महेश्वरः।
गुरुः साक्षात परब्रह्म तस्मै श्री गुरुवे नमः।

12

प्रशिक्षक, गुरु या मार्गदर्शक की भूमिका

चैंपियन जिम में नहीं बनते हैं। चैंपियन तो उस चीज़ से बनते हैं, जो उनके दिल की गहराई में होती हैं - एक इच्छा, एक सपना, एक तस्वीर। उनके पास योग्यता और इच्छाशक्ति दोनों ही होनी चाहिए। लेकिन इच्छाशक्ति योग्यता से ज़्यादा प्रबल होनी चाहिए।

–मुहम्मद अली, विख्यात मुक्केबाज़

आपने अपना लक्ष्य तय कर लिया है तब सबसे पहला प्रश्न यह है कि आपके लक्ष्य के सम्बन्ध में आपकी वर्तमान स्थिति क्या है? क्योंकि भले ही आपके अंदर अपना लक्ष्य प्राप्ति की अदम्य इच्छा है और आपके पास कामचलाऊ ज्ञान भी है लेकिन इतने से ज्ञान से आप ज्यादा दूर तक नहीं पहुंच पाएंगे। *आपका लक्ष्य अपने आपको अपने चुने हुए क्षेत्र में नंबर वन की पोज़ीशन पर लेकर जाना है।* आप को महाभारत में द्रौपदी स्वयंवर की कहानी तो याद होगी जब अर्जुन को छोड़कर शेष महारथियों को मछली का शरीर दिख रहा था लेकिन उस समय अर्जुन को केवल मछली की आँख दिख रही थी इसलिए आप को अपने ज्ञान का विस्तार करना होगा। उदाहरण के लिए क्रिकेट के खेल में शुरुआत में केवल बैटिंग और बॉलिंग से ही फ़र्क़ पड़ता है लेकिन जब आप राष्ट्रीय-अंतर्राष्ट्रीय स्तर पर खेलते हैं तो साइड स्क्रीन के सामने चहलक़दमी, मैदान की घास, हवा की दिशा, बैट का साइज़ और वज़न, गेंद की चमक, गेंद का नयापन,

ओस, पिच के स्पॉट जैसी छोटी-छोटी बारीकियाँ मैच का परिणाम बदल सकती हैं। इसलिए क्रिकेट के खेल में महारत हासिल करने के लिए अपना ध्यान सूक्ष्म बातों पर फोकस करना ज़रूरी हो जाता है।

उसी तरह बहुत दूर तक जाने के लिए आपको अपने लक्ष्य से संबंधित विशेषज्ञता प्राप्त करना होगी क्योंकि पैशन को प्रोफेशन में बदलने के लिए सामान्य ज्ञान से काम नहीं चलने वाला। यदि आप पर्वतारोही बनना चाहते हैं तो आप को किसी माउंटेनियरिंग इंस्टीट्यूट से ट्रेनिग लेने के साथ ही प्रारंभ में छोटी-छोटी चोटियों पर फ़तह प्राप्त करना सीखना होगा।आपके कॉलेज के समय मे की गई ट्रेकिंग के सहारे यदि आप पहाड़ चढ़ने का प्रयास करेंगे तो सबसे पहले ज़्यादा से ज़्यादा बीमा करवा लें ताकि आपके मरने या घायल होने पर आपका परिवार भूखा न मरे।

यहाँ मैं एक बात ज़ोर देकर कहना चाहूँगा कि *ट्रेनिंग ही एक इकलौती चीज़ है जो आम व्यक्ति को ख़ास बना देती है। यह ट्रेनिंग या अभ्यास का ही कमाल है कि एक चित्रकार अपने चित्र में एक-एक मांसपेशी को उभारकर अपनी कृति को सजीव और बोलने लायक बना देता है। ट्रेनिंग के कारण ही माइकल फ़ेल्प्स, उसेन बोल्ट या कार्ल लुइस पैदा होते हैं।विद्वानों का कहना है कि अपने क्षेत्र में सर्वश्रेष्ठ होने के लिए आपको दस हज़ार घंटे का अभ्यास करना होता है। इसका मतलब है कि साल के पूरे 365 दिन 08 घंटे अभ्यास और वो भी साढ़े तीन साल तक लगातार। जिन्होंने भी जीवन मे महानता हासिल की है उन्होंने अपने क्षेत्र में बिना थके इतनी मेहनत की है। आप जितना कम अभ्यास प्रतिदिन करेंगे, आपको उतने ही लम्बे समय तक अपना पसीना बहाना होगा भले ही यह क्षेत्र पढ़ाई का हो, खेल का हो, रिसर्च का हो या फिर अभिनय का। एक सैनिक ट्रेनिंग से कमांडो बन जाता है, एक सामान्य पायलट आसमान में मिराज उड़ाने लगता है और एक सामान्य व्यक्ति बेहतरीन अभिनेता में कन्वर्ट हो जाता है और इसके लिए बेहतरीन ट्रेनिंग और श्रेष्ठ मार्गदर्शक अनिवार्य है।*

तो फिर देर किस बात की है। अपनी चाहत के क्षेत्र में ट्रेनिंग के लिए सर्वश्रेष्ठ संस्थान और सर्वश्रेष्ठ गुरु या कोच को ढूँढ़ने में जुट जाइये। आप पत्राचार, ऑनलाइन, ईवनिंग क्लासेज़ या किसी अन्य तरीक़े से उपलब्ध समय अनुसार निर्णय लेकर मन लगाकर ट्रेनिंग लेना शुरू कर दीजिए जिससे

आप के अंदर की प्रतिभा निखर कर सारी दुनिया के सामने प्रकट हो जाए।

आपको वर्तमान समय की GREAT की परिभाषा को पूरे समय ध्यान में रखना है –

G–ग्लोबल

R–रेजिलिएंस (परिस्थितियों के अनुसार ढलना)

E–एंटरप्रेन्योर थिंकिंग

A–अडोप्टेन्स (अच्छी चीज़ें अपनाने की आदत)

T–टेक्नोलॉजी फ्रेंडली

कुछ लोगों में जन्मजात प्रतिभा होती है और जैसे ही कोई व्यक्ति उस प्रतिभा को पहचान लेता है, प्रशंसा करने लगता है अथवा मार्गदर्शन देने लगता है तो वह गुण तेज़ी से विकसित होकर पहचान दिला देता है। जब तक हम किसी गुरु की शरण में नहीं जाते हैं तब तक हमारा ज्ञान केवल कामचलाऊ स्तर का होता है। यह बात संगीत, खेल, शिक्षा, साहित्य आदि जीवन के सभी क्षेत्रों पर लागू होती है। इसलिए ज़िंदगी में कोई मुक़ाम हासिल करने के लिए आपको किसी न किसी मार्गदर्शक या गुरु के चरणों में बैठना अनिवार्य है। जब तक आप किसी योग्य गुरु को नहीं खोज लेते हैं तब तक आपकी प्रगति होना मुश्किल है। इसलिए गुरु की खोज हमेशा जारी रखें। *हम जिस दौर में जी रहे हैं वह डिजिटल दौर है, हम सभी भाग्यशाली हैं कि आज की दुनिया में अपने मार्गदर्शक से लाखों मील दूर होने के बाद भी हम ज्ञान प्राप्त कर सकते हैं।* महाभारत काल में एकलव्य के द्वारा गुरु द्रोणाचार्य की प्रतिमा बनाकर धनुर्विद्या सीखने का उदाहरण दूर से सीखने की कैटिगरी में आता है। इससे पता चलता है कि यदि आपको गुरु में सच्ची श्रद्धा हो तो आप उस से दूर रहकर भी सीख सकते हैं। सोशल मीडिया जैसे फ़ेसबुक, वॉट्सऐप, इंस्टाग्राम या यूट्यूब के माध्यम से बड़ी आसानी से हम चीज़ों को ऑनलाइन सीख सकते हैं लेकिन कोशिश होनी चाहिए कि प्रारम्भ में किसी मार्गदर्शक का सानिध्य प्राप्त करें जिससे आवश्यकता पड़ने पर बाद में दूर रह कर भी सीखा जा सके।

गुरु की महिमा का अंदाज़ा इस बात से लगाया जा सकता है कि यदि चाणक्य नहीं होते तो चंद्रगुप्त कभी भारत का सम्राट नहीं बन पाते और यदि

आचरेकर नहीं होते तो सचिन तेंदुलकर कभी भारत रत्न नहीं बन पाते। यह गुरु का ही प्रताप है कि वह अपने शिष्यों की प्रतिभा को पहचान कर उसे लक्ष्य तक पहुँचाता है और उसे मामूली से ख़ास बनाता है। ये गुरु के हाथों का ही कमाल होता है कि वह अनगढ़ पत्थर को तराशकर हीरे में परिवर्तित कर देता है।

ऐसा कोई महान व्यक्ति नहीं हुआ जिसे किसी न किसी मार्गदर्शक ने रास्ता न दिखाया हो। इस तथ्य को जान लेना आवश्यक है कि जब चाणक्य, गुरु द्रोण, रामकृष्ण परमहंस और आचरेकर शिक्षा दे रहे थे तो शिक्षा लेने वालों में चंद्रगुप्त, कर्ण, अर्जुन, विवेकानंद या सचिन तेंदुलकर अकेले नहीं थे उनके साथ कई और लोग भी उनसे ज्ञान प्राप्त कर रहे थे। लेकिन इन पाँच महापुरुषों ने न केवल ज्ञान प्राप्त किया बल्कि कठोर परिश्रम करके अपने साथियों से कई गुना ज़्यादा योग्यता प्राप्त की और अपना नाम अपने गुरु के नाम के साथ अमर कर लिया। रमाकांत आचरेकर ने विनोद कांबली, प्रवीण आमरे, अजीत आगरकर जैसे दिग्गज खिलाडी क्रिकेट की दुनिया को दिए। सचिन और विनोद कांबली ने 664 रन की एक पार्टनरशिप की थी जो उन्होंने 1988 में मुंबई के आज़ाद मैदान पर इंटर स्कूल हैरिस शील्ड टूर्नामेंट में खेली थी जिसमे विनोद ने 349 और सचिन ने 326 रन बनाए थे। लेकिन आगे चलकर विनोद कांबली अपनी सफलता को सचिन की तरह संभाल नहीं पाए।

मिर्ज़ा ग़ालिब का ख़ानदानी पेशा तलवार बनाने का था लेकिन उन्हें इसमें बिलकुल भी रुचि नहीं थी । ग्यारह-बारह वर्ष की कच्ची उम्र में उन्होंने शेरो शायरी करना शुरू कर दिया था। शुरू में उन पर बेदिल और शौक़त का असर था। संसार जानता है कि उस्ताद अब्दुल समद ने *असदुल्ला ख़ाँ* को *'मिर्ज़ा ग़ालिब'* बनाने में महत्वपूर्ण योगदान किया।

क्या एनी सुलिवान के बिना अंधी और बहरी हेलन केलर अपने जीवन को सार्थक कर पातीं? क्या रामानंद के बिना कबीरदास, नरहरी दास के बिना तुलसीदास और बल्लभाचार्य के बिना सूरदास अपने जीवन में सफलता की सर्वोच्च ऊँचाई तक पहुँच पाते? इस पुस्तक में मेरा प्रयास रहेगा कि जब भी किसी व्यक्ति का उल्लेख किया जाए तो उसके मार्गदर्शक से आपका परिचय अवश्य कराऊँ।

32 वर्ष की उम्र में संन्यास लेने वाली रूसी टेनिस खिलाड़ी *मारिया शारापोवा* लगातार 11 साल तक सबसे ज़्यादा कमाई वाली महिला खिलाड़ी रही हैं। उन्होंने 2004 में सत्रह साल की उम्र में उस समय विश्व की नंबर एक खिलाडी सेरेना विलियम्स को हराकर विंबलडन जीता था। छह *साल की उम्र से खेलना शुरू करने वाली शारापोवा की प्रतिभा को मार्टिना नवरातिलोवा ने मॉस्को की एक टेनिस क्लीनिक में पहचाना था और उनके पिता को बेहतर ट्रेनिंग के लिए शारापोवा को अमेरिका ले जाने की सलाह दी थी।* शारापोवा के पिता ने उनकी यह सलाह मानकर अपना रुख़ रूस से फ़्लोरिडा की तरफ़ कर लिया था, बाक़ी सब इतिहास है।

इंटरनेशनल T-20 में चार शतक लगाने वाले तथा वन डे क्रिकेट में सर्वाधिक रन -264 बनाने वाले रोहित शर्मा क्रिकेट अकादमी में *शुरूआत में ऑफ़ स्पिन गेंदबाज़ी करते थे* लेकिन कोच *दिनेश लाड* ने उनकी प्रतिभा को पहचाना और नम्बर 8 से हटाकर ओपनिंग करने भेजा और यहीं से भारत को सलामी बल्लेबाज़ मिल गया। क्या आप यक़ीन करेंगे कि सचिन तेंदुलकर वर्ष 1987 में तेज़ गेंदबाज बनने की ट्रेनिंग लेने के लिए MRF पेस अकादमी में गए थे लेकिन ऑस्ट्रेलिया के महान तेज़ गेंदबाज डेनिस लिली ने उन्हें गेंदबाज़ी छोड़कर बल्लेबाज़ बनने को प्रेरित किया। इस एक सलाह ने चमत्कार कर दिया।

दूसरी तरफ़ दुनिया के सबसे तेज़ दौड़ने वाले व्यक्ति उसेन बोल्ट बचपन से ही क्रिकेट और फुटबॉल खेलते थे। वे बड़े होकर वकार यूनुस की तरह तेज़ गेंदबाज बनना चाहते थे। वैसे भी उस समय वेस्ट इंडीज के क्रिकेटर पूरी दुनिया में छाए हुए थे लेकिन एक दिन उनके क्रिकेट कोच ने उनकी रनिंग बिटवीन द विकेट की स्पीड देखकर सुझाव दे दिया कि उसेन को तो ट्रेक एंड फ़ील्ड में जाना चाहिए। फिर क्या था बोल्ट ने दौड़ना शुरू कर दिया और जूनियर वर्ग में गोल्ड जीतने वाले यंगेस्ट प्लेयर बन गए। यदि विज्ञान के हिसाब से देखें तो उनकी हाइट रनिंग के हिसाब से ज़्यादा है, उन्हें स्कोलियोसिस है जिसके कारण उनकी रीढ़ की हड्डी दाहिनी ओर मुड़ी हुई है जिससे दाहिना पैर बाएं पैर से आधा इंच छोटा है जिस कारण उन्हें तेज़ दौड़ने में सफल नहीं होना चाहिए लेकिन आख़िरी तीस मीटर में धीमे नहीं होने के कारण वे अंततः जीत जाते हैं। शारीरिक कमियों के बावजूद नौ

साल तक शीर्ष पर रहने वाले उसेन शुरूआत में इंजरी के कारण 2004 के एथेंस ओलम्पिक में पहले राउंड में ही बाहर हो गए थे लेकिन इसके बाद उन्होंने आठ ओलम्पिक गोल्ड मेडल जीतकर तहलका मचा दिया। जमैका में किराने की दुकान चलाने वाले के पुत्र के रूप में शुरुआत करने वाले बोल्ट को पूर्व ओलंपिक स्प्रिंट एथलीट पाब्लो मैकनील और ड्वेन जेरेट ने प्रशिक्षित किया, जिससे उन्हें अपनी एथलेटिक क्षमताओं में सुधार करने पर अपनी ऊर्जा केंद्रित करने के लिए प्रोत्साहित किया। स्प्रिंटर मांइकल ग्रीन सहित पूर्व छात्रों के साथ उनके विलियम निब मेमोरियल हाई स्कूल का एथलेटिक्स में सफलता के इतिहास के कारण भी बोल्ट प्रेरित हुए। वर्ष 2005 में नये कोच ग्लेन मिल्स के रूप में बोल्ट के लिए एक नया युग शुरू हुआ जिसने उन्हें प्रोफ़ेशनल बना दिया।

हर 36 सेकंड में एक गोल्ड मेडल : अगर आप शुरुआती राउंड्स को भी जोड़ लें, तब भी बोल्ट ने ट्रैक पर एक अनुमान के अनुसार सिर्फ़ 325 सेकंड ही बिताए हैं। यानी साढ़े पाँच मिनट से भी कम वक़्त। इस हिसाब से देखें तो क्वॉलिफ़ाइंग राउंड्स को मिलाकर बोल्ट ने ट्रैक पर बिताए हर 36 सेकंड में एक गोल्ड मेडल जीता है। यानी बोल्ट ने सिर्फ़ 114 सेकंड दौड़कर नौ ओलम्पिक गोल्ड मेडल अपनी झोली में कर लिए। नौवां गोल्ड जीतने के बाद बोल्ट ने पत्रकारों से कहा, 'जब मैंने शुरुआत की थी, तब मुझे ज़रा सा भी अंदाज़ा नहीं था कि मैं यहाँ तक पहुँचूँगा। अब मैं देर तक जगूँगा और अपनी लाइफ़ एंजॉय करूँगा।' बोल्ट की यह बात साफ़ बताती है कि यह मुक़ाम हासिल करने के लिए उन्होंने कितनी मेहनत की है। और कितना त्याग किया है।

इंटरनेशनल क्रिकेट में सबसे ज़्यादा विकेट लेने वाली महिला गेंदबाज *झूलन गोस्वामी* को शुरुआत में फुटबॉल का खेल बहुत प्रिय था परंतु जब एक बार ईडन गार्डन में *ब्लेंडा क्लार्क* को उन्होंने क्रिकेट खेलते हुए देखा तभी से उन्होंने क्रिकेट खेलने को ही अपना लक्ष्य बना लिया एवं दृढ़ निश्चय कर लिया था कि अब उन्हें क्रिकेट में ही आगे बढ़ना है। आपको यहाँ बताता चलूँ कि ये वही ब्लेन्डा क्लार्क हैं जो आस्ट्रेलियाई महिला क्रिकेट टीम की ग्यारह साल कप्तान रहीं और जिन्होंने सचिन तेंदुलकर से तेरह वर्ष पहले एक दिवसीय अंतर्राष्ट्रीय मैच में डबल सेंचुरी लगाई थी।

2006 में राइफल शूटिंग में तेजस्विनी सावंत के मेलबर्न कॉमनवेल्थ गेम्स में दो गोल्ड मेडल जीतकर कोल्हापुर लौटने पर हुए स्वागत ने आठवीं कक्षा में पढ़ रही *राही सरनोबत* को निशानेबाज़ी में गोल्ड जीतने का सपना देखने के लिए प्रेरित कर दिया जिसके परिणाम स्वरुप एन सी सी केम्प से शुरुआत करके वर्ष 2018 में वे 25 मीटर एयर पिस्टल स्पर्धा में एशियाई खेलों में स्वर्ण पदक प्राप्त करने वाली पहली महिला खिलाडी बनी। वे वर्तमान में महाराष्ट्र में डिप्टी कलेक्टर हैं।

ट्रेनिंग से बच्चों की क़ाबिलियत पर कितना फ़र्क़ पड़ता है इसे जानने के लिए मैं चाहूँगा कि आप ये दो कहानियाँ ग़ौर से पढ़ें-

बच्चों को विज्ञान तकनीकी के क्षेत्र में आगे बढ़ाने के लिए अवसर उपलब्ध कराने के साथ ही अनौपचारिक रूप से खाली समय में शिक्षित किया जाना ज़रूरी है। 1894 में हंगरी के शिक्षा मंत्री और वैज्ञानिक जे.वोन एटोवोस ने सेकंडरी स्कूल के टैलेंटेड विद्यार्थियों को विशेष प्रशिक्षण देकर स्वस्थ प्रतियोगिता के लिए *मैथमैटिकल ओलम्पियाड* की शुरुआत की। इसी प्रकार रूस में 1935 में गणितज्ञ बी डेलोने ने *रशियन मैथमैटिकल ओलम्पियाड* की शुरुआत कराई जिससे आगे चलकर इनके कई छात्रों को नोबल पुरूष्कार मिला। साथ ही कोलमगोव और गेरी कास्परोव जैसे ग्रैंड मास्टर भी उभर कर आये। इसके बाद अमेरिका ने भी होनहार बच्चों के लिए पुटनाम मैथमैटिक्स कम्पटीशन करके दुनिया को फ़ाइनमैन जैसे कई वैज्ञानिक प्रदान किये हैं ।

मैथमेटिकल ग्रामर स्कूल बेलग्रेड -दक्षिण पूर्वी यूरोप के ख़ूबसूरत देश सर्बिया में रूस के कोलमोगोरोव स्कूल की तर्ज पर 1966 में स्थापित इस स्कूल के विद्यार्थियों ने *अंतर्राष्ट्रीय ओलम्पियाड में 400 से अधिक मेडल जीते हैं। स्कूल की प्रतिष्ठा इतनी है कि एम आई टी, केम्ब्रिज और ऑक्सफ़ोर्ड जैसे विश्व के नामी-गिरामी विश्वविद्यालय सौ प्रतिशत स्कॉलरशिप के साथ एडमीशन देने को तैयार रहते हैं। सर्बियन भाषा में पढ़ाई* के साथ यहाँ के समर्पित शिक्षकों की टीम हर समय छात्रों को प्रेरित करती है। इसके साथ ही इस स्कूल में पढ़कर शोहरत और बुलंदियों को हासिल करने वाले 8000 पूर्व छात्र न केवल आर्थिक सहयोग करते हैं बल्कि समय-समय पर मार्गदर्शन देने आते हैं। *भारतीय छात्र भी हिंदी भाषा*

में पढ़ने को लेकर जिस दिन गर्व महसूस करने लगेंगे उसी दिन से भारत का मस्तक दुनिया के आकाश में ऊंचा उठने लगेगा और वह दिन जरूर आएगा।

सर्वाइवल मैराथन – आपने यह शब्द हाल ही में अख़बारों में पढ़ा होगा। चार भारतीय पायलट गगनयान मिशन 2024 के लिए अंतरिक्ष में जाने की ट्रेनिंग मास्को के यूरी गागरिन सेंटर में ले रहे हैं। सर्वाइवल मैराथन की ट्रेनिंग अंतरिक्ष यात्रियों को उन विपरीत हालात के लिए तैयार करती है, जब धरती पर लौटते वक़्त उनका यान किसी ऐसी जगह उतर जाए जहाँ कोई इंसान न हो। वहाँ हिंसक पशु, समुद्र, जंगल, रेगिस्तान, बर्फ़ के अंतहीन ग्लेशियर, पहाड़, दलदल या नदी के मुहाने हो सकते हैं। इस ट्रेनिंग के माध्यम से अंतरिक्ष यात्रियों को कठिन हालात का मुक़ाबला करने की मानसिक स्थिति बनाने की ट्रेनिंग दी जाती है।

जब आप अपने मिशन पर होते हैं तो ज़रूरी नहीं है कि आप का ग्राफ़ केवल ऊपर की ओर जाये। परिस्थितियों के उतार-चढाव क़दम-क़दम पर परीक्षा लेंगे और आपको कई बार ऐसा लग सकता है कि लक्ष्य प्राप्ति असम्भव है। इस दशा में आपका आत्मविश्वास, साहस और संघर्षों का सामना करने की ट्रेनिंग ही यह निर्धारित करेगी कि आप अंतिम पड़ाव तक पहुँचेंगे या फिर बीच में ही रास्ता छोड़ देंगे इसलिए हर परिस्थिति के लिए स्वयं को तैयार करना अनिवार्य है और यह तैयारी छोटी दूरी की दौड़ की न होकर मैराथन जैसी होनी चाहिए क्योंकि आपका लक्ष्य आपके अस्तित्व से जुड़ा हुआ है और लक्ष्य प्राप्ति के बिना आपको कौन याद रखने वाला है।

गुरु की महिमा बताने के लिए पूरी दुनिया में उपलब्ध काग़ज़ और स्याही भी कम पड़ जाएगी इसलिए अब अगले अध्याय की तरफ़ बढ़ते हैं। *अपना सेकंड हाफ़ अपने वर्तमान काम के साथ शुरू करने के लिए ज़रूरी है कि अपने आप को अपने भविष्य के रोल के लिए तैयार करना शुरू करें। पार्टटाइम ट्रेनिंग प्रोग्राम्स के माध्यम से आप अपनी जॉब करते हुए भी स्किल्स को बढ़ाने की ओर काम कर सकते हैं।* ऐसे बहुत से ऑनलाइन और ऑफ़लाइन कोर्सेस हैं जिनसे आप अपनी जॉब के साथ नई स्किल सीख सकते हैं इसके अलावा आप अपनी जॉब के साथ कोई साईड जॉब लेकर भी अपनी स्किल्स की लिस्ट को मज़बूत बनाने पर काम कर सकते हैं।

13

आपका रोल मॉडल

लोग तब तक कभी बेहतर नहीं बनते हैं,
जब तक कि वे अपने से बेहतर या ज़्यादा ऊँचे
किसी पैमाने या मिसाल को न देख रहे हों।

–टायरॉन एडवर्ड्स

यह बात सही है कि शिखर पर पहुँचने के लिए आपका मुक़ाबला सबसे पहले ख़ुद से होता है और छोटा-छोटा सुधार, आपके भीतर छुपे सर्वश्रेष्ठ को बाहर लाने के लिए पर्याप्त है लेकिन आपको यह जानकारी भी होना ज़रुरी है कि आपके लक्षित क्षेत्र में कौन-कौन व्यक्ति दुनिया में सर्वश्रेष्ठ हैं। उदाहरण के लिए यदि आप क्रिकेट खेलते हैं तो बल्लेबाज़ी में आपके आदर्श सचिन तेंदुलकर और गेंदबाज़ी में तेज़ गेंदबाज जेम्स एंडरसन (658 विकेट) या स्पिन गेंदबाज मुथैया मुरलीधरन (800 विकेट)हो सकते हैं। यदि आप तेज़ दौड़ने को अपने जीवन का लक्ष्य चुन रहे हैं तो आपको आठ बार के ओलम्पिक स्वर्ण पदक और 11 बार विश्व चैम्पियन का ख़िताब जीतने वाले उसेन बोल्ट को अपना आदर्श मानना चाहिए। यदि आप अभिनय के क्षेत्र में जौहर दिखाना चाहते हैं तो आपके रोल मॉडल अमिताभ-बच्चन, दिलीप कुमार या शाहरुख़ खान हो सकते हैं। यदि आप गायन में आगे बढ़ना चाहते हैं तो आपके रोल मॉडल लता मंगेशकर, मुहम्मद रफ़ी, गुलाम अली या जगजीत सिंह हो सकते हैं। ज़ाहिर है कि आगे बढ़ने के लिए कोई

न कोई रोल मॉडल से प्रेरणा लेना आवश्यक है लेकिन साथ ही साथ यह भी एक स्थापित तथ्य है कि अपनी शैली विकसित किए बिना आप वो नहीं बन सकते जो आप बनना चाहते हैं। अमिताभ बच्चन और शाहरुख़ खान भी प्रारम्भ में दिलीप कुमार से प्रभावित होकर अभिनय करते थे लेकिन उन्होंने शीघ्र ही अपनी अलग स्टाइल पैदा कर ली जिसके कारण आज हम उन्हें रोल मॉडल मानते हैं।

अपने रोल मॉडल जैसा या उससे भी बेहतर बनने के लिए *आप यह गाँठ बाँध लें कि आपकी ट्रैनिंग अब अंतिम साँस तक चलने वाली है।* हर चीज़ में सुधार की गुंजाइश होती है। अपने आपको और अधिक मूल्यवान बनाना पूरी तरह स्वार्थ नहीं है। *जब आप ज्ञान प्राप्त करते हैं, एक नया अनुभव प्राप्त करते हैं, तो आप न केवल ख़ुद को बेहतर बनाते हैं, बल्कि दूसरों की मदद करने की आपकी क्षमता भी बढ़ती है। जब तक आप ख़ुद को और अधिक मूल्यवान नहीं बनाते, आप दूसरों के जीवन में मूल्य नहीं जोड़ सकते। दूसरों को आगे बढ़ाने की क्षमता पाने के लिए पहले ख़ुद आगे बढ़ना होगा।* योजना बनाएँ कि आप जीवन में मूल्य कैसे जोड़ सकते हैं क्योंकि आवश्यक कौशल नहीं होने पर आप दूसरों को कुछ नया नहीं दे सकते। दक्षिण के सुपरस्टार *चिरंजीवी* ने एक इंटरव्यू में बताया था कि उनके पिता एक पुलिस कांस्टेबल रहे लेकिन चिरंजीवी सरकारी नौकरी नहीं करना चाहते थे। उन्हें स्कूल के दिनों से अभिनय करना, संगीत और नृत्य पसंद था। जब लोग तारीफ़ करने लगे तो मद्रास जाकर विधिवत ट्रेनिंग ली और इस दौरान ही उन्हें 1978 में पहली फ़िल्म में काम करने का मौक़ा मिला।

भारत में खेलों की कहानी मेरीकॉम के बिना अधूरी है। मैं जब-जब उनकी आत्मकथा 'अनब्रेकेबल' पढ़ता हूँ तो मुझे अनायास ही मुंशी प्रेमचंद के गोदान की कहानी याद आ जाती है जिसमें होरी का चरित्र मेरीकॉम के पिता से मिलता-जुलता प्रतीत होता है। खेतिहर मजदूर बाप का यह सपना कि वो अपने बच्चे अँग्रेजी स्कूल में पढ़ायेगा और जब बच्चा पढ़ने लगे तो खेल केवल इसलिए खेलना कि खेल कोटे से सरकारी नौकरी मिलने में आसानी होगी। मेरीकॉम ने कई खेल खेले लेकिन 1998 में जब एक मणिपुरी मुक्केबाज़ *डिंको सिंह* ने बैंकाक एशियाई खेलों में स्वर्ण पदक जीता तो मेरीकॉम ने ठान लिया कि उन्हें मुक्केबाज़ ही बनना है। तब से शुरुआत

करके अब तक मेरीकॉम छह बार विश्व चैम्पियनशिप जीत चुकी हैं और 2012 के लन्दन ओलम्पिक में कांस्य पदक भी प्राप्त कर चुकी हैं। तीन बच्चों को जन्म देने और चालीस वर्ष की आयु के बावजूद उनका उत्साह कम नहीं हुआ है। एक इंटरव्यू में उन्होंने कहा – *मुक्केबाज़ी में पदक जीतने की मेरी भूख अभी ख़त्म नहीं हुई है। मैं रिटायर होने से पहले एक बड़े टूर्नामेंट में प्रतिस्पर्धा करना चाहती हूँ।* उनका इशारा 2024 में होने वाले पेरिस ओलम्पिक या अगले एशियाड की तरफ़ है। वे कहती भी हैं *मेरे लिए कुछ भी असम्भव नहीं है क्योंकि मैं मेरीकॉम हूँ।*

आइये आगे बढ़ने के लिए कुछ महत्वपूर्ण सिद्धाँतों को समझते हैं –

1. **स्पार्टन वारियर्स** का प्रसिद्ध सिद्धांत –आप ट्रेनिंग में जितना पसीना बहाएंगे, युद्ध के मैदान में आपका खून उतना ही कम बहेगा। इसलिए अपने दिन की शुरुआत पसीना बहाने से करनी होगी क्योंकि इससे ब्रेन डेराइव्ड न्यूरोट्रोपिक फैक्टर (BDNF) नामक प्रोटीन रिलीज़ होता है, जो ब्रेन सेल्स को स्ट्रेस से बचाता है। आपको अपना पसीना इसलिए भी बहाना चाहिए क्योंकि इससे आपकी मेटाबॉलिक रेट बढ़ेगी जिससे आपको एनर्जी मिलेगी। *हम एक ऐसी दुनिया में रहते हैं जहाँ एनर्जी की वैल्यू इंटेलीजेंसी से भी अधिक* है इसलिए अपनी ऊर्जा बनाये रखना और अपने आप को आसपास की नेगेटिव एनर्जी से बचाना आपकी सर्वोच्च प्राथमिकता है। साथ ही आपको अपने मॉर्निंग रूटीन में हर दिन अपनी वैल्यूज खोजना, अपने गोल्स के साथ रीकनेक्ट करना और ख़ुद को क़रीब से जानना ज़रूरी है क्योंकि बदलाव की शुरुआत, जागरूकता से ही होती है इसलिए आप सुबह जागने से लेकर सोने जाते तक हर क्षण अपने जुनून के प्रति समर्पित रहें और लगातार अभ्यास करें।

2. **स्ट्रेटेजिक टाइम ब्लॉकिंग** की आदत डालें–सप्ताह में एक दिन बैठकर पूरे सप्ताह की डिटेल्ड प्लानिंग करें और किसी भी काम को महत्व के क्रम में समय देने की आदत डालें क्योंकि इस संसार में समय से ज़्यादा मूल्यवान और समय से ज़्यादा सीमित कोई चीज़ आपके पास नहीं है। *जीवन में सफल होने के लिए केवल एक चीज़ ज़रूरी है कि आप यह*

समझ जाएँ कि कौन सी चीज़ मेरे लिए करना आवश्यक नहीं है। याद रखें कि जो गोल्स स्पष्ट नहीं होते उनके नतीजे भी अस्पष्ट होते हैं।

3. **ज़िंदगी में आप जो कर रहे है उसके प्रति समझदार बनें**–बिज़ी होना बहुत ही आसान है लेकिन ज़रा सोचिए ग़लत चीज़ों में बिज़ी होने का क्या मतलब है। ग़लत चीज़ों में बिज़ी होने का एंटीटोड है रिफ़्लेक्शन। इस रिफ़्लेक्शन के लिए आपको शांति से केवल सोच-विचार करते हुए कुछ समय बिताने की ज़रूरत है। इसके लिए आपको यह सोचने की ज़रूरत है कि आप किस तरह जीवन जी रहे हैं, किस तरह काम कर रहे हैं। क्या आपका डेली बिहेवियर आपकी वैल्यू से जुड़ा हुआ है या अपने काम के ज़रिए आप सोसाइटी पर कैसा प्रभाव डाल रहे हैं। दिन भर में आप जो भी काम करते हैं, हर समय यह सोचें कि उस काम के करने से आपके भविष्य पर क्या प्रभाव पड़ने वाला है और लगातार अपने आप से यह प्रश्न पूछते रहें कि एक महीने बाद या 3 महीने बाद आपको उक्त काम लगातार करते रहने से क्या फ़ायदा होगा। यह समझदारी आगे बढ़ने के लिए ज़रूरी है।

4. **अपने प्रदर्शन को उम्मीद से बेहतर रखें–रिचुअल ऑफ़ ओवर डिलिवरिंग** – चाहे बिज़नेस हो या सोसाइटी ऐसे लोग बहुत कम देखने को मिलते हैं जो अतिरिक्त मेहनत करते हों। उदाहरण के लिए *कोई रेस्टोरेंट हो या फिर क्लोदिंग स्टोर आपने देखा होगा कि एक कस्टमर के तौर पर या तो आपको आपकी उम्मीदों के मुताबिक़ सर्विस मिलेगी या उससे कम। आपकी उम्मीदों से अधिक सर्विस शायद ही कभी आपको मिले, लेकिन अपने फ़ील्ड में लीडर बनने के लिए यही एक अवसर भी है। यानी हर रोज़ रिचुअल्स ऑफ़ ओवर डिलीवरी की प्रैक्टिस करना।* इसके लिए अपने कस्टमर्स को उनकी उम्मीदों से 10 गुणा अधिक परफ़ॉर्म कर दिखायें। ऐसे ही आपकी ऑर्गनाइजेशन और मैनेजर को आपसे जो उम्मीदें हैं, उनसे बढ़कर कुछ ऐसा कर दिखाएँ जो अन्य लोग न कर रहे हों। लगातार ऐसा करने पर आप अपनी ऑर्गनाइजेशन के लिए बहुमूल्य बन जाएँगे। *अपनी ट्रेनिंग में भी आप जब थकने लगें तो उसेन बोल्ट की तरह 'बस थोड़ी देर और' अर्थात 'एक राउंड और' के फार्मूले का प्रयोग करें।*

5. **प्रतिदिन अपने जुनून में आगे बढ़ने के लिए एक घंटा नया सीखें।** चाहे आप कितने ही बिज़ी क्यों ना हों। अगर आप अपने फ़ील्ड में अग्रणी बनना चाहते हैं तो अपने हर दिन के शेड्यूल में 60 मिनट का समय निकालें जिसमें आप कुछ लर्निंग करें। आप चाहें तो ऑडियो बुक्स सुन सकते हैं, कुछ पढ़ सकते हैं या फिर अपनी लर्निंग के बारे में सर्च कर सकते हैं। इस आदत से आप अपनी फ़ील्ड के बारे में इतना जान लेंगे कि किसी अन्य व्यक्ति को इतनी नॉलेज नहीं होगी। आप जानते हैं कि आप जितनी अधिक नॉलेज गेन करेंगे, उतना ही अधिक आप अचीव करेंगे। *वारेन बफ़े रोज़ाना दस घंटे या 500 पेज पढ़ते हैं जिनमे दुनिया के सभी महत्वपूर्ण अख़बार पढ़ना भी शामिल है। बिल गेट्स प्रति सप्ताह एक नई किताब मतलब साल भर में कम से कम 50 किताबें पढ़ते हैं। फ़ेसबुक के संस्थापक मार्क ज़ुकरबर्ग भी प्रति सप्ताह एक किताब पढ़ते हैं। स्टीव जॉब्स भी हर महीने एक किताब पढ़ते थे। महात्मा गांधी जी के बारे में कहा जाता है कि उन्होंने अपने जीवनकाल में ग्यारह हज़ार किताबें पढ़ी थीं। अमेरिकी राष्ट्रपति अब्राहम लिंकन प्रति माह और बराक ओबामा की भी प्रत्येक सप्ताह एक किताब पढ़ने की आदत रही है। चीनी उद्योगपति जैक मा के बारे में कहा जाता है कि कई बार वे हर रोज़ एक किताब पढ़ते रहे हैं।*

अपने कॅरियर में आगे बढ़ने के लिए *हम सभी को नई चीज़ें सीखते रहना चाहिए लेकिन कई बार व्यस्तता के चलते यह संभव नहीं हो पाता है इसलिए जो सीखना चाहते हैं उसे अपने जीवन में शामिल करना होगा और उसे अपने रोज़ के कामों का हिस्सा बनाना होगा।* इसका एक तरीक़ा यह भी है कि हमें अपने आस पास के लोगों के कौशल पर ध्यान देते रहना चाहिए ताकि हमें भविष्य दृष्टि प्राप्त हो। नियमित समय अंतराल पर देश-विदेश भ्रमण करके आप अपने एक्सपोज़र को बढ़ा सकते हैं और अपने क्षेत्र की नई विविधताओं को जान सकते हैं। साथ ही आपको अपने साथियों से काम का फ़ीडबैक लेना चाहिए और जो चीज़ें आप सीखना चाहते हैं उसकी एक सूची बना कर उसे लगातार अपडेट करते रहना चाहिए।

आपको अपनी फ़ील्ड के सर्वश्रेष्ठ लोगों के सम्पर्क में रहना चाहिए। पहले ऐसा करना कठिन था। सर्वश्रेष्ठ लोग भी आपस में संपर्क में रहते हैं।

इसका उदाहरण एक इंटरव्यू में मिला जिसमें *सर्बिया के टेनिस खिलाड़ी दुनिया के नंबर एक जोकोविच ने बताया कि टेनिस के बिग-3 रोजर फेडरर, राफेल नडाल और नोवाक जोकोविच का वॉट्सएप ग्रुप है उसमें लगातार अंतराल पर तीनों खिलाड़ी मैसेज करते हैं। कोर्ट पर भले ही उनके बीच प्रतिस्पर्धा हो लेकिन आपस में वे अच्छे दोस्त हैं और एक दूसरे के मैसेज का जवाब भी देते हैं।*

आज के युग की सबसे बड़ी देन है कि *आप अपने रोल मॉडल से लगातार जुड़े रह सकते हैं। भले ही आपके रोल मॉडल आपको न जानते हों लेकिन आप उनसे ऑनलाइन यू ट्यूब, फ़ेसबुक, ट्विटर(नया नाम X) या इंस्टाग्राम जैसे माध्यमों का उपयोग करके जुड़े रह सकते हैं।*

मेरी आपको एक सलाह है कि जब आपने अपने क्षेत्र में नाम कमाने का दृढ निश्चय कर ही लिया है तो अपने अंदर आत्मविश्वास बढ़ाने के लिए सफल व्यक्ति की तरह आदतें डालना शुरू कर दीजिए। *अपने को मन ही मन सफल मानकर अभिनय करना शुरू कर दीजिए लेकिन अहंकार से दूर रहते हुए। अपने प्रोफेशन के अनुरूप पोषाक, हाव-भाव और बातचीत का तरीक़ा अपनाने से आप धीरे-धीरे सफलता को महसूस करना सीख जाएेंगे।*

आपने अपना लक्ष्य तय कर लिया है और आगे बढ़ने के बारे में आप सोच रहे हैं तब दिल के किसी कोने से एक आवाज़ आती है क्या मुझसे यह हो पायेगा? ऐसी स्थिति में हमारा ध्यान उन बातों की तरफ़ सबसे पहले जाता है जिन्हें हम बंधन, सीमाएं या शंकाएं कह सकते हैं। ये सीमाएं शारीरिक, मानसिक, आर्थिक, मनोवैज्ञानिक, शैक्षणिक प्रकारों में से किसी भी प्रकार की हो सकती हैं। आगे के कुछ पृष्ठ पढ़ने के बाद आप समझ पाएंगे कि इन सारी सीमाओं के जनक हम ख़ुद हैं और इनमे से सभी तथाकथित सीमाएं तोड़ी जा सकती हैं क्योंकि दुनिया में कई लोगों ने आपसे भी ख़राब परिस्थितियों में होने के बावजूद उन्हें तोड़ा है और जब कोई इंसान यह काम कर चुका है तो आप भी कर सकते हैं।

भगवान ने जब मनुष्य बनाया तब शायद अन्य जीवों की तरह सीमाएं निर्धारित की हों लेकिन चौपाए से दो पैर पर खड़े होने की क्षमता से लेकर अनेक योग्यताओं को मानव ने समय-समय पर विकसित किया है और आज भी वह नित नई उपलब्धियाँ प्राप्त करने में जुटा है। डार्विन ने ठीक ही

कहा था-योग्यतम ही जीवित रहेगा। अपनी सीमाओं को पीछे छोड़कर ही आज मनुष्य पृथ्वी से अंतरिक्ष की दूरी नाप सका है।

हमारे बीच में कुछ हीरोज़ हमेशा रहे हैं जिन्होंने सदैव महानता के न केवल स्वप्न देखे बल्कि उन्हें साकार भी किया। उदाहरण के लिए दो महीने की गर्भवती होने के बावजूद सेरेना विलियम्स ने 2016 में 22 ग्रैंड स्लैम जीतने का रिकॉर्ड बनाया और सितम्बर 2017 में बेटी को जन्म देने के ढाई महीने बाद न केवल कोर्ट पर वापसी की बल्कि विंबलडन 2018 और 2019, US ओपन 2018 और 2019 के फ़ाइनल तक पहुँची। सेरेना ने 16 की उम्र में डेब्यू किया और 17 की उम्र में मार्टिना हिंगिस को हराकर सबसे कम उम्र में ग्रैंड स्लैम जीतने का रिकॉर्ड बनाया। सेरेना ने अब तक 23 ग्रैंड स्लैम जीते हैं इनमें 32 की उम्र के बाद 6 ख़िताब हैं। क्रिकेट में सबसे ज़्यादा अंतर्राष्ट्रीय विकेट (951) लेने वाले जेम्स एंडरसन अभी भी (इस पुस्तक के लिखे जाने तक) 40 वर्ष की आयु में अंतर्राष्ट्रीय मैच खेल रहे हैं।

जब आप अपना रोल मॉडल चुनें तो मेरा आपसे अनुरोध है कि आप जाति, धर्म, क्षेत्र, आयु, लिंग और देश जैसी सीमाएं छोड़कर देखना शुरू करें। शुरुआत अपने रोल मॉडल की बायोग्राफ़ी या अन्य लेखन को पढ़कर करें। आप पाएंगे कि उसका जीवन आपकी तुलना में कठिन था। यदि आप किसी ऐसे रोल मॉडल को चुनते हैं जो 1950 के पहले जन्मा था तो आप पाएंगे कि उस समय उसके पास आज के ज़माने की न तो लाइट थी, न सड़कें थी, न संचार साधन थे, न अभिव्यक्ति की स्वतंत्रता थी और न उतने अच्छे पढ़ने-लिखने-सीखने के साधन थे लेकिन तब भी उन्होंने अपनी मेहनत, लगन, दृढ-इच्छा शक्ति से अपने जीवन में वो मुक़ाम हासिल किया कि हम और आप जैसे लाखों लोग उन्हें रोल मॉडल मानते हैं।

सच तो यह है कि विकास का आधुनिक युग 1950 के बाद ही शुरू हुआ है। भारत जैसे विकासशील देश में शुरुआत धीमी रही लेकिन इक्कीसवीं शताब्दी भारत की होगी इसमें कोई संदेह नहीं है।

अब हम अगले अध्याय में जानेंगे कि आपकी शंकाएं कौन-कौन सी हैं और आपके रोल मॉडल ने कैसे उन पर विजय पायी थी। आपके पास भी हर महान इंसान (रोल मॉडल) की तरह दो हाथ, दो पैर, दो आँख, दो किडनी, दो फेफड़े, एक सिर, एक दिल, एक जीभ और एक

जननेंद्रिय है। फिर जिस तरह उन्होंने सफलता पाई क्या आप नहीं पा सकते? आपकी सीमाओं (शंकाओं) की सूची में शारीरिक, मानसिक, आर्थिक या मनोवैज्ञानिक समस्याएं हो सकती है –

इतिहास हमें सिखाता है कि हर समस्या की एक आयु होती है। कोई भी समस्या स्थायी नहीं होती। क्या आपके पास समस्याएँ हैं? वे गुज़र जाएँगी; वे लंबे समय तक नहीं रहेंगी। आपकी समस्याएँ हमेशा जीवित नहीं रहेंगी, लेकिन आप रहेंगे! तूफ़ान के बाद हमेशा सूरज निकलता है। जाड़ा हमेशा पिघलकर वसंत में बदल जाता है। आपका तूफ़ान गुज़र जाएगा। आपका जाड़ा पिघल जाएगा। आपकी समस्या सुलझ जाएगी।

–रॉबर्ट शुलर

14

आर्थिक सीमाएँ

ग़रीबी क्रांति और अपराध का जनक है।

–अरस्तू, यूनानी दार्शनिक

यदि कोई मुझसे पूछे कि परिवर्तन करने में सर्वाधिक सक्षम कौन है तो मैं कहूँगा ऐसा गरीब व्यक्ति जो यह ठान ले कि मैं जिस हाल में पला–बढ़ा उस हाल में अपने बच्चों को जीवन यापन नहीं करने दूँगा। आज भारत सहित दुनिया के तमाम देशों में ऐसी जन–कल्याणकारी योजनाएँ हैं कि कोई अकारण गरीब नहीं रह सकता। आज हमारे सामने लाखों उदाहरण हैं जिनमे लोगों ने अपनी मेहनत, लगन और प्रयास से भयानक ग़रीबी के स्तर से उठकर समाज में महानता के स्तर को छुआ है। आवश्यकता है उनसे प्रेरणा लेकर आगे बढ़ने की।

नारायण मूर्ति के चाचा सिविल सेवक थे इसलिए उनके पिता इन्हें सिविल सेवा में भेजना चाहते थे। लेकिन बचपन से प्रतिभाशाली नारायणमूर्ति आई आई टी में पढ़ना चाहते थे। उन्होंने आई आई टी की प्रवेश परीक्षा भी पास कर ली थी लेकिन उनके शिक्षक पिता जिनकी तनख्वाह उस समय ढाई सौ रूपये थी और जिन पर आठ बच्चों की पढ़ाई–लिखाई का जिम्मा था, इस कारण नारायण मूर्ति ने स्कॉलरशिप मिलने के बावजूद आई आई टी की जगह नेशनल इंस्टिट्यूट ऑफ़ इंजीनियरिंग मैसूर से इलेक्ट्रिकल इंजीनियरिंग में डिग्री की पढ़ाई करना स्वीकार कर लिया। उनके पिता उन पर सौ रूपये

प्रतिमाह ख़र्च करने की स्थिति में नहीं थे लेकिन इससे उनकी प्रतिभा पर कोई विपरीत प्रभाव नहीं पड़ा और उन्होंने आगे चलकर आई आई टी कानपुर से कंप्यूटर साइंस में पोस्ट ग्रेजुएशन किया। आई आई टी कानपुर में उनके कंप्यूटर साइंस विषय का चयन करने के पीछे की कहानी भी कम दिलचस्प नहीं है। एक दिन कैंटीन में खड़े वे एक अमेरिकी प्रोफ़ेसर की चर्चा सुन रहे थे जो बता रहे थे कि भविष्य कम्प्यूटर का है, बस दौड़कर उन्होंने अपना स्पेशल सब्जेक्ट चेंज करके कम्प्यूटर साइंस ले लिया।

धीरूभाई अंबानी ने बड़े सपने देखे थे। जब वे अदन में शेल कंपनी के पेट्रोल पंप पर पेट्रोल भरने का काम करते थे तभी उनके मन में यह सपना जड़ें जमा चुका था कि वे भी भारत में शेल जैसी कंपनी बनाएंगे। *उनका सपना उस पेट्रोल पंप का मालिक बनना नहीं था जिसमें वे काम करते थे वे तो पेट्रोल पंप की कंपनी खोलना चाहते थे।* अदन से वापस आकर उन्होंने 1959 में अपना बिज़नेस मात्र 15 हज़ार रुपए की पूँजी से शुरू किया। बचपन में जब स्कूल में पढ़ते थे तब भी कमाई करने के लिए वे महाशिवरात्रि जैसे त्योहारों पर लगने वाले मेलों में खाने पीने की चीज़ें बेचा करते थे। 15,000 रुपया एक टेबल एवं दो कुर्सियों और एक कॉन्टैक्ट नंबर (PP फ़ोन नंबर) के साथ उन्होंने खाड़ी देशों को मसाला निर्यात करना शुरू किया। उन दिनों अंबानी परिवार भुलेश्वर की चाल के एक कमरे में रहता था। *धीरुभाई के पास ऑफ़िस किराये पर लेने के पैसे नहीं थे,* इसलिए *वे हर दिन दो घंटे के लिए एक टेबल किराये पर ले लेते थे ताकि वहाँ से अपना व्यवसाय कर सकें।*

दुनिया की सबसे बड़ी फ़ास्ट फूड कंपनी *सब वे* की स्थापना एक PHD *डॉक्टर पीटर बक* और एक 17 साल के मेडिकल स्टूडेंट *फ्रेड डेलुका* ने मिलकर ब्रिजपोर्ट मे की थी।। इसके लिए 1000 डॉलर पीटर बक ने इन्वेस्ट किए थे।

HP *कंपनी* का पहला उत्पाद एक ऑडियो औसिलेटर था जिसे वॉल्ट डिज़्नी द्वारा बनाए जाने वाली फ़ेंटासिया के लिए ख़रीदा गया था। यह पालो ऑल्टो गैरेज के बाहर विकसित हुआ था और यही एच पी कंपनी की शुरुआत थी केवल 538 डॉलर में।

Apple कंपनी की शुरुआत के लिए स्टीव वोज़नियाक ने अपना एच पी कैलकुलेटर तथा स्टीव जॉब्स ने अपनी वॉक्सवेगन वैन बेचकर पंद्रह सौ डॉलर इकट्ठा किए थे। *इनका तीसरा पार्टनर रोनाल्ड वाइनी केवल 23 सौ डॉलर में अपनी हिस्सेदारी बेचकर Apple से अलग हो गया था।* Apple की शुरुआत एक अप्रैल 1976 को कैलीफ़ोर्निया की क्यूपरटिनो में जॉब्स के गैराज में की गई।

इलेक्ट्रॉनिक डाटा सिस्टम की स्थापना 32 वर्ष की आयु में *रॉस पेरट ने राल्फ़ नाडेर के साथ की थी। ये वही पेरट हैं जो जॉर्ज एच डब्लू बुश के बाद अमेरिका के राष्ट्रपति बने।* अब तक आई बी एम के सेल्समैन रहे रॉस ने इसके लिए अपनी पत्नी से 1000 डॉलर उधार लिए थे।

स्टारबक्स कॉफ़ी की स्थापना एक लेखक जेरी बाल्डविन, एक अंग्रेज़ी टीचर गॉर्डन बोकर और एक इतिहास टीचर जैव सियेगल ने एक बार में की थी और इसके लिए प्रत्येक ने 13 सौ पचास डॉलर इन्वेस्ट किए थे।

डेल कंप्यूटर की स्थापना करने वाले माइकल डेल किशोरावस्था में अख़बार बेचने का काम करते थे। ज़्यादा अख़बार बेचने के लिए उन्होंने यह तरकीब निकाली कि वे रजिस्ट्रार ऑफ़िस से विवाह करने वालों की सूची तथा नए मकान ख़रीदने वालों की सूची लेकर संपर्क करने लगे और 1982 में ह्यूस्टन पोस्ट अख़बार बाँटकर 18,000 डॉलर कमाए। उनका सपना था आई बी एम कंपनी के साथ प्रतियोगिता करना और इसके लिए एक हज़ार डॉलर की पूँजी से उन्होंने कंपनी शुरू की थी।

और जब फ्रैंक सीवर लिंग के मन में *गुड ईयर टायर एंड रबर* कम्पनी स्थापित करने का विचार आया,तब उनके पास पूँजी नहीं थी लेकिन उन्होंने अपने बहनोई से 3500 डॉलर उधार लेकर कम्पनी स्थापित कर दी। इसी प्रकार *सोई सिरो होंडा* ने 1948 में अपनी पहली फ़ैक्ट्री खोली तो उनके पास पार्ट्स ख़रीदने के भी पैसे नहीं थे उन्होंने अपनी पत्नी के गहने बेचकर स्पेयर पार्ट्स ख़रीद थे।

डॉक्टर APJ अब्दुल कलाम का पूरा जीवन ही प्रेरणादायी क़िस्सों से भरा पड़ा है। बड़े होकर देश की सुरक्षा के लिए मिसाइल बनाने और राष्ट्रपति बनने तक का सफ़र तय करने से पहले डॉक्टर कलाम ने बचपन में ऐसे-ऐसे काम किए थे जिन्होंने उन्हें पल पल गढ़ा। ऐसा ही एक काम था *इमली के*

बीज बेच कर अपनी पढ़ाई का ख़र्च निकालना। तब बालक अब्दुल कलाम महज आठ साल के थे। चूँकि वे ग़रीब परिवार से थे इसलिए उनके पास पढ़ाई के लिए पैसा नहीं होता था लेकिन उन्हें पढ़ने का बहुत शौक़ था इसलिए *उन्होंने अपने चचेरे भाई शमशुद्दीन के साथ मिलकर अख़बार बाँटना शुरू कर दिया।* अल सुबह ट्रेन से उनके गाँव तक अख़बार पहुँचते और वे कभी पैदल तो कभी साइकिल से अख़बार बाँटते थे। इससे उन्हें बहुत कम पैसा मिलता लेकिन जितना मिलता इससे उनकी पढ़ाई का ख़र्च निकल जाता। इस बीच अचानक दूसरा विश्वयुद्ध (1939–1945) शुरू हो गया। चूँकि बालक कलाम अख़बार बाँटने के साथ साथ अख़बार पढ़ भी लेते थे इसलिए उन्हें इसकी जानकारी समाचार से मिली इसी बीच अचानक उनकी नज़र एक ख़बर पर गई जिसमें इमली के बीजों की भारी माँग के बारे में कुछ लिखा था। संभवतः इन बीजों की आवश्यकता युद्ध से जुड़े किसी काम में थी इसलिए उन्हें इनके बदले पैसा भी अच्छा मिल जाता था। बालक कलाम ने अपने चचेरे भाई को इमली के संबंध में यह ख़बर बतायी और दोनों ने इमली के बीज इकट्ठा करना शुरू किया। कभी गाँव तो कभी जंगल में से इकट्ठा करते और उन्हें बेच दिया करते इससे उन्हें इतना पैसा मिल जाता कि वे अपनी पढ़ाई और किताबों का ख़र्च आसानी से निकाल लेते। डॉक्टर कलाम ने इसका जिक्र अपनी आत्मकथा में पूरे गर्व और भावुक लहजे में किया है कि उन दिनों का जीवन कितना अच्छा था।

अफ्रीकी अमेरिकी जॉन जॉनसन ने नीग्रो डाइजेस्ट निकालने के लिए अपनी माँ से सिलाई के कपड़ों की कमाई में से 500 डॉलर लेकर शुरुआत की।

आप अब तक यह समझ चुके होंगे कि 99 प्रतिशत बिलिनियर ग़रीबी से उठकर ही उस स्तर को छू सके जिसका उन्होंने सपना देखा था। उल्टे उन्हें गरीब होने से अपनी आर्थिक स्थिति सुदृढ़ करने की प्रेरणा मिली। यक़ीन मानिए यदि आपके विचार, प्रोडक्ट या प्लानिंग में दम है तो यह संसार दाम लगाने को तैयार है। ज़रूरत इस बात की है कि आप को अपने सपने पर विश्वास हो और आप प्रतिदिन इंच दर इंच आगे बढ़ने के लिए कोशिश करने के लिए तैयार हों। *बिल गेट्स* के द्वारा कही गयी इस बात के साथ मैं आपको अगले अध्याय की तरफ़ लेकर चलना चाहूँगा–

अगर आप ग़रीब पैदा होते हैं, तो यह आपकी ग़लती नहीं है। लेकिन अगर आप ग़रीब मरते हैं, तो यह आपकी ग़लती है।

15

शैक्षणिक और मनोवैज्ञानिक सीमाएँ

जब हर चीज़ ख़िलाफ़ होती नज़र आ रही हो, तो याद रखें कि हवाई जहाज़ हवा के साथ नहीं, उसके ख़िलाफ़ उड़ता है।

–हेनरी फ़ोर्ड

भारत में जब भी कम पढ़े लिखे सफल व्यक्ति की बात आती है तो शुरुआत रिलायंस की स्थापना करने वाले *धीरूभाई अम्बानी* से होती है। रिलायंस की शुरुआत एक स्टार्टअप के रूप में हुई थी। इसके बाद यह स्मॉल इंडस्ट्री बनी, फिर मीडियम और आज लार्ज़ इंडस्ट्री बन चुकी है। एक शिक्षक के बेटे होने के बावजूद वह कमजोर आर्थिक स्थिति के कारण दसवीं तक ही शिक्षा ग्रहण कर सके। 1970 के दशक तक अम्बानी परिवार मुंबई के भुलेश्वर में दो कमरों की चाल में रहता था। इसी प्रकार विप्रो कंपनी के मालिक *अज़ीम प्रेमजी* को अपने पिता की मृत्यु की ख़बर मिलने के बाद 21 वर्ष की उम्र में स्टैनफ़ोर्ड यूनिवर्सिटी कैलिफ़ोर्निया में कंप्यूटर साइंस की पढ़ाई छोड़कर विप्रो का कारोबार संभालना पड़ा था। कम शिक्षित सफल लोगों की बात करें तो तमिलनाडु के पूर्व मुख्यमंत्री स्वर्गीय श्री *एम करुणानिधि* दसवीं के बाद आगे नहीं पढ़ पाए। सौ मिलियन डॉलर की सालाना आय वाले दुनिया के महान गोल्फ़र *टाइगर वुड्स* ने भी स्टैनफ़ोर्ड यूनिवर्सिटी में इकोनॉमिक्स की पढ़ाई के लिए एडमिशन लेने के बाद कॉलेज छोड़ दिया था। भारत को 1983 का विश्व कप दिलाने

वाले कपिल देव को क्रिकेट के करियर के कारण अपनी पढ़ाई बीच में छोड़ना पड़ी थी। भारत रत्न *सचिन तेंदुलकर* ने दसवीं तक पढ़ाई की है और बाद में पत्राचार के माध्यम से बारहवीं की परीक्षा दी थी। भारत के सबसे सफल कप्तान माने जाने वाले *महेंद्र सिंह धोनी* बीकॉम की परीक्षा छह साल में किसी तरह पास कर पाए हैं वो भी पत्राचार के माध्यम से। अभिनेता *आमिर ख़ान* केवल 12 वीं पास है और अभिनेता सलमान ख़ान भी कभी कॉलेज नहीं गए। मिस वर्ल्ड *ऐश्वर्या राय बच्चन* ग्रेजुएट नहीं हैं और उन्होंने अपना आर्किटेक्चर का कोर्स मिस वर्ल्ड बनने से बीच में ही छोड़ दिया था। बॉलीवुड के खिलाड़ी *अक्षय कुमार* ने मुंबई खालसा कॉलेज से ग्रेजुएशन .बीच में ही छोड़ दी थी और मार्शल आर्ट्स की ट्रेनिंग लेने लगे थे। 'ये जवानी है दीवानी' फ़िल्म में पढ़ाकू लड़की का किरदार निभाने वाली *दीपिका पादुकोण* भी ग्रेजुएट नहीं है। मशहूर डायरेक्टर और ड्रीमवर्क्स जैसी कंपनी के ज़रिए फ़िल्मों को बेहतरीन टेक्नोलॉजी देने वाले *स्टीवन स्पीलबर्ग* भी कॉलेज ड्रॉप आउट हैं। टाईटेनिक के निर्देशक *जेम्स कैमरोन* भी कॉलेज ड्रॉप आउट है वे कॉलेज छोड़कर ट्रक चलाने लगे थे। ग्रैमी अवार्ड विजेता कोलंबिया की मशहूर रॉक स्टार *शकीरा* भी कभी कॉलेज नहीं गई। गायिका *लेडी गागा* और कलाकार *ओपरा विन्फ्रे, एलन डेंजरस,* यूट्यूबर *जॉएला* और टम्बलर के संस्थापक *डेविड कारप* भी कॉलेज ड्रॉप आउट हैं। स्वर कोकिला *लता मंगेशकर* जब 13 साल की थी तो उनके पिता की मृत्यु हो जाने से परिवार की ज़िम्मेदारी उठाने के लिए उन्हें पढ़ाई छोड़नी पड़ी और फ़िल्मों में अभिनय भी करना पड़ा। साहित्यकार विलियम *शेक्सपीयर* ने शुरुआती सालों तक ही औपचारिक पढ़ाई की थी और बाद में स्कूल छोड़ दिया था। दुनिया के प्रसिद्ध 'लंदन स्कूल ऑफ़ इकोनॉमिक्स' की स्थापना करने वाले *जॉर्ज बर्नार्ड सॉ* दसवीं क्लास तक ही स्कूल गए थे। अपने पिता के एक गैरेज में शुरूआत करके Mac, iPhone, iPad और iPod जैसे गैजेट्स बनाने वाले सफल बिज़नसमैन Apple कंपनी के संस्थापक *स्टीव जॉब्स* भी आर्थिक कारणों से रीड कॉलेज की अपनी पढ़ाई पूरी नहीं कर सके और केवल एक सेमेस्टर की पढ़ाई पूरी कर सके लेकिन इस दौरान वे कैलीग्राफ़ी की बारीकियों को सीख गये इसके कारण उनके उत्पाद सबसे ख़ूबसूरत दिखने लगे। माइक्रोसॉफ़्ट जैसी सफल कम्पनी की स्थापना करने वाले *बिल गेट्स* भी हार्वर्ड यूनिवर्सिटी के ड्रॉप आउट हैं उन्होंने अपने मित्र पॉल एलन

के साथ इसकी स्थापना की थी। वर्डप्रेस जैसा बड़ा सॉफ़्टवेयर बनाने वाले *मैट मुलेनवेग* ने 2004 में बीस वर्ष की आयु में यूनिवर्सिटी ऑफ़ ह्यूस्टन से अपनी पढ़ाई छोड़ दी थी। डेल कम्पनी के संस्थापक *माइकल* डेल ने भी 19 वर्ष की आयु में अपना कॉलेज छोड़ दिया था। डोमिनोज़ पिज़्ज़ा के संस्थापक *टॉम मोनाहन* कॉलेज में केवल पहले सेमेस्टर की पढ़ाई पूरी कर पाए। फ़ेसबुक के संस्थापक *मार्क ज़करबर्ग* ने फ़ेसबुक बनाने के लिए 2004 में हार्वर्ड यूनिवर्सिटी से अपनी पढ़ाई अधूरी छोड़ दी थी। बिज़नेसमैन *सुभाष चंद्रा* ने 12वीं की पढ़ाई के बाद पढ़ाई छोड़ दी थी और सिर्फ़ 19 साल की उम्र में वेजिटेबल ऑयल बेचने का बिज़नेस शुरू कर दिया था। गुजरात के बिज़नेसमैन *गौतम अडानी* भी कॉमर्स की पढ़ाई के लिए गुजरात विश्वविद्यालय में प्रवेश लिया था लेकिन परिवार की आर्थिक तंगी की वजह से ही उन्होंने अपनी पढ़ाई बीच में ही छोड़ दी थी। इसी प्रकार ओयो रूम्स की स्थापना 2012 में गुड़गाँव में करने वाले *रितेश अग्रवाल*, क्विक हील टेक्नोलॉजीज़ के सी ई ओ *कैलास काटकर*, SMS पर वेब सर्च ऑप्शन देने वाले *दीपक अरविंदरन*, inshorts के सीईओ *अज़हर इक़बाल* कॉलेज ड्रॉप आउट हैं।

यह सूची और भी लंबी हो सकती है। मेरा आपसे आग्रह है कि आप इंटरनेट पर उस क्षेत्र के कम पढ़े लिखे लोगों के नाम सर्च करें जिस क्षेत्र में आप जाना चाहते हैं। यहाँ कॉलेज ड्रॉप आउट की सूची में उपरोक्त सफल व्यक्तियों के नाम सम्मिलित करना उनके प्रति किसी भी प्रकार से असम्मान प्रकट करना नहीं है। बल्कि मैं चाहता हूँ कि *आप इन सफल व्यक्तियों से यह सीखें कि यदि आपके पास कोई सपना है तो आप तब भी उसे प्राप्त कर सकते हैं जबकि आपके पास उच्च शिक्षा नहीं है और आपके मार्क्स भी प्रथम श्रेणी के नहीं हैं।* सफल होने के लिए केवल जुनून, योजना और धैर्य की ज़रूरत है।

ज़िंदगी में सफल होने के लिए ज़रूरी नहीं है कि आप शुरुआत किसी महान काम से करें। बोलीविया के लापाज शहर में सन 1930 में जन्मे *जेमे स्केलेन्टे* की रूचि गणित और फ़िज़िक्स में थी लेकिन 1974 तक उनका नाम कोई नहीं जानता था। गारफ़ील्ड हाई स्कूल लॉस एंजलिस में गणित पढ़ाते हुए उन्हें कुछ अलग करने का विचार आया। उन्होंने एडवांस प्लेसमेंट

कैलकुलस (ए पी कैलकुलस) प्रतियोगिता के लिए गरीब जुझारू विद्यार्थियों का एक ग्रुप बनाकर पढ़ाने का मन बनाया और स्कूल समय से पहले और बाद में उन्हें पढ़ाने लगे। उनके कुछ साथी उनसे जल रहे थे लेकिन उन्होंने हिम्मत नहीं हारी और 1978 में उनके पाँच छात्रों में से पहली बार में दो ने सफलता पायी। देखते-देखते उनका सम्मान अमेरिका में बढ़ गया और 1987 में उनके 73 स्टूडेंट्स ए पी कैलकुलस परीक्षा में सफल हुए। उन्हें राष्ट्रपति रोनाल्ड रीगन ने सम्मानित किया तथा उनके ऊपर एक किताब *स्केलेन्टे-द बेस्ट टीचर इन अमेरिका* 1988 में प्रकाशित हुई और उन पर हॉलीवुड फ़िल्म स्टेण्ड एंड डिलीवर भी बनाई गई। अमेरिका में झंडे गाड़ने के बाद वे अपने देश बोलीविया चले गए और 2010 में उन्होंने अंतिम सांस ली। भारत के सुपर-30 के संस्थापक आनंद कुमार की कहानी भी मिलती-जुलती और प्रेरणादायक है।

मेरी उम्र बहुत कम या बहुत ज्यादा हो गयी है –

आम तौर पर हम मानते हैं कि *दो साल के बच्चे* हाथ में ठीक तरह पेंसिल भी नहीं पकड़ सकते हैं ऐसे में अमेरिका की दो साल की बच्ची की पेंटिंग लाखों में बिकती हैं और इसे देखने और ख़रीदने के लिए हर दिन नए-नए लोग आते रहते हैं। इस नन्हें कलाकार का नाम *लोला जून* है। लोला के मम्मी पापा को उनकी पेंटिंग बनाने पर काफ़ी गर्व महसूस होता है क्योंकि उसकी पेंटिंग्स आर्ट वर्ल्ड में हज़ारों डॉलर में बिक रही है। उनकी माँ ल्यूसिली का कहना है कि जब भी लोला का पेंटिंग करने का मन होता है तो हम उसे कैनवास और रंग लाकर दे देते हैं और जब वह पेंटिंग कम्पलीट कर लेती है तो वह 'डन' कहती है उसके बाद हम उसके पास से सारा सामान हटा देते हैं।

पूत के पाँव पालने में दिख जाते हैं इस कहावत को सही साबित किया है सत्रह साल के ब्रिटिश मूल के बेल्जियम में रहने वाले पायलट *मैक रदरफ़ोर्ड* ने। मैक ने 23 मार्च 2022 को बुल्गारिया के सोफ़िया से उड़ान भरी थी और 2021 में ट्रैविस लुडलो के बनाए गए गिनीज वर्ल्ड रिकार्ड को तोड़ा। यह रिकार्ड उन्होंने महज 150 दिन में बनाया है।

मैक ने पूरे वर्ल्ड में अकेले उड़ान भरी। वे दुनिया का चक्कर लगाने वाले सबसे कम उम्र के पायलट हैं। दरअसल, मैक अपनी बहन जारा से इंस्पायर हुए और उड़ान को एक ड्रीम बनाया। जारा (19) ने जनवरी 2022 में पूरे वर्ल्ड में उड़ान भरी थी और वो सबसे कम उम्र में ऐसा करने वाली महिला बनीं। जारा ने जिस एयरक्राफ़्ट से दुनिया का चक्कर लगाया उसकी स्पीड 300 KM/H थी। क्या आप बता सकते हैं जारा को किसने इंस्पायर किया है?आपका अंदाज़ा सही है। जारा और मैक के पेरेंट्स ने। इनके पैरेंट्स प्रतिभाशाली पायलट हैं।

105 साल की भागीरथी अम्मा ने जब नौ साल की थीं तब तीसरी कक्षा के बाद पढ़ाई छोड़ दी थी। अब उनका आधार कार्ड भी बन गया है। भारत के प्रधानमंत्री श्री नरेन्द्र मोदी ने मन की बात कार्यक्रम में भागीरथी अम्मा का ज़िक्र किया था।

सोशल मीडिया प्लेटफ़ॉर्म इंस्टाग्राम पर 4 लाख से अधिक फ़ॉलोअर रखने वाली 74 साल की दादी *ज़ोन मैकडोनाल्ड* कनाडा के ओंटारियो में रहती हैं। उन्होंने तीन साल पहले हाई ब्लड प्रेशर, हाई कोलेस्ट्रॉल जैसी समस्याओं के कारण डॉक्टर की सलाह पर अपनी लाइफ़ स्टाइल को बदलकर योगा कार्डियो, साइकिलिंग और वेट लिफ़्टिंग शुरू किया तो देखते ही देखते हैं उनका 28 किलोग्राम वज़न कम हो गया। उनको देखकर लगता ही नहीं है कि उनकी एज इतनी अधिक है। उन्होंने एक पोस्ट में लिखा है- आप गुज़रे हुए वक़्त को फिर से नहीं जी सकते हैं लेकिन आने वाले कल को अपने हिसाब से ज़रूर जी सकते हैं।

अमेरिका के 60 वर्षीय *जॉर्ज* हुड ने आठ घंटे से ज़्यादा समय तक प्लैंक (एक एक्सरसाइज़) कर वर्ल्ड रिकॉर्ड बना दिया। वे US मरीन के रिटायर्ड ऑफ़िसर हैं और उन्होंने यह रिकॉर्ड बनाने के लिए रोज़ाना 7 घंटे तक एक्सरसाइज़ के अलावा 700 पुश अप और 2000 सिट अप्स लगायी।

नॉर्वे के 60 साल के शो जंपर *गेयर गुलिकेसन* ने पहली बार FEI वर्ल्ड कप में गोल्ड मेडल जीता। वे पिछले 40 साल से शो जम्पिंग कर रहे हैं लेकिन गोल्ड पहली बार जीता है। इस टूर्नामेंट में उन्होंने अपने से आधी उम्र के खिलाड़ियों को हराया है।

इस अध्याय के अंतिम उदाहरण के रूप में मैं हाल ही में 43 वर्ष की उम्र में ग्रैंड स्लैम ऑस्टेलियन ओपन जीत कर इतिहास रचने वाले रोहन बोपन्ना का देना चाहूँगा। स्पष्ट है कि उम्र एक संख्या से ज़्यादा नहीं है।

इस अध्याय की समाप्ति मैं रॉल्फ़ वाल्डो इमर्सन की बात से करना चाहूँगा कि आपके पास हज़ारों कष्ट, परेशानियाँ अथवा रुकावटें क्यों न हों आप आगे बढ़ने का निर्णय लें।

एक बार जब आप कोई निर्णय ले लेते हैं,
तो सृष्टि उसे घटित कराने में जुट जाती है।

–रॉल्फ़ वॉल्डो इमर्सन

16

शारीरिक सीमाएँ

ये मत कहो ख़ुदा से,
मेरी मुश्किलें बड़ी है,
इन मुश्किलों से कह दो,
मेरा ख़ुदा बड़ा है।
आती है आँधियां तो,
कर उनका ख़ैर मकदम,
तूफ़ान से ही तो लड़ने ,
ख़ुदा ने तुम्हे गड़ा है।
ये मत कहो ख़ुदा से।

अग्नि में तप के सोना,
है और भी निखरता,
दुर्गम को पार करके,
हिमालय कोई चढ़ा है।
लाएगी रंग मेहनत,
आख़िर तुम्हारी इक दिन,
होगा विशाल तरुवर,
ये बीज जो पड़ा है।
ये मत कहो ख़ुदा से

–ब्रह्मकुमारी संस्था के
बीके सुरेश का लिखा प्रेरक गीत।

जब से सृष्टि की शुरुआत हुई है तब से ही मनुष्य के पास अन्य कई पशुओं की तुलना में बल की कमी रही है जिसे मनुष्य ने अपने मस्तिष्क के विकास से दूर किया है। फिर भी यदि कोई दिव्यांग या शारीरिक रूप से कमजोर व्यक्ति रह गया तो उसने कई दफ़ा ऐसे कारनामे कर दिखाए कि पूर्णतः स्वस्थ व्यक्ति भी शरमा गए।

दुनिया में ऐसे बहुत से महान व्यक्ति हुए हैं *जिनकी ऊँचाई छः फ़ीट से कम रही।* आइए इनके बारे में जानते हैं :

अफ्रीकी अमेरिकी सिविल राइट्स के लिए अहिंसक असहयोग आंदोलन करने वाले *मार्टिन लूथर किंग जूनियर* और स्टार वार्स के जनक *जॉर्ज लुकास* की ऊँचाई 5 फ़ीट सात इंच की थी। दुनिया के महानतम मार्शल आर्टिस्ट *ब्रूस ली* और ब्रिटेन के पूर्व प्रधानमंत्री तथा साहित्य का नोबल पुरस्कार प्राप्त करने वाले *विंस्टन चर्चिल* एवं महान भौतिक विज्ञानी *स्टीफ़न हॉकिंग* भी इतनी ही ऊँचाई के थे। फुटबॉल खिलाड़ी *लियोनेल मेस्सी* और फ़िल्म निर्माता–*स्टीवन स्पीलबर्ग*, फ़िल्म अभिनेता *शाहरुख़ ख़ान* भी इतनी ऊँचाई के हैं।

सौ युद्ध जीतने वाले *नेपोलियन बोनापार्ट* तथा मिक्स्ड मार्शल आर्ट लड़ाके *यूरी जा फ़ीवर* और *सिकंदर महान* और महानतम वैज्ञानिक *आइज़ैक न्यूटन* की ऊँचाई पाँच फ़ीट छः इंच थी।

अंग्रेजों को भारत से भगाने के लिए आंदोलन करने वाले राष्ट्रपिता *महात्मा गांधी* और महानतम चित्रकार *पाब्लो पिकासो*, फ़िल्म अभिनेता *आमिर ख़ान* की ऊँचाई 5 फ़िट चार इन्च रही।

स्टील उद्योगपति *एंड्रयू कार्नेगी* और आउटर स्पेस पर जाने वाले पहले व्यक्ति *यूरी गगारिन* की ऊँचाई पाँच फ़ीट दो इंच की थी।

सर्वकालिक महान हास्य अभिनेता *चार्ली चैप्लिन* की ऊँचाई पाँच फ़ीट पाँच इंच थी। इतनी ही ऊँचाई सबसे महान बल्लेबाज़ों में शामिल *सुनील गावस्कर* और *सचिन तेंदुलकर* की है। सेवन पिलरस ऑफ़ विज़डम के लेखक के *टी ई लॉरेंस* और दुनिया के महानतम विचारकों में से एक *अरस्तु* भी ऊँचाई में इतने ही थे।

महान दार्शनिक और लेखक *वॉल्टेयर* की ऊँचाई पाँच फ़ीट तीन इंच और मंगोलियन शासक *चंगेज़ ख़ान* पाँच फ़ीट एक इंच ऊँचा था। स्वर कोकिला लता मंगेशकर भी इतनी ही ऊँचाई थी। गायिका *नेहा कक्कड़* तो केवल चार फ़ीट 10 इंच की है।

महान काले लोग : कैसियस मार्सेलस क्ले जूनियर जिन्हें हम *मोहम्मद अली* कहते हैं वह बॉक्सिंग के सबसे महान खिलाड़ी रहे। 18 वर्ष की आयु में जिन्होंने1960 के रोम ओलंपिक में गोल्ड मेडल जीता तथा बाईस साल की आयु में सनी लिसटन को हराकर विश्व हैवीवेट चैंपियन ख़िताब जीता। उन्होंने 61 मैच में से 56 जीते।

आर्थर ऐश – इकलौते टेनिस खिलाड़ी हैं जिन्होंने विम्बलडन, अमेरिकी ओपन और ऑस्ट्रेलियन ओपन टूर्नामेंट जीता है। 49 वर्ष की आयु में दुर्भाग्यपूर्ण एड्स संक्रमण से उनकी मृत्यु हो गई। उनके हृदय की दो बार तथा मस्तिष्क की एक बार शल्यचिकित्सा हुई इसी दौरान संक्रमित रक्त चढ़ाने से एड्स हुआ था। पहला हार्ट अटैक उन्हें 1979 में 36 वर्ष की आयु में हुआ। *उनके पिता उन्हें फुटबॉलर बनाना चाहते थे लेकिन रॉन चैरिटी के मार्गदर्शन में उन्होंने टेनिस खेलना शुरू किया* इसके पश्चात रॉबर्ट वॉल्टर जॉनसन ने सिखाया। 1966 एवं 1967 में वे ऑस्ट्रेलियन चैंपियनशिप में रॉय एमरसन से हार गए थे।

संसार में ऐसे कई *दिव्याग* हुए हैं जिन्होंने अपनी सीमाओं को तोड़कर उन कामों को किया है जिन्हें करने में स्वस्थ व्यक्ति भी बगले झाँकने लगे। आइए कुछ ऐसे ही व्यक्तियों की चर्चा करते हैं।

निक बुजसिक : यदि होश सँभालने पर आपको पता चले कि जन्म से ही आपके शरीर में हाथ-पैर नाम के अंगों का अभाव है तो अवसाद से घिर जाना स्वाभाविक है। निक ने आठ वर्ष की आयु में आत्महत्या का प्रयास भी किया था लेकिन फिर उन्हें लगा कि ईश्वर ने उन्हें बनाया है तो कोई ख़ास उद्देश्य होगा और उन्होंने अपने जीवन का उद्देश्य खोजने का निर्णय लिया। उन्नीस वर्ष की आयु में कॉलेज में भाषण देने का अवसर मिला और उनकी ज़िंदगी बदल गयी क्योंकि उनके भाषण को सुनकर सब मंत्रमुग्ध हो गए थे। 2012 में उन्होंने जापानी सुंदरी काने मियाहारा से शादी कर ली।

उनके NGO का नाम है-Life Without Limbs और उन्होंने Butterfly Circus फ़िल्म में काम किया है। वे तैरना और फुटबॉल खेलने जैसे सभी सामान्य काम करते हैं और उनकी गिनती दुनिया के सबसे प्रेरक वक्ताओं में होती है। उन्होंने 1749 लोगों को बिना हाथ-पैर होते हुए गले लगाकर विश्व रिकॉर्ड भी बनाया है।

मुनिबा मजारी : संयुक्त राष्ट्र में पाकिस्तान की नेशनल एम्बेस्डर मुनीबा जब 20 वर्ष की थीं तब एक कार दुर्घटना में उनका निचला हिस्सा पैरालाइज हो गया था। हुआ यह था कि कार चलाते समय उनके पति को नींद आ गयी थी और वे कार छोड़कर बाहर कूद गए थे। दुर्घटना के बाद ढ़ाई महीने के भीतर मुनीबा के पाँच ऑपरेशन हुए लेकिन उनकी स्पाइनल कॉर्ड ठीक नहीं हुई। वे दोबारा अपने पैरों पर खड़ी नहीं हो सकीं और उनके पति ने उन्हें तलाक़ दे दिया लेकिन मुनीबा ने हौसला नहीं छोड़ा और बचपन के अपने शौक़ पेंटिंग को पूरा करने के लिए ब्रश और रंगों को फिर थाम लिया। व्हील चेयर पर मॉडलिंग, लोगों को प्रेरित करना और गाना शुरू कर दिया। फ़ोर्ब्स और BBC ने प्रभावशाली महिलाओं की सूची में उन्हें शामिल किया है।

ग्रेटा थनबर्ग : स्वीडन की जलवायु कार्यकर्ता, जिन्हें टाइम मैगज़ीन ने 'पर्सन ऑफ़ द ईयर' के रूप में चुना है। ग्रेटा थनबर्ग जब 11 साल की थी, तब उन्हें ऑटिज़्म हो गया था उसने खाना पीना बंद कर दिया था। ऑटिज़्म के कारण ग्रेटा ने हँसना, खेलना और पियानो बजाना भी बंद कर दिया था। वह शांत रहने लगी थी। जब मनोचिकित्सकों की मदद से उसकी बीमारी ठीक हुई, उसने 2 महीने तक लगातार कम खाना खाया और इससे उसका साढ़े 9 किलो वज़न कम हो गया था। ये बातें उनकी माँ मैलेना एरमान ने अपनी किताब *थनबर्ग फ़ैमिली* में लिखी है।

करोली टेकक्स : हंगरी की सेना में हवलदार रहे करोली को 1936 के ग्रीष्मकालीन ओलम्पिक खेलों में भाग नहीं लेने दिया क्योंकि पिस्टल शूटिंग स्पर्धा में केवल अफ़सर भाग ले सकते थे। उसे उम्मीद थी कि 1940 के ओलम्पिक में भाग लेगा लेकिन 1938 में अभ्यास के दौरान एक ग्रेनेड उसके दाहिने हाथ में फट गया और अब वह इस हाथ से पिस्टल नहीं पकड़ सकता था। सब ने मान लिया कि करोली का करियर ख़त्म। लेकिन करोली

चैंपियन थे उन्होंने बाएं हाथ से अभ्यास शुरू कर दिया और 1939 में हंगरी में नेशनल चैंपियनशिप जीत ली। 1940 और 1944 के ओलम्पिक खेल विश्व युद्ध के कारण रद्द हो गए। 1948 के लंदन ओलम्पिक में जब वो भाग लेने पहुँचे तो विश्व चैंपियन अर्जेंटीना के कार्लोस वालिएंट ने करोली के प्रति दुःख प्रकट करते हुए पूछा कि वह 38 साल की आयु में ओलम्पिक में क्या कर रहा है, करोली ने कहा कि वह शूटिंग देखने आया है। थोड़ी देर बाद करोली ने वलियेंट को हराकर गोल्ड अपने नाम कर लिया। करोली यहीं नहीं रुके उन्होंने 1952 के हेलसिंकी ओलम्पिक में भी वलियेंट को हरा दिया और गोल्ड जीता लेकिन 1956 के ओलम्पिक में वे आठवें स्थान पर रहे। उनके द्वारा सिखाये गए हंगेरियन शूटर सिजलार्ड कुन को ने भी 1952 ओलम्पिक में रजत पदक जीता।

जॉर्ज आइसर : आइसर ने 1904 में सेंट लुइस ओलम्पिक में एक ही दिन में जिम्नास्टिक के तीन गोल्ड के साथ 06 पदक जीते थे जबकि उनका एक पैर 14 वर्ष की आयु में एक ट्रेन दुर्घटना में कट गया था और उन्होंने लकड़ी के पैर लगाकर प्रतिस्पर्धा में भाग लिया था।

ओलिवियर हेल्सी : 11 साल की आयु में ट्रेन की चपेट में आकर अपने बांये पैर के घुटने का निचला हिस्सा खोने के बाद 1928, 1932 एवं 1936 के ओलम्पिक खेलों की वाटरपोलो स्पर्धा में क्रमशः सिल्वर, गोल्ड और गोल्ड मेडल अपने नाम किये थे।

लिस हार्टेल : 23 वर्ष की आयु में 1944 में शरीर का निचला हिस्सा *पोलिओग्रस्त* होने और एक बच्चे की माँ होने के बावजूद हार्टल ने हार नहीं मानी और 1952 के ओलम्पिक में घुड़सवारी की प्रतिस्पर्धा में सिल्वर मेडल जीता। *यह वो समय था जब घुड़सवारी में महिलाओं को पुरुषों के साथ प्रतियोगिता करनी होती थी।* वे इतने पर भी नहीं रुकीं और उन्होंने 1956 के ओलम्पिक खेलों में भी घुड़सवारी में सिल्वर मेडल जीता।

नेरोली फ़ेयरहॉल : एक मोटरबाइक दुर्घटना में कमर के नीचे *पैरालाइज* होने के बावजूद न्यूजीलैंड की यह खिलाडी 1984 के ओलम्पिक खेलों

में शामिल हुई और बाद में *कॉमनवेल्थ गेम्स में तीरंदाज़ी में स्वर्ण* जीतने में सफल रहीं।

लुई ब्रेल : फ्राँस के एक छोटे से गाँव कुप्रे के मध्यम वर्गीय परिवार में जन्मे ब्रेल के पिता घोड़े की जीन और काठी बनाने का काम करते थे। ब्रेल भी उनका सहयोग करते थे। तीन वर्ष की आयु में एक बार चमड़े में छेद करते वक़्त एक औज़ार उनकी आँख में लग गया। स्थानीय उपचार का ब्रेल की आँख पर कोई प्रभाव नहीं पड़ा और आठ वर्ष के होते-होते उनकी दूसरी आँख की रौशनी भी जाती रही और जीवन में अँधेरा हो गया लेकिन भगवान ने ब्रेल को ख़ास ज़िम्मेदारी दे कर भेजा था। पादरी बेनेन्टाइन की प्रेरणा से उन्हें रॉयल इंस्टिट्यूट ऑफ़ ब्लाइंड्स में दाख़िला मिल गया। इसी दौरान बालक ब्रेल को पता चला कि रिटायर्ड *कप्तान चार्ल्स बार्बर* ने अँधेरे में पढ़ने हेतु सैनिकों के लिए एक कूट भाषा बनाई है जिसमे अक्षर उभरे रहते हैं। पादरी बेनेन्टाइन के सहयोग से कैप्टेन चार्ल्स से ब्रेल की मुलाक़ात हुई और चार्ल्स ने लिपि में संशोधन किये। 1852 में 43 वर्ष की आयु में ब्रेल ने दुनिया छोड़ दी। उनकी मृत्यु के 100 वर्ष बाद फ्राँस की सरकार ने उनके शव को कब्र से निकालकर उनका राजकीय सम्मान के साथ अंतिम क्रिया करके ब्रेल को अभूतपूर्व सम्मान दिया।

सुधा चंद्रन : 16 वर्ष की आयु में एक एक्सीडेंट में हुए घाव पर डॉक्टर द्वारा ग़लत तरीक़े से प्लास्टर चढ़ा देने से इन्फ़ेक्शन के कारण उनका एक पैर काट दिए जाने के बाद भी उन्होंने भरतनाट्यम नहीं छोड़ा। वे आज प्रख्यात नृत्यांगना और अभिनेत्री हैं।

रवीन्द्र जैन : 1970 के दशक में भारत के विख्यात संगीतकार रवींद्र जैन जन्म से दृष्टि बाधित थे लेकिन यह बात उनके करियर में कभी बाधा नहीं बनी। वे गायक, लेखक और संगीतकार के रूप में इतना बड़ा नाम कर गए हैं कि लोग अचम्भा करें।

गिरीश शर्मा : ट्रेन एक्सीडेंट में अपनी एक टांग गँवाने वाले गिरीश को बैडमिंटन खेलते देखना अद्भुत है। जब एक टांग से खेलते हुए पूरे कोर्ट का उपयोग करते हैं तो लोग दाँतों तले ऊँगली दबा लेते हैं।

शेखर नायक : भारत को 2012 में अपनी कप्तानी में क्रिकेट का ब्लाइंड विश्व कप जिताने वाले शेखर 32 सेंचुरी लगा चुके हैं।

एच.रामकृष्णन : ढ़ाई वर्ष की आयु में पोलियो हो जाने से सामान्य स्कूल में नहीं पढ़ पाए और बाद में ज़ॉब के लिए रिजेक्ट हो जाने पर हिम्मत नहीं हारे और SS music telivision चैनल शुरू किया। 40 वर्षों से पत्रिकारिता कर रहे हैं।

प्रीति श्रीनिवासन : तमिलनाडु की अंडर 19 महिला क्रिकेट टीम की कप्तान प्रीति तैरते समय एक दुर्घटना में गर्दन के नीचे पैरालाइज हो गयी थीं। अपने संगठन soulfree के माध्यम से लोगों को प्रेरित कर रही हैं।

सत्येंद्र सिंह लोहिया : इस छब्बीस जनवरी को पद्मश्री प्राप्त करने वाले भिंड के एक गाँव मे जन्म लेकर कई राष्ट्रीय-अंतर्राराष्ट्रीय तैराकी प्रतियोगितायें जीतने वाले सत्येन्द्र का जीवन प्रेरणादायक है। 70% दिव्यांग और चलने में असमर्थ सत्येन्द्र के साथ ज़िला पंचायत ग्वालियर में मुझे काम करने का अवसर मिला। वी.के. डवास ने जब उनकी प्रतिभा को पहचानकर तैराकी का प्रशिक्षण दिया तो चमत्कार हो गया। ग्वालियर कलेक्टर (तत्कालीन) पी. नरहरि ने सत्येन्द्र की आजीविका के लिए उन्हें ज़िला पंचायत ग्वालियर में कम्प्यूटर ऑपरेटर नियुक्त किया।

एच.बोनिफ़ेश प्रभु : पदम् श्री प्रभु के चार साल की आयु में हाथ-पैर पैरालाइज हो गए थे लेकिन उन्होंने हार नहीं मानी और 1998 में व्हीलचेयर विश्व टेनिस चैंपियन बने।

शिवम सोलंकी : कोहनी से लिखकर बारहवीं बोर्ड की परीक्षा दी है उन्होंने दसवी में 81% अंक प्राप्त किए थे।

अपने मन को नकारात्मक विचारों से दूर रखिए,
तभी सकारात्मक विचार अपना चमत्कार दिखा सकते हैं

-डॉक्टर ए पी जे अब्दुल कलाम

दोनों पैर गँवाने के बावजूद एवरेस्ट फ़तह करने वाली पहली महिला बनी मारिया औज़ोबा –

कज़ाखस्तान के नूर-मुल्तान की रहने वाली मारिया दोनों पैरों के बिना माउंट एवरेस्ट फ़तह करने वाली पहली महिला बन गई है। मारिया ने एवरेस्ट के चोमोलुंगमा बेस कैम्प पर चढ़ाई की। औज़ोवा के मुताबिक अभियान में 10 दिन लगे, जबकि इसके लिए तैयारी में 15 साल से अधिक का समय लग गया। वस्कुलर बीमारी से 6 साल पहले औज़ोवा के दोनों पैर काटने पड़े थे। इसके बावजूद उन्होंने हौसला नहीं छोड़ा और एवरेस्ट पर चढ़ाई की तैयारी शुरू कर दी। इसके लिए उनके पति मुहतार औज़ोवा और कोच वादिम तस्खे उनके मददगार बने। वादिम ख़ुद भी पर्वतारोही है और कई अभियान सफलतापूर्वक पूरे कर चुके हैं। अपनी इस उपलब्धि से उत्साहित मारिया बताती हैं-यह बहुत मुश्किल चुनौती थी। रास्ते में सिर्फ़ दर्द, पसीना और मेरे ब्लू पैर ही मेरे साथी रहे। यहाँ तक कि एक बार तो किडनी ने भी जवाब दे दिया था।

मैं बहुत मोटा हूँ – कुछ करने की अगर ठान ली जाए तो कोई भी चीज़ नामुमकिन नहीं होती इस बात को साबित कर दिखाया है हाल ही में मिस ग्रेट ब्रिटेन 2020 बनी जेनिफ़र एटिक जिन्हें मोटापे के कारण मंगेतर ने छोड़ दिया था लेकिन 2 साल बाद ही वह मिस ग्रेट ब्रिटेन बन गई और अपना वज़न दो साल में 109 किलो से 56 किलो कर लिया है। वे हफ़्ते में 05 दिन जिम जाती हैं।

बौद्धिक अक्षमता – कुछ लोग बार-बार सिखाने के बावजूद सामान्य सी चीज़ें नहीं सीख पाते। इंटेलेक्चुअल डिसेबिलिटी (आई डी) को आई क्यू (इंटेलिजेंस कोशंट) से नापते हैं। सामान्य लोगों का आई क्यू 90-100 होता है किन्तु 70 से कम आई क्यू बौद्धिक अक्षमता को बताता है। भारत में 2.68 करोड़ लोग इससे पीड़ित हैं। आइंस्टीन और एडिसन उन व्यक्तियों के उदाहरण हैं जिन्होंने अपनी मेहनत से अपनी दुर्बलता को मज़बूती में बदल लिया।

17

प्रारंभिक सफलताएँ

हमारी सबसे बड़ी प्रशंसा कभी न गिरने में नहीं,
बल्कि गिरने के बाद हर बार उठने में है।

–कनफ़्यूशियस

आइये शुरुआत उस बात से करते हैं जो अवश्यम्भावी है। आप रातों-रात स्टार नहीं बन जायेंगे। प्रारंभिक असफलताएँ आपकी परीक्षा लेंगी और इसके लिए आपको तैयार रहना होगा। आपको शायद याद होगा कि फिल्म ज़ंजीर से पहले सुपरस्टार अमिताभ बच्चन की शुरूआती बारह फ़िल्में फ़्लॉप रही थीं। भले ही अब तक 500 से अधिक लोग अंतरिक्ष यात्रा कर चुके हैं लेकिन पहला अंतरिक्ष यात्री केवल 108 मिनट तक अंतरिक्ष में रहा था। जॉन ग्लेन ने 77 वर्ष की आयु में डिस्कवरी अंतरिक्ष यान से यात्रा की थी और वे सर्वाधिक आयु में अंतरिक्ष यात्रा करने वाले व्यक्ति हैं।

कई साल पहले 'कैनसस स्टार सिटी' अख़बार के संपादक ने अपने लेटर में तीखी टिप्पणी लिखी – 'बतौर एनिमेटर इस व्यक्ति में कल्पनाशीलता की कमी है और इसके पास अच्छे आइडिया नहीं हैं।' इस बात से बिना डरे उसने 'लाफ़-ओ-ग्राम' एनिमेशन स्टूडियो ख़रीदा जो हाल ही में बंद हुआ। यह युवक आगे जाकर *वॉल्ट डिज़्नी* के नाम से विख्यात हुआ, जिसकी एनीमेशन फ़िल्मों और स्टूडियोज़ ने मनोरंजन उद्योग को हिलाकर

रख दिया। इससे पहले एक एनिमेटर के रूप में भी, उनके पहले उद्यम को दिवालिया घोषित कर दिया गया और हज़ारों बैंकों ने उनके ड्रीम प्रोजेक्ट, डिज्नी वर्ल्ड को वित्तपोषित करने के उनके प्रस्ताव को अस्वीकार कर दिया। लेकिन एनिमेशन के प्रति उनके प्रेम को कोई भी चीज़ कमजोर नहीं कर सकी। उन्होंने 'द वॉल्ट डिज़्नी कंपनी' शुरू की, जिसने अब पाँच कॉर्पोरेट क्षेत्रों- मीडिया नेटवर्क, पार्क और रिसॉर्ट्स, स्टूडियो मनोरंजन, उपभोक्ता उत्पाद और इंटरैक्टिव मीडिया में प्रवेश किया है, जिससे प्रति वर्ष औसतन 30 बिलियन अमेरिकी डॉलर का राजस्व मिलता है।

उनकी *सफलता का रहस्य* : हमारे सभी सपने सच हो सकते हैं, अगर हममें उन्हें आगे बढ़ाने का साहस हो।

एक और युवक को निराशा हाथ लगी जब केएफ़सी में 24 आवेदकों में से केवल उसे ही नौकरी नहीं मिली थी। उस युवक का नाम था - *जैक मा,* जिन्होंने अलीबाबा की शुरुआत कर की ई-कॉमर्स बिज़नेस की दिशा बदल दी।

असफलता का महत्व तो तब है अगर इससे मूल्यों का निर्माण हो। अगर आपको एक बार असफलता मिली है तो आपके जीवन में कुछ बड़ा भी होगा, इस बात की आशा रखें और दोगुनी ताक़त से अपने लक्ष्य की दिशा में प्रयास करना शुरू दीजिए। *जापानी कहावत है - नाना कोरोबी, या ओकी जिसका मतलब है सात बार गिरकर आठ बार उठो।*

अगर हम किसी लक्ष्य तक पहुँचना चाहते हैं तो उसके लिए लगातार प्रयास करना चाहिए। किसी भी काम के लिए प्रयास तब तक करना चाहिए जब तक कि आपको उसमें सफलता न मिल जाए।

सफलता रातोंरात नहीं मिल जाती है। Apple कंपनी ने पहली साल में केवल 175 कंप्यूटर बेचे थे। कोका कोला ने अपने पहले वर्ष में हर दिन केवल 09 ड्रिंक बेची थी।

हैरी पॉटर सीरीज की लेखिका जे के रोलिंग को बचपन से ही कहानियाँ लिखना पसंद था और उनके पात्र भी अज़ीबो ग़रीब होते थे। जेसिका मिटफ़ोर्ड की ऑटो बायोग्राफ़ी 'डॉटर्स एंड रिबेल्स' पढ़कर प्रेरित हुई रोलिंग को ऑक्सफ़ोर्ड यूनिवर्सिटी के एंट्रेंस एग्ज़ाम में सफलता नहीं मिली

जिस कारण उन्होंने एक्सेटर (exeter) यूनिवर्सिटी से ग्रेजुएशन करने के बाद एमनेस्टी इंटेरनेशनल में सेक्रेटरी की नौकरी की और मेनचेस्टर में रहकर चैम्बर ऑफ़ कॉमर्स में भी काम किया। जे.के. राउलिंग के मन में 1990 में एक छोटी ट्रेन यात्रा के दौरान हैरी पॉटर श्रृंखला का विचार आया, लेकिन उसी वर्ष बाद में उनकी माँ की मृत्यु के कारण ड्राफ़्ट पर कोई भी प्रगति रुक गई। अगले तीन वर्षों के भीतर, राउलिंग ने शादी कर ली, उनकी एक बेटी हुई और तलाक़ हो गया, जिससे वह दरिद्र, बेरोज़गार और बेघर हो गईं। इस अवांछित खाली समय का लाभ उठाते हुए, राउलिंग ने श्रृंखला की पहली क़िस्त का मसौदा तैयार किया और 1995 में इसके प्रकाशन की तैयारी शुरू कर दी। ब्लूम्सबरी के द्वारा अंततः पहली क़िस्त को स्वीकार करने और प्रकाशित करने से पहले पांडुलिपि को 12 प्रमुख प्रकाशकों द्वारा अस्वीकार कर दिया था और ब्लूम्सबेरी को भी इसकी सफलता में विश्वास नहीं था इस कारण किताब छापने के बदले उन्होंने राउलिंग को अपने टायपिस्ट की नौकरी पर रखा था जिससे किताब के असफल होने की स्थिति में कुछ तो भरपाई हो जाती। हैरी पॉटर श्रृंखला अब तक की सबसे अधिक बिकने वाली पुस्तक श्रंखला है। राउलिंग दुनिया की पहली अरबपति लेखिका बनीं। उन्होंने सार्वजनिक रूप से अपनी सफलता के लिए अपनी विफलता को श्रेय दिया है।

प्रसिद्ध लेखक पाउलो कोयलो की 'द अल्केमिस्ट' को शुरू में प्रकाशकों ने छापने से मना कर दिया था और इसे ब्राज़ील के पब्लिशिंग हाउस ने केवल 900 प्रतियों में छापा और इसका पुनर्मुद्रण नहीं करने का निर्णय किया था। द अल्केमिस्ट के पहले कोएलो ने 'हेल आर्काइव्स'को लिखा था जो कि प्रभाव छोड़ने में असफल रही थी।

बॉलीवुड अभिनेता *मनोज वाजपेयी* के जीवन में एक समय ऐसा भी आया जब वे मुंबई से निराश होकर वापिस अपने घर चले गए थे। उन्हें ज़ी टीवी वालों ने रिश्ते सीरियल में लेने से इंकार कर दिया था लेकिन 'सत्या' फ़िल्म के रिलीज़ होने के बाद ज़िंदगी बदल गयी।

भारतीय क्रिकेट टीम के कप्तान *विराट कोहली* ने हाल में एक इंटरव्यू में बताया कि अच्छा खेलने के बाद भी उन्हें स्टेट टीम में नहीं लिया गया था और वे रात तीन बजे तक रोते रहे थे। *महेंद्र सिंह धोनी* अपने पहले

अंतर्राष्ट्रीय मैच में शून्य पर रन आउट हुए थे और *सचिन तेंदुलकर* भी अपने पहले एक दिवसीय अंतर्राष्ट्रीय क्रिकेट मैच में दूसरी गेंद पर शून्य पर आउट हुए थे और उन्हें श्रंखला से हटा दिया गया था।

विश्व के महानतम राजनेताओं में से एक *अब्राहम लिंकन* उसी वर्ष राज्य विधानमंडल के लिए हार गए

अगले वर्ष व्यवसाय में असफल रहे

क्लिनिकल नर्वस ब्रेकडाउन का अनुभव हुआ

तीन बार कांग्रेस के लिए चुनाव में खड़े हुए, एक बार उपराष्ट्रपति के लिए - और चारों बार हार गए। कुल मिलाकर वे बारह बार असफल हुए।

स्टीव जॉब्स शायद ही ऐसा नाम है जिसे परिचय की आवश्यकता है। एप्पल इंक के सह-संस्थापक और सीईओ, जब 2011 में अग्राशय कैंसर से उनकी मृत्यु हुई, तब उनकी कुल संपत्ति 10.2 बिलियन डॉलर आंकी गई थी। लेकिन जॉब्स के लिए सफलता की राह आसान नहीं थी। 1985 में उन्हें एप्पल कम्पनी से निकाल दिया गया। कारण आप सुनेंगे तो आश्चर्य करेंगे। उन्होंने जॉन स्कली को कोका कोला छोड़कर एप्पल में सीईओ नियुक्त किया था लेकिन स्कली ने अपना दिमाग़ लगाकर बोर्ड मेंबर को जॉब्स के विरुद्ध खड़ा कर दिया और जॉब्स को उस कम्पनी से हाथ धोना पड़ा जिसकी उन्होंने स्थापना की थी। अपनी ही कंपनी से निकाले जाने पर अपमानित और हताश, स्टीव जॉब्स के लिए यह अंत हो सकता था, लेकिन उनके लचीलेपन ने उन्हें पिक्सर इंक में निवेश करने और एक नई कंपनी नेक्स्ट इंक शुरू करने के लिए प्रेरित किया। इस नए उद्यम की 1996 में एप्पल द्वारा ख़रीद के बाद जॉब्स 1997 तक एप्पल सीईओ के रूप में अपनी भूमिका में वापस आ गए। उन्होंने एप्पल के लिए 317 पेटेंट हासिल किये। बाक़ी सब इतिहास है।

हेनरी फ़ोर्ड को पूरी दुनिया में उनकी शुरू की गई कार कंपनी के लिए जाना जाता है। लेकिन बहुत से लोग यह नहीं जानते कि लेडी लक को छूने से पहले फ़ोर्ड को दो बार असफलता का सामना करना पड़ा था। उनका पहला असफल उद्यम डेट्रॉइट *ऑटोमोबाइल कंपनी* था, जो घोड़े रहित गाड़ियों और उसके प्रोटोटाइप का निर्माण करती थी। तीन निवेशकों से वित्तीय समर्थन के बावजूद, डेट्रॉइट बुरी तरह विफल रहा और डेढ़ साल

के बाद, वित्तपोषकों ने इसके संस्थापक की क्षमता में विश्वास खोने का हवाला देते हुए क़दम पीछे खींच लिए। बाद में कंपनी को हेनरी फ़ोर्ड कंपनी में पुनर्गठित किया गया था, लेकिन अपने निवेशकों के लगातार हस्तक्षेप के कारण, फ़ोर्ड ने इसके संचालन के एक वर्ष के भीतर ही इसे छोड़ दिया था। फिर भी फ़ोर्ड उस समय की सबसे हल्की ऑटोमोबाइल के अपने विचार के साथ कुछ बड़ा करने पर अड़े हुए थे। एक ग़ैर-दखल देने वाले स्कॉट्समैन की वित्तीय सहायता से, फ़ोर्ड ने एक और असेंबली लाइन बनाई जो पूरी तरह से उनके द्वारा नियंत्रित थी और इसके लॉन्च के थोड़े समय के भीतर ही एक बड़ी सफलता बन गई। आज दुनिया इसे 'द फ़ोर्ड मोटर कंपनी' के नाम से जानती है।

उनकी सफलता का रहस्य : जीवन अनुभवों की एक श्रृंखला है, जिनमें से प्रत्येक हमें बड़ा बनाता है, हालाँकि कभी-कभी इसे महसूस करना कठिन होता है। दुनिया का निर्माण चरित्र विकसित करने के लिए किया गया था, और हमें यह सीखना चाहिए कि असफलताएँ और दुःख हमें आगे बढ़ने में हमारी सहायता करते हैं। 1914 में फ़ोर्ड मोटर कंपनी बंद होने वाली थी क्योंकि पर्याप्त लोग उनकी कारें नहीं ख़रीद रहे थे। कंपनी में स्टॉक को बेकार माना जाता था। *हेनरी फ़ोर्ड* ने अपने वाहनों की क़ीमत कम नहीं करने का फ़ैसला किया, बल्कि अपने कर्मचारियों का प्रति घंटा वेतन 5 डॉलर प्रति घंटा तक बढ़ाने का फ़ैसला किया। उस वेतन वृद्धि से उनके सभी कर्मचारियों को अपनी फ़ोर्ड ख़रीदने के लिए पर्याप्त आय प्राप्त हुई। कंपनी ने रॉकेट की तरह उड़ान भरी। कई पत्रकारों और व्यापारिक नेताओं ने पूंजीवादी दुनिया में सामाजिक कल्याण नीतियों को पेश करने के लिए फ़ोर्ड की सराहना की।

माइक्रोसॉफ़्ट शुरू करने से पहले *बिल गेट्स* की क़िस्मत उतनी अच्छी नहीं थी। इससे पहले कि बिल गेट्स सफलता के क्षितिज पर पहुँचते, *उन्होंने ट्रैफ़-ओ-डेटा नामक अपने पहले उद्यम के साथ असफलता का स्वाद चखा था*, जो गुमनामी में चला गया और फिर गेट्स ने आइवी लीग संस्थान, हार्वर्ड से पढ़ाई छोड़ दी। माइक्रोसॉफ़्ट की सफलता कंप्यूटर के प्रति उनके अद्वितीय जुनून, हर अवसर का उपयोग करने और असंभव को पूरा करने की उनकी दृष्टि का परिणाम था।

उनकी सफलता का रहस्य: सफलता का जश्न मनाना ठीक है, लेकिन असफलता से मिले सबक पर ध्यान देना अधिक महत्वपूर्ण है।

इवान विलियम्स ने पहले इंटेल और हेवलेट-पैकार्ड में फ्रीलांस काम किया था और पायरा लैब्स का निर्माण किया था जिसे बाद में Google द्वारा अधिग्रहित कर लिया गया था। फिर अक्टूबर 2004 में, उन्होंने Odeo की सह-स्थापना करने के लिए इंटरनेट दिग्गज को छोड़ दिया। लेकिन तकनीकी दिग्गज एप्पल द्वारा आईट्यून्स स्टोर में पॉडकास्टिंग प्लेटफ़ॉर्म को शामिल करने की घोषणा के बाद उनका दूसरा उद्यम जल्द ही अप्रचलित हो गया। यहाँ तक कि अपने पहले दो उद्यमों के सफल नहीं होने के बाद भी, विलियम्स ट्विटर के सह-संस्थापक बने,

उनकी सफलता का रहस्य : जब मैं किसी नई कंपनी के संस्थापकों से मिलता हूँ, तो मेरी सलाह लगभग हमेशा होती है, 'कम काम करो।' यह साझेदारियों, विपणन अवसरों, ऐसी किसी भी चीज़ के बारे में सच है जो आपका समय ले रही है। *अधिकांश चीज़ें ध्यान भटकाने वाली होती हैं, और बहुत कम चीज़ें वास्तव में आपकी सफलता के लिए मायने रखती हैं।*

अपने जीवन के अधिकांश समय में, *हार्लैंड कर्नल सैंडर्स* को नौकरी पाने के लिए संघर्ष करना पड़ा। 40 साल की उम्र में, उन्होंने केंटुकी में दक्षिणी खाना पकाने के लिए एक छोटा सा सर्विस स्टेशन खोला, लेकिन नौ साल बाद जब उन्हें इसे बेचना पड़ा तो वह दिवालिया हो गए। 62 साल की उम्र में सैंडर्स अपनी कार में रह रहे थे। दो साल और 1,009 अस्वीकरणों के बाद, उन्होंने अपनी रेसिपी ख़रीदने के लिए एक रेस्तरां मालिक को ढूंढा और केएफ़सी फास्ट-फूड साम्राज्य का शुभारंभ किया। सैंडर्स का अनुभव हमें दिखाता है कि चाहे हम कितने भी बूढ़े क्यों न हो जाएँ, हम हमेशा इतने युवा ही रहते हैं कि उम्मीद कर सकें कि हम कुछ बड़ा कर सकते हैं। वे कहते हैं–its never to late।

कौन यक़ीन कर सकता है कि दुनिया की सबसे बड़ी मोटरसाइकिल निर्माता कंपनी होंडा के संस्थापक *सोइचिरो हौंडा को टोयोटा ने इंजीनियर पद के लिए रिजेक्ट कर दिया था?* इससे उन्हें निराशा नहीं हुई और उन्होंने घर पर ही स्कूटर बनाना शुरू कर दिया और अपने पड़ोसियों और दोस्तों में ग्राहक ढूंढे। अपने प्रियजनों के प्यार और समर्थन से, उन्होंने होंडा की स्थापना

की, जो सबसे अधिक लाभदायक और सफल वाहन निर्माताओं में से एक है।

उनकी सफलता का रहस्य: सफलता आपके काम के 1% का प्रतिनिधित्व करती है जो 99% का परिणाम है जिसे विफलता कहा जाता है।

आज उन्हें बहुराष्ट्रीय समूह सोनी कॉर्पोरेशन के अग्रणी व्यक्तियों में से एक के रूप में जाना जाता है, लेकिन सफलता की मिठास का स्वाद चखने के लिए *अकीओ गोरिता* को असफलताओं का सामना करना पड़ा। मोरिता ने अपना पहला उत्पाद राइस कुकर लॉन्च किया था। लेकिन कुकर ने चावल को जला दिया, जिससे यह सीधे विफलता का कारण बन गया। हालाँकि, अकीओ ने बड़े सपने देखना नहीं छोड़ा और दुनिया के सबसे बड़े निगमों में से एक, सोनी के सह-संस्थापक की अपनी यात्रा पर आगे बढ़े।

एडिसन, जिन्हें विज्ञान के इतिहास में सबसे सफल आविष्कारकों में से एक के रूप में जाना जाता है, को उनके स्कूल शिक्षक ने कहा था कि वह कुछ भी नहीं सीख सकते हैं और उन्हें किसी ऐसी चीज़ में हाथ आज़माना चाहिए जिसमें बुद्धि की आवश्यकता न हो। लेकिन एडिसन ने अपने दिल और विज्ञान के प्रति प्रेम की बात सुनी और आश्चर्यजनक संख्या में प्रयोगों (लगभग दस हज़ार) के बाद, उन्होंने अपना पहला सफल आविष्कार- एक प्रकाश बल्ब का निर्माण किया। इसके अलावा, उनके नाम पर 1093 से अधिक अमेरिकी पेटेंट हैं।

उनकी सफलता का रहस्य: *हमारी सबसे बड़ी कमज़ोरी हार मान लेना है। सफल होने का सबसे निश्चित तरीक़ा हमेशा एक बार और प्रयास करना है।*

रैपर जे–ज़ेड ग़रीबी, ड्रग्स और हिंसा के बीच बड़े हुए। अपने पिता द्वारा छोड़े जाने के बाद, 11 वर्षीय बच्चा अपने परिवार का भरण–पोषण करने के लिए एक ड्रग डीलर बन गया। 12 साल की उम्र में, उन्होंने अपने भाई को गोली मार दी और हाई स्कूल छोड़ दिया। नशीली दवाओं के व्यापार से बचने के लिए उसने रैप करना शुरू कर दिया और अपनी कार की डिक्की से सीडी निकालकर बेचने लगा। हर प्रमुख रिकॉर्ड लेबल द्वारा उनके पहले एल्बम को अस्वीकार करने के बाद, उन्होंने अपना ख़ुद का लेबल शुरू किया और जे जेड हिप हॉप के पहले अरबपति बन गए।

चाहे कितनी ही बार असफलताएँ हमें नीचे गिरा दें, उठो। हर कोई असफल होता है – कलाकारों से लेकर उत्पाद डिजाइनरों, राजनेताओं, या व्यवसायी लोगों तक – सफलता का सामान्य कारक दृढ़ता है।

अपने लक्ष्य की तरफ़ बढ़ते हुए कई दफ़ा आपको लग सकता है कि मंज़िल बहुत दूर है और अब आप थक गए हैं और आत्मविश्वास डगमगा रहा है। ऐसे में मैं चाहूँगा कि आप लक्ष्य पर फोकस रखते हुए अपने आप को अनुशासित रखें और धीरे धीरे एक-एक क़दम मंज़िल की ओर बढ़ाते रहें। हमेशा याद रखें कि आप एक मैराथन दौड़ रहे हैं जिसमे जीतेगा वही जो चलता रहेगा।

आपके इस कार्य में सफल लोगों की कहानियाँ आपको लगातार प्रेरित करेंगी इसलिए इस किताब को अपनी यात्रा में जरूर साथ में रखें।

एडॉल्फ़ डेसलर ने बीस साल की आयु में एक सपना देखा था कि दुनिया का हर खिलाडी उन्हीं के जूते पहनकर खेले। इसके लिए उन्होंने अपने भाई रुडोल्फ़ के साथ मिलकर 20 वर्ग मीटर के बाथरूम में हाथ से जूते बनाने शुरू किये और खिलाडियों से सलाह लेकर उनमे सुधार करते चले गए। 1928 के एम्स्टर्डम ओलम्पिक में पहली बार खिलाडियों ने एडी डेसलर के जूते पहने और जब 1936 के बर्लिन ओलम्पिक में जेसी ओवेन्स ने डेसलर जूते पहनकर चार गोल्ड मेडल जीते तो पूरी दुनिया में तहलका मच गया। लेकिन दूसरे विश्व युद्ध के दौरान 1943 में उनकी जूता उत्पादन फ़ैक्ट्री में जूता उत्पादन बंद करवा के कम्पनी की सुविधाओं और कर्मचारियों को टैंक विरोधी हथियारों के निर्माण में लगा दिया गया और 1945 में अमेरिकी सेनाओं द्वारा डेसलर फ़ैक्ट्री लगभग नष्ट कर दी गयी लेकिन जब एडोल्फ़ की पत्नी ने अमेरिकी सैनिकों को आश्वस्त कि कम्पनी की रूचि केवल खेलों के जूते निर्माण में है तब जाकर अमेरिकी सेना उनके जूतों की ख़रीददार बनी और एडिडास कम्पनी आगे बढ़ सकी और उनका सूत्रवाक्य बना-impossible is nothing (असंभव कुछ भी नहीं है)

फ़िल्म सपनों का सौदागर में राजकपूर के साथ *हेमा मालिनी* को ड्रीम गर्ल के नाम से डायरेक्टर आत्माराम ने परदे पर उतारा था। *आपको ताज्जुब होगा कि फ़िल्म में या पोस्टर पर उनका असल नाम नहीं लिखा था।* पोस्टर

पर भी उनकी फ़ोटो नहीं थी। इसके पहले तमिल फ़िल्म में उन्हें सुजाता नाम दिया गया था। बचपन से दिल्ली में वे डांस शोज़ करती थीं।

बोनी कपूर की फ़िल्म हम पाँच के पहले बॉलीवुड के मोगेम्बो *अमरीशपुरी* को बड़े भाई के फ़िल्म लाइन में होने के बावजूद 40 साल की आयु तक केवल एक दो डायलॉग बोलने वाले फ़िल्मी काम मिले थे लेकिन वे कर्मचारी राज्य बीमा निगम में श्रम विभाग में 21 साल तक सरकारी नौकरी करते रहे। इस दौरान अब्राहिम अल काजी के अनुरोध पर सत्यदेव दुबे के मार्गदर्शन में वे थिएटर भी करते रहे।

अभिनेता *राजकुमार*, जिनके डायलॉग के बिना शायद ही कोई म्यूज़िकल नाईट होती है, का वास्तविक नाम कुलभूषण पंडित था और इन्होंने अपने कॅरियर की शुरुआत मुंबई में एक सब इंस्पेक्टर पुलिस के रूप में की थी। एक दोस्त के कहने पर इन्होंने अपने फ़ोटोग्राफ़ एक प्रोड्यूसर तक पहुँचाए और इन्हें 1952 में फ़िल्म रंगीली में मौक़ा मिला। इसके बाद शुरू हुआ सिलसिला मदर इंडिया और पाकीज़ा जैसी कई सफल फ़िल्मों तक चला। लाल पत्थर फ़िल्म से अपने डायलॉग डिलीवरी के अंदाज़ को बदलकर इन्होंने इतिहास रच दिया।

सन 1975 में लेखक सलीम की सिफ़ारिश पर डाइरेक्टर रमेश शिप्पी ने डेनी डेंग्जोप्पा के मना करने पर गब्बर के रोल के लिए अमजद खान को साइन कर लिया। रोल में उतरने के लिए उन्होंने जया भादुड़ी के पिता तरुण भादुड़ी की लिखी किताब अभिशप्त चम्बल पढ़ी। *कितने आदमी थे डायलॉग को 40 बार रिटेक किया गया था।* फ़िल्म शोले ने अमजद खान को अमर कर दिया।

विश्वनाथ पाटेकर उस अभिनेता का नाम है जिन्हे हम नाना पाटेकर कहते हैं। ख़राब लुक्स और ग़रीबी से लगातार संघर्ष करने वाले नाना अपने पिता के साथ नाटक देखने जाते थे और यहीं से उनमे थिएटर की रूचि जाग्रत हुई लेकिन नौंवीं कक्षा तक आते-आते उनके पिता का बिज़नेस चौपट हो गया। तेरह साल की उम्र से उनका संघर्ष शुरू हुआ। *वे स्कूल के बाद चूनाभट्टी 08 किलोमीटर पैदल चलकर फ़िल्मों के पोस्टर पेंट किया करते थे इसके बदले उन्हें 35 रूपये मंथली और एक वक़्त का खाना मिलता था।* जे जे स्कूल ऑफ़ आर्ट्स में उनकी मुलाक़ात स्मिता पाटिल से हुई जिन्होंने बाद में रवि

चोपड़ा की फ़िल्म आज की आवाज़ में उन्हें बॉलीवुड में ब्रेक दिलवाया, इस तरह नाना थिएटर से फ़िल्मों में आ गए और जीवन बदल गया।

चौथी कक्षा में पढ़ते समय फाइट डायरेक्टर पिता एम.बी. शेट्टी की मृत्यु होने के बाद *रोहित शेट्टी* की माँ को घरेलू काम करके घर का ख़र्च चलाना पड़ता था। दसवीं तक आते आते पैसा कमाना ज़रूरी हो गया था इसलिए काम माँगने डायरेक्टर्स के पास जाने लगे। डेढ़ साल की मिन्नतों के बाद कुक्कू कोहली ने इन्हें 'फ़िल्म फूल और कांटे' में 30 रूपये प्रतिदिन इंटर्न के रूप में काम दिया। वे अपने पैसे बचाने के लिए नटराज स्टूडियो तक पैदल आते-जाते थे। उन्होंने सुहाग फ़िल्म में अक्षय कुमार का बॉडी डबल का रोल भी किया था। पहली फ़िल्म जमीन फ़्लॉप रही लेकिन नीरज वोरा की कॉमेडी फ़िल्म गोलमाल ने इन्हें स्थापित कर दिया।

भारतीय सिनेमा के 'थलाइवा' कहे जाने वाले *रजनीकांत* ने भी कम संघर्ष नहीं किया। साउथ इंडियन फ़िल्म इंडस्ट्री में एक्टिंग के इस महारथी को भगवान की तरह पूजा जाता है। रजनीकांत के पिता रामोजी राव गायकवाड़ एक हवलदार थे। माँ की मौत के बाद चार भाई-बहनों में सबसे छोटे रजनीकांत को अहसास हुआ कि घर की माली हालत ठीक नहीं है। आप शायद जानते नहीं होंगे कि *सुपरस्टार रजनीकांत एक वक़्त बस कंडक्टर का भी काम करते थें। परिवार को सहारा देने के लिए उन्होंने कुली का भी काम किया।* इसके बाद कन्नड के नाटकों में उन्हें छोटे-मोटे रोल ऑफ़र किए गए। लेकिन रजनीकांत ने हिम्मत नहीं हारी और आज उनकी एक्टिंग का लोहा पूरी दुनिया मानती है।

देव आनंद, जिनकी ख़ूबसूरती की लड़कियां दीवानी थीं, शुरुआत में एक क्लर्क थे जिसे 85 रूपये वेतन मिलता था।

आर्थिक हालत ठीक नहीं होने के कारण *नवाज़ुद्दीन सिद्दकी* ने तो दिल्ली के शाहदरा में रात में चौकीदारी से लेकर सेल्समैन बनकर धनिया तक बेचने का काम किया लेकिन एनएसडी में अपने ऐक्टिंग के हुनर को निखारना नहीं छोड़ा। उसने 1996 में एनएसडी से अपनी शिक्षा पूरी की। साइंस में ग्रेजुएशन के बाद भी नौकरी मिलना आसान न था। नवाज़ुद्दीन सिद्दीकी ने कई जगह कोशिश की तो बड़ोदा में केमिस्ट की नौकरी मिल गई। लेकिन इनकी क़िस्मत को तो कुछ और ही मंज़ूर था। इन्होंने 1999 में

बॉलीवुड फ़िल्म 'सरफ़रोश' से डेब्यू किया। लेकिन इसके बाद भी बड़े ब्रेक के लिए इन्हें 12 साल का इंतज़ार करना पड़ा। फ़िल्म गैंग्स ऑफ़ वासेपुर से वे बॉलीवुड में स्थापित हो गए।

जॉनी वॉकर: एक्टर और कॉमेडियन बद्दरूद्दीन जमालुद्दीन काजी जिनका फ़िल्मी नाम जॉनी वॉकर था ने अपने करियर की शुरुआत एक बस कंडक्टर के तौर पर की। जहाँ वो पैसेंजर्स को हँसाते रहते थे। वहीं बलराज साहनी की निगाह जॉनी वॉकर पर पड़ी और उन्होंने उन्हें गुरूदत्त से मिलवाया।

स्मृति ज़ुबिन ईरानी ने दिल्ली छोड़ मायानगरी मुंबई का रुख़ किया तो उन्हें वहाँ मैकडोनल्ड्स में काम करना पड़ा, लेकिन उनका आत्मविश्वास नहीं डिगा।

फ़िल्मी दुनिया के जाने-माने कलाकार *महमूद* ने अपना करियर चाइल्ड एक्टर के तौर पर शुरू किया था। महमूद के पिता शराबी थे और जिसकी वजह से उनके घर का सारा सामान बिक गया था ऐसे में घर की ज़िम्मेदारी महमूद पर आ गई थी। अपनी कॉमेडी से फ़िल्मों में अलग छाप छोड़ने वाले इस कलाकार ने करियर के शुरुआती दौर में *बस ड्राइवर और अंडे बेचने का भी काम किया है।*

मुंबई के मीठीबाई कॉलेज से ग्रेजुएशन के बाद *बोमन ईरानी ने ताज होटल गें बतौर वेटर और रूम सर्विस स्टाफ काम किया।* माँ कन्फेक्शनरी की दुकान चलाती थीं। मध्यवर्गीय पारसी परिवार था। माँ के बहुत ऊँचे अरमान नहीं थे कि बेटा डॉक्टर-इंजीनियर बन जाए। इसके बावजूद उन्होंने एक्टिंग में अपना लोहा मनवाया। बता दें कि बोमन ईरानी एक वॉयस आर्टिस्ट और फ़ोटोग्राफ़र भी हैं। लेकिन *फ़िल्मों में आने से पहले एक बेकरी में काम किया करते थे।*

'रंग दे बसंती' जैसी फ़िल्में बना चुके *राकेश ओमप्रकाश मेहरा* का संघर्ष भी क़ाबिले तारीफ़ है। उन्हेंने महज 352 रुपये महीने में सेल्समैन की नौकरी की। उनके लिए वो समय काफ़ी मुश्किल था जब 'घर-घर जाकर वैक्यूम क्लीनर बेचने की उस नौकरी में कितने ही दरवाज़े मुँह पर बंद होते थे। यही नहीं उन्होंने नौवीं क्लास से ही नौकरी करना शुरू कर दिया था। उन्हेंने कभी ऐड एजेंसी में, तो कभी टूरिस्ट कैंप में नौकरी कर महीने के क़रीब 100-150 रुपये कमाए और घर में पिताजी की मदद की।

अरशद वारसी ब्यूटी प्रोडक्ट्स के सेल्समैन थे।

दिलीप कुमार को स्टूडियो आने-जाने के लिए *ट्रेन के टिकट* के पैसे *पी एम रूंगटा* देते थे। *जो आगे चलकर क्रिकेट की सबसे बड़ी संस्था BCCI के अध्यक्ष बने।*

डिस्को डांसर *मिथुन चक्रवर्ती* फ़िल्मों में आने से पहले एक नक्सली थे। लेकिन भाई की भयानक दुर्घटना में मौत होने के बाद उन्हें गहरा सदमा पहुँचा और वह नक्सलियों को छोड़ घर वापस लौट आए ।

राजपाल यादव कहते हैं, इंटर पास करने के बाद 1989 से 1991 तक मैंने आर्डनेंस क्लॉथ फ़ैक्ट्री में टेलरिंग से अपरेंटिस किया। मेरे बैच में क़रीब 20 बच्चे थे। वह सब आज भी उसी फ़ैक्ट्री में जॉब कर रहे हैं। लेकिन मुझे एक्टिंग का शौक़ था, इसलिए मैंने फ़ैक्ट्री में नौकरी छोड़ दी।

हाल में *जैकी श्रॉफ़* डांसिंग रियलिटी शो 'सुपर डांसर चैप्टर 3' में बतौर गेस्ट पहुँचे थे। जैकी ने बताया, 'मैंने अपने जीवन के 33 साल चॉल में बिताए हैं। हम 30 लोग चॉल में रहते थे जिसमें केवल 7 घर थे और उनके बीच 3 बाथरूम। मेरी स्कूल की फ़ीस भरने के लिए माँ, बर्तन और साड़ियाँ बेचती थीं। *हर इंसान के अंदर जादू होता है और हर कोई वो सब हासिल कर सकता है जिसकी वो चाहत रखता है।'* उनका असली नाम जयकिशन है लेकिन सुभाष घई ने अपनी फ़िल्म हीरो के लिए उनका स्क्रीन का नाम जैकी रखा। उनका असली उपनाम सरफ था, जिसे उनके पिता ने बदलकर श्रॉफ रखा। अभिनय करने से पहले उन्होंने होटल ताज में एक शेफ और एयर इंडिया में फ़्लाइट अटेंडेंट के रूप में कार्य किया, लेकिन दोनों मामलों में उन्हें कम योग्यता के कारण खारिज कर दिया गया।

एक बार जब वह बस स्टॉप पर खड़े थे, तब उनकी क़िस्मत बदल गई जब किसी ने उन्हें मॉडलिंग करने की पेशकश की। उनके पिता काकाभाई एक प्रसिद्ध ज्योतिषी थे और जब जैकी एक जवान लड़के थे, तब उनके पिता अपने बेटे के लिए प्रसिद्धि और सफलता की भविष्यवाणी करते रहते थे।

बाद में जैकी को अपनी फ़िल्म में लेने की निर्माता-निर्देशकों में इस क़दर होड़ मची कि कुछ लोग उनके घर तक पहुँच जाते थे और घंटों इंतज़ार करते थे। पहली फ़िल्म ज़बरदस्त हिट होने के बाद भी जैकी श्रॉफ ने चॉल

में रहना नहीं छोड़ा। सुपरस्टार बनने के बाद भी वो कई सालों तक चॉल में ही रहे और उन्हें अपनी फ़िल्मों में लेने के लिए फ़िल्म निर्माताओं को चॉल में ही जाना पड़ा। सबसे दिलचस्प बात तो ये है कि जैकी अगर टॉयलेट में भी होते थे तो भी निर्माता-निर्देशक उन्हें फ़िल्म में लेने के लिए टॉयलेट के बाहर ही उनका इंतज़ार करते थे। हर किसी का बस यही सपना था कि जैकी श्रॉफ उनकी फ़िल्म में काम करने के लिए हामी भर दें।

कई बार इंसान को सफल होने के बाद अच्छा काम करने पर भी सफलता नहीं मिलती तो इसका मतलब यह नहीं है कि प्रयास करना छोड़ दे। 6 साल में तैयार हुई फ़िल्म *मेरा नाम जोकर राज कपूर का ड्रीम प्रोजेक्ट था। फ़िल्म बनाने के लिए राज कपूर ने पत्नी कृष्णा के सारे गहने गिरवी रख दिए और भारी क़र्ज़ लिया था।* 4 घंटे लम्बाई वाली ये फ़िल्म भारत की सबसे लंबी फ़िल्मों में से एक थी, जिसमें दो इंटरवल रखे गए थे। फ़िल्म इतनी बड़ी फ़्लॉप रही कि राज कपूर भारी क़र्ज़ में डूब गए। नुक़सान से उबरने के लिए राज कपूर को बॉबी फ़िल्म बनानी पड़ी थी। जब बड़े एक्टर को लेने के लिए पैसे नहीं थे, तो उन्होंने बेटे ऋषि कपूर को कास्ट किया। इसी प्रकार 1959 की फ़िल्म काग़ज़ के फूल भले ही आज कल्ट क्लासिकल फ़िल्मों की लिस्ट में शामिल हो, हालाँकि ये फ़िल्म रिलीज के समय बड़ी फ़्लॉप रही थी। गुरु दत्त ने ही अपने प्रोडक्शन हाउस के बैनर की इस फ़िल्म का निर्देशन किया था, लेकिन इस फ़िल्म से उन्हें 17 करोड़ का नुक़सान हुआ था। कहा जाता है कि ये फ़िल्म गुरु दत्त ने अपनी और वहीदा रहमान की अधूरी लव स्टोरी पर बनाई थी। बड़े नुक़सान के बाद गुरु दत्त का प्रोडक्शन हाउस बर्बादी की कगार पर आ खड़ा हुआ। इसके बाद गुरु दत्त ने कभी फ़िल्में डायरेक्ट नहीं कीं। भारी नुक़सान के बाद गुरु दत्त डिप्रेशन में चले गए और शराब के आदी हो गए थे।

एक्टर जितेन्द्र को 1972-74 के बीच फ़िल्मों में काम मिलना लगभग बंद हो गया था। काम मिलना कम हुआ तो 1982 में जितेंद्र ने अपनी सारी जमा-पूँजी लगाकर दीदार-ए-यार फ़िल्म बनाई। फ़िल्म बॉक्स ऑफिस पर बुरी तरह फ़्लॉप हो गई और जितेंद्र के 2.5 करोड़ डूब गए, जो उस समय एक बड़ा अमाउंट था। फ़िल्म में रेखा के होते हुए भी टीना मुनीम को लीड रोल दिया गया था। नुक़सान से उबरने के लिए जितेंद्र ने बैक-टू-बैक 60 फ़िल्में की थीं।

जब आप सफलता के रास्ते पर चल रहे होंगे तब कई बार अचानक परिस्थितियाँ आपको गच्चा दे सकती हैं जैसा कि *डोनाल्ड ट्रम्प* के साथ हुआ। आगे चलकर अमेरिका के सबसे बुजुर्ग राष्ट्रपति बने ट्रम्प केवल 27 वर्ष की आयु में 1400 आलीशान फ़्लैट्स के मालिक बन गए थे लेकिन 1990 की मंदी के आते-आते कसीनो के साथ-साथ तमाम प्रतिष्ठान बेचने के बावजूद वे क़र्ज़ नहीं चुका सके। जिसके बाद उन्हें दिवालिया घोषित कर दिया गया था लेकिन उन्होंने दोबारा अपने बिज़नेस को जल्द ही खड़ा कर लिया। साल 1990 में ट्रम्प पर लगभग 700 करोड़ (975 मिलियन डॉलर) का पर्सनल लोन था, मगर उन्होंने सिटी बैंक, बैंकर ट्रस्ट से 65 मिलियन डॉलर का लोन लिया और उसके बाद कभी पीछे मुड़कर नहीं देखा और उनके बारे में एक कहावत मशहूर हो गयी-घाटे की प्रॉपर्टी को ख़रीदकर जो फायदे में बेच दे वो डोनाल्ड ट्रम्प आर्ट है।

लेकिन *यदि आप में साहस है और आप को ख़ुद पर भरोसा है तो ज़िंदगी दूसरा मौक़ा देती है* पूर्व भारतीय कप्तान और दिग्गज क्रिकेटर विराट कोहली पिछले दो वर्ष में किसी भी अंतर्राष्ट्रीय मैच में सेंचुरी तो छोड़िये पचास भी नहीं बना सके थे लेकिन बार-बार असफलता के बावजूद वे क्रिकेट के मैदान में डटे रहे जिसका परिणाम है कि एशिया कप के मैच में फ़िफ़्टी बनाकर अपना आत्मविश्वास प्राप्त करने का प्रयास किया और हाल ही में समाप्त हुए क्रिकेट विश्व कप 2023 में सचिन तेंदुलकर के उनन्चास एक दिवसीय शतकों का उन्होंने रिकॉर्ड तोड़ दिया है। ख़ास बात यह है एशिया कप के पहले विराट ने क्रिकेट से एक महीने का कम्पलीट ब्रेक लिया था। विराट से हम सबक ले सकते हैं कि *यदि जीवन में लगातार असफलता मिले तो ब्रेक लेकर ख़ुद का आत्मविश्लेषण करें और नई ऊर्जा और संकल्प के साथ वापसी करें।*

फ्रांसीसी मूल के बेन लेकॉम्त दुनिया के चुनिंदा सबसे लम्बी दूरी के तैराक में से एक हैं और अब तक कई रिकॉर्ड बना चुके हैं। 1998 में 31 साल की उम्र में केप कॉड से फ्राँस तक 5618 किलोमीटर का सफ़र तैरकर पूरा किया और *अटलांटिक महासागर पार करने वाले पहले तैराक बने।* 2018 में बेन ने टोक्यो से सैन फ्रांसिस्को तक प्रशांत महासागर में 8851 किमी तैरकर वर्ल्ड रिकॉर्ड बनाया। इस दौरान रास्ते में पड़ने वाले 1600 किलोमीटर के पैसिफिक गारबेज पैच को भी पार किया। यात्रा के दौरान

2778 किलोमीटर की दूरी तय करने के बाद तूफ़ान से साथ चल रही नाव का एक हिस्सा क्षतिग्रस्त हो गया था, लेकिन सफ़र थमा नहीं।

स्टार ट्रैक सीरियल को देखकर पहला मोबाइल फ़ोन बनाया, कहलाए 'फ़ादर ऑफ़ सेल्युलर फ़ोन' और उस मान्यता को तोड़ा कि फ़ोन केवल लैंडलाइन से किए जा सकते हैं–

मार्टिन कूपर का जन्म 26 दिसंबर 1928 को अमरीका के शिकागो शहर में हुआ था। उनका बचपन शिकागो में ही बीता और अपनी आरंभिक शिक्षा भी उन्होंने वहीं पूरी की। कूपर ने 1957 में इलेक्ट्रिकल इंजीनियरिंग में मास्टर्स डिग्री हासिल की लेकिन इसके पहले ही 1954 में उन्होंने मोटोरोला में काम करना भी शुरू कर दिया था। यहाँ उन्होंने पोर्टेबल वस्तुओं के उत्पादन पर काम शुरू किया था और इसी दौरान शिकागो पुलिस के लिए एक पोर्टेबल पुलिस रेडियो भी बनाया था। इस रेडियो को उन्होंने 1968 में पुलिस विभाग को सौंप भी दिया। इसके बाद मोटोरोला की सेल्युलर रिसर्च को आगे बढ़ाया और 3 अप्रैल 1973 के दिन पहला सेलफ़ोन बनाया। इस आइडिया पर सेलफ़ोन बनाने की प्रेरणा मार्टिन को स्टार ट्रैक टीवी सीरियल से मिली थी, इस सीरियल में उन्होंने किरदारों के हाथ में एक ऐसी डिवाइस देखी थी जिसे कहीं भी लेकर घूमा जा सकता था। यह डिवाइस किसी वायरलेस जैसी थी।बस तभी उन्होंने ठान लिया था कि वे भी ऐसी डिवाइस बनाएँगे। इस आइडिया पर उन्होंने लगभग एक दशक तक काम किया और एक दिन सफल भी हुए। हालाँकि इस सेलफ़ोन का वज़न 850 ग्राम था और इसे हाथ में लेकर ऐसा लगता था जैसे हाथ में कोई ईंट पकड़ रखी हो लेकिन चमत्कार तो हो चुका था।

असफलता के दौरान यह सलाह बहुत काम आएगी–

आप कई बार जीतते हैं और कई बार हारते हैं। जब जीतें, तो
ख़ुश हो जाएँ। लेकिन जब हारें, तो अफ़सोस न करें।
कभी पीछे मुड़कर न देखें। आप अतीत को नहीं बदल सकते।
उससे सीखने की कोशिश करें।

–रिचर्ड ब्रान्सन

18

जुनून का विस्तार और सफलता प्राप्ति की क़ीमत

*अपनी क़िस्मत चमकाने का सबसे तेज़ और
अच्छा तरीक़ा लोगों को यह स्पष्टता से दिखा देना है कि
आपकी प्रगति में ही उनकी प्रगति छिपी हुई है।*
–ज्याँ द ला ब्रूयेर

ईश्वर ने हम सब लोगों को पैदा करने और मृत्यु के तरीक़े एक से रखे हैं। चाहे दुनिया के आज की तारीख़ में सबसे अमीर एलोन मस्क हों या आम इंसान दोनों ही अलग-अलग विशेषताओं के साथ साधारण रूप से जन्मे हैं लेकिन *जन्म और मृत्यु के बीच के समय में जो कार्य हम करते हैं वह हमें साधारण या महान बनाता है इसलिए महानता या विफलता के लिए ईश्वर को दोष नहीं दिया जा सकता।*

जो दूसरी चीज़ ईश्वर ने इस पृथ्वी के सभी प्राणियों को बराबर-बराबर दी है वह है-समय। हम सबके पास प्रतिदिन 24 घंटे हैं। *गुरुदेव रवींद्र नाथ टैगोर और राष्ट्र पिता महात्मा गांधी जी जैसे महापुरुष इतने ही समय में इतना कुछ कर जाते हैं कि हमें उनके किये गए कामों को केवल पढ़ने में शायद एक जन्म कम पड़ जाये और दूसरी तरफ़ अरबों हताश और निराश लोग हैं जिनकी गाथा कुछ पंक्तियों में सिमट जाती है।*

एक बार जब आपने अपना जुनून पहचान लिया और तय कर लिया कि कहाँ पहुँचना है तो अगला काम है सोते-जागते, उठते-बैठते, खाते-पीते हर समय अपने मक़सद को याद रखना और अपने आप को मंज़िल पर पहुँचता हुआ देखना। उदाहरण के लिए मान लीजिये आप एक राजनेता बनना चाहते हैं तो आप अभी से अपने मन में स्वीकार कर लें कि आप राजनेता बन गए हैं। अपने मन में निरंतर अपने आप को राजनेता के रूप में विज़ुअलाइज़ करना शुरू कर दीजिये। आप कैसे चलेंगे, क्या पहनेंगे और क्या-क्या करेंगे उस सब को अपनी कल्पनाशक्ति से देखना शुरू कर दें। इस सबसे आपका आत्मविश्वास बढ़ेगा और आप उन परिस्थितियों, व्यक्तियों और घटनाओं को आकर्षित करेंगे जो आगे चलकर आपको सफल बनाएंगी।

इस बात से कोई फ़र्क़ नहीं पड़ता कि आपका जुनून या लक्ष्य कैसा है, फ़र्क़ तो इस बात से पड़ेगा कि आप उस लक्ष्य के साथ क्या करते हैं।

वह काम करें, जिससे आपको प्रेम हो अपनी ज़िंदगी के अल्पकालीन और दीर्घकालीन लक्ष्य तय करते वक़्त आपको ख़ुद से लगातार पूछना चाहिए, मुझे अपने जीवन के हर क्षेत्र में किस काम को करने में सबसे ज़्यादा मज़ा आता है? मिसाल के तौर पर, अगर आप दिन भर में सिर्फ़ एक काम कर सकें, तो वह कौन सा होगा? अगर आप मुफ़्त में भी कोई काम या पूर्णकालिक गतिविधि करने को तैयार हों, तो वह कौन सी होगी? किस काम या गतिविधि से आपको सबसे ज़्यादा ख़ुशी और संतुष्टि मिलती है?

मनोवैज्ञानिक अब्राहम मैस्लो ने शिखर अनुभवों (peak experiences) की अवधारणा दी है। शिखर अनुभवों का मतलब है वे पल या दौर, जब इंसान सबसे ज़्यादा ख़ुश, उत्साहित और उल्लासपूर्ण महसूस करता है। ज़िंदगी में आपका लक्ष्य अधिकाधिक शिखर अनुभवों का आनंद लेना भी है। ऐसा अनुभव पाने के लिए आपको क्या करना होगा? पीछे की तरफ़ नज़र डालकर अतीत के शिखर अनुभवों को पहचानें। फिर अनुमान लगाएँ कि आप अपने वर्तमान और भविष्य में उन्हें कैसे दोहरा सकते हैं। अब तक आपकी ज़िंदगी के सबसे सुखद पल कौन से रहे हैं? आप भविष्य में भी ऐसे पल कैसे पा सकते हैं? कौन सा काम करना आपको वाक़ई पसंद है?

आप अपनी दुनिया में फ़र्क़ लाने के लिए आज से ही क्या कर सकते हैं? हर चीज़ के आदर्श होने के लिए भविष्य की किसी तारीख़ का इंतज़ार न करें। इसके बजाय आज ही, कैसे भी बस शुरू कर दें।

जब आपकी मनचाही चीज़ें एकदम स्पष्ट होती हैं, तो फिर आप ज़्यादातर समय अपने लक्ष्यों के बारे में सोच सकते हैं। और आप उनके बारे में जितना ज़्यादा सोचते हैं, वे साकार होकर आपकी ज़िंदगी में उतनी ही तेज़ी से आती हैं।

मास्लो का आवश्यकता सोपान– बढ़ते क्रम में आवश्यकताओं के पाँच स्तर/पदानुक्रम हैं–

1. **शारीरिक आवश्यकताएं :** इसमें मनुष्य की सर्वाधिक बुनियादी आवश्यकताएं सम्मिलित होती हैं जो मानव अस्तित्व हेतु अनिवार्य हैं, जैसे हवा, पानी और भोजन।

2. **सुरक्षा आवश्यकताएं :** सुरक्षा आवश्यकताएं तभी उत्पन्न होती हैं, जब किसी व्यक्ति की शारीरिक आवश्यकताएं पूर्ण हो जाती हैं। इसमें व्यक्तिगत सुरक्षा, स्वास्थ्य, कल्याण एवं दुर्घटनाओं से सुरक्षा इत्यादि सम्मिलित हैं।

3. **सामाजिक आवश्यकताएं:/संबद्धता आवश्यकताएं :** यह तृतीय स्थान पर उपस्थित होती हैं एवं प्रथम दो आवश्यकताओं के पूर्ण हो जाने के पश्चात होती हैं। यह वह स्थान है जहाँ व्यक्तियों को अपनेपन एवं स्वीकृति की भावना महसूस करने की आवश्यकता होती है। यह रिश्तों, परिवारों एवं मित्रता के बारे में है। संगठन व्यक्तियों की इन आवश्यकताओं की पूर्ति करते हैं।

4. **आत्म-सम्मान/स्वाभिमान की आवश्यकताएं :** आत्म-सम्मान की आवश्यकताएं पदानुक्रम में प्रथम तीन आवश्यकताओं के पूर्ण हो जाने के पश्चात प्रकट होती हैं यह वह स्थान है जहाँ लोग सम्मानित दिखना चाहते हैं एवं आत्म-सम्मान रखते हैं।

5. **स्व-प्रत्यक्षीकरण की आवश्यकताएं** : इसकी उपस्थिति शीर्ष स्तर पर होती है। आवश्यकता का यह स्तर कुछ ऐसा करने से संबंधित है जिसे एक व्यक्ति अपने आर्थिक उत्पादन या सामाजिक अनुमोदन के बावजूद करना पसंद करता है। इस आवश्यकता की पूर्ति संबंधित व्यक्ति को वास्तविक प्रसन्नता प्रदान करती है।

पीटर ड्रकर ने कहा है, जब भी आप कोई पूरा काम देखते हैं, तो उसके पीछे आपको मिशन पर काम करने वाला एक एकाग्रचित्त व्यक्ति मिलेगा।

अपनी योग्यताओं की सूची बनाएँ। सबसे पहले तो अपने काम के प्रमुख परिणाम क्षेत्रों (key result areas) को पहचानें। नौकरी या काम के किस क्षेत्र, किस योग्यता में आप सर्वश्रेष्ठ हैं? कौन सी ख़ास योग्यता या योग्यताएँ करियर में आपकी वर्तमान सफलता के लिए ज़िम्मेदार हैं? वह कौन सी चीज़ है, जिसे आप दूसरों से बेहतर करते हैं? एक बार जब आप इन सवालों का जवाब दे दें, तो आईने में ख़ुद को देखकर पूछें, मेरे सबसे कमज़ोर योग्यता क्षेत्र कौन से हैं? वह कौन सा काम है, जिसे आप सबसे ख़राब तरीक़े से करते हैं और जिससे अन्य योग्यताओं का इस्तेमाल करने में बाधा आती है। किस काम में दूसरे लोग आपसे बेहतर हैं? ख़ास तौर पर, आपमें किन प्रमुख योग्यताओं की कमी है, जो आपकी सफलता के लिए अनिवार्य हैं? चाहे वे जो भी हों, आपको सटीकता और ईमानदारी से उन्हें पहचानने और फिर हर क्षेत्र में बेहतरीन की योजना बनाने की ज़रूरत है। (हम बाद वाले एक अध्याय में इस बारे में गहराई से बातचीत करेंगे।) ख़ुद को दोबारा गढ़ने के लिए तैयार रहें। ख़ुद को संसाधनों का भंडार मानें, जो बहुत सी चीज़ें करने में सक्षम है। आपके पास बहुत सी योग्यताएँ, कुशलताएँ, ज्ञान, गुण, शिक्षा और अनुभव है।

मानसिक रूप से दोबारा शुरुआत करने की कल्पना करें जैसे कि आप अपना करियर नए सिरे से शुरू कर रहे हो। इस दौरान अपने भीतर गहराई तक देखें कौन सी अच्छी आदत है जो आपकी मदद कर रही है, और आपको लक्ष्यों की ओर बढ़ा रही है? कौनसी बुरी आदतें हैं जो आपको पीछे रोके हुए हैं? आपके चरित्र और व्यक्तित्व के सबसे अच्छे गुण कौन

से हैं? आपके सबसे कमज़ोर गुण कौन से हैं? आपको किन नयी आदतों और गुणों को विकसित करने की ज़रूरत है ताकि आप अपनी अधिकतम क्षमता को उजागर कर सकें और इस बारे में आपकी योजना क्या है? आपको कौनसी बुरी आदतें छोड़नी हैं और उनकी जगह पर अच्छी आदतें अपनाने की ज़रूरत है? अच्छे होने से काम नहीं चलने वाला, वक़्त है अच्छे से महान बनने का।

एक धातुकर्म इंजीनियर गूगल का सीईओ बन गया –

आप सभी जानते हैं कि गूगल कंप्यूटर नेटवर्किंग क्षेत्र की सबसे बड़ी कम्पनी है और इसके सीईओ भारत के *पिचाई सुंदरराजन* (निक नेम राजेश) हैं जिन्हें हम सभी सुन्दर पिचाई के नाम से जानते हैं लेकिन शायद आप यह नहीं जानते होंगे कि सुन्दर ने कंप्यूटर की कोई फ़ॉर्मल एजुकेशन नहीं ली है।

बचपन से ही पढ़ाई में रूचि रखने वाले सुन्दर का लालन-पालन मध्यम वर्गीय वातावरण में हुआ। स्विच गियर बनाने वाली ब्रिटिश बहुराष्ट्रीय कंपनी में इलेक्ट्रिकल इंजीनियर पिता और स्टेनोग्राफ़र की नौकरी छोड़ने वाली माँ ने इन्हें और इनके भाई श्रीनिवासन को पढ़ाने में अपना सब कुछ दाँव पर लगा दिया था। इनके माता-पिता का एक ही सपना था बच्चों को बेहतरीन शिक्षा देना इसलिए फ़ोन, टेलीविज़न, फ्रिज़ और कार उनके लिए विलासिता की वस्तुएं थी। सुंदर की अपने पिता के साथ अच्छी बॉन्डिंग थी और टेक्नॉलॉजी के प्रति प्रारंभिक रुझान इसी से शुरू हुआ। घर में टेलीफ़ोन आने के बाद टेक्नोलॉजी में इनका इंटरेस्ट बढ़ा और फ़ोन नंबर याद रहने की आदत से इनके पिता को भी आश्चर्य हुआ। सुंदर का पढ़ाई के प्रति रुझान बचपन से ही रहा है यहाँ तक कि सायकिल रिक्शा में जाते समय भी उनके हाथ में किताब होती थी। एक-एक अंक के लिए प्रतिस्पर्धा करना उनके स्वाभाव में है इसीलिए वे आज भी उत्कृष्ट से कम पर समझौता नहीं करते।

सुन्दर के समय जवाहर विद्यालय के प्राचार्य रहे *आर एम कृष्णन ने एक बार मज़ाक़ में कहा था कि शिक्षक या तो टॉपर्स को याद रखते हैं या फिर शरारती बच्चों को लेकिन सुंदर बुद्धिमान तो थे लेकिन शांत स्वभाव के रहे इसलिए उन्हें स्कूल छोड़ने के बाद याद रखना मुश्किल था।* जवाहर विद्यालय से अपनी 10 वीं कक्षा पूरी करने के बाद, उनकी हायर सेकंडरी

की पढ़ाई वाना वाणी विद्यालय में हुई जिसकी ख़ासियत यह थी कि यह स्कूल चेन्नई आई आई टी परिसर के अंदर स्थित था जिससे सुंदर के मन में आई आई टी में जाने का जुनून जाग्रत हुआ।

आई आई टी खड़गपुर से नेहरू हॉल छात्रावास में रहते हुए इन्होंने मेटलर्जिकल इंजीनियरिंग में टॉप किया और संस्थान में सिल्वर मेडल प्राप्त किया। भले ही उनकी डिग्री धातु विज्ञान में थी लेकिन इलेक्ट्रॉनिक्स की तरफ़ उनकी अत्यधिक रूचि जाग्रत हो गयी थी और तीसरे साल से इलेक्ट्रॉनिक मटेरियल्स के बारे में जानने के साथ ही उनकी बी टेक की थीसिस भी इसी विषय पर रही।

उसके बाद *मटेरियल साइंस एंड इंजीनियरिंग में एम एस करने के लिए 1993 में स्टैनफ़ोर्ड यूनिवर्सिटी में दाख़िला लिया। पढ़ने के लिए तो स्कॉलरशिप मिल गयी थी लेकिन अमेरिका जाने के लिए पैसे नहीं थे तब इनके पिता ने पूरे एक साल की वेतन अग्रिम लेकर इन्हें अमेरिका भेजा। एक घटना से पता चलता है कि उस समय साठ डॉलर का एक बैग ख़रीदने के लिए इन्हें कितनी मशक़्क़त करना पड़ी थी।*

एम एस करने के दौरान इन्होंने सेमीकंडक्टर के ऊपर ज्ञान अर्जित किया जिसकी कम्प्यूटर क्षेत्र में आवश्यकता पड़ने वाली थी। आपको बता दूँ कि गूगल के फ़ाउंडर लेरी पेज और सर्गेई बिन भी स्टैनफ़ोर्ड के पी एच डी प्रोग्राम के ड्रॉप आउट्स रहे हैं। स्टैनफ़ोर्ड की पढ़ाई ने गूगल में जाने के लिए सुंदर का रास्ता तैयार कर दिया था और वे कम्प्यूटर के दोनों हिस्सों- सॉफ़्टवेयर और हार्डवेयर को समझने की स्थिति में आ गए।

इसके बाद वे संयुक्त राज्य अमेरिका में ही रहे और कुछ समय उन्होंने सिलिकॉन वेली स्थित सेमी कंडक्टर फ़र्म एप्लाइड मटेरियल्स में काम किया। यही वो टर्निंग पॉइंट था जिसके बाद उनके अंदर सिलिकॉन वेली का आकर्षण पैदा हो गया।

लगभग तीन साल कंसल्टिंग फ़र्म मकिंसी एंड कंपनी के लिए काम करने के बाद नौकरी छोड़ दी और पेन्सिलवेनिया विश्वविद्यालय के व्हार्टन स्कूल से एमबीए (2002) करने चल दिए। मकिंसी में काम के दौरान उन्होंने प्रशासन और मैनेजमेंट सीखा। 2004 में अपने सपने को साकार करने और दुनिया बदलने के इरादे से उन्होंने गूगल ज्वाइन किया लेकिन टूलबार में काम करने

के दौरान अपने सीईओ श्मिड्ट को सर्च इंजन बनाने का सुझाव दिया था। 18 अक्टूबर 2006 का दिन था जब माइक्रोसॉफ़्ट ने बिना किसी चेतावनी के, इंटरनेट एक्सप्लोरर पर डिफ़ॉल्ट सर्च इंजन को बिंग (bing) से बदल दिया था और गूगल के 300 मिलियन कस्टमर रातोंरात कम हो गए थे लेकिन पिचाई की टीम ने गूगल टूल बार की मदद से परिस्थिति पर काबू पाया और गूगल क्रोम को बनाने में सफलता प्राप्त की। इसके बाद सुन्दर पिचाई ने कभी पीछे मुड़कर नहीं देखा। सुन्दर को बचपन से ही क्रिकेट का शौक़ रहा और वे अपनी स्कूल टीम के कैप्टन भी रहे। एक इंटरव्यू में उन्होंने बताया कि वे शुरू में गावस्कर और बाद में सचिन तेंदुलकर को पसंद करते रहे हैं।

आईपीएल और एशिया कप से हार्दिक पंड्या की वापसी–

एशिया कप के पहले मैच में दुबई में अपने छक्के से पाकिस्तान के ख़िलाफ़ भारत को जिताने वाले हार्दिक पंड्या के बारे में सितम्बर 2018 की घटना शायद आपको याद होगी जब इसी मैदान पर बॉलिंग करते समय खिंचाव के कारण हार्दिक को स्ट्रेचर पर रखकर स्टेडियम से बाहर ले जाना पड़ा था। अधिकांश लोगों ने उस दिन सोचा होगा कि अब इस खिलाड़ी का करियर ख़त्म? इसके बाद भी समस्याएं कम नहीं हुईं। उन्हें आई पी एल में मुंबई टीम ने रिटेन नहीं किया जबकि उन्होंने मुंबई को आई पी एल जिताने में अहम रोल अदा किया था। इतना ही नहीं उन्हें भारतीय टीम से भी बाहर कर दिया गया और कई विवादों में उनका नाम घसीटा गया।

अपनी चोटों की वजह से एक दिवसीय क्रिकेट वर्ल्ड कप 2023 से बाहर रहे *हार्दिक* को उनकी आईपीएल टीम गुजरात टाइटंस ने हटा दिया है जिसके बाद मुंबई की आई पी एल टीम ने न केवल उन्हें अपने स्कॉड में शामिल किया है बल्कि कप्तान भी बना दिया है। जबकि 2022 में हार्दिक इकलौते ऐसे खिलाड़ी थे, जिनके पास फ़ाइनलिस्ट और चार बार ख़िताब जीतने का अनुभव था! वह 2015, 2017, 2019, 2020 और 2022 की विजेता टीम के हिस्सा थे। बाक़ी तीन खिलाड़ी जो पाँच या पाँच से ज़्यादा बार विजेता टीम में रहे, उनमें रोहित शर्मा छह बार और अंबाती रायडू – कीरोन पोलार्ड पाँच बार विजेता टीम में रहे लेकिन वे अपनी टीम को इस बार फ़ाइनल में पहुँचाने में नाकाम रहे। खेल से ज़्यादा विवादों के

कारण चर्चा में रहे ऑलराउंडर हार्दिक पंड्या ने आईपीएल में पहली बार खेल रही गुजरात टाइटंस को अपनी कप्तानी से चैम्पियन बना दिया था। उनकी बैटिंग, बॉलिंग और कप्तानी के अलावा कूल एटीट्यूड भी चर्चा में रहा। पंड्या को ख़राब एटीट्यूड वाला खिलाड़ी माना जाता रहा है। इसी रवैये के कारण उन्हें अंडर-13 से लेकर अंडर-17 और जूनियर स्टेट टीम से भी ड्रॉप किया जा चुका है। हालाँकि पंड्या का कहना है कि वे चीज़ों को लेकर मुखर रहते थे, इसलिए अक्सर उन्हें ग़लत समझा गया। पंड्या क्रिकेट के प्रति शुरू से जुनूनी थे। इसका अंदाज़ा इस बात से लगाया जा सकता है कि वडोदरा की मोरे क्रिकेट एकेडमी में जब उनका दाख़िला हुआ, उस वक़्त उनकी उम्र महज पाँच साल थी। एकेडमी में 10 साल से कम उम्र के बच्चों का एडमिशन नहीं होता था लेकिन हार्दिक पंड्या का खेल देखकर एकेडमी को अपना नियम बदलना पड़ा। परिवार की आर्थिक हालत इतनी ख़राब थी कि इनके पास क्रिकेट किट ख़रीदने के लिए भी पैसे नहीं होते थे। ऐसे में ये उधार की किट लेकर मैच खेलने जाते। एक साक्षात्कार में हार्दिक ने बताया कि वे भाई क्रुणाल पंड्या के साथ 300-300 रुपए में आसपास के गाँवों में क्रिकेट खेलते थे ताकि घर का ख़र्च चल सके। हार्दिक 18 की उम्र तक लेग स्पिनर थे, लेकिन वडोदरा की टीम में पेशर की कमी को देखते हुए कोच के कहने पर फ़ास्ट बॉलिंग शुरू की।हार्दिक ने घरेलू कॅरियर की शुरुआत 2013 में वडोदरा क्रिकेट टीम के साथ की थी। 2015 में आईपीएल के लिए मुंबई ने इन्हें 10 लाख रु. में ख़रीदा था। *तभी सचिन ने भविष्यवाणी की कि हार्दिक अगले 18 महीने के अंदर भारत के लिए खेलेंगे।* एक साल के अंदर ही हार्दिक को एशिया कप और टी20 वर्ल्ड कप के लिए चुन लिया गया। वर्ष 2022 में उन्हें गुजरात ने 15 करोड़ रूपये में ख़रीदा। इन्होंने कुल आठ टैटू गुदवाएं हैं। जिन पर लिखा है टाइम इज़ मनी, बिलीव, नेवर गिव अप, लिव टू सक्सीड और डाई ट्राइंग।

सफलता की क़ीमत

किसी का सफलता पर एकाधिकार नहीं है।
यह उसी की है, जो क़ीमत चुकाता है।

–ऑरिसन स्वेट मार्डन

सफलता के लिए केवल तीन चीज़ें ज़रूरी हैं।
सबसे पहले तो सटीकता से यह तय करें कि आप जीवन में
चाहते क्या हैं। दूसरी, वह क़ीमत तय करें, जो आप अपनी
मनचाही चीज़ों के लिए चुकाएँगे। तीसरी और सबसे महत्त्वपूर्ण
चीज़, उस क़ीमत को चुकाने का संकल्प करें।

–एच.एल. हंट

जो कम हासिल करना चाहता है, उसे कम त्याग करना होगा;
जो ज़्यादा हासिल करना चाहता है उसे ज़्यादा त्याग करना होगा।

–जेम्स ऐलन

सार्थक सफलता चालीस घंटे के सप्ताह में असंभव है।

–क्लेरेंस बड्र्सआई

आप क्या चाहते हैं, यह जानने का आधा हिस्सा यह जानना है
कि उसे पाने के लिए आपको क्या छोड़ना होगा।

–सिडनी हॉवर्ड

ऊ पर लिखे वक़्तव्यों से स्पष्ट है कि साथियो हम परिणाम तो चाहते हैं लेकिन उस परिणाम को प्राप्त करने के लिए जो क़ीमत हमें अदा करना चाहिए, उस वैल्यू को पे करने के लिए हम अक्सर तैयार नहीं होते। आपने देखा होगा कि हम नववर्ष पर,या अपने जन्मदिन पर, या कोई और ख़ास दिन संकल्प तो लेते हैं लेकिन एक–दो दिन बाद ही डगमगा जाते हैं और फिर उस संकल्प का क्या हुआ, इस पर हम कोई विचार नहीं करते हैं।

इसका सबसे बड़ा कारण है कि हम इच्छा तो करते हैं लेकिन उस इच्छा की पूर्ति के लिए जितनी मेहनत, जितनी रणनीतियाँ और अनुशासन ज़रूरी है वह हममें नहीं होता और इसीलिए परिणाम शून्य के आस पास या थोड़ा बेहतर ही रह जाता है। हम में से ज़्यादातर लोगों का जीवन औसत या औसत से कम रह जाता है क्योंकि हम सपने देखने के बाद, एक्जीक्यूशन पर फ़ोकस नहीं करते हैं और केवल रिज़ल्ट के बारे में सोचते रहते हैं।

आइये इसके कारणों पर विचार करें सबसे पहला कारण है–हमारी आलस्य की आदत। यदि हमें किसी से 11 बजे बजे मिलने जाना है और हमें उस तक पहुँचने में क़रीब 20 मिनट का समय लगता है तो हम समय पर पहुँचने के लिए 10.30 बजे निकलने की बजाय 10.50 पर निकलते हैं। इससे न केवल हम आपाधापी में भागते हैं बल्कि सामने वाले का मूल्यवान समय भी बर्बाद करते हैं। आलस्य को दूर करने के लिए मुख्य लक्ष्य को समय पर पूरे करने की आदत विकसित करना, अपने ढुल मुल रवैये को छोड़ना। अपने लक्ष्य को छोटे छोटे भागों में बाँटना और राह में आने वाली बाधाओं की डिटेल्ड सूची बनाना चाहिए। एक संकल्प लेकर आपके विकास की राह की सारी बाधाओं को आप हटा सकते हैं। आपको केवल अपना लक्ष्य दिखना चाहिए और हो सकता है इसके लिए आपको अपने व्यक्तिगत सुख–दुःख को कुछ दिन के लिए त्यागना पड़े तो तैयार रहें। जितना बड़ा लक्ष्य होगा त्याग भी उतना ही बड़ा होगा। लता मंगेशकर से एक बार पूछा गया कि क्या आप अगले जन्म में लता मंगेशकर बनना चाहोगी तो उनका जवाब नहीं में था क्योंकि हम और आप सोच ही नहीं सकते कि उन्होंने लता से भारत रत्न लता मंगेशकर बनने के सफ़र में कितनी कुर्बानियाँ दी होंगी।

हर अंतिम परिणाम के लिए समयसाध्य प्रक्रिया की आवश्यकता होती है। हम अपने टी.वी. के रिमोट पर क्लिक करते हैं और किसी खिलाड़ी को जीतते हुए देखते हैं, लेकिन हमें यह अहसास ही नहीं होता कि उसे अपनी योग्यताएँ माँजने में हज़ारों घंटे लगे हैं। बिना किसी अपवाद के, जो व्यक्ति बड़ी ऊँचाइयों को हासिल करता है, उसने इसकी भारी क़ीमत चुकाई है।

–ऐलन मुशेगन

सफलता का कोई शॉर्टकट नहीं होता

–जॉर्ज वॉशिंगटन कार्बर

महान ऑइल बिलियनेअर एच. एल. हंट से एक बार सफलता का रहस्य पूछा गया। उन्होंने जवाब दिया कि सफलता के लिए दो चीज़ों की ज़रूरत होती है और सिर्फ़ दो ही चीज़ों की ज़रूरत होती है। उन्होंने कहा, पहली बात, आपको यह पक्का पता होना चाहिए कि आप क्या चाहते हैं। क्योंकि ज़्यादातर लोग यह बात कभी पता कर ही नहीं पाते। दूसरी बात, आपको वह क़ीमत तय कर लेनी चाहिए, जो आप अपनी मनचाही चीज़ को पाने के लिए चुकाना चाहते हैं और फिर आपको वह क़ीमत चुकाने में जुट जाना चाहिए।

हर व्यक्ति मिलियनेअर या मल्टीमिलियनेअर बनना चाहता है। इकलौता सवाल यह है कि क्या आप उस आर्थिक लक्ष्य को हासिल करने के लिए हर ज़रूरी चीज़ करना चाहते हैं या नहीं? और क्या आप इतने वर्ष तक मेहनत करना चाहते हैं या नहीं? अगर आप इसे हर हाल में करना चाहते हैं, तो आपको कोई चीज़ नहीं रोक सकती।

प्रेरक वक्ता ज़िग ज़िग्लर ने एक बार कहा था, *सफलता की लिफ़्ट ख़राब हो गई है। लेकिन सीढ़ियाँ हमेशा मौजूद हैं।*

दादा साहब फाल्के ने जब फ़िल्म निर्माण सीखने के लिए लक्ष्मी प्रिंटिंग प्रेस की नौकरी छोड़ दी। उस समय कोई सिनेमा के बारे में नहीं जानता था। उन्होंने सिनेमा के बारे में जानने की काफ़ी कोशिश की, लेकिन कोई जानकारी नहीं मिली। कई किताबें पढ़ीं, लेकिन वहाँ भी कुछ नहीं मिला। उन्हें एक बुक एबीसी सिनेमा मिली जरूर, लेकिन उसमें भी सिर्फ़ मशीनों का जिक्र था।

दादा साहेब ने उसी दिन एक टॉय कैमरा, रील्स और मोमबत्ती ख़रीदीं। उन्होंने घर पर ही एक्सपेरिमेंट शुरू कर दिया। वो अपना दिन यही काम करते हुए गुज़ारने लगे, रोज़ रात को एक सिनेमा देखते थे और नोट्स बनाते थे। वो मुश्किल से 3 घंटे सोते थे। उन्होंने लंदन जाकर कुछ सीखा और वहाँ की बायोस्कोप मैगज़ीन के मेंबर बन गए। इससे फ़ायदा ये हुआ कि उन्हें वहाँ से कैटलॉग मिलने लगे, लेकिन इसके लिए उनके पास पैसे नहीं

थे। प्रिंटिंग प्रेस छोड़ने के बाद कमाई का कोई जरिया नहीं था। *पैसे जमा करने के लिए दादा साहेब ने अपने घर का फ़र्नीचर और बर्तन तक बेचे थे।'*

'उनके काम का जुनून ऐसा बढ़ गया कि एक दिन काम करते हुए वो पूरी तरह अंधे हो गए। ये बहुत बड़ा हादसा था, लेकिन सिनेमा के नसीब से उन्हें एक अच्छा डॉक्टर मिला, डॉक्टर प्रभाकर। डॉक्टर ने उन्हें सलाह दी कि दादा अब पर्दे के ऊपर का नाटक (जो पहले फ़िल्म को कहा जाता था) करना कम करो और आँखों को ज़ोर मत दो, लेकिन दादा तो दादा थे, वो कहाँ सुनते।

दादा साहेब को आगे सिनेमा समझने के लिए लंदन जाना था, जिसके लिए पैसों की ज़रूरत थी। उन्होंने अपने सारे दोस्तों में ख़बर भेज दी कि मुझे फ़िल्में बनाना है, जिससे कई लोगों को रोज़गार मिलेगा, इसके लिए मुझे 10 हज़ार रुपयों की ज़रूरत है।

ये सुनते ही लोग उन्हें पागल कहने लगे। लोग कहते थे कि ये दिन में सपने देख रहा है, इसे पागलखाने में भर्ती करना चाहिए। उस समय दादा साहेब फाल्के के एक दोस्त थे, जिनका नाम यशवंतराव नादकर्णी था। उनकी मेट्रो सिनेमा के पास स्पोर्ट्स शॉप थी। उन्हें दादा पर भरोसा था। जैसे ही दादा ने बताया कि लंदन जाने के लिए रुपयों की ज़रूरत है तो उनका पहला सवाल था कि तुम्हारे पास गिरवी रखने के लिए क्या है। दादा ने कहा कि उनके पास 12 हज़ार रुपए की इंश्योरेंस पॉलिसी है। ये सुनते ही उन्होंने गारवाड़ी एग्रीमेंट से 10 हज़ार रुपए दिलवाए। जिससे दादा लन्दन जा सके और अपनी ट्रेनिंग पूरी कर सके। भारत आकर उन्होंने किसी तरह लन्दन से कैमरा मंगाकर अपना काम शुरू किया। उन्होंने घर के बाहर एक पौधा लगाया, बारिश का मौसम था तो वैसे भी शूटिंग कर पाना मुमकिन नहीं था। दादा रोज़ उस पौधे की ग्रोथ को शूट करते थे। किसी को भी उस पौधे को छूने की परमिशन नहीं थी। रोज़ रिकॉर्डिंग से पौधे को बढ़ते हुए शूट किया। जब ये दिखाने के लिए दादा ने गिरगाँव में लोगों को इकट्ठा किया तो हर किसी के लिए पर्दे पर फट-फट बढ़ते हुए पौधे को देखना किसी चमत्कार से कम नहीं था। सबने काफ़ी तालियाँ बजाईं और फ़िल्म अंकुराची वाध (ग्रोथ ऑफ़ ए ट्री प्लांट) भारत की पहली साइंटिफिक फ़िल्म बनी। उस समय किसी ने कहा कि तुमने सिनेमा का बीज बोया।'

माता-पिता के विरोध के बावजूद बी ए और बी एड करने के बाद भी किसी अच्छे स्कूल में ठीक-ठाक वेतन पर शिक्षक की नौकरी नहीं मिली तो **बछेंद्री पाल** को निराशा हुई और उन्होंने नौकरी करने के बजाय 'नेहरू इंस्टीट्यूट ऑफ़ माउंटेनियरिंग' कोर्स के लिये आवेदन कर दिया।पहले वर्ष में सारी सीटें भर जाने से उन्हें प्रवेश नहीं मिला लेकिन अगले साल वे अपने प्रयास में कामयाब रहीं। यहाँ से बछेंद्री के जीवन को नई राह मिली। प्रशिक्षण के दौरान इन्होंने 1982-83 में एडवांस कैम्प के तौर पर गंगोत्री व अन्य पर्वत श्रेणियों में चढ़ाई की। 1984 में भारत के चौथे एवरेस्ट अभियान में बछेन्द्री पाल को भी चुना गया। उनके साथ 6 अन्य महिलाओं व 11 पुरूषों को भी शामिल किया गया। 23 मई 1984 को दिन के 1 बजकर 7 मिनट पर इन्होंने एवरेस्ट (सागरमाथा) पर तिरंगा लहराया। ऐसा करने वाली वे भारत की पहली और दुनिया की पाँचवी महिला बनी। इस एवरेस्ट की चढ़ाई में एक बेस कैम्प में हिमस्खलन के दौरान अन्य महिलाएँ व कुछ पुरूष चोटिल हो गये थे। जिस कारण उन्हें आरोहण बीच में छोड़ना पड़ा। बछेन्द्री पाल अब अभियान दल में अकेली महिला शेष बची थीं। अपने जन्मदिन से ठीक एक दिन पहले यह फ़तह उनके लिए ख़ास बन गई। आपको बताना चाहूँगा कि बचेंद्री पाल के लिए पर्वतारोहण का पहला मौक़ा 12 साल की उम्र में आया, जब उन्होंने अपने स्कूल की सहपाठियों के साथ 400 मीटर की चढ़ाई की। यह चढ़ाई इन्होंने किसी योजनाबद्ध तरीक़े से नहीं की थी। दरअसल वे स्कूल पिकनिक पर गई थीं और उसी दौरान पहाड़ पर चढ़ती गईं और शिखर तक पहुँचते-पहुँचते शाम हो गई। जब लौटने का खयाल आया तो पता चला की उतरना सम्भव नहीं है। ज़ाहिर है, रातभर ठहरने के लिये उन के पास पूरा इंतज़ाम नहीं था। बगैर भोजन और टैंट के इन्होंने खुले आसमान के नीचे रात गुजार दी और अगले दिन जब वे घर पहुँची तो उन्हें प्रशंसा के स्थान पर डाँट पड़ी थी। *अपनी आत्मकथा-एवरेस्ट माय जर्नी टू द टॉप में बछेंद्री पाल ने लिखा है कि माउंटरिंग कोर्स में - ग्रेड प्राप्त करने के बाद भी वाइस प्रिंसिपल मेजर प्रेमचंद ने उन्हें 'एवरेस्ट मटेरियल' नहीं माना था लेकिन वे निराश नहीं हुई।*

जब 1951-52 में पहली बार **एडमंड हिलेरी** ने माउंट एवरेस्ट पर चढ़ने की कोशिश की, तो वे असफल हो गये । परंतु उन्होंने ठान लिया था कि वे इस असंभव दिख रहे काम को संभव बनायेंगे। अपने असफल माउंट

एवरेस्ट अभियान के बाद जब हिलेरी लंदन लौटे, तो वहाँ उनके साहसिक अभियान के लिये उनके सम्मान में एक दावत दी गई, जिसमें महत्वपूर्ण लोग उपस्थित थे। मंच पर माउंट एवरेस्ट की तस्वीरें लगी थीं । जब हिलेरी संबोधित करने आये, तो उन्होंने पहाड़ की तस्वीर की ओर देखते हुए कहा, *'माउंट एवरेस्ट, तुमने मुझे हरा दिया है। परंतु मैं फिर लौटूंगा और तुम्हें हरा दूँगा, क्योंकि तुम जितने बड़े हो, उससे बड़े नहीं हो सकते, जबकि मैं हो सकता हूँ।'* उन्होंने 29 मई 1953 को तेनजिंग नोर्गे के साथ न केवल एवरेस्ट विजय के अपने सपने को साकार किया बल्कि अंटार्कटिका के अभियान पर गए और ट्रेक्टर से दक्षिणी ध्रुव तक पहुँचे।

बम और भूकम्प भी आपका रास्ता नहीं रोक सकते– अपने पिता की साइकिल मरम्मत की दुकान पर काम करने वाले **सोईशिरो होंडा** को बिना औपचारिक शिक्षा लिए दुनिया के महानतम इंजीनियर का सम्मान प्राप्त है। उनकी रुचि पारम्परिक शिक्षा में बिल्कुल नहीं थी। पंद्रह वर्ष की उम्र में टोक्यो के एक गैराज में काम सीखना शुरू किया और कार मेकेनिक के रूप में अपना समय बिताया। 1936 में पहली जापान औटोमोबाइल रेस में उनकी फ़ोर्ड कार दुर्घटनाग्रस्त हो गयी और बाईं आँख में चोट लग गयी। वर्ष 1937 में उन्होंने टोयोटा के लिए पिस्टन रिंग बनाने का कारख़ाना खोला लेकिन द्वितीय विश्व युद्ध के दौरान एक यू एस इ–29 बम ने उनका संयंत्र नष्ट कर दिया और रही–सही क़सर मिकावा भूकम्प ने पूरी कर दी। होंडा ने अपना टूटा फूटा प्लांट टोयोटा को बेचकर एक नया जीवन शुरू करने का निर्णय लिया। *यह जीवन की कठोर सच्चाई है कि मुसीबत में आपके साहस के अलावा आपके पास कुछ भी शेष नहीं बचता।*

उनके पास आजीविका का कोई साधन नहीं था, लेकिन उन्होंने हार नहीं मानी। उनके पास कार नहीं थी। प्रयोगशील होंडा ने एक बेकार जी.आई. इंजन लिया और उसे अपनी साइकल में लगाकर मोटरसाइकल बना डाली। एक मित्र ने इस 'मोटरबाइक' को देखा और होंडा से अपने लिये भी ऐसी ही मोटरसाइकल बनाने का आग्रह किया। फिर एक और मित्र, फिर एक और मित्र, और इस तरह यह सिलसिला चल पड़ा तथा होंडा मोटरसाइकल कंपनी का जन्म हुआ। जब उन्होंने 1948 में अपनी पहली फ़ैक्ट्री खोली, तो होंडा के पास उसके पार्ट्स ख़रीदने तक के पैसे

नहीं थे। अपनी पत्नी के गहने बेचकर होंडा ने स्पेयर पार्ट्स ख़रीदे। होंडा की मेहनत तथा पत्नी का त्याग अंततः सफल हुआ और होंडा कंपनी दुनिया की सर्वश्रेष्ठ कंपनियों में से एक बन गई।

होंडा को हेनरी फ़ोर्ड के बाद दुनिया का महानतम इंजीनियर' कहा जाता है। यह बहुत बड़ी बात है, क्योंकि होंडा ने आठवीं कक्षा के बाद स्कूल छोड़ दिया था। होंडा अमेरिकन ऑटोमोबाइल हाल ऑफ़ फ़ेम में चुने जाने वाले पहले जापानी एक्ज़ीक्यूटिव हैं। सोइशिरो होंडा को इसमें इसलिये चुना गया, क्योंकि उन्होंने कैटेलिटिक इंजन की एक ऐसी जटिल समस्या को सुलझा दिया था, जो उच्च-शिक्षित डेट्रॉइट इंजीनियरों से भी नहीं सुलझी थी।

वर्तमान के प्रति सचेत रहने से समाधान मिलेंगे– *आपके जीवन में समस्याएँ निरंतर आती रहेंगी लेकिन उनके प्रति सही नज़रिया अपनाकर आप उन पर विजय प्राप्त कर सकते हैं। समस्याओं को न तो बढ़ा-चढ़ाकर और न ही छोटा मानकर देखें बल्कि सही परिप्रेक्ष्य में उनका विश्लेषण करना उपयोगी रहेगा।* सबसे सस्ता सामान बेचने वाली कम्पनी वॉल्मार्ट के संस्थापक उद्योगपति सैम वॉलटन की तरह एक डायरी और पेन अपने साथ हमेशा रखने की आदत से आपके विचार नहीं खोएँगे और आप समाधान मिलते ही तुरंत नोट करने की स्थिति में रहेंगे क्योंकि कोई नहीं जानता कि कब प्रकृति आप पर मेहरबान होकर बिलियन डॉलर वाला आइडिया दे दे।

लेज़र जैसा फ़ोकस–आपका फ़ोकस लेज़र जैसा होना चाहिए, ताकि आप अनचाही चीज़ के बजाय हमेशा मनचाही चीज़ के बारे में सोचते और बातें करते रहें। आपको इसी पल संकल्प कर लेना चाहिए कि आप लक्ष्य तक पहुँचने वाले प्राणी बनेंगे, गाइडेड मिसाइल या पत्रवाहक कबूतर बनेंगे और बिना चूके अपने महत्वपूर्ण लक्ष्यों की ओर बढ़ेंगे। क्षेत्र के शीर्षस्थ 3 प्रतिशत लोगों में एक ख़ास नज़रिया होता है, जो उन्हें अपने उद्योग के औसत लोगों से अलग करता है। वह नज़रिया यह है : वे अपने पूरे करियर में ख़ुद को सेल्फ़-एम्प्लॉयड मानते हैं और उन्हें इससे कोई फ़र्क़ नहीं पड़ता कि उन्हें तनख़्वाह कौन देता है। वे ख़ुद को अपनी कंपनी के लिए ज़िम्मेदार मानते हैं, जैसे वे ख़ुद उस कंपनी के मालिक हों। आपको भी ऐसा ही करना चाहिए। इस पल के बाद ख़ुद को अपने व्यक्तिगत सेवा कॉरपोरेशन

का प्रेसिडेंट मानें। ख़ुद को सेल्फ़-एम्प्लॉयड मानें। ख़ुद को अपनी ज़िंदगी और करियर के हर हिस्से के पूर्ण नियंत्रण में देखें। ख़ुद को बार-बार याद दिलाएँ कि आप जहाँ भी हैं और जिस हाल में भी हैं, अपने किए या न किए कामों की वजह से हैं। आप अपनी तक़दीर के आर्किटेक्ट हैं। अगर आपकी ज़िंदगी में कोई ऐसी चीज़ है, जो आपको पसंद नहीं है, तो उसके लिए आप ही ज़िम्मेदार हैं। अपने व्यक्तिगत सेवा कॉरपोरेशन का प्रेसिडेंट होने के नाते *आप अपने हर काम और उसके परिणामों के लिए पूरी तरह ख़ुद ज़िम्मेदार हैं। जिस तरह किसी कॉरपोरेशन का प्रेसिडेंट उस कॉरपोरेशन की रणनीति और कामों के लिए ज़िम्मेदार होता है, उसी तरह आप भी अपने जीवन और करियर की व्यक्तिगत रणनीति के लिए ज़िम्मेदार हैं। आप प्रबंधन की पूरी रणनीति - लक्ष्य तय करना, योजना बनाना, चरण बनाना और तयशुदा परिणाम पाने के लिए काम करना - के लिए ज़िम्मेदार हैं।* आप तयशुदा परिणाम हासिल करने के लिए ज़िम्मेदार हैं, जो आपके काम की गुणवत्ता और मात्रा पर निर्भर होते हैं। प्रेसिडेंट के रूप में आप आत्म-प्रचार और तरक़्क़ी की मार्केटिंग रणनीति के लिए ज़िम्मेदार हैं। इसके लिए आपको अच्छी छवि बनानी होगी और अपनी पैकिंग आकर्षक रखनी होगी, ताकि प्रतिस्पर्धा भरे बाज़ार में आप ख़ुद को सबसे ज़्यादा क़ीमत पर बेच सकें। मैं अपने विद्यार्थियों को एक सलाह देता हूँ, अपना बॉस सावधानी से चुनें। यह चुनाव इस बात पर काफ़ी असर डालेगा कि आप कितना ज़्यादा कमाते हैं, कितनी तेज़ी से आगे बढ़ते हैं और अपनी नौकरी में कितने ख़ुश होते हैं। अंत में, प्रेसिडेंट के रूप में आप व्यक्तिगत शोध और विकास, निजी प्रशिक्षण और शिक्षण के प्रभारी हैं। उन योग्यताओं, गुणों, प्रतिभाओं और मूल क्षमताओं को आप ही तय करेंगे। यह आपकी ज़िम्मेदारी है कि आप इन योग्यताओं को विकसित करने में समय लगाएँ। दरअसल कोई दूसरा व्यक्ति आपकी उतनी परवाह नहीं करता, जितनी कि आप ख़ुद करते हैं। ख़ुद को शेयर बाज़ार में सूचीबद्ध किसी कंपनी के शेयर की तरह देखें। क्या लोग आपके शेयर में इस विश्वास के साथ निवेश कर सकते हैं कि आने वाले महीनों और बरसों में इसका भाव और मुनाफ़ा बढ़ता रहेगा? क्या आप ग्रोथ स्टॉक हैं या फिर शेयर बाज़ार में आपका मूल्य गिरता जा रहा है?अतीत की घटनाओं के बारे में अफ़सोस और शिकायत करना छोड़ दें, क्योंकि उन्हें बदला नहीं जा सकता। इसके बजाय अपना रुख़ भविष्य

की तरफ़ करें और इस बारे में सोचें कि आप क्या चाहते हैं और कहाँ जा रहे हैं। अपनी ज़िंदगी का स्टियरिंग व्हील सँभालें। यह तय करें कि आपके नियंत्रण का बटन कहाँ है बहुत सा मनोवैज्ञानिक साहित्य नियंत्रण के बटन सिद्धांत (locus of control theory) के इर्द-गिर्द घूमता है। पचास साल से भी ज़्यादा समय के शोध के बाद मनोवैज्ञानिकों का निष्कर्ष है कि आपके नियंत्रण का बटन ही ज़िंदगी में आपकी ख़ुशी या दुख को तय करता है।

इसका कारण यह है : जिन लोगों के नियंत्रण का बटन आंतरिक होता है, वे महसूस करते हैं कि वे अपने जीवन के पूर्ण नियंत्रण में हैं। वे ख़ुद को शक्तिशाली, आत्मविश्वासी और समर्थ महसूस करते हैं। वे आम तौर पर आशावादी और सकारात्मक होते हैं। वे अपने बारे में ज़बर्दस्त महसूस करते हैं और काफ़ी हद तक अपनी तक़दीर के स्वामी ख़ुद होते हैं। दूसरी तरफ़, जिन लोगों के नियंत्रण का बटन बाहरी होता है, वे महसूस करते हैं कि उन्हें बाहरी तत्व नियंत्रित कर रहे हैं। उन्हें लगता है कि उनका बॉस, उनके बिल, उनका जीवनसाथी, उनके बचपन की समस्याएँ और उनकी वर्तमान स्थिति उन्हें नियंत्रित कर रही है। आप जितना ज़्यादा कहते हैं, मैं ज़िम्मेदार हूँ! आपके नियंत्रण का आंतरिक बटन उतना ही ज़्यादा विकसित होगा और आप उतने ही ज़्यादा शक्तिशाली और आत्मविश्वासी महसूस करेंगे।

स्वर्णिम त्रिकोण – ज़िम्मेदारी और ख़ुशी के बीच भी सीधा संबंध होता है। आप जितनी ज़्यादा ज़िम्मेदारी स्वीकार करते हैं, उतने ही ज़्यादा ख़ुश होते हैं। ऐसा लगता है कि ज़िम्मेदारी, नियंत्रण और ख़ुशी - ये तीनों चीज़ें साथ-साथ चलती हैं।

भविष्य दृष्टा बनें – लीडर्स पर बरसों तक हुए 3,300 से ज़्यादा अध्ययनों में पाया गया है कि महान लीडर्स में एक ऐसा ख़ास गुण होता है, जो उन्हें दूसरों से अलग बनाता है। यह गुण है भविष्य-दृष्टा होने का। लीडर्स के पास भविष्य-दृष्टि (vision) होती है; ग़ैर-लीडर्स के पास नहीं होती। *मानव इतिहास में सबसे महत्वपूर्ण खोज यह है कि आप वही बन जाते हैं, जिसके बारे में आप ज़्यादातर वक़्त सोचते हैं। लीडर्स भविष्य के बारे में सोचते हैं। वे इस बारे में सोचते हैं कि वे कहाँ जा रहे हैं और वहाँ पहुँचने के लिए वे क्या कर सकते हैं। दूसरी ओर, जो लोग लीडर नहीं होते, वे वर्तमान पल की ख़ुशियों और समस्याओं के बारे में सोचते हैं। वे अतीत*

के बारे में सोचते और चिंता करते रहते हैं। वे उस पर ध्यान केंद्रित करते हैं, जो हो चुका है और जिसे बदला नहीं जा सकता। हम लीडरशिप के इस गुण को भविष्य दिशाबद्धता कहते हैं। अपने भविष्य के बारे में सोचना शुरू करने पर आप भी लीडर की तरह सोचने लगेंगे और बहुत जल्द आपको भी वैसे ही परिणाम मिलने लगेंगे, जैसे लीडर्स को मिलते हैं। बेनफ़ील्ड ने दीर्घकालीन दृष्टिकोण को इस तरह परिभाषित किया : वर्तमान में निर्णय लेते वक़्त कई साल आगे तक सोचने की योग्यता।

मिलियनेअर बनें–मिसाल के तौर पर, अगर आप बीस से पैंसठ साल की उम्र तक हर महीने 100 डॉलर बचाएँ और 10 प्रतिशत औसत लाभ देने वाले किसी म्युचुअल फंड में निवेश कर दें, तो रिटायरमेंट के वक़्त आपके पास 11,18,000 डॉलर से ज़्यादा धनराशि होगी।

कम से कम पाँच साल की फंतासी बनाएँ– व्यक्तिगत रणनीतिक नियोजन में आपको भी अपने जीवन के प्रति दीर्घकालीन दृष्टिकोण से शुरुआत करनी चाहिए। आपको अपने हर एक काम में आदर्शीकरण (idealization) का अभ्यास शुरू कर देना चाहिए। इसकी प्रक्रिया में आप अपने लिए पाँच साल की फंतासी बनाते हैं और यह सोचते हैं कि अगर आपका जीवन हर दृष्टि से आदर्श बन जाए, तो पाँच साल बाद यह कैसा दिखेगा। कल्पना करें कि कोई सीमा नहीं है तो आदर्शीकरण और भावी दिशाबद्धता (future orientation) को मिलाकर आप अपनी ओढ़ी हुई सीमाओं को ख़त्म कर देते हैं। आप कल्पना करते हैं कि आपकी कोई सीमा नहीं है। आप कल्पना करते हैं कि आपके पास वह सारा समय, गुण और योग्यताएँ हैं, जिनकी ज़रूरत आपको अपना हर लक्ष्य हासिल करने के लिए होगी। चाहे आप जीवन में कहीं भी हों, आप कल्पना करते हैं कि आपके पास वे सारे दोस्त, संपर्क और संबंध हैं, जिनकी ज़रूरत आपको है।

आप आसमान की तरह लिमिटलेस सोच रखें–चार्ल्स गारफ़ील्ड ने शिखर पर प्रदर्शन करने वालों (peak performers) का अध्ययन किया, जिसमें उन्होंने एक दिलचस्प खोज की। उन्होंने ऐसे स्त्री–पुरुषों का विश्लेषण किया, जिन्होंने कई सालों तक अपने काम में सिर्फ़ औसत परिणामों को हासिल करने के बाद अचानक महान सफलता और उपलब्धि हासिल कर ली। उन्होंने पाया कि उड़ान के बिंदु पर उनमें से हर एक ने नीले आसमान

की सोच (blue sky thinking) का इस्तेमाल किया था। *नीले आसमान की सोच में आप कल्पना करते हैं कि जिस तरह आप साफ़ नीले आसमान को देख सकते हैं, जिसकी कोई सीमा नहीं है, उसी तरह आपके लिए भी कोई सीमा नहीं है। आप कई साल आगे पहुँच जाते हैं और कल्पना करते हैं कि आपकी ज़िंदगी हर दृष्टि से आदर्श बन चुकी है। फिर आप पलटकर देखते हैं कि आज आप कहाँ हैं और ख़ुद से यह सवाल पूछते हैं : मेरे आदर्श भविष्य को गढ़ने के लिए मैंने क्या-क्या किया होगा? फिर आप अपने दिमाग़ में वर्तमान तक लौटते हैं और पूछते हैं, इस पल के बाद मुझे क्या करना होगा,* ताकि मैं भविष्य में किसी समय अपने सारे लक्ष्य हासिल कर लूँ?आप बड़े सपने देखते हैं और मानसिक रूप से भविष्य में इस तरह आगे पहुँचते हैं, जैसे आप ब्रह्मांड के सबसे शक्तिशाली लोगों में से एक हों। आप अपना आदर्श भविष्य रचते हैं। आप फ़ैसला करते हैं कि आप सचमुच क्या चाहते हैं। इसके बाद ही आप वर्तमान पल तक लौटते हैं और यह सोचते हैं कि वर्तमान स्थिति में आपके लिए क्या संभव है। अपने बिज़नेस और करियर से शुरू करें। कल्पना करें कि आपका पेशेवर जीवन आज से पाँच साल बाद आदर्श बन चुका है। इन सवालों के जवाब दें : यह कैसा दिखेगा? आप कौन सा काम कर रहे होंगे? आप कहाँ काम कर रहे होंगे? आप किसके साथ काम कर रहे होंगे? आपकी ज़िम्मेदारी का स्तर क्या होगा? आपके पास किस तरह की योग्यताएँ और क्षमताएँ होंगी? आप किस तरह के लक्ष्य हासिल कर रहे होंगे? आपके क्षेत्र में आपकी प्रतिष्ठा क्या होगी?

अपने आदर्श आर्थिक जीवन की कल्पना करें : आज से पाँच साल बाद आप कितना कमा रहे होंगे? आपकी जीवनशैली कैसी होगी? आप कैसे घर में रह रहे होंगे? आप कैसी कार चला रहे होंगे? आप ख़ुद को और अपने परिवार को कौन-कौन सी भौतिक विलासिताएँ दे रहे होंगे? आपके बैंक अकाउंट में कितने पैसे होंगे? आप हर महीने, हर साल कितने पैसे बचा रहे होंगे और निवेश कर रहे होंगे? रिटायरमेंट के वक़्त आपकी नेट वर्थ कितनी होगी? कल्पना करें कि आपके पास जादुई स्लेट है। आप उस पर जो चाहें, लिख सकते हैं। आप अतीत की हर घटना को मिटा सकते हैं और भविष्य की मनचाही तस्वीर बना सकते हैं। आप किसी भी वक़्त स्लेट साफ़ करके दोबारा शुरू कर सकते हैं। आपकी कोई सीमा नहीं हैं।

योग्यताओं, ज्ञान, गुण, शिक्षा और क्षमता की व्यक्तिगत सूची के संदर्भ में अपनी पड़ताल करें – अगर आप तरक़्क़ी करते हुए अपने सर्वोच्च संभव स्तर पर पहुँच जाएँ (और इसकी तक़रीबन कोई सीमा नहीं है), तो इन सवालों के जवाब दें : आज से पाँच साल बाद आप कौन सा अतिरिक्त ज्ञान और योग्यताएँ हासिल करेंगे? किन क्षेत्रों में आपको हर काम में उत्कृष्ट माना जाएगा? आप भविष्य में किसी वक़्त अपने क्षेत्र में शिखर पर पहुँचना चाहते हैं, उसके लिए आवश्यक ज्ञान और योग्यताएँ विकसित करने के लिए आप हर दिन क्या कर रहे होंगे?

अपना आदर्श कैलेंडर तैयार करें–अपनी आदर्श जीवनशैली की रूपरेखा बनाएँ। 1 जनवरी से 31 दिसंबर तक का अपना आदर्श कैलेंडर तैयार करें : आप वीकएंड्स और वेकेशन्स में क्या करना चाहेंगे? आप हर हफ़्ते, महीने और साल में कितनी छुट्टियाँ मनाना चाहेंगे और कितनी लंबी? आप कहाँ–कहाँ जाना चाहेंगे? अगर कोई सीमा न हो और आपका अपने समय पर पूरा अधिकार हो, तो आप पूरे वर्ष क्या–क्या करेंगे?

इंसान और उसकी ख़्वाहिशों के बीच सिर्फ़
एक चीज़ खड़ी होती है – उन्हें पूरी करने के लिए कोशिश
करने की इच्छा – और यह विश्वास कि उन्हें पाना संभव है।

–रिचर्ड एम. डेवॉस.

इस अध्याय का समापन आठ बार के ओलम्पिक स्वर्ण पदक विजेता उसेन बोल्ट के कथन से करना चाहूँगा–

मैंने नौ सेकंड दौड़ने के लिए चार साल प्रशिक्षण लिया जबकि लोग तो दो महीने में परिणाम न मिलने पर हार मान लेते हैं–

19

प्रतिभा प्रदर्शन के अवसर

बेहतर यह है कि आप अवसर के लिए तैयार रहें और अवसर न मिले, बजाय इसके कि आपको अवसर तो मिलें, लेकिन आप तैयार न हों।

–व्हिटनी यंग जूनियर

परिस्थितियाँ भाड़ में जाएँ; अपने अवसर मैं ख़ुद बनाता हूँ।

–ब्रूस ली

असाधारण अवसरों का इंतज़ार न करें।
सामान्य मौक़ों को जकड़ें और उन्हें महान बना लें।
कमज़ोर लोग किसी अवसर का इंतज़ार करते हैं;
शक्तिशाली लोग उन्हें ख़ुद बनाते हैं।

–ऑरिसन स्वेट मार्डन

जिस समय आपको लगने लगे कि आपकी तैयारी काफ़ी हद तक पूर्ण हो गयी है तो स्थानीय स्तर पर अवसर खोजना शुरू कर दीजिये इसके लिए अपनी जानकारी बढ़ाएं, अख़बार पढ़ें, समाचार देखें, सोशल मीडिया से जुड़ें और अपने शुभ चिंतकों से सम्पर्क साधें लेकिन अवसर के इन्तज़ार में बैठे न रहें। हमारी जनरेशन भाग्यशाली है जिसे यूट्यूब, फेसबुक,

इंस्टाग्राम जैसे दसियों प्लेटफ़ार्म उपलब्ध हैं जिन पर प्रतिभा का प्रदर्शन करके लोग रातों रात स्टार बन चुके हैं। BB KI VINES चैनल के यूट्यूब स्टार भुवनबाम, imagesbazar.com के सीईओ और युवाओं के पसंदीदा प्रेरक वक़्ता संदीप माहेश्वरी, जॉर्ज वाशिंगटन यूनिवर्सिटी में मनोविज्ञान की पढ़ाई के दौरान अपना चैनल शुरू करने वाली गायिका विद्या वॉक्स, टेक गुरु गौरव चौधरी, खाना बनाना सिखाने वाली निशा मधुलिका, श्रुति मेक अप एंड ब्यूटी प्राइवेट लिमिटेड की मालकिन श्रुति अर्जुन आनंद, इंजीनियरिंग के छात्र रहे कॉमिक वाइन के कॉमेडियन आशीष चंचलानी, लाइफ़ स्किल्स सिखाने वाले कानून स्नातक अमित भड़ाना, अमेरिका में अपना रेस्तरां बेचकर मनोरंजन के साथ खाना बनाना सिखाने वाले संजय ठुम्मा और दस साल की आयु में चैनल शुरू करने वाले carryminati चैनल के अजय नागर को आज कौन नहीं जानता। विवेक बिन्द्रा, जग्गी वासुदेव या उज्जवल पाटनी जैसे प्रेरक विचारकों की सफलता और लोकप्रियता में सोशल मीडिया प्लेटफ़ार्म की बहुत बड़ी भूमिका है। समिधा सिंह ने फ़ाइनेंशियल एनालिस्ट की जॉब छोड़कर इंस्टाग्राम पर फ़ैशन इन्फ़्लूएंज़र बनना चुना लेकिन उन्होंने नौकरी तब छोड़ी जब उनके फ़ॉलोअर्स की संख्या 10 हज़ार के पार पहुँच गई थी।

सिद्धार्थ जोशी को हिमालय के अल्मोड़ा में एक दोपहर बैठे बैठे ही यह ख़याल आया कि वे ख़ाली वक़्त में अपनी कहानियों और ट्रेवलिंग लेसन्स को अपने दोस्तों के साथ शेयर कर सकते हैं और यहीं से उनके फ़ेमस ट्रेवलिंग ब्लॉग की शुरुआत हुई। इसी प्रकार शानाइस श्रेष्ठा मुंबई के सेंट एंड्रूज कॉलेज से मॉस मीडिया में कोर्स करके एक्टिंग से अपनी ट्रेवलिंग हॉबी के कारण ब्लॉगर बन गयीं।

फ़ोटोग्राफ़ी की दुकान से शुरुआत कर मोटिवेशनल स्पीकर बने संदीप माहेश्वरी की कहानी –

बचपन से लेकर कक्षा ग्यारहवीं तक पढ़ाई में मन न लगने के बावजूद बारहवीं की परीक्षा में 85 प्रतिशत अंक लाने वाले संदीप माहेश्वरी ने तय कर लिया था कि उन्हें आगे चलकर सरकारी नौकरी नहीं करनी है। घरवालों के दबाव में दिल्ली के किरोड़ीमल कॉलेज से बी कॉम में एडमिशन ले लिया

लेकिन मन नहीं लगा तो सेकंड ईयर में कॉलेज छोड़ दिया। अब प्रश्न था कि आगे क्या करें? शुरू में लिक्विड सोप बनाने और छात्रों के लिए हेल्पलाइन बनाने जैसे कई छोटे-मोटे काम किए लेकिन बात नहीं बनी। फिर उनका मन फ़ोटोग्राफ़र बनने का करने लगा, इसलिए उन्होंने एक कैमरा ख़रीदा और उन्हें जो भी मिलता उसकी फ़ोटो उतारने लगते और तब तक फ़ोटो शूट करते जब तक कि शूट करवाने वाला व्यक्ति थक नहीं जाता। उसके बाद उन्होंने एक फ़ोटो स्टूडियो खोला जिससे उन्हें दस से पंद्रह हज़ार रूपये हर महीने मिल जाते थे, लेकिन कुछ ही महीनों में उन्होंने वह भी बंद कर दिया और अपने कुछ दोस्तों के साथ मिलकर एक के बाद एक करके दो-तीन कंपनियाँ खोली लेकिन कोई भी नहीं चल पाई और मजबूरन उन्हें बंद करनी पड़ी। करीब 75 हज़ार रूपये अपने दोस्तों से उधार लेकर वो एक जापानी माडलिंग कंपनी में भरती हो गए, वहाँ उनको क़रीब एक से डेढ़ लाख रूपये हर महीने मिलते थे लेकिन तीन-चार महीने बाद वहाँ से भी उनका मन भर गया और उन्होंने नौकरी छोड़ दी। इस बात पर उनके घर के लोग और रिश्तेदार काफ़ी नाराज़ हो गए थे। 2003 में इन्होंने 10 घंटे और 45 मिनट में 122 माडलों का 10000 फ़ोटो खींच कर वर्ल्ड रिकॉर्ड बनाया,जिससे यह काफ़ी लोकप्रिय हो गए। 2006 में इन्होंने ImagesBazaar website बनाई, शुरू में तो यह भी नहीं चला लेकिन उन्होंने इसकी कमियों को ध्यान से दूर किया और ImagesBazaar आज भारतीय फ़ोटोज़ के लिए दुनिया की सबसे बड़ी वेबसाइट बन गयी है।

इसके बाद इन्होंने पूरी दुनिया के युवाओं को मोटीवेट करना शुरू कर दिया, शुरू में उनका यह काम लोगों को पसंद नहीं आया, लेकिन धीरे-धीरे उनके फैन्स बढ़ने लगे और आज वह जहाँ भी अपना सेमिनार करते हैं वहाँ लोगों की भीड़ लग जाती है और YouTube पर उनके क़रीब 28 मिलियन सब्सक्राइबर्स हैं, जिनकी संख्या लगातार बढती जा रही और लगभग 10 हज़ार नए सब्सक्राइबर्स उनके youtube चैनल पर रोज़ बढ़ते हैं। वे अपने चैनल से एक भी रुपया नहीं कमाते हैं। यदि वे कमाना चाहें तो अपने यू ट्यूब चैनल से पचास लाख रुपए हर महीना तक कमा सकते हैं।

अपने डार्क कॉम्प्लेक्शन के कारण नकारात्मक बातों को सुनकर **संतोषी शेट्टी** ने ठान लिया कि वे एक दिन फ़ैशन आइकन बनेंगीं और

उन्होंने दस्टाइलएज ब्लॉग की शुरुआत करके अपनी स्टाइल्स से सबको मोहित कर दिया।

16 साल की उम्र से ही बेकिंग करने वाले **शिवेश भाटिया** ने हाई स्कूल में पढ़ाई के दौरान ही इंस्टाग्राम अकाउंट बनाया। अपनी और अपने दोस्तों की फ़ोटोज़ शेयर करने के साथ ही वे इस पर कभी कभी अपनी बेक की हुई डिशेज़ की फ़ोटोज़ भी शेयर कर देते थे। उन्होंने महसूस किया कि बाक़ी फ़ोटोज़ की तुलना में उनकी डिशेज़ की फ़ोटोज़ पर ज़्यादा लाइक्स आते हैं। उनके चैनल को जब अच्छा रिस्पांस मिलने लगा तब उन्होंने इसको गंभीरता से लिया और स्टाइलिंग, फ़ोटोग्राफ़ी आदि पर ध्यान दिया इसके बाद ही उन्होंने ब्लॉग लिखना भी शुरू किया। इसी प्रकार गटलेस फूडी के नाम से इंस्टाग्राम पर फ़ेमस नताशा ने कुछ साल पहले अलपर्स और ट्यूमर्स की वजह से पेट का ऑपरेशन कराने के बाद अपनी निराशा को कलात्मकता और पाक कला से हरा दिया। आज वे फूड ब्लॉगर हैं।

आपके जीवन में सफलता का झोंका कभी भी और कहीं भी आ सकता है इसलिए उसके स्वागत के लिए सदैव तैयार रहें। अब **प्रेम चोपड़ा** को ही ले लीजिए। पिताजी चाहते थे कि वे नौकरी करें और वे चाहते थे कि मुंबई में जाकर अभिनय करें। कशमकश में उन्होंने ग्रेजुएशन के बाद शिमला के नेशनल सेविंग सर्टिफ़िकेट डिपार्टमेंट में नौकरी कर ली लेकिन बहुत जल्द प्रेम चोपड़ा समझ गए थे कि आँकड़ों में उलझना उनके जीवन का उद्देश्य नहीं है। वे दिल्ली से मुंबई के लिए रवाना हो गये और एक स्टूडियों से दूसरे स्टूडियो के चक्कर लगाना, इस आशा में शुरू कर दिया कि शायद किसी फ़िल्म वाले की निगाहें उन पर पड़ जाएँगीं। पहली फ़िल्म मिली तांगे वाली लेकिन भाग्य नहीं बदला और पिताजी ने वापस शिमला बुलवा लिया। लेकिन 1960 में फिर मुंबई पहुँचे और टाइम्स ऑफ़ इंडिया में सुपरवाइज़र की नौकरी करने लगे। एक दिन ऑफ़िस के काम से ट्रेन में यात्रा कर रहे थे तो एक यात्री ने ग़ौर से देखा और पूछा कि क्या आप फ़िल्म में काम करेंगे। वे हक्के-बक्के रह गए और उन्हें पंजाबी फ़िल्म चौधरी करनैल सिंह मिल गई जो सुपर हिट रही और प्रेम चोपड़ा फ़िल्म इंडस्ट्री में कामयाब होते चले गए। जिस तरह शोले फ़िल्म में अमजद ख़ान कितने आदमी थे डायलॉग के कारण आज तक जाने जाते हैं उसी प्रकार राज कपूर बॉबी फ़िल्म के एक डायलॉग प्रेम नाम है मेरा, प्रेम चोपड़ा के कारण प्रेम चोपड़ा बॉलीवुड में छा गए।

यहाँ मैं आपको एक चेतावनी देना ज़रूरी समझ रहा हूँ और वह चेतावनी यह रही-

कभी भी यह नहीं सोचें कि मैं तब शुरू करूँगा, जब खाली स्थान में निम्न वाक्यांश अक्सर भरे जाते हैं :

1. जब मैं परफ़ेक्ट हो जाऊँगा।
2. जब मैं बड़ा हो जाऊँगा।
3. जब मैं और सीख जाऊँगा।
4. जब मेरे पास पैसा आ जायेगा।
5. जब मेरे पास समय होगा।
6. जब मेरे सामने भीड़ होगी।
7. ...

यदि आप सोचते हैं कि आप तब शुरू करेंगे जब माहौल अनुकूल होगा, परिस्थितियाँ आदर्श होंगीं और आपके लिए लोग पलक पांवड़े बिछाएंगे तो शायद वह समय आपको इस जीवन में तो नहीं मिलने वाला इसलिए आप जहाँ हैं, आपके पास जो संसाधन या कमज़ोरियाँ हैं और जो अवसर उपलब्ध हैं उन्हीं में अपना सर्वश्रेष्ठ करना शुरू कर दीजिये। आप देखेंगे कि धीरे-धीरे लोग आपको स्वीकार कर प्रोत्साहित करने के अलावा सहयोग भी करने लगेंगे।

हम सभी को काम में अपना सर्वश्रेष्ठ देने की कोशिश करनी चाहिए लेकिन अगर हमेशा ही पर्फ़ेक्शन के लिए ज़िद करेंगे तो हो सकता है आप ज़रूरी डेड लाइंस और अवसर छोड़ दें। इस तरह आप अपने साथियों को नाराज़ करेंगे। आप देखेंगे कि किस तरह परफ़ेक्शनिस्ट बनना आपके रिश्तों पर असर करता है। यदि आप तैरना सीखना चाहते हैं तो आपको पानी में उतरना होगा। बिना पानी में उतरे केवल किताब पढ़कर यदि आप तैरेंगे तो आपका डूबना निश्चित है इसलिए परफ़ेक्शनिस्ट बनने के लिए प्रदर्शन के लिए उपलब्ध छोटे-छोटे अवसरों के सहारे आगे बढ़ें बजाय यह सोचने के कि जब आप पारंगत हो जाएँगे तब प्रदर्शन करेंगे।

इसके साथ ही अपने लिए कोई ऐसा मेंटर ढूंढें जिसके पास अनुभव और उत्साह दोनों हों। अपने कार्यक्षेत्र पर एक ऐसा मेंटर खोजें जो आपको ऑन द जॉब्स स्किल्स सीखने और आप के विज़न को विस्तार देने में मदद कर सके।

कई दफ़ा अवसर आपको जीवन में चुनौतियों के रूप में मिलेंगे उदाहरण के लिए *जब कपिल देव को भारतीय क्रिकेट टीम का कप्तान बनाया तब वे व्यक्तिगत तौर पर भी बहुत सफल खिलाडी नहीं थे, भारत की टीम पिछले दो विश्व कप में केवल एक मैच जीती थी और तो और कपिल को कप्तानी का भी कोई ख़ास अनुभव नहीं था लेकिन जब उन्होंने कहा कि हमारे पास खोने को कुछ नहीं है, हम फाइट करेंगे तो अपने पहले ही मैच में दो बार की विश्व विजेता वेस्टइंडीज को भारत ने पटखनी दे दी।*

अपने आप को कठिन परिस्थितियों में झोंकने के लिए तैयार कीजिये ख़ासकर तब जब आपके साथी बचने के लिए बहाने बना रहे हों क्योंकि वही एक अवसर है अपने आप को सिद्ध करने का इसलिए सदैव कठिनाई को एक अवसर मानो। शिव मंगल सिंह सुमन ने कहा है –

तूफ़ानों की ओर घुमा दो नाविक निज पतवार

यह असीम, निज सीमा जाने
सागर भी तो यह पहचाने
मिट्टी के पुतले मानव ने
कभी न मानी हार

तूफ़ानों की ओर घुमा दो नाविक निज पतवार

सागर की अपनी क्षमता है
पर माँझी भी कब थकता है
जब तक साँसों में स्पन्दन है
उसका हाथ नहीं रुकता है
इसके ही बल पर कर डाले
सातों सागर पार

तूफ़ानों की ओर घुमा दो नाविक निज पतवार

सचिन तेंदुलकर, रोज़र फेडरर और झूलन गोस्वामी ने शुरुआत बॉल कलेक्ट करने से की थी – विनोद काम्बली ने पिछले दिनों एक इंटरव्यू में बताया कि वे और सचिन 1987 के भारत और इंग्लैंड के बीच खेले गए विश्व कप सेमी फ़ाइनल मैच में बॉल बॉय थे। उनका काम था बाउंड्री लाइन के बाहर खड़े रहकर बॉल को पकड़ कर वापिस खिलाडियों की तरफ़ फेंकना। उस मैच में भारत हार गया था लेकिन उस मैच का असर विनोद काम्बली और सचिन पर इतना हुआ कि दोनों ने अपने स्वप्न को साकार करने में जी-जान लगा दी और आपको यह जानकार आश्चर्य होगा कि अगले विश्व कप (1992) में वे दोनों भारतीय टीम से खेले। सचिन का प्रसिद्ध कथन है – chase your dreams मतलब अपने स्वप्न का पीछा करो।

लॉन टेनिस के दिग्गज रोजर फेडरर ने 1992-93 में अपने शहर में आयोजित स्विस इंडोर टूर्नामेंट में बॉल उठाने वाले बॉल बॉय के रूप में टेनिस की दुनिया में क़दम रखा था। दो सौ सेंतीस हफ़्ते तक विश्व का नंबर एक रैंक हासिल करने वाले रोज़र ने बीस ग्रैंड स्लैम टूर्नामेंट जीते हैं।

भारतीय महिला क्रिकेट टीम की पूर्व कप्तान और एक दिवसीय क्रिकेट में दुनिया में सबसे ज़्यादा विकेट लेने वाली तेज़ गेंदबाज झूलन गोस्वामी भी सचिन की तरह बॉल गर्ल रही हैं। एक इंटरव्यू में वे कहती हैं – "1997 का महिला विश्व कप भारत में हो रहा था और मैं भाग्यशाली थी कि मुझे उसके टिकट मिले थे। मुझे विश्व कप के बारे में 100 प्रतिशत जानकारी नहीं थी। लेकिन पश्चिम बंगाल सरकार ने लड़कियों के स्कूल में कुछ टिकट भेजे थे और मैं खेलों से जुड़ी हुई थी, इसलिए मैं सौभाग्यशाली थी कि मुझे भी टिकट प्राप्त हुए। मेरे पिता मुझे मैच के लिए ले गए क्योंकि मेरे लिए अपने गाँव से कोलकाता तक अकेले यात्रा करना संभव नहीं था। ईडन गार्डन्स में यह मेरा पहला मौक़ा था और मैं 'क्रिकेट एसोसिएशन ऑफ़ वेस्ट बंगाल' के मुख्य द्वार के सामने खड़ी थी और उन्होंने मुझे इशारा किया और कहा कि तुम एक बॉल गर्ल हो।" झूलन ने कहा, "यह मेरे जीवन का सबसे गौरवपूर्ण क्षण था। आप भी वही खेल खेलते हो जो लड़के खेलते हैं और जिस खेल में लड़कियों को बहुत सी आलोचनाओं और टिप्पणियों का सामना करना पड़ता है। ऑस्ट्रेलिया और न्यूजीलैंड की लड़कियों को फ़ाइनल में खेलते हुए देखकर मैं काफ़ी प्रेरित हुई और मैंने ख़ुद से कहा कि अगर मैं इस खेल

को खेलना शुरू करती हूँ तो मुझे अपने देश के लिए खेलना होगा। यह वह समय था जब से मैंने खेल को गंभीरता से लेना शुरू किया और इसमें अपना करियर बनाने का फ़ैसला किया।''

हम सबको भी अपने करियर की शुरुआत कहीं न कहीं से करनी होती है आवश्यकता है केवल शुरुआत करने की।

अवसरों के कुछ उदाहरण आपको ज़िंदगी में देखने को मिल जायेंगे जैसे कि कई महान क्रिकेटर टीम में तब सेलेक्ट किये गए जबकि कोई खिलाडी चोटिल हो गया था, कुछ महान अभिनेताओं को पहला मौक़ा तब मिला जबकि संबंधित अभिनेता शूटिंग के लिए नहीं आया, कुछ गायकों को भी अपनी महानता बताने का मौक़ा तब मिला जब किसी ख़ास गायक के नहीं आने पर दर्शक स्टेज पर चप्पलें फेंकने लगे थे और इवेंट मैनेजर ने आग्रह किया कि आपमें से कोई गाना जानता हो तो दर्शकों को संभाल ले। इसलिए सबसे महत्वपूर्ण बात यह है कि अपने हुनर का जलवा दिखाने के लिए हमेशा तैयार रहो और विश्वास रखो कि ज़िंदगी ज़रूर मौक़ा देगी।

जब भारत में नोटबंदी होने से लोग पेमेंट के लिए परेशान होने लगे तो डिजिटल पेमेंट वाली कंपनियों जैसे कि *पे टी एम* या *फ़ोन पे* को मिला अवसर क्रान्तिकारी सिद्ध हुआ। इसी प्रकार कोविड-19 के चलते वर्क फ़्रॉम होम होने से zoom, google meet या webinar जैसी कंपनियों को ज़बरदस्त उछाल मिला है।

नरेंद्र हिरवानी को भारतीय टीम में 1988 वेस्ट इंडीज के ख़िलाफ़ आख़िरी टेस्ट में मद्रास में मौक़ा मिला और उन्होंने विवियन रिचर्ड्स को बोल्ड करने के साथ ही 61 रनों पर 08 विकेट लेकर इतिहास रच दिया। हिरवानी इतने पर ही नहीं रुके और दूसरी पारी में भी 08 विकेट लिए और इस प्रकार उस टेस्ट में 33.5 ओवर में 136 रन देकर 16 विकेट लेकर वो कारनामा अपने पदार्पण टेस्ट में कर दिखाया जिसे वेस्ट इंडीज कभी नहीं भूल सकता।

सुनील गावस्कर को जब मुंबई की ओर से अजीत वाडेकर के चोटिल होने के बाद टीम में चुना गया तो उस समय वे अपनी क्रिकेट किट साथ नहीं ले गए थे और दूसरों से बैट मांगकर सेंचुरी ठोक दी और हीरो बन गए।

दुनिया के सर्वकालिक महान बल्लेबाज़ **डॉन ब्रेडमैन** ने प्रोफ़ेशनल ट्रेनिंग लिए बिना पहला शतक 12 वर्ष की आयु में बोरल पब्लिक स्कूल की ओर से बनाया था। आपको आश्चर्य होगा कि वे टीम के स्कोरर थे और बैट्समैन की ज़रूरत होने पर उन्हें मौक़ा मिला था।

1983 में सुभाष घई की फ़िल्म हीरो का गीत 'तू मेरा हीरो है' की डबिंग **अनुराधा पोडवाल** ने की थी और इस गाने को बाद में लता मंगेशकर गाने वाली थीं लेकिन संगीतकार लक्ष्मी कांत प्यारेलाल को अनुराधा का गाना इतना पसंद आया कि उन्होंने न केवल यह गीत फ़िल्म में रखा बल्कि फ़िल्म के सारे गाने अनुराधा से गवाए और अनुराधा पोडवाल स्टार बन गयीं।

भारतीय फ़िल्मों में गायन की बात **मुहम्मद रफ़ी** के बिना अधूरी है। 12 साल की आयु में एक फ़कीर के गाने से प्रेरित होकर गायन करने वाले और सुबह सबेरे जागकर रियाज़ करने वाले पाकिस्तान के पंजाब में पैदा हुए रफ़ी को छोटे गुलाम अली खां और अब्दुल वाहिद खान से सीखने का मौक़ा मिला लेकिन उनके पहले स्टेज प्रोग्राम का क़िस्सा प्रसिद्ध है। हुआ यूँ कि *रफ़ी अपने बड़े भाई हमीद के साथ कुंदन लाल सहगल का एक स्टेज कार्यक्रम देखने गए थे लेकिन बिजली की सही व्यवस्थाएं नहीं होने से सहगल ने परफ़ॉर्म करने से मना कर दिया और ऐसे मौके पर रफ़ी के बड़े भाई ने आयोजकों से कहा कि आप चाहें तो रफ़ी को गाने का मौक़ा दे दें वह दर्शकों को संभाल लेंगे और रफ़ी को स्टेज पर परफ़ॉर्म करने का अवसर मिल गया।* इसके बाद फ़िरोज़ निज़ाम ने उन्हें लाहौर रेडियो स्टेशन पर मौक़ा दिला दिया और 13 साल की उम्र में संगीतकार श्याम सुन्दर के कहने पर वे मुंबई आ गए।

आराधना फ़िल्म के गाने **एस डी बर्मन** रफ़ी साहब से गवाना चाहते थे लेकिन रफ़ी साहब के हज पर जाने से आर डी बर्मन के अनुरोध पर उन गानों को **किशोर कुमार** ने अमर कर दिया।

अभिनेता धर्मेंद्र, राजेश खन्ना और गायक महेंद्र कपूर को कम्पटीशन के आधार पर सफलताएँ मिली थीं

हेमामालिनी ने एक इंटरव्यू में बताया कि दिल आशना है फ़िल्म में आमिर और अक्षय के मना करने के बाद फ़ौजी सीरियल के अभिनय के

आधार पर **शाहरुख़ खान** को अवसर दिया था और वे इसके बाद दीवाना फ़िल्म से लगातार आगे बढ़ते गये। और बॉलीवुड के बादशाह बन गये।

आपको अवसर कभी भी और कहीं भी मिल सकता है। विश्वास नहीं है तो **मर्लिन मुनरो** की ज़िंदगी को पढ़ें –

माँ की मानसिक बीमारी के कारण नॉर्मा जीन को अनाथालय में अपना बचपन बिताना पड़ा, वे बचपन में हकलाती थीं और जब 16 साल की हुईं तो पड़ोस में रहने वाले जेम्स डोगरटी से शादी कर ली लेकिन जेम्स मर्चेंट नेवी में शामिल हो गए तब *आर्थिक समस्याओं का सामना करने के कारण कैलिफ़ोर्निया के बरबैंक के एक कारख़ाने में नोर्मा काम करने लगी। एक दिन जब प्रेस फ़ोटोग्राफ़र डेविड कोनोवर कारखाने में काम करने वाली महिलाओं को कवर कर रहे थे तो उनकी निगाह नोर्मा जीन की ख़ूबसूरती और फ़ोटोज़ेनिक फ़ेस पर आ कर ठहर गयी और नोर्मा मॉडल बन गयीं।* फिर क्या था 18 वर्ष की आयु में अपने पति से तलाक़ लेकर अभिनय सीखना शुरू किया और उन्होंने मर्लिन मुनरो नाम से ट्वेंटिएथ सेंचुरी फ़ॉक्स से फ़िल्मों के लिए अनुबंध कर लिया। टॉम केली के द्वारा खींचे गए एक न्यूड फ़ोटो के बदले मर्लिन को केवल 50 डॉलर मिले और केली ने मय निगेटिव फ़ोटो को 500 डॉलर में प्ले बॉय मैगज़ीन को बेचकर मर्लिन मुनरो को सनसनी बना दिया।

सुंदरता का मानदंड बन चुकीं मधुबाला के दिल में जन्म से ही छेद था, लेकिन यह उनकी ज़िंदगी की राह में कभी आड़े नहीं आया। 36 वर्ष की उम्र में इस दुनिया को अलविदा कह चुकीं मधुबाला को मशीनरी मरमर नाम की बीमारी थी।

केवल 31 वर्ष की ज़िंदगी में अपने अभिनय की अमिट छाप छोड़ने वाली **स्मिता पाटिल** ने कॉलेज की पढ़ाई पूरी करने के बाद मराठी टेलीविज़न में बतौर **समाचार वाचिका** काम किया। इसी दौरान उनकी मुलाक़ात जाने माने फ़िल्म निर्माता–निर्देशक श्याम बेनेगल से हुई। श्याम बेनेगल उन दिनों अपनी फ़िल्म 'चरणदास चोर' (1975) बनाने की तैयारी में थे। श्याम बेनेगल को स्मिता पाटिल में एक उभरता हुआ सितारा दिखाई दिया और उन्होंने अपनी फ़िल्म में स्मिता पाटिल को एक छोटी–सी भूमिका निभाने का अवसर दिया। इसके बाद उन्होंने कभी पीछे मुड़कर नहीं देखा।

वे बॉलीवुड की इकलौती सफल कलाकार थीं जो व्यावसायिक और कलात्मक फ़िल्मों में समान रूप से सफल रहीं।

एम टी वी में वीडियो जॉकी का काम कर रही मलाइका अरोड़ा को छैंया-छैंया गाने से शोहरत मिली थी। एक इंटरव्यू में कोरियोग्राफ़र सरोज खान ने कहा था कि उस समय तक वे मलाइका से नहीं मिली थीं और शिल्पा शेट्टी, रवीना टंडन जैसी अभिनेत्रियों के द्वारा मना करने पर फ़िल्म 'दिल से' के इस गीत को मलाइका को शूटिंग से दो दिन पहले ही अप्रोच किया गया था। इस गाने ने मलाइका की क़िस्मत बदल दी।

वकील पिता के दवाब के कारण **अशोक कुमार** ने वकालत की पढ़ाई करने का प्रयास किया लेकिन फ़ेल हो जाने से वे मुंबई में अपने बहनोई शशिधर मुखर्जी के पास पहुँच गए जो कि मुंबई टॉकीज़ में टेक्नीकल डिपार्टमेंट में सीनियर पोज़ीशन पर थे। फिर एक दिन क़िस्मत ने पलटा खाया जब फ़िल्म 'जीवन नैया' के हीरो नजमुल हसन अपनी हीरोइन देविका रानी को लेकर भाग गए और इससे फ़िल्म के प्रोड्यूसर और देविका रानी के पति को तगड़ा झटका लगा। इस घटना के बाद देविका रानी के नए हीरो बने लैब असिस्टेंट कुमुदलाल गांगुली जिनका नया नाम रखा गया अशोक कुमार जिन्होंने आगे चलकर फ़िल्म जिद्दी से देवानंद प्राण,फ़िल्म नीलकमल से राजकपूर और फ़िल्म महल से लता मंगेशकर की ज़िंदगी बदल दी।

ब्रिटिशकाल में 1860 में भारत का पहला बजट पेश करने वाले **जेम्स विल्सन** टोपी बेचने का काम करते थे और अर्थशास्त्र की विधिवत तालीम के बिना शौक़िया तौर पर अर्थशास्त्र के बारे में लिखते थे और उन्होंने **द इकोनॉमिस्ट** की शुरुआत की।

मदर इंडिया में बिरजू के रोल के लिए दिलीप साहब के मना कर देने पर सुनील दत्त को महबूब ने मौक़ा दिया।

फ़िल्म अभिनेता अमोल पालेकर फ़िल्मों में आने से पहले एक बैंक में क्लर्क की नौकरी करते थे और रात में फ़ुरसत के पलों में पेंटिंग का काम करते थे। उन्होंने मुंबई के जे जे स्कूल ऑफ़ फाइन आर्ट्स से पढ़ाई की थी और संयोग से एक्टर बन गए।

आपने देखा होगा कि कुछ लोगों के पीछे अवसर दौड़ते हैं और वे उन में से सर्वश्रेष्ठ का चुनाव करते हैं जबकि कुछ लोग अवसर ढूंढते रहते हैं

और वे हाथ नहीं आते। आपने कभी सोचा है कि ऐसा क्यों होता है? जो लोग दूरदर्शी, जागरूक और भविष्य की सम्भावना को पहचानने तथा पहल करने की क्षमता रखते हैं उन्हें कभी अवसर खोजने नहीं पड़ते लेकिन जो लोग अवसरवादी, बिना किसी उद्देश्य के, अनुशासनहीन, लकीर के फ़क़ीर होते हैं उन्हें इंटेलिजेंट, मेहनती और लगनशील होने के बाद भी अवसर दिखाई नहीं देते।

सुधा मूर्ति इलेक्ट्रिकल एन्ड इलेक्टॉनिक्स इंजीनियरिंग डिग्री में गोल्ड मेडल प्राप्त कर इंडियन इंस्टिट्यूट ऑफ़ साइंस से कंप्यूटर साइंस में एम टेक कर रहीं थीं और उन्हें अमेरिका जाने के लिए स्कालरशिप भी मिल गयी थी लेकिन उन्होंने टेल्को कंपनी का 1500 रूपये महीने तनख्वाह पर ब्राइट यंग इंजीनियर्स की भर्ती का विज्ञापन देखा जिसमे लिखा था कि *महिलाओं को आवेदन देने की ज़रूरत नहीं है।* यह देखकर सुधा को गुस्सा आ गया और उन्होंने एक पोस्टकार्ड जे आर डी टाटा को लिखकर बताया कि उनकी सोच पिछड़ी है। टाटा ने अपने सबऑर्डिनेट्स को सुधा का स्पेशल इंटरव्यू लेने का आदेश दिया और सुधा मूर्ति टेल्को की पहली इंजीनियर चुन ली गयीं लेकिन वे तो अमेरिका जाना चाहती थीं तब अपने पिता की सलाह पर उन्होंने टेल्को ज्वाइन किया जहाँ उनकी मुलाक़ात नारायण मूर्ति से हुयी। जब नारायण मूर्ति ने पुणे में इन्फ़ोसिस बनाई तो सुधा मूर्ति ने टेल्को की नौकरी छोड़ दी। जे आर डी टाटा की कही गई बात उन्हें प्रेरित करती है कि आप सम्पत्ति के केवल ट्रस्टी हो इसलिए जितना हो सके इसे समाज को लौटाते रहो।

आपदा भी एक अवसर है – आपने देखा होगा कि जब हम आपात स्थिति में होते हैं तो हमारी शक्ति कई गुना बढ़ जाती है जैसे कि यदि आपके सामने शेर आ जाये तो भले ही आप दौड़ न लगाते हों लेकिन उस समय आप शायद इतनी तेज़ दौड़ेंगे कि उसेन बोल्ट की भी बराबरी कर लें। ऐसा क्यों होता है कि आपातकाल में हम असाधारण कारनामे कर जाते हैं? इसका एक आसान सा जवाब यह है कि उस समय हमारे सामने अस्तित्व का संकट होता है और यदि हम एक क्षण भी चूके तो हमारा जीवन समाप्त होने की सम्भावना सौ प्रतिशत होती है। आपात काल में हमारी इन्द्रियों को वो सब दिख जाता है जो होने वाला है क्योंकि उस समय हमारी क्षमता अतीन्द्रिय मतलब इन्द्रियों के पार चली जाती है।

सीने में ग़र आग हो तो अवसर मिल ही जाते हैं- आइये तीन कहानियाँ पढ़ते हैं जिन्होंने अवसर खोजकर भारतीय सिनेमा में स्टार की परिभाषा ही बदल दी। फगवाड़ा में एक शिक्षक के बेटे **धर्मेंद्र** का पढ़ाई में मन नहीं लगता था। जब उन्होंने अपने जीवन में सबसे पहली फ़िल्म दिलीप कुमार की शहीद देखी तो वे 13-14 साल के रहे होंगे और सुरैया की फ़िल्म दिल्लगी तो इतनी अच्छी लगी कि 40 बार देख डाली। स्कूल की कहकर टॉकीज़ पहुँच जाते। कैसे भी करके हाई स्कूल पास किया और रेलवे में क्लर्क बन गए। शौक़ था फ़िल्मों में काम करने का तो माँ ने एक बार कह दिया कि एप्लीकेशन क्यों नहीं भेज देता। उन्हीं दिनों विमल रॉय और गुरुदत्त ने अख़बारों में एक इश्तिहार दिया फ़िल्म फ़ेयर टैलेंट हंट ऑडिशन का। फिर क्या था धर्मेंद्र तत्काल मलेरकोटला चल दिए अपनी फ़ोटो खिंचवाने जहाँ जान मुहम्मद नाम के फ़ोटोग्राफ़र ने उनकी फ़ोटो खींची और धर्मेंद्र ने एप्लीकेशन भेज दी। दो महीने बाद ऑडिशन में वे सेलेक्ट हो गए। बिमल रॉय ने उन्हें बंदिनी के लिए कास्ट कर लिया लेकिन इससे पहले बंदिनी रिलीज़ हो पाती मुंबई में उन पर 1960 में अर्जुन हिंगोरानी की निगाह पड़ी और फ़िल्म दिल भी तेरा हम भी तेरे के हीरो के लिए 51 रूपये में साइन कर लिया लेकिन फ़िल्म चली नहीं। संघर्ष के दौरान अपने कजिन भगवंत के साथ वर्सोवा में एक गैराज में रहने लगे। रंजीत के बाहर बेंच पर खुली आँखों से सपने देखने में दिल्ली से आये मनोज कुमार ने संघर्ष के दिनों में इनका बहुत साथ दिया। जुहू के एक कमरे में रहा करते थे।

धर्मेंद्र ने एक इंटरव्यू में एक क़िस्सा बताया था- उस दिन मेरे पास बिलकुल पैसे नहीं थे और मुझे एक गाने की रिकॉर्डिंग करना थी जिसके बोल थे 'मुझको इस रात की तन्हाई में आवाज़ न दो'। मैं यह सोचकर शूटिंग के लिए भूँखा ही निकला कि प्रोड्यूसर से कुछ पैसे मांग लूँगा लेकिन दुर्भाग्य से उस दिन प्रोड्यूसर शूटिंग में नहीं आये। गाना कम्पलीट करके मैं पैदल अपने कमरे पर पहुँचा और उस दिन मुझे खाना नहीं मिला था।

हिंदुस्तानी फ़िल्मों के पहले सुपर स्टार **जतिन खन्ना** के पिता एक स्कूल में हेड मास्टर थे लेकिन इनके एक नज़दीकी रिस्तेदार ने इन्हे गोद ले लिया और ये मुंबई आ गए। स्कूल में नाटक में हिस्सा लेने का इन्हें शौक़ था। सेंट सेवेस्टियन हाई स्कूल में इनकी दोस्ती रवि कपूर (जीतेन्द्र) से

हो गयी। कॉलेज के दिनों में एक कम्पटीशन के दौरान जज ने इन्हें फ़िल्मों में ट्राई करने का सुझाव दिया। *इनके अंकल के के खन्ना ने इनका नाम जतिन से राजेश खन्ना कर दिया। यूनाइटेड फ़िल्म प्रोड्यूसर्स के टैलेंट हंट कम्पटीशन को जीतकर इन्हें बड़े-बड़े डायरेक्टर्स के सामने आने का मौक़ा मिला।* 1966 में चेतन आनंद ने आख़िरी खत फ़िल्म में मौक़ा दिया जो कि ऑस्कर में बेस्ट फ़ॉरेन लैंग्वेज कैटेगरी में शामिल होने वाली भारत की पहली फ़िल्म थी लेकिन शक्ति सामंत की आराधना के रिलीज़ तक वे स्टार नहीं बन सके थे।

स्यालकोट में जन्मे पढ़ाई करके पीएचडी की डिग्री लेने वाले **डॉ राजेंद्र कुमार** तुली को फ़िल्मों में काम करने को लेकर जुनूनी चाहत थी तो एक दिन 63 रूपये में पिता की दी हुई घड़ी बेचकर फ्रंटियर मेल से 13 रूपये में टिकट कटाकर मुंबई की ओर चल दिए। संघर्ष के बाद HS रावल ने इन्हे असिस्टेंट डायरेक्टर के रूप में ब्रेक दिया। 05 साल संघर्ष के बाद केदार शर्मा की फ़िल्म जोगन में इन्हें एक मामूली रोल मिला लेकिन प्रोड्यूसर देवेंद्र गोयल की निगाह इन पर पड़ गयी और इन्हें वचन फ़िल्म के लिए 1500 रूपये में साइन किया। इसके बाद मदर इंडिया मिली और इनकी क़िस्मत बदल गयी।

अवसर के प्रति सचेत रहना भगवान शंकर से सीखा जा सकता है।

भगवान शंकर के गले में पड़ा साँप हमे हमेशा जागरूक रहने की प्रेरणा देता है क्योंकि गले में साँप पहनकर कोई भी व्यक्ति निश्चिन्त नहीं रह सकता। साँप एक अवसर की तरह भी होते हैं। जब ऐसे अवसर आसपास हों तो कोई कैसे सो सकता है और जब अवसर एक बार हाथ से निकल जाते हैं तो फिर कुछ हाथ नहीं आता।

20

आपके आलोचक हों तो आस-पास चीयरलीडर्स भी रखें

आप जो माहौल चुनते हैं, उसके बारे में सावधान रहें, क्योंकि यह आपको अपने में ढाल लेगा; आप जो मित्र चुनते हैं, उनके बारे में सावधान रहें, क्योंकि आप उन्हीं जैसे बन जाएँगे।

-डब्ल्यू. क्लीमेंट स्टोन

मुझे अपने तिरेपन वर्ष के जीवन में जो एक बात सबसे महत्वपूर्ण लगी वह थी अपने आप को नेगेटिविटी से बचा के रखना। यह काम बहुत कठिन नहीं है लेकिन सचेत रहकर ही किया जा सकता। आप मेरी इस बात से सहमत होंगे कि प्रतिदिन आपके सामने भी मेरी तरह दस-पंद्रह अवसर ऐसे आते होंगे जब आपको किसी की कही गयी बात, आलोचना या फालतू की बकवास मूड अपसेट कर देती होगी। ऐसी परिस्थिति में मुझे लगता है कि आपको आगे लिखे तीन काम करना चाहिए -

1. यदि सम्भव हो तो उस स्थान से हट जाएँ। यदि ऐसा न कर सकें तो उस स्थान से मानसिक रूप से हटकर अपना ध्यान दूसरी बातों पर लगा दें।
2. प्रतिदिन एक्सरसाइज़ करें और इसके बाद कम से कम पंद्रह-बीस मिनट ध्यान में बैठें। अपने दिन की शुरुआत और अंत किसी महापुरुष

के जीवन को पढ़कर, देखकर या सुनकर करें। सभी धार्मिक पुस्तकें मन की शांति को बढ़ाती हैं इसलिए आप जिस भी धर्म को मानते हों उनकी पुस्तकें अवश्य पढ़ें।

3. अपनी हॉबी को समय देकर कुछ क्रिएटिव जरूर करें और जैसे ही वक़्त मिले बच्चे की तरह बन कर अपनी मस्ती में डूब जाएँ।

यदि जीवन में आगे बढ़ना है तो नकारात्मकता से निबटना सीखना होगा. **एलेनोर रूजवेल्ट** के इस कथन को अपने दिल पर लिख लें- *आपकी सहमति के बिना कोई भी आपको हीन महसूस नहीं करा सकता।*

टेड टर्नर के 24 घंटे चलने वाले न्यूज़ चैनल सीएनएन को आलोचकों ने चिकन नूडल नेटवर्क कहा था। 1943 में आईबीएम के अध्यक्ष थॉमस वॉटसन ने कहा था कि संसार में संभवत 5 कंप्यूटर बिक सकते हैं उनके कहने का मतलब यह था कि कंप्यूटर आम लोगों के काम का नहीं है। डिजिटल इक्विपमेंट कॉरपोरेशन के संस्थापक कैन ओलसन ने भी कहा था की ऐसी कोई वजह नहीं है कोई व्यक्ति अपने घर में कंप्यूटर चाहे। *एप्पल ने पहले साल में केवल 175 कंप्यूटर बेचे थे। इसके संस्थापकों ने कमोडोर अटारी और एच.पी को एक लाख डॉलर में कम्पनी बेचने के साथ-साथ यह प्रस्ताव रखा था कि वे स्टीव जॉब्स, वोज़नियाक और उसके एक साथी को 36 हज़ार डॉलर की तनख्वाह पर नौकरी में रख लें लेकिन कोई कम्पनी ख़रीदने को तैयार नहीं हुई।* जब ग्राहम बेल ने अपने टेलीफ़ोन के आविष्कार को प्रदर्शनी में रखा तो किसी ने इसे महत्वपूर्ण नहीं माना था। प्रख्यात बैंकर जेपी मॉर्गन ने तो साफ़-साफ़ कह दिया था कि आपका टेलीफ़ोन के आविष्कार का कोई व्यावसायिक मूल्य नहीं है। स्टैनफ़ोर्ड यूनिवर्सिटी के प्रोफ़ेसर जिम क्लार्क के द्वारा बनाए गए ज्यामिति इंजन जिसे आगे चलकर 3D इंजन कहा गया को ख़रीदने में जब किसी ने रुचि नहीं ली तब जिम क्लार्क ने नौकरी छोड़कर सिलिकॉन ग्राफ़िक्स नामक कंपनी बनाई उनके द्वारा की गई खोज के आधार पर जुरासिक पार्क और टर्मिनेटर तो जैसी फ़िल्में बन पाई। हयू हेफ़नर ने मर्लिन मुनरो के कैलेंडर के साथ जब पहली बार प्लेबॉय पत्रिका निकाली तो उन्होंने उस पर प्रकाशन की तारीख़ नहीं डाली थी क्योंकि हेफनर को लगा था की पता नहीं दूसरी बार यह कब

छपेगी। इस पत्रिका को छापने के लिए उन्होंने चिल्ड्रंस एक्टिविटीज पत्रिका की अपनी जमी जमाई नौकरी छोड़ दी थी। नौकरी छोड़ते समय उनके मैनेजर ने उन्हें साफ़ शब्दों में कहा था कि अगर तुम नाकामयाब हो गए तो तुम्हारे पास जूते बाँधने का लेस भी नहीं बचेगा।

जब **रूथ हैंडलर** अपनी बार्बी डॉल की बिक्री का प्रस्ताव लेकर अपने पति की कंपनी मेटल कॉर्पोरेशन में गई तो संचालक मंडल ने कहा था इस तरह की गुड़िया कभी लोकप्रिय नहीं होगी और यह बहुत महंगा प्रयोग है। *सर्च इंजन गूगल को बनाने के बाद सर्गेई ब्रिन और लैरी पेज इसे बेचने का प्रस्ताव* लेकर बड़ी-बड़ी कंपनियों के पास गए जब कोई बड़ी कंपनी इसे ख़रीदने को तैयार नहीं हुई तो 7 सितंबर 1998 को उन्होंने ख़ुद अपनी कंपनी बना ली। *फ़ोटोकॉपियर मशीन की तकनीक का सफल परीक्षण करने के बाद कार्लसन* अपने शुरुआती *फ़ोटोकॉपियर* को लेकर आईबीएम, कोडक और आरसीए जैसी 20 बड़ी कंपनियों के पास गए। उन्होंने इन कंपनियों को अपनी मशीन बेचने की कोशिश की लेकिन किसी ने भी उनकी मशीन को महत्वपूर्ण नहीं माना था। इन लोगों का कहना था कि जब कार्बन पेपर इतना सस्ता है तो इतनी महँगी मशीन से फ़ोटो कॉपी कौन करवाएगा। जब **एडिसन** ने विद्युत बल्ब के आविष्कार के बाद आम लोगों को बिजली पहुँचाने के लिए प्रयास किया तो उन्हें विद्युत वितरण के लिए विशाल नेटवर्क की ज़रूरत थी। जब बैंकरो और निवेशकों ने इस काम के लिए पूँजी देने से इनकार कर दिया तो एडिसन ने 90% पूँजी अपनी जेब से लगाई। उन्होंने ख़ुद विद्युत वितरण की मशीनों का उत्पादन करने वाली फ़ैक्ट्री स्थापित की और जनरल इलेक्ट्रिक जैसी विशाल कंपनी की स्थापना की। बिल लियर से नामी इंजीनियरों ने साफ़ कह दिया था कि उनका जेट उड़ नहीं सकता। लियर ने उसे उड़ा कर दिखा दिया। इसी तरह आईबीएम, इंटेल, एचपी, अटारी और कई अन्य कंपनियों ने भविष्यवाणी कि थी की पर्सनल कंप्यूटर कभी लोकप्रिय नहीं हो सकते और एप्पल का पर्सनल कंप्यूटर तो कभी नहीं बिक पाएगा। स्टीव जॉब्स और स्टीव वोज़नियाक ने उनकी एक नहीं सुनी और इतिहास रच दिया। जेरॉक्स पार्क रिसर्च लैब ने पाउलो ऑल्टो में 1970 के दशक में अल्टोस नाम का पर्सनल कंप्यूटर बना लिया था जो मैकिनटोश जैसा था अगर इसे बाज़ार में उतार दिया जाता

तो यह एप्पल के मैकिनटोश से 8 साल पहले बाज़ार में आ जाता लेकिन जेरॉक्स ने अपने कंप्यूटर को बाज़ार में नहीं उतारा क्योंकि मैनेजमेंट किसी नए प्रोडक्ट को बाज़ार में उतारने का जोखिम नहीं लेना चाहता था जिसकी सफलता संदिग्ध थी। जब जेफ़ बेजॉस ने डी ई सॉ एंड कंपनी की नौकरी छोड़ दी और अपनी पत्नी के साथ एक अनजान शहर सिएटल की तरफ़ चल दिए तो आलोचक कह रहे थे कि बेजोस की सफलता की संभावना बहुत कम है क्योंकि जिस दिन बार्न्स एंड नोबल नामक मशहूर बुक स्टोर अपनी वेबसाइट शुरू करेगा वे बर्बाद हो जाएँगे। बोईंग के द्वारा बनाए गए दो विमान के मॉडल को अमेरिकी नौसेना के द्वारा अस्वीकृत कर दिया गया था लेकिन उन्होंने मैदान नहीं छोड़ा। सोनी कंपनी के मालिक अकियो मोरिटा को अपने वॉकमैन पर इतना विश्वास था कि उन्होंने कहा था कि अगर वॉकमैन बाज़ार में सफल नहीं हुआ तो वे अध्यक्ष का पद छोड़ देंगे। रोलिंग की पहली किताब सिर्फ़ दो हज़ार पौंड में बिकी थी।

ज़िंदगी में तब तक आप सफल नहीं हो सकते जब तक कि आप प्रोत्साहन देने वाला एक व्यक्ति न ढूंढ लें या दूसरे शब्दों में आप पर एक ऐसे व्यक्ति की निगाह न पड़ जाये जो आप पर भरोसा करता हो। उदाहरण के लिए जब **सचिन तेंदुलकर** स्कूल में पढ़ते हुए क्रिकेट खेल रहे थे और उन्हें सर्वश्रेष्ठ क्रिकेटर का अवार्ड नहीं मिला तो वे निराश हो गए थे। यह बात उन्होंने सुनील गावस्कर के 34 शतकों का रिकॉर्ड तोड़ने के बाद कही थी। उन्होंने बताया कि मायूसी के उस दौर में उन्हें तब प्रोत्साहन मिला जब सुनील गावस्कर से उन्हें बैटिंग पैड की जोड़ी मिली। उन पेड्स को वे आज तक सबसे अनमोल उपहार मानते हैं।

यहाँ मैं उन लोगों से आग्रह करना चाहूँगा कि *जब भी किसी बच्चे से मिलें तो उसे केवल और केवल प्रोत्साहित करें और भूल कर भी उसे भयभीत होने, डरने, चिंतित होने और प्रयास छोड़ने के लिए न कहें क्योंकि आपका प्रोत्साहन पाकर वह बच्चा हो सकता है कि अब्दुल कलाम, विराट कोहली या अक्षय कुमार बन जाये।*

अक्षय कुमार ने अमिताभ बच्चन को इंडियन फ़िल्म पर्सनालिटी ऑफ़ द ईयर पुरुस्कार के लिए आयोजित कार्यक्रम में एक क़िस्सा शेयर किया कि यह घटना 1980 की है जब अमितजी कश्मीर में किसी फ़िल्म की शूटिंग

कर रहे थे और वह उन्हें अपने मम्मी-पापा के साथ देखने गए थे उसी दौरान पिता के आग्रह पर वे अमित जी से ऑटोग्राफ़ लेने गए तो देखा कि अमित जी उस समय अंगूर खा रहे थे। अमिताभ ने न केवल अक्षय को ऑटोग्राफ़ दिया बल्कि अंगूर का एक बड़ा गुच्छा भी 13 साल के अक्षय को दिया था। उसी दौरान उन्होंने एक वाकया बताया कि जब वे क़ीमत फ़िल्म की शूटिंग कर रहे थे तो उन्होंने देखा कि शूटिंग देखने वालों में एक बच्चा छोटी हाइट और धक्का मुक्की के कारण अच्छे से देख नहीं पा रहा और रोने लगा था तो उन्होंने भीड़ से उस बच्चे को अलग बुलाकर उसके साथ फ़ोटो खिंचवाया था। आप भी उस बच्चे का नाम जानना चाहेंगे, तो मैं आपको बता दूँ वह बच्चा अभिनेता **रणवीर सिंह** थे। जिनके बारे में कहा जाता है कि वे 500 ऑडीशन में रिजेक्ट हुए थे।

नकारात्मक माहौल के बीच आशा की एक किरण आपको जीवन प्रदान कर देती है इसका सबसे अच्छा उदाहरण *अशोक वाटिका में राक्षसी स्त्रियों के बीच घिरे होने पर देवी सीता का त्रिजटा के द्वारा मनोबल बनाये रखने का प्रयास* है। जब सीता जी विरह वेदना और रावण के अत्याचारों से दुखी होकर मरने की बात करती हैं तब त्रिजटा ही इकलौती आस थी जिसने सीता का हौसला मज़बूत रखा। मानव के जीवन में कई बार ऐसी परिस्थितियाँ आ जाती हैं जब परछाईं भी साथ छोड़ने लगती है तब स्वयं को प्रेरित रखने के लिए ख़ुद को संयमित रखना और कोई मज़बूत सहारा ढूँढ़ना महत्वपूर्ण है। यदि आपका लक्ष्य विशाल है तब छोटी-छोटी सफलताएँ आपके अंदर सफल होने का विश्वास क़ायम रखती हैं।

अपने करियर में 1281 गोल करने वाले **पेले** की प्रतिभा को फुटबॉल के सितारे *वाल्डीमार डी ब्रिटो* द्वारा पहचाना गया था। बोरू, साओ पॉलो में ग़रीबी में पले-बढ़े पेले ने चाय की दुकानों में नौकरी करके अतिरिक्त पैसा कमाया। उनके कोच द्वारा खेलना सिखाए जाने के समय वे एक अच्छा फुटबॉल ख़रीदने का ख़र्च वहन नहीं कर सकते थे और सामान्यतः मोजे में अख़बार को ठूँसकर, उसे रस्सी से बाँध कर, उसकी फुटबॉल बनाकर खेला करते थे। 1956 में, डी ब्रिटो पेले को पेशेवर क्लब सांटोस फुटबॉल क्लब में दाखिल कराने ले गए थे जहाँ उन्होंने निदेशकों को बताया कि 15

वर्ष का पेले विश्व का सबसे महान फुटबॉल खिलाड़ी बनेगा। आगे चलकर ऐसा ही हुआ और पेले के साथ-साथ 10 नंबर की जर्सी भी अमर हो गयी। *लिओनेल मैसी को ग्रोथ हार्मोन डेफ़िसिएंसी सिंड्रोम था जिसके कारण लम्बाई नहीं बढ़ रही थी लेकिन उनकी दादी चाहती थीं कि मेसी फुटबॉल खेलें इसलिए जब उनकी दादी की मृत्यु हुई तब बालक मेसी बहुत दुखी हो गए थे।*

मिठाई में लिपटे अख़बार में छपी कहानी भी आपकी ज़िंदगी बदल सकती है – पापा बाहर रहते थे। एक बार वे मिठाई लेकर आए। उसी बॉक्स में एक अख़बार का टुकड़ा था, जिस पर मोहम्मद अली की स्टोरी थी। फिर उसे पापा ने पढ़कर सुनाया। मुझे वहीं से इस खेल के बारे में पता चला। मैं आज भी मोहम्मद अली की फैन हूँ और उन्हें देखकर लॉन्ग डिस्टेंस से खेलने की कोशिश करती हूँ। यह बात भारतीय ओलम्पिक ब्रॉन्ज मेडलिस्ट लवलीना बोरगोहेन ने एक इंटरव्यू में बताई। वे बॉक्सिंग से पहले मार्शल आर्ट्स सीख रही थीं। बॉक्सिंग के कुछ सबक उन्होंने मेरीकॉम से भी सीखे हैं।

अजय देवगन सिर्फ़ 23 साल के थे और ये सोचकर परेशान थे कि वो हीरो का रोल कैसे करेंगे। उन्होंने जैसे ही अपने दोस्तों को बताया कि वो हीरो बनने वाले हैं तो हर कोई ज़ोर-ज़ोर से हँसने लगा। *अजय देवगन दोस्तों ने कहा- तू हीरो बनेगा?* इन्हीं दोस्त में खड़ी एक लड़की ने कहा, *तू एक दिन स्टार बनेगा। वो लड़की फ़राह खान थी।* 84 साल की उम्र में हमें अलविदा कहने वाले गायन, वादन, नृत्य के लीजेंड अत्यंत प्रतिभावान और महज 09 साल की उम्र में पिता के श्राद्ध के लिए दो जगह नाचकर पैसे जुटाने वाले ब्रजमोहन मिश्र (बचपन का नाम दुखहरण) पर कपिला वात्स्यायन की दृष्टि पड़ी और वे उन्हें दिल्ली ले आयीं अन्यथा बिरजू बिंदादीन की ड्योढ़ी पर ही नाचते रहते और **बिरजू महाराज** शायद ही बन पाते? तेरह वर्ष की उम्र में तो वे भारत-भारती संस्था में नृत्य सिखाने लगे थे।

दिलचस्प बात ये है कि जिस फ़िल्म **भुवन शोम** के साथ मृणाल सेन ने आर्ट सिनेमा की दुनिया में क़दम रखा था, उस फ़िल्म में 27 साल के **अमिताभ बच्चन** ने अपनी आवाज़ दी थी। ये तो आपकी मर्जी है कि आप

उन्हें भला कहें या बुरा – इस लाइन के साथ अमिताभ ने मृणाल सेन की आइकॉनिक फ़िल्म भुवन शोम की ओपनिंग की थी। इस काम के लिए उन्हें 300 रुपए की सैलरी दी।

मृणाल ने अपने दोस्त ख़्वाजा अहमद अब्बास से इस बारे में बात की। मृणाल ने इंटरव्यू में बताया था – मैंने अब्बास से कहा कि अब्बास साहब, मैं एक फ़िल्म बना रहा हूँ और इस फ़िल्म में सभी लोग नए हैं। मुझे अपनी फ़िल्म में नेरेशन के लिए एक नई आवाज़ चाहिए। अगर मैं फिल्म्स डिवीज़न जाता हूँ तो मुझे प्रताप शर्मा जैसे लोग आसानी से मिल जाएँगे लेकिन मुझे ऐसी आवाज़ चाहिए जिसे पहले कभी किसी ने नहीं सुना हो। मृणाल सेन ने आगे बताया– उस समय अब्बास अपनी फ़िल्म सात हिंदुस्तानी की शूटिंग कर रहे थे और उनके टीम के कुछ लोग भी वहाँ मौजूद थे। उनके साथ एक लंबू (अमिताभ बच्चन) भी थे। उसने मुझसे कहा– मृणाल दा, आमी बांग्ला जाने, आमी कॉलकाते छीलो। वो कह रहा था कि मुझे बंगाली आती है और मैं कलकत्ता में रह भी चुका हूँ। मैंने उससे कहा कि तुम्हारी बंगाली अच्छी नहीं है लेकिन तुम्हारी आवाज़ बढ़िया है। मेरी फ़िल्म हिंदी में है, हाँ फ़िल्म का नाम बंगाली है और कैरेक्टर्स भी बंगाली हैं लेकिन फ़िल्म हिंदी है। मैं चाहता हूँ कि तुम मेरी फ़िल्म के नेरेशन के लिए अपनी आवाज़ दो। क्या तुम इतना कर सकते हो ?अमिताभ राजी हो गए। पुणे के फ़िल्म एंड टेलीविज़न इंस्टिट्यूट ऑफ़ इंडिया में ही मृणाल सेन ने पहली बार मिथुन चक्रवर्ती को भी देखा। फ़िल्म जर्नलिस्ट राम कमल मुखर्जी ने अपनी किताब मिथुनः द दादा ऑफ़ बॉलीवुड में मृणाल सेन और मिथुन की मुलाक़ात का क़िस्सा शेयर किया है। उन्होंने लिखा– 1974 में इंस्टिट्यूट के बैच की पासिंग आउट सेरेमनी में मृणाल की नज़र काले-घुंघराले बालों वाले लड़के पर पड़ी। उस लड़के का शरीर लंबा-चौड़ा था और वो अपने दोस्तों के साथ मस्ती कर रहा था। उन्होंने आगे लिखा– सेरेमनी में फ़िल्म इंडस्ट्री से जुड़े कई दिग्गज मौजूद थे लेकिन वहाँ किसी के होने या ना होने से मिथुन के स्वभाव में कोई फ़र्क़ पड़ता नहीं दिख रहा था। वहाँ ऋषिकेश मुखर्जी से मृणाल ने उनका नाम पता किया और ये भी कि वो बंगाली हैं। उस दौरान सेन अपनी फ़िल्म मृगया की प्लानिंग कर रहे थे। उन्होंने मिथुन का हुलिया बदलकर कास्ट कर लिया।

मैं आपको अगले अध्याय में जिम रॉन की सलाह के साथ ले चलना चाहूँगा-

आप उन पाँच लोगों का औसत हैं,
जिनके साथ आप सबसे ज़्यादा समय बिताते हैं।

-जिम रॉन

21

अपनी टीम का चयन करें

यदि आप विजेता बनना चाहते हों,
तो विजेताओं के साथ उठें-बैठें।

–क्रिस्टोफ़र डी. फ़रमैन

चाहे क्रिकेट का क्षेत्र हो, रिसर्च का या फ़िल्मों का, हम भले ही जीत का सेहरा किसी एक व्यक्ति के सिर पर बाँध दें लेकिन सच्चाई यह है कि पूरी टीम जीतती है। आप अकेले बहुत दूर तक नहीं जा सकते हैं इसलिए आपको सकारात्मक लोगों की टीम बनाना होगी।

यदि आप जीवन में कोई महान सृजन करना चाह रहे हैं तो अपनी टीम में हीरे-मोती की तरह चमकने वाले मेहनती, संघर्षशील, ईमानदार, आत्मविश्वासी लोग ढूँढिए और फिर चाहे कुछ भी हो जाए उन्हें टीम से मत हटाइए क्योंकि आपकी सफलता का तिलिस्म आपकी टीम में है, आप में नहीं।

जब भी टीम की बात याद करता हूँ तो मुझे मर्यादा पुरुषोत्तम श्री राम का स्मरण हो ही आता है। जब वे अयोध्या से चले तब उनके साथ भाई और पत्नी के अलावा कोई नहीं था लेकिन सबको साथ लेकर चलने की योग्यता ने उनकी टीम में सभी योग्यताओं के लोगों को शामिल कर लिया। निषादराज केवट, वानरराज सुग्रीव, रीछ राज जामवंत, गिद्ध राज जटायू ने उनका हर परिस्थिति में सहयोग किया। आप ध्यान देंगे तो समझेंगे कि एक

तरफ़ रावण की चतुरंगिणी सेना थी जिनके पास तमाम प्रकार के अस्त्र-शस्त्र थे दूसरी तरफ़ वानर, भालू जैसे जीवों की सेना थी जिनके पास अस्त्र-शस्त्र के नाम पर पत्थर और पेड़ थे। लेकिन राम जिस सेना का नेतृत्व कर रहे थे वह सत्य के रास्ते पर थी और उसका मनोबल रावण की सेना से कई गुना ऊँचा था। राम के दल के नायक नल, नील, अंगद और हनुमान जैसे युवा थे जिन्हें जामवंत और सुग्रीव जैसे वरिष्ठजनों का मार्गदर्शन प्राप्त था। इस प्रकार राम का दल संतुलित था। उनके दल में साहसिक और चुनौतीपूर्ण काम करने वाले थे इसीलिए राम जीते।

जब भी टीम बनायें तो यह सोचकर चलें कि मेरी टीम लंबे समय तक बनी रहेगी। उसमे संतुलन रखें और अपने काम के विभिन्न कंपोनेंट्स में निपुण और निष्ठावान लोगों को रखें। ज़रूरी नहीं है कि टीम के सभी सदस्य स्थायी तौर पर एक ही जगह रहें। आवश्यकतानुसार निश्चित समय अंतराल पर मिलकर निर्णय लेना आवश्यक है। कोरोना के बाद वर्चुअल मीटिंग्स के कई साधन उपलब्ध हैं इसलिए यात्रा के समय को बचाते हुए अब तो ज़ूम मीटिंग करना बहुत ही आसान बन गया है।

मशहूर फ़िल्मकार **सत्यजीत रे** की 27 में से चौदह फ़िल्मों में सौमित्र चैटर्जी ने अभिनय किया है। **महबूब ख़ान** अपनी अधिकांश फ़िल्मों में दिलीप कुमार को लेना चाहते थे। **गुरु दत्त** वहीदा रहमान और जॉनी वाकर को महत्वपूर्ण भूमिकाएं देते थे। फ़िल्मकार **शंकर** बार बार रजनीकांत के साथ और आर बाल्की अमिताभ बच्चन के साथ फ़िल्में करते रहे हैं। **चोपड़ा परिवार** शाहरुख़ ख़ान के साथ फ़िल्म बनाता रहा है। आपको याद होगा कि जब गायक कलाकार मुकेश की मौत हुई तो राज कपूर ने कहा था कि मैं गूँगा हो गया हूँ उनकी टीम में मुकेश, गीतकार शैलेंद्र, संगीतकार शंकर जयकिशन और कैमरामैन राधू करमाकर रहा करते थे। अभिनेता गोविंदा और डेविड धवन की टीम का कादर ख़ान, जॉनी लीवर जैसे कलाकार हिस्सा रहे हैं। क्रिकेटर विराट कोहली की कप्तानी भी तब तक सक्सेसफुल रही है जब उनके साथ महेन्द्र सिंह धोनी रहे हैं और महेंद्र सिंह धोनी की टीम में सुरेश रैना और रविंद्र जडेजा हमेशा शामिल रहे हैं।

आज के समय की विश्व स्तरीय नामी टेक कंपनियों में फ़ेसबुक को छोड़कर अन्य कंपनियों की स्थापना किसी एक व्यक्ति ने नहीं की है। उदाहारण

के लिए गूगल की शुरुआत 1996 में एक रिसर्च परियोजना के दौरान लैरी पेज तथा सर्गेई ब्रिन ने की। उस वक़्त लैरी और सर्गेई स्टैनफ़ोर्ड विश्वविद्यालय, कैलिफ़ोर्निया में पीएचडी के छात्र थे। एप्पल इंक की स्थापना स्टीव जॉब्स, स्टीव वोज़नियाक, और रोनाल्ड वेन ने 1976 में वोज़नियाक के एप्पल पर्सनल कंप्यूटर के विकास और बिक्री के लिए की थी। ट्विटर मार्च 2006 में जैक डोरसी, नोआ ग्लास, बिज़ स्टोन और इवान विलियम्स द्वारा बनाया गया था। बाबा रामदेव की टीम में आचार्य बालकृष्ण के अलावा भारत के कई जाने-माने डॉक्टर और बिज़नेसमैन शामिल हैं। टाइम्स ऑफ़ इंडिया की एक रिपोर्ट के अनुसार पतंजलि आयुर्वेद एवं फूड प्रोडक्ट्स का नेटवर्थ 1.6 लाख करोड़ रूपये है जिसमे 97 प्रतिशत हिस्सेदारी आचार्य बालकृष्ण की है।

टीम के माध्यम से लक्ष्य प्राप्ति करने में न केवल असफल होने की रिस्क कम होती है बल्कि आवश्यक आर्थिक एवं बौद्धिक संसाधन आसानी से उपलब्ध हो जाते हैं जिसका परिणाम होता है आसान मॉनिटरिंग तथा समय की बचत। एक अच्छी टीम को ही महान विचारक नेपोलियन हिल ने *थिंक एंड ग्रो रिच* पुस्तक में *मास्टरमाइंड समूह* कहा है। जब कपिल देव ने 1983 में क्रिकेट वर्ल्ड कप जीता था तब उस टीम में मोहिन्दर अमरनाथ, यशपाल शर्मा, सैयद किरमानी और सुनील गावस्कर जैसे धुरंधर शामिल थे और जब महेंद्र सिंह धोनी ने विश्व कप जीता तब उस टीम में युवराज सिंह, सचिन तेंदुलकर, विराट कोहली जैसे खिलाडियों की महत्वपूर्ण भूमिका रही।

दरअसल टीम का असर जादू की तरह होता है। एक बार जब टीम बन जाती है तो टीम के लोग बिना कहे ही केवल भावनाओं से, क्या करना है, कैसे करना है और कब-कहाँ करना है समझ जाते हैं। टीम के अंदर प्रत्येक व्यक्ति जब अपनी ज़िम्मेदारी समझता है तो बड़े से बड़ा लक्ष्य फूल की तरह हल्का लगता है। इसलिए जब टीम का निर्माण कर रहे हों तो आपके मन में यह ख़याल होना चाहिए कि आप हिस्सेदार ढूंढ रहे हैं, अनुयायी नहीं क्योंकि अनुयायी आपको फ़ॉलो करते हैं और हिस्सेदार आपके काम को आसान बनाते हैं। इसलिए टीम के सदस्यों को जीत का श्रेय देने की आदत डालिए और यदि हार मिलती है तो महान लोगों की तरह उसे ख़ुद की ग़लती मानिए।

अगर टीम के साथी एक साथ काम नहीं कर पा रहे हैं तो आप अपनी टीम के काम करने का तरीक़ा बदल सकते हैं। यह जानने का प्रयास कीजिये कि आप चीज़ों को किस तरह सुधार सकते हैं। याद रखें आपके हर निर्णय को आपके संस्कार प्रभावित करते हैं इसलिए यह समझना ज़रूरी है कि आप किन परिस्थितियों में कैसा बर्ताव करते हैं, आपके काम दूसरों को प्रभावित करते हैं इसलिए आपके साथी किस तरह प्रतिक्रिया करते हैं इसे जानने के लिए ख़ुद से सवाल करें कि उनके व्यवहार की वजह क्या है। व्यक्तिगत उत्तरदायित्व लें और यह स्वीकार करें कि अगर कुछ सही नहीं है तो इसके लिए कहीं न कहीं आप भी ज़िम्मेदार है ।

हायरिंग मैनेजर कई बार वॉलेन्टियर एक्सपीरियंस को चुनते हैं इससे वे अंदाज़ा लगाते हैं कि आप एक बहुत अच्छे टीम प्लेयर हैं। इससे यह ज़ाहिर होता है कि आप अपने कम्फर्ट ज़ोन से बाहर आकर भी काम कर सकते हैं। इससे आप में आत्मविश्वास भी आता है। इसलिए ज़रूरी है कि आगे बढ़कर स्वयं को कार्य हेतु प्रस्तुत करने के लिए तैयार रहें जिससे आपको आपका नियोक्ता मूल्यवान समझे। आपने देखा होगा कि किसी भी टीम या संगठन में कुछ गिने-चुने लोगों को ही टीम का कैप्टन या कम्पनी का सीईओ दायित्व सौंपने हेतु तत्पर रहता है। टीम के बाक़ी सदस्य केवल यह शिकायत करते रहते हैं कि बॉस उन्हें काम नहीं सौंपता लेकिन वे कभी इसका कारण जानने का प्रयास नहीं करते कि ऐसा क्यों होता है। आपको मैं बताना चाहूँगा कि यदि आप किसी कम्पनी के सीईओ हों तो आप भी उसी व्यक्ति को काम सौंपना पसंद करेंगे जिसे आगे बढ़कर स्वेच्छा से कार्य करने के प्रति ललक हो। अपने आप को दूसरे कर्मचारी के पीछे छिपाने वाले ज़िंदगी में कभी भी लीडर नहीं बन सकते।

अलग अलग फ़ैक्टर्स होते हैं - व्यक्ति के सफल होने के पीछे, आप कैसे दिखते हैं, कैसे कपड़े पहनते हैं,आपने कौन से स्कूल में पढ़ाई की-इन सभी बातों का आपकी नॉलेज, एक्सपर्टीज़, वर्क जैसी बातों से कोई वास्ता नहीं होता। इसलिए केवल इनके आधार पर टीम मेंबर्स को रिक्रूट करना ग़लत फ़ैसला साबित हो सकता है। अगर आप केवल लुक्स और करिश्मा पर निगाह डालेंगे तो यह बात आपकी नज़रों में आने से रह जाएगी कि सामने वाला कितना टैलेंटेड है। ऐसे ही अगर लीडर्स एंप्लॉयीज़ को उनके

एक्सपीरियंस के आधार पर ही ले लेंगे तो उनके टैलेंट, सफलता की भूख, काम करने की प्रतिबद्धता जैसी बातों को नज़रअंदाज़ कर देंगे। *किसी ने सच ही कहा है कि किसी किताब को उसके कवर के आधार पर जज नहीं करना चाहिए। ऐसे ही किसी भी इंसान को उसके कवर यानी लुक्स, एजुकेशन, एवं एक्सपीरियंस जैसे फ़ैक्टर्स के आधार पर जज करना एक आम बात है।* उदाहरण के लिए एक स्टडी में पाया गया कि हायरिंग मैनेजर ऐसे कैंडिडेट्स को प्राथमिकता देते हैं जिनके टैटूज न हों। टैटूज गुदवाने वाले कैंडिडेट्स को अन्य कैंडिडेट्स के मुक़ाबले कम कॉम्पिटेंट व कम कमिटेड माना जाता है।

मुहम्मद बख्श के कारण ही डॉक्टर रोनाल्ड रॉस मलेरिया पैरासाईट की खोज कर पाए थे– इंडियन मेडिकल सर्विस के तत्कालीन अधिकारी *'डॉक्टर रोनाल्ड रॉस'* ने मच्छर की आंत में मलेरिया के रोगाणु का पता लगाकर यह तथ्य स्थापित किया था कि मच्छर मलेरिया का वाहक है और मच्छरों पर क़ाबू पाकर इस बीमारी पर क़ाबू पाया जा सकता है । इस खोज ने इलाज में एक नए युग की शुरुआत की और इसलिए रॉस को इस खोज के लिए 1902 में *'नोबेल प्राईज़'* से नवाज़ा गया लेकिन एक शख़्स था जिसे भुला दिया गया वो शख़्स जिसका इस प्रयोग में सबसे बड़ा हाथ था, लिखने वालों ने यहाँ तक लिखा कि जिस चीज़ के लिए रोनाल्ड रॉस को नोबेल प्राईज़ से नवाज़ा गया, उसका प्रैक्टिकल हक़ीक़त में उसने किया, उस इंसान का नाम है मोहम्मद बख़्श, बिल्कुल ही अनपढ़, पर मेहनती, हिम्मती और डेडिकेटेड।

मलेरिया संबंधी जिस खोज के लिए रोनाल्ड रॉस ने कलकत्ता (जो अब कोलकाता) में एक पुराना लैब बनाया, उसमें काम करने के लिए 2 असिस्टेंट के लिए इश्तेहार दिया गया था, 20 से अधिक लोग आये, जिसमें उसने दो लोग मोहम्मद बख़्श और पुरबन को चुना, पुरबन तो अपने काम पर केवल एक दिन आया, पर मोहम्मद बख़्श रोनाल्ड का वफ़ादार रहा। उसके बारे में रोनाल्ड रॉस लिखते हैं कि – 20 लोगों में से मैंने इस आदमी को इसलिए चुना क्यूँ कि ये पहली नज़र में ही औरों से काफ़ी होशियार मालूम हो रहा था।

मोहम्मद बख़्श की डेडिकेशन का आलम ये था, कि वो रोनाल्ड के लैब में मौजूद एक्सपीरिमेन्टल जानवर को बिल्ली से बचाने के लिए अक्सर

लैब के फ़र्श पर ही सो जाया करता था। एक बार रोनाल्ड रॉस ने मोहम्मद बख़्श को कुछ अलग अलग क़िस्म के मच्छर पकड़ कर लाने को कहा, ताकि वो उस पर प्रयोग कर सकें, तब बख़्श ने कलकत्ता के हर नाली, हर गटर, हर टंकी में घुस कर हर क़िस्म के मच्छर को पकड़ कर शीशे के बोतल में जमा किया और फिर रोनाल्ड के हवाले कर दिया। इसके अलावा प्रयोग की क्षमता भी मोहम्मद बख़्श में काफ़ी अधिक थी। रोनाल्ड लिखते हैं कि मोहम्मद बख़्श में एक ऐसी क़ाबिलयत थी कि वह मच्छर को बड़ी आसानी से उकसा सकता था ताकि वो पेशेंट को काट सके। इस तरह मोहम्मद बख़्श बोतल में मच्छर पकड़-पकड़कर लाता और डिसेक्शन करता, और रोनाल्ड हर कोशिका का परीक्षण करते थे। शुरुआत में इंसान पर हुए सारे प्रयोग नाकाम हो गए, इस वजह से रोनाल्ड ने परिंदों पर प्रयोग शुरू किया, मोहम्मद बख़्श ने कौआ और मैना से लैब को भर दिया। अंतत: रोनाल्ड रॉस को मिली कामयाबी ने उन्हें इतिहास में अमर कर दिया।

एडिसन की टीम में फ़ोर्ड जैसे महान लोग थे– किसी भी प्रोजेक्ट की सफलता आपकी टीम पर निर्भर होती है इसलिए बिना राग-द्वेष केवल सम्बंधित व्यक्ति के गुण, विशेषज्ञता, उपलब्धता, इनोवेशन की क्षमता के आधार पर टीम का सावधानीपूर्वक चयन आपकी सफलता को काफ़ी हद तक सुनिश्चित करने के लिए पर्याप्त है।

दुनिया के सबसे महान निवेशक 93 साल के **वारेन बफ़े** के पिता भी शेयर दलाल रहे। जब हार्वर्ड बिज़नेस स्कूल में प्रवेश पाने में वे असफल हो गए तो बेंजामिन ग्राहम से सीखने के लिए वे कोलंबिया बिज़नेस स्कूल में भर्ती हो गए। *उन्होंने प्रख्यात स्पीकिंग गुरु डेल कार्नेगी से भी प्रशिक्षण प्राप्त किया।* वे हफ़्ते में 12 घंटे पॉल एलन और बिल गेट्स के साथ ब्रिज खेलते हैं। कहा जाता है कि बफ़े सेल फ़ोन नहीं रखते और अपने गुरु *बेंजामिन ग्राहम* द्वारा दिए गए फ़्लिप फ़ोन से ही काम चलाते हैं। उनकी टेबल पर कोई कम्प्यूटर नहीं रहता। वे अपनी कार ख़ुद चलाते हैं और 1958 में ख़रीदे गए अपने पुराने घर में ही रहते हैं। उनके ट्वीटर पर 1.7 मिलियन से ज़्यादा फ़ॉलोअर हैं लेकिन वे किसी को फ़ॉलो नहीं करते। वारेन की टीम में *चार्ली मुंगेर और अजीत जैन* रहे हैं। चार्ली मुंगेर का अपने सौवें जन्मदिन के पूर्व हाल ही में निधन हो गया है।

आपकी टीम का एक भी खिलाडी यदि किसी अनैतिक गतिविधि में संलिप्त हो जाता है तो उसका खामियाजा सभी को उठाना पड़ सकता है। क्रिकेट में मैच फिक्सिंग ने न जाने कितने लोगों का करियर बर्बाद कर दिया है उसी प्रकार डोपिंग में पकड़े जाने से खिलाडियों के साथ-साथ देशों को भी शर्मिंदगी उठानी पड़ी है। आठ ओलम्पिक गोल्ड मेडल जीतने वाले उसेन बोल्ट ने टीम इवेंट में नौवां गोल्ड जीतकर इतिहास रच दिया था लेकिन उनके साथी के डोपिंग में पकड़े जाने से इस मेडल को छीन लिया गया। यह बीजिंग में 4X100 मीटर रिले दौड़ के आठ साल बाद हुआ, और इसमें बोल्ट की कोई ग़लती नहीं थी। 2016 में, अंतर्राष्ट्रीय ओलंपिक समिति ने 2008 ओलंपिक के लिए प्रस्तुत किए गए एथलीट नमूनों का दोबारा परीक्षण करने का निर्णय लिया। परीक्षण के दौरान, उन्हें पता चला कि दौड़ के पहले चरण में भाग लेने वाले बोल्ट के रिले टीम के साथी नेस्टा कार्टर द्वारा प्रस्तुत नमूने में उत्तेजक मिथाइलहेक्सानेमाइन, एक प्रतिबंधित पदार्थ था। जमैका को पूर्वव्यापी रूप से दौड़ से अयोग्य घोषित कर दिया गया था, और रिले टीम के सभी चार साथियों से उनके स्वर्ण पदक छीन लिए गए थे।

बोल्ट के लिए यह शर्म की बात है कि उन्होंने उस चीज़ के लिए स्वर्ण पदक खो दिया जिसमें उनकी कोई भूमिका नहीं थी - नेस्टा कार्टर का परीक्षण सकारात्मक था, बोल्ट का नहीं।

इस अध्याय की समाप्ति **सिडनी जे हैरिस** की दी गयी एक सलाह से करना चाहूँगा-

कभी किसी ऐसे व्यक्ति से सलाह न लें,
जिसने आपके जैसी मुश्किल का सामना न किया हो।

22

सच्ची सफलता

सफलता तब ज़्यादा स्थायी होती है,
जब आप इसे अपने सिद्धांतों को नष्ट किए बिना हासिल करते हैं।

–वॉल्टर क्रोनकाइट

अपने पहले हाफ में असफल होकर हम दूसरे प्रयास में सफल होने का तरीका जान चुके हैं लेकिन हो सकता है कि सफलता के आसमान पर आपका नाम चमकने, भारी दौलत और ताम-झाम इकट्ठा करने के बाद भी आपको संतुष्टि और ख़ुशी न मिले। ऐसी स्थिति में आप क्या करेंगे। तब तो आपका पूरा प्रयास ही असफल हो जायेगा। मेरी बात मानें तो हमें सफलता की अपनी पूरी यात्रा में ख़ुश रहना चाहिए तब ही हमारी सफलता वास्तविक सफलता है अन्यथा हमारी सफलता मृग मरीचिका से ज़्यादा कुछ भी नहीं। वैसे तो सफलता की परिभाषा हर इंसान के लिए अलग-अलग हो सकती है लेकिन कुछ चीज़ें कॉमन मान सकते हैं जैसे कि सुविधाजनक और आरामदायक जीवन, समाज में सम्मानजनक नाम, पर्याप्त धन, फुर्सत के दिन, मन की शांति, इमोशनल और मेन्टल के साथ-साथ फिज़िकल स्वास्थ्य, परिवार में सामंजस्य, मनचाहे तरीक़े से काम करने और घूमने-फिरने की आज़ादी, सामजिक दायित्व निभाने और परोपकारी कार्यों को करने में सक्षम होना इत्यादि। आप सही मायने में सफल तभी कहे जायेंगे जब आईने में देखकर आपको खुद महसूस हो कि आप सफल हो। लेकिन इस स्तर तक पहुँचने के लिए आपको लगातार सालों तक योजनाबद्ध तरीक़े

से मेहनत करने की ज़रूरत पड़ेगी। *पिछले कुछ दिनों बहुत से सेलेब्रिटीज़ मेन्टल हेल्थ की समस्याओं से जूझते देखे गए हैं। इंग्लैंड को 2019 का वर्ल्ड कप जिताने में सबसे महत्वपूर्ण योगदान करने वाले बेन स्टोक्स ने वर्ष 2021 में पाँच माह का ब्रेक मेन्टल हेल्थ के कारण लिया था। इसी प्रकार ऑस्ट्रेलियन क्रिकेटर ग्लेन मैक्सवेल, इंग्लैंड के भूतपूर्व कप्तान मारकस ट्रेस्कोथिक, रेसलर डवाने द रॉक, इंग्लिश महिला विकेट कीपर साराह टेलर, अभिनेत्री दीपिका पादुकोण, टेनिस खिलाडी आंद्रे अगासी आदि ने अपने करियर में कभी न कभी मेन्टल हेल्थ इश्यूज़ का सामना किया है।*

हर व्यक्ति की सफलता की अपनी-अपनी परिभाषाएं हैं। एक बेरोज़गार व्यक्ति रोज़गार मिलने को, साधु ईश्वर के नज़दीक पहुँचने को, किसान अच्छी फसल होने को, व्यापारी अपने व्यापार बढ़ने को, विद्यार्थी उच्च अंकों से उत्तीर्ण होने को, बीमार स्वस्थ होने को अपनी सफलता मानता है और वास्तव में ये सब सफलताएँ हैं।

मुझे लगता है सफलता कोई ऐसा बिंदु नहीं है जिसके आगे न बढ़ा जा सके। सच्ची सफलता की बात करें तो जिस व्यक्ति के पास आत्म संतुष्टि, ख़ुशी, शांति, स्वास्थ्य और प्रेम है वह सफल है। यदि सफलता इनमे से किसी एक के बिना भी मिलती है तो वो वास्तव में किसी काम की नहीं है मतलब दो कौड़ी की है। उदाहरण के लिए यदि सफलता प्राप्त करने के दौरान आप अपने परिवार को खो देते हैं तो सफलता का जश्न आप किसके साथ मनाएंगे? सफलता प्राप्ति के दौरान यदि आपको गंभीर बीमारियाँ हो जाती हैं तो आप अपनी सफलता का आनंद क्या अस्पताल के बिस्तर पर उखड़ती हुई साँसों के साथ लेना पसंद करेंगे?

सफलता के साथ यदि शांति चाहते हैं तो प्रकृति से जुड़ाव रखना होगा, विकृतियों को अपने जीवन से दूर हटाना होगा और अनुशासित जीवन जीना होगा।

सफलता केवल तभी उपयोगी है जब आपका जीवन संतुलित, संयमित और अनुशासित हो अन्यथा बहुत सारे सफल लोगों के आत्महत्या करने की ख़बर आप अख़बार के पृष्ठों पर आए दिन पढ़ सकते हैं।

सफलता के लिए धन-सम्पत्ति, पद-प्रतिष्ठा और आमोद-प्रमोद के साधन आडंबर से ज़्यादा कुछ नहीं हैं। हो सकता है एक सन्यासी जिसको कल

भोजन मिलेगा या नहीं, यह जानते हुए भी प्रसन्नता से अपना दिन बिताये और एक अरबपति व्यापारी इस आशंका से दिनभर घुटता रहे कि उसकी कम्पनी के शेयर्स की वैल्यू एक करोड़ रूपये घट गयी है, इसलिए खाना ही न खा सके।

यदि परिस्थितियों के ख़राब होने पर आप धैर्य धारण कर मुस्कुरा नहीं सकते तो आप सच्चे अर्थों में सफल नहीं कहे जा सकते। मुझे कबीरदास जी की कही हुई बात उपयोगी लगती है –

साईं इतना दीजिये जा में कुटुंब समाय।
मैं भी भूखा न रहूँ साधु न भूखा जाय ।।

अर्थात भगवान मुझे इतना दीजिये जितने में मेरा परिवार सहित गुज़ारा हो जाए और कभी-कभार किसी अपने की सहायता करने की स्थिति में भी मुझे कोई दिक़्क़त न आये।

कृतज्ञता और दान को अपनी आदत बनाइये – हम अक्सर सोचते हैं कि हमने सफलता प्राप्त की इसके पीछे हमारी मेहनत है लेकिन ये पूरा सच नहीं है। ज़रा पीछे मुड़कर अपनी स्थिति पर ग़ौर कीजिये कि यदि आपके परिवार, मित्र, गुरुजन आदि ने आपका मुसीबत के वक़्त सहयोग न किया होता, आपका हौसला न बढ़ाया होता, आपको अच्छे से शिक्षा नहीं दी होती या आपको शुरुआत में अनुभवहीन होने के बाद भी ब्रेक न दिया होता तो क्या आप आज यहाँ होते? आपने कठोर मेहनत की है, इसे हम सब मानते हैं लेकिन मेहनत तो बहुत सारे लोग करते हैं लेकिन क्या सभी आप जितने सफल हो पाते हैं?

इसलिए अपनी क़ाबिलियत पर गर्व कीजिये लेकिन घमंड नहीं। दरअसल हमारी सफलता के पीछे हमारे माँ-बाप की मेहनत और दुआएं होती हैं। हमारे परिवार और मित्र हर विपरीत परिस्थिति में हमारे साथ खड़े होते हैं इसलिए जीवन में जब हम किसी लायक हो जाएँ तो सबसे पहले अपने परिवार और मित्रों की मदद करने से शुरू करते हुए जहाँ तक सम्भव हो हर उस व्यक्ति की मदद करें जिसे आपके सहयोग की ज़रूरत है।

महात्मा गांधी जी हमेशा कहा करते थे कि जो सम्पत्ति हमारे पास है वह संपत्ति समाज की है और हम कुछ समय के लिए उसके ट्रस्टी हैं। दुनिया

का सबसे बड़ा सच यही है कि हम सबको अगले अस्सी-नब्बे साल के पहले इस पृथ्वी को छोड़कर जाना है और अपनी यात्रा में हम अपने साथ एक चिन्दी, एक सुई या एक दाना भी साथ नहीं ले जा सकते।

तो फिर क्या करें? वही करें जो बिल गेट्स, वारेन बफ़े या अजीम प्रेमजी करते हैं। अपनी सम्पत्ति को समाज की भलाई के कामों में लगा दीजिये ताकि आपकी तरह किसी और को उन समस्याओं और कठिनाइयों का सामना न करना पड़े जिनका सामना आपने किया था।

जब दुनिया कोरोना महामारी का मुक़ाबला कर रही थी तब ट्विटर के मालिक जेक डोरसी ने अपनी सम्पत्ति का 25 प्रतिशत (7500 करोड़ रुपए), माइक्रोसॉफ़्ट के मालिक बिल और मेलिंडा गेट्स ने 1912 करोड़ रूपए और अजीम प्रेमजी ने 990 करोड़ रुपए दान किये हैं। दुनिया के 2095 अरबपतियों में से 77 ने अभी तक अपनी दान राशि डिस्क्लोज़ की है।

लम्बी उम्र भी सफलता का एक पैमाना है – यदि आपकी सफलता वास्तविक है तो आपका जीवनकाल लम्बा होगा क्योंकि तब आप अपने स्वास्थ्य, संबंधों और दौलत का आनंद ले रहे होंगे। जापान में छियासी हज़ार से ज़्यादा लोगों की आयु सौ वर्ष से अधिक है और वे प्रसन्नतापूर्वक जीवनयापन कर रहे हैं। यही कारण है कि जापान को विकसित देश कहा जाता है। गुणवत्तापूर्ण जीवन के सन्दर्भ में दुनिया में फ़िनलैंड का स्थान पहला है जबकि डेन्मार्क, नॉर्वे, स्वीडन और स्विट्ज़रलैंड का क्रम उसके बाद आता है। इस अध्याय की समाप्ति दो महान कथनों से करना चाहूँगा –

सफलता ख़ुशी की कुंजी नहीं है।
ख़ुशी सफलता की कुंजी है। आप जो कर रहे हैं,
अगर आप उससे प्रेम करते हैं, तो आप सफल होंगे।

–ऐल्बर्ट श्वेट्ज़र

किसी का सफलता पर एकाधिकार नहीं है।
यह उसी की है, जो क़ीमत चुकाता है।

–ऑरिसन स्वेट मार्डन

23

आपको हर हाल में निरोग रहना है

पहला सुख निरोगी काया।

–गोस्वामी तुलसीदास

मुझे लगता है अब आप सफल होने के लिए पूरी तरह से प्रयासरत हैं। ऐसी स्थिति में जो सबसे महत्वपूर्ण बात है वह है आपका स्वास्थ्य। यदि आप वास्तव में चाहते हैं कि आप सफल हों और सफल होने के बाद अपनी सफलता के स्वाद को चखने की स्थिति में रहें तो आपको इसी क्षण से अपने खानपान, फिज़िकल फ़िटनेस और अपनी आध्यात्मिक उन्नति के लिए सतर्क रहकर दिल से प्रयास शुरू करना होगा। नहीं तो आप या तो बीच में ही बीमार होकर असफल हो जाएँगे या फिर बीमार होकर अपनी सफलता का जश्न मनाने के लिए जीवित नहीं बचेंगे।

भारत की बात करें तो प्रतिवर्ष 63 प्रतिशत लोग ख़राब लाइफ़ स्टाइल के कारण मर रहे हैं। इनमे से 55 प्रतिशत लोग अकाल मृत्यु का शिकार हो रहे हैं। सबसे ज़्यादा दिल की बीमारी से 27 प्रतिशत लोग मर रहे हैं। वैश्विक स्तर पर प्रतिवर्ष चार करोड़ लोग जीवन शैली सम्बन्धी बीमारी से मर रहे हैं। इनमे से एक करोड़ सत्तर लाख लोग 30 से 70 साल के बीच आयुवर्ग के हैं।

क्रॉनिक डिज़ीज़ से कैसे बचें

कई क्रॉनिक डिज़ीज़ हमारे लाइफ़स्टाइल और खानपान की आदतों से भी जुड़ी हैं। एक हेल्दी लाइफ़स्टाइल को फ़ॉलो कर आप क्रॉनिक डिज़ीज़ होने की संभावना को कम कर सकते हैं और अच्छी लाइफ़ बिता सकते हैं।

हेल्दी डाइट

एक हेल्दी डाइट हृदय रोग, टाइप 2 डायबिटीज और कई क्रॉनिक डिज़ीज़ के जोखिम को कम करने में मदद करती है और उससे लड़ने में भी महत्वपूर्ण भूमिका निभाती है। एक संतुलित, स्वस्थ भोजन का मतलब अलग-अलग फल, सब्ज़ियाँ, साबुत अनाज, लीन प्रोटीन और कम वसा वाले डेयरी उत्पाद वाली डाइट है जो शरीर से एक्स्ट्रा शुगर, फ़ैट और सोडियम से होने वाले दुष्प्रभावों को कम करती है।

नियमित तौर पर व्यायाम

नियमित तौर पर शारीरिक गतिविधि आपके क्रॉनिक डिज़ीज़ के रिस्क को कम करने और उनसे लड़ने में मदद कर सकती है। हफ़्ते में कम से कम 150 मिनट की मीडियम इंटेसिटी वाली एक्सरसाइज़ को अपने रूटीन का हिस्सा जरूर बनाएं। इसके साथ ही हफ़्ते में दो दिन मांसपेशियों को मज़बूत बनाने वाली एक्सरसाइज़ जरूर करें।

शराब और धूम्रपान से दूर रहें

अत्यधिक शराब पीने की आदत समय के साथ आपको ब्लड प्रेशर, कई तरह के कैंसर, हृदय रोग, स्ट्रोक और लिवर डिज़ीज़ का शिकार बना सकती है। इसे छोड़ने या सीमित कर देने से आप इन बीमारियों से बच सकते हैं।

स्क्रीनिंग (चेकअप) ज़रूरी

क्रॉनिक डिज़ीज़ से बचने और उनका जल्दी पता लगाने के लिए नियमित तौर पर डॉक्टर और डेंटिस्ट के पास जाएँ और अपना चेकअप कराएं।

बीमारियों की फ़ैमिली हिस्ट्री को इग्नोर ना करें

अगर आपके परिवार का कैंसर, हृदय रोग, डायबिटीज या ऑस्टियोपोरोसिस जैसी क्रॉनिक डिज़ीज़ का इतिहास रहा है तो आपको वो बीमारी होने का ख़तरा अधिक हो सकता है। अपनी फ़ैमिली हिस्ट्री डॉक्टर के साथ शेयर करें जो इन बीमारियों को रोकने या उन्हें जल्दी डायग्नॉस करने में आपकी मदद करेंगे। मैं आपको एक प्रख्यात उद्योगपति की कहानी बताना चाहूँगा –

जॉन डी. रॉकफ़ेलर (1839–1937) का नाम आप सबने अवश्य ही सुना होगा। बुककीपर से शुरुआत करके अपनी बुद्धि से प्रतियोगियों को परास्त करते हुए रॉकफ़ेलर अमेरिका की 90 प्रतिशत ऑयल रिफ़ाइनरीज़ के मालिक बन गये। अमीर बनने के लिये वे दिन–रात काम में जुटे रहते थे। अपनी दृढ़ इच्छा शक्ति, जुझारू प्रवृत्ति, लगन तथा प्रतियोगी स्वभाव की वजह से वे अमेरिका के ऑयल किंग बनने में सफल हो पाये। वे चौबीसों घंटे काम के बारे में ही सोचते रहते थे। मौज–मस्ती या मनोरंजन में वे ज़रा भी वक़्त बर्बाद नहीं करते थे। वे कभी थियेटर नहीं जाते थे, ताश नहीं खेलते थे, पार्टी में नहीं जाते थे। उनके लिये काम ही सब कुछ था। बहरहाल, चिंता, तनाव व दबाव की जीवनशैली का उनके शरीर पर बुरा प्रभाव पड़ा। वे बीमार पड़ गये। *डॉक्टरों ने उनसे स्पष्ट कह दिया कि या तो वे रिटायर हो जायें या फिर मरने की तैयारी कर लें। मौत के इतने क़रीब आने के बाद रॉकफ़ेलर को यह समझ में आया कि पैसा महत्त्वपूर्ण तो है, परंतु वह साधन है, साध्य नहीं है।* उन्होंने चिकित्सा तथा शिक्षा के विकास के लिये लगभग 55 करोड़ डॉलर दान में दिये और रॉकफ़ेलर फ़ाउंडेशन की स्थापना की, जो उनके मरने के बाद भी दुनिया भर में बीमारी और अज्ञान से लड़ रहे लोगों की मदद में लगा हुआ है।

हमें एक्सरसाइज़ और योग–प्राणायाम–ध्यान के माध्यम से अपने हृदय और मष्तिष्क को मज़बूत बनाने का प्रयास करना चाहिए क्योंकि इससे हम मानसिक और भावनात्मक रूप से अच्छे तरीक़े से समस्याओं का सामना कर सकेंगे। अभी मैं **जोश विलिंग्स** के शब्दों से इस अध्याय को समाप्त करना चाहूँगा –

आपका स्वास्थ्य आपकी सबसे बड़ी सम्पत्ति है,
इसका अहसास तब होता है जब हम इसे खो देते हैं।

24

भोजन सबसे महत्वपूर्ण

अन्न ही ब्रह्म है

–उपनिषद

हमारा शरीर एक आश्चर्यजनक मशीन है और विज्ञान की आज तक की प्रगति इसके किसी भी पार्ट को दोबारा नहीं बना पाई है। इसे स्वस्थ रखने के लिए गुणवत्ता युक्त भोजन, पानी और वायु की आवश्यकता होती है। इन तीनों में सबसे आसानी से हम अपने भोजन पर नियंत्रण कर सकते हैं। यजुर्वेद के अनुसार पाचन तंत्र में स्थित अग्नि को भोजन पचाने के लिए उत्तरदायी माना गया है। जब हम भोजन खाते हैं तो उसका पाचन अग्नि द्वारा होता है इससे आहार रस का निर्माण होता है जो शरीर को बल प्रदान करता है। हमें अपने पाचन तंत्र को ठीक रखना होगा क्योंकि यदि पाचन तंत्र ठीक है तो बीमारियाँ आपको छू भी नहीं सकती ऐसे में गुनगुना पानी पीना, चोकर युक्त आटे का रोटी बनाने में उपयोग, फलों और सब्जियों का सेवन और शारीरिक सक्रियता ज़रूरी है। *जब भी हम अपने शरीर में खाने के लिए कोई चीज़ चुनें तो अपने आपसे यह प्रश्न पूछें कि क्या यह भोजन मेरी अरबों–खरबों की मशीन के लिए उपयुक्त है।*

हमारे पूर्वज कहा करते थे कि मोटा ख़ाओ और मोटा पहनो। जब से कॉटन का उपयोग बढ़ा है तब से हमने मोटा पहनना शुरू कर दिया है और हम सूती कपड़ा या कॉटन पहनकर फ़ैशनेबल महसूस करने लगे हैं लेकिन हमने मोटा खाना अभी तक शुरू नहीं किया है। इसलिए प्रकृति के द्वारा

प्रदान किये गये खाद्य पदार्थों को जहाँ तक संभव हो सके, उनके मूल स्वरूप में उपयोग करने की कोशिश करें। इसका मतलब है कि हमें अपने खाद्यान्न मशीनों से चमकाने का प्रयास नहीं करना है। आगे से जब भी बाज़ार जाएँ तो दुकानदार से बिना पॉलिश किये चावल, गेहूँ, दाल राजमा, बादाम, सेब, अनार इत्यादि की माँग करें। चीज़ों को रॉ स्वरूप में खाने की आदत डालें। *पहला नियम है कि खाने की चीज़ों में चमक पर ध्यान न दें। क्योंकि ज़्यादा चमक का मतलब है ज़्यादा प्रोसेसिंग और ज़्यादा केमिकल का उपयोग।* खाद्य पदार्थों का मूल स्वरूप में उपयोग करने का मतलब है कि हम उन्हें कम से कम उबालें, कम से कम छोटा करें या काटें और कम से कम छीलें जिससे उनकी न्यूट्रीशनल वैल्यू ख़राब न हो।

संकल्प लें कि प्रकृति जिस मौसम में जो फल, सब्ज़ी या अन्न हमें उपलब्ध कराये हम उसे उसी मौसम में बहुतायत में उपयोग करें। हमें इस सच्चाई को स्वीकार करना होगा कि हमारी सबसे बड़ी हितैषी प्रकृति है तथा हम भले ही प्रकृति को भूल गये हों, प्रकृति हमारी आवश्यकताओं, हमारी अपेक्षाओं और अपने वरदान नहीं भूली है। *दूसरा नियम यह है कि चाहे जितनी मज़बूरी हो जाए बे-मौसम फल, सब्ज़ियाँ या अन्य खाद्य पदार्थ उपयोग में नहीं लाएं।*

आज कल खाद्य पदार्थों में बहुतायत में कैमिकल, पेस्टीसाइड, फर्टिलाइजर का उपयोग किया जा रहा है और यह हमारे शरीर के लिए स्लो पॉइजन से कम नहीं है। *आगे से जब भी बाज़ार में सब्ज़ी-फल ख़रीदने जाएँ तो उस ढेर से अपनी मनपसंद सब्ज़ी या फल को चुनें जिसमें एक-दो में कीड़ा लगा हो।* क्योंकि कीड़े लगे होने का मतलब है कि उस ढेर में शामिल सब्जियों या फलों पर हानिकारक रसायनों का प्रयोग नहीं हुआ है।

अपने घर के बुजुर्गों से खाने की परंपरागत रेसिपी को सीखें, समझें और आज़मायें। याद रखें कि अब से 50 वर्ष पहले तक हमें स्वस्थ रहने के लिए इतना सचेत नहीं होना पड़ता था क्योंकि हम उन दिनों मौसम के हिसाब से सत्तू, मट्ठा, आँवले की सब्ज़ी, माँड़े-बूरे, ज्वार-बाजरा की रोटी, दलिया इत्यादि विभिन्न चीज़ों को खाते थे जिससे जाने- अंजाने ही हमारे शरीर की आवश्यकताओं की पूर्ति हो जाती थी। *तीसरा नियम है प्रतिदिन अपने भोजन में एक पुरानी रेसिपी को शामिल करें।*

हम अपने खाने में अक्सर कुछ ख़ास चीज़ों को रिपीट करते रहते हैं और नया आज़माने से बचते हैं उदाहरण के लिए हम रोज़ाना अपनी थाली में आलू, अरहर की दाल आदि का इस्तेमाल करते रहते हैं जबकि उसी दौरान बाज़ार में लौकी, टिंडे, तोरई, कद्दू, पालक, मेथी, मशरूम जैसी असंख्य सब्ज़ियाँ उपलब्ध होती हैं। याद रखें कि प्रकृति ने कोई भी ऐसी चीज़ नहीं बनायी है जो अनुपयोगी हो, उसके द्वारा उपलब्ध करायी गयी हर खाद्य सामग्री किसी न किसी रूप में हमारे लिए वरदान है। दालों की बात करें तो कई प्रकार की दालें है। चना, मूंग, उड़द, मसूर, तुअर, मोठ, लोबिया, सोयाबीन आदि। सभी दालों की सौ ग्राम की मात्रा लगभग 350 केलोरी और 18-24 ग्राम तक का प्रोटीन देती है। जबकि सोयाबीन में चालीस फ़ीसदी प्रोटीन होता है। छिलके से ढकी साबुत दालें खनिज का भंडार है इनमें आयरन, कैल्शियम, फॉस्फोरस, मैग्नीशियम आदि बहुतायत में पाया जाता है। राजमा, लोविया, काले चने जैसी खड़ी दालें आवश्यक तत्व ओमेगा थ्री फ़ैटी एसिड का अच्छा स्रोत होती है। साबुत दालों का रेशा पाचन के लिए बहुत अच्छा है और शरीर से टॉक्सिन निकालने का काम करता है। दालों को भिगोकर और अंकुरित करके खाने से इनके पोषक तत्व कई गुना बढ़ जाते हैं। *यदि हम प्रकृति से प्राप्त पदार्थों से पोषक तत्व ग्रहण करते हैं तो इन्हें शरीर को अवशोषित करने में कोई कठिनाई नहीं होती है।* तो क्यों ना हम अपने मैन्यू को लगातार बदलें और इसमें सभी प्रकार की दालें सब्ज़ियाँ और फल, खाने का तेल सम्मिलित करें जिससे आपको प्रकृति के द्वारा उपलब्ध कराए गए सर्वोत्तम उपहारों का लाभ मिल सके। अपने मैन्यू में दुनिया के सारे देशों की अच्छी-अच्छी रेसिपी को आजमायें। हमारा शरीर 50-60% तक पानी से बना है। सब्ज़ियों और फलों में पानी और सॉल्युबल फ़ाइबर भरपूर होता है इसलिए शरीर के लिए इसे पचाना आसान होता है इसका अर्थ है कि यह पाचन प्रक्रिया को तेज़ करता है इसलिए आप ज़्यादा से ज़्यादा न्यूट्रीसंस अवशोषित कर पाते हैं।

फूड एक्सपर्ट **संजीव कपूर** का कहना है कि किसी भी तेल के एक ग्राम में 09 कैलोरी होती है।आपका प्रयास होना चाहिए कि स्थानीय स्तर पर उपलब्ध खाद्य तेलों का प्रयोग करें। उदाहरण के लिए उत्तर या पूर्वी भारत में सरसों का तेल, पश्चिमी भारत में मूंगफली और दक्षिण में नारियल

और तिल का तेल उपयोग करना चाहिए। इसके साथ एक सलाह और है क्योंकि हर तेल में अलग अलग विटामिन, मिनरल और एंटी ऑक्सीडेंट होते हैं इसलिए *हर महीने हमें अपना खाने का तेल बदल देना चाहिए* ताकि हमें प्रकृति के द्वारा उपलब्ध कराए गए तमाम प्रकार के लाभ प्राप्त हो सकें। इतना ही नहीं हमें अपने भोजन में न्यूट्रिशन, वेराइटी और बैलेंसिंग के लिए अलग-अलग खाद्य पदार्थों से कार्बोहइड्रेट, फ़ैट, प्रोटीन और विटामिन ग्रहण करना उपयोगी है ताकि भोजन में विविधता बनी रहे और पोषण के साथ स्वाद भी बदलता रहे।

चौथा नियम है कि अपनी थाली में शामिल खाद्य पदार्थों को नियमित रूप से बदलते रहें और अपनी थाली में कई रंग के खाने योग्य पदार्थ शामिल करें जैसे कि रेड फूड के लिए टमाटर, गाजर, चुकंदर, तरबूज, अनार, सेव आदि।

हमें स्वस्थ रहने के लिए कार्बोहाइड्रेट, प्रोटीन, फ़ैट, विटामिन और खनिज की आवश्यकता होती है। *मैं ऐसे कई लोगों को जानता हूँ जिन्होंने बाज़ार से फूड सप्लीमेंट्स लेकर अपनी सेहत ख़राब कर ली है इसलिए संकल्प लें कि प्राकृतिक स्रोतों से इनकी पूर्ति करेंगे और यदि ज़रूरत पड़ी तो योग्य डॉक्टर के मार्गदर्शन में ही इनका उपयोग करेंगे।* हम अपने ख़ान पान पर ध्यान देकर सभी पोषक तत्वों की पूर्ति प्राकृतिक रूप से कर सकते हैं और इसके लिए हमें धनवान होने की ज़रूरत नहीं है। *पाँचवाँ नियम है कि हम अपने भोजन में अंकुरित अनाज, दालें, पत्तेदार सब्ज़ियां, फल और सलाद शामिल करें और एक कटोरी का नियम अपनाएं जैसे कि प्रतिदिन एक कटोरी अंकुरित अनाज (जिसमें गेहूँ, चना, मूंग, मोठ, सोयाबीन, मूंगफली शामिल हो), एक कटोरी दही, एक कटोरी सलाद, एक कटोरी दाल, एक कटोरी नट्स एवं बीज (यदि आर्थिक स्थिति ठीक नहीं है तो काजू, बादाम, अखरोट, किशमिश के स्थान पर मूंगफली, भुने चने, खजूर, गुड़ के साथ-साथ ओमेगा-3 फ़ैटी एसिड्स से भरपूर अलसी, सूरजमुखी, कद्दू, चिया, खरबूजे के बीज आदि)*

हम सदियों से दूध और दूध से बने उत्पाद जैसे घी, पनीर, मट्ठा, दही का प्रयोग करते आ रहे है लेकिन पिछले कुछ दशक से हमारे मन में यह भ्रांति पैदा की जा रही है कि दूध हानिकारक है। आपको समझना होगा कि

इसके पीछे बाज़ार का गणित है। हमें अपने भोजन में नियमित रूप से दूध का उपयोग किसी न किसी रूप में करना चाहिए। दोपहर में मट्ठा या हेल्दी बैक्टीरिया को बढ़ाने वाला प्रोबायोटिक फूड दही और शाम को गर्म दूध का उपयोग अवश्य करें। शाकाहारियों के पास दूध का कोई विकल्प नहीं है।। *छठवाँ नियम है कि जिन खाद्य पदार्थों का उपयोग हम सदियों से करते आ रहे हैं उन्हें किसी के बहकावे में आकर न छोड़ें।*

हमारे जीवन की सभी क्रियाएँ सूर्य पर निर्भर हैं। प्रकृति में सभी पशु-पक्षियों, पेड़-पौधों और जीव-जंतुओं को यह याद है लेकिन हम मनुष्य इस सिद्धांत को भूल गए हैं और इसे अपनी प्रगति मानते हैं। हमारी जीवनशैली प्रकृति के सिद्धान्तों के विपरीत हो गई है इसलिए हमें सूर्य को जीवन का आधार मानते हुए उसके उदय और अस्त के अनुसार अपनी क्रियाओं में सुधार करना होगा। यदि संभव हो तो सूर्यास्त के पश्चात भोजन न किया जाए और यदि कोई इमरजेंसी हो तो रात्रि आठ बजे और सोने से दो घंटे पहले हर हाल में भोजन कर लिया जाए। बरसों से भारत की सूर्यास्त पूर्व भोजन की मान्यता पर अमेरिकी शोधकर्ताओं ने भी मुहर लगा दी है। उनका दावा है कि यदि आप शाम छह बजे के बाद भोजन करते हैं तो इससे मोटापा और टाइप टू डायबिटीज़ का ख़तरा हो सकता है। दरअसल जब स्वस्थ रहने की बात आती है तो हम क्या खाते हैं के साथ ही यह भी महत्वपूर्ण हो जाता है कि हम कब खाते हैं। शोधकर्ताओं का कहना है कि शरीर अपनी आंतरिक घड़ी के अनुसार प्रतिक्रिया करता है। रात के समय पाचनतंत्र कम लार बनाता है, पेट पाचक रस का उत्पादन कम करता है, भोजन को आगे बढ़ाने वाली आंतें सिकुड़ जाती हैं और हम हारमोन इंसुलिन के प्रति कम संवेदनशील हो जाते हैं। *सातवाँ नियम है कि हम अपने भोजन करने के समय को प्रकृति अनुरूप निश्चित करें और भोजन की उतनी ही मात्रा लें जितने में काम चल जाये जिससे आपकी ऊर्जा बची रहेगी और आपके शरीर के महत्वपूर्ण अंगों को कम काम करना पड़ेगा।*

हमारे भोजन में प्राचीन समय से कुछ ऐसे फूड उपयोग में लाये जा रहे हैं जो सब जगह उपलब्ध हैं और जिन्हें हम सुपर फूड की कैटेगरी में रख सकते हैं जैसे-तुलसी, लहसुन, अदरक, अलसी, एलोवेरा, काली मिर्च, अश्वगंधा, गिलोय, दालचीनी, मेथी, शहद, गुड़, पुदीना, नीबू, आँवला,

सोयाबीन, खजूर, किशमिश, बादाम, काजू इत्यादि। उनका प्रतिदिन किसी न किसी रूप में उपयोग अवश्य करें। *आठवां नियम यह है कि कुछ सुपरफूड मौसम के अनुसार चयन कर प्रतिदिन प्रयोग करें।*

अपने भोजन से सफ़ेद चीज़ें जैसे मैदा, शक़्कर, नमक का उपयोग घटायें और इनके विकल्प के रूप में खाद्य पदार्थों को चयनित करें। मैदा के स्थान पर चना, ज्वार, बाजरा, सोयाबीन मिश्रित गेहूँ को पिसवाएं तथा इस आटे को चोकर सहित उपयोग करें। यहाँ मेरा आपसे अनुरोध है कि बाज़ार से पिसा हुआ आटा ख़रीदने के स्थान पर स्वयं खड़े होकर पिसवाएं। ज्वार, बाजरा, रागी, कुल्थी जैसे मोटे अनाज बहुमूल्य खनिजों के स्रोत होते हैं । तो क्यों न अपनी रोटियां कभी मिस्सी रोटी, कभी ज्वार रोटी और कभी मक्के की रोटी में बदलकर मल्टीग्रेन बना लें। इसी प्रकार शक़्कर के विकल्प के रूप में गुड़, बूरा, खजूर, ब्राउन सुगर का उपयोग करें और सफेद नमक के स्थान पर सेंधा नमक का इस्तेमाल शुरू कर दीजिये। आर्टिफ़िशियल शुगर हानिकारक है। *नवां नियम यह है कि अपने भोजन से सफेद चीज़ों को हटाएँ और उनके स्थान पर ख़ालिस देसी चीज़ों का उपयोग शुरू करें।*

हम बीमार इसलिए होते हैं क्योंकि हमारी रोग प्रतिरोधक क्षमता कमज़ोर होती है। हमारी सेहत का राज़ हमारी इम्यूनिटी पावर में छुपा हुआ है। यह हमारे शरीर में आत्मा की तरह है। यह शरीर के प्रत्येक सेल में मौजूद है और इसका मुख्य कारण सेल को बाहरी एवं आंतरिक विषमताओं से बचाना है, जो कि वायरस, बैक्टीरिया, फंगस या प्रोटोजोआ के रूप में हमला करते हैं। प्रतिरोधक क्षमता का एक प्रमुख कार्य सेल से फ़्री रेडिकल्स को हटाना है। आप जानते हैं कि हमारा शरीर अरबों सेल्स या कोशिकाओं का बना है। प्रत्येक सेल जीवित रहने के लिए स्वयं अपना खाना, न्यूट्रिएंट्स एवं ऑक्सीजन की मौजूदगी में बनाता है। इस प्रक्रिया में ऑक्सीडेशन होता है जिससे सेल के अंदर फ़्री रेडिकल्स की मात्रा बढ़ जाती है। इन फ़्री रेडिकल्स को सेल से बाहर निकालने की ज़िम्मेदारी हमारी प्रतिरोधक क्षमता की है। फ़्री रेडिकल्स के बढ़ने से प्रत्येक सेल की सामान्य कार्य प्रणाली में अवरोध उत्पन्न हो जाता है। सेल के अंदर फ़्री रेडिकल्स बढ़ने का कारण या तो ऑक्सीकरण का बढ़ना हो सकता है या फिर प्रतिरोधक क्षमता की फ़्री रेडिकल्स को हटाने में असमर्थता। रोग प्रतिरोधक तंत्र पूरे शरीर में

फैला होता है जिसमें कई प्रकार की कोशिकाएँ, ऊतक और अंग मिलकर शरीर की रक्षा की एक दीवार निर्मित करते हैं। इसमें महत्वपूर्ण होती हैं- श्वेत रक्त कोशिकायें। जब भी कोई रोगाणु शरीर पर हमला करता है तो ये कोशिकाएं आपस में मिलकर उसे जवाब देती हैं, वे एक प्रति रक्षा कवच बनाकर उस रोगाणु को रोकती हैं और फिर हमेशा के लिए यह कवच वहाँ मौजूद रहता है। इस कारण सामान्यतः एक बार चेचक जैसे किसी रोग से ग्रस्त होने पर व्यक्ति दोबारा उसकी चपेट में नहीं आता लेकिन आधुनिक जीवनशैली, असमय तथा अपौष्टिक खानपान इस प्रतिरक्षा पर बड़ा विपरीत असर डालते हैं। रोग प्रतिरोधक क्षमता बढ़ाने का कोई जादुई फ़ॉर्मूला नहीं है लेकिन नियमित तौर पर कुछ कुदरती उपाय आज़मा कर हम इसे बढ़ा सकते हैं। इसके लिए पर्याप्त नींद के बाद जल्दी उठना, धूप लेना, कसरत और योग करना, सुबह हेल्दी नाश्ता करना, तुलसी, लहसुन, अदरक, ब्रोकली, टमाटर, गोभी, बादाम, दालचीनी, आँवला, नीबू, हल्दी, तुलसी, गिलोय, दही और खट्टे फलों का सेवन करना और ज़्यादा से ज़्यादा पानी पीने की आदत डालिये। *दसवाँ नियम यह है कि अपनी रोग प्रतिरोधक क्षमता को फ़ौलादी बना लीजिए। लैंसेट पत्रिका में प्रकाशित एक शोध के अनुसार, शलजम खाने से कैंसर का ख़तरा कम होता है। इसमें एक कंपाउंड सल्फोराफेन होता है जो कैंसर के इलाज में कारगर होता है। शलजम में एंटी ऑक्सीडेंट भी भरपूर होते हैं। यह कैंसर को म्यूटेट होने से रोकता है।*

अपने भोजन का समय निश्चित करें और सम्पूर्ण डाइट को 5-6 हिस्सों में बांटें। खाने की प्लेट और कटोरी की साइज़ छोटी कर दें और मील्स के साथ स्प्राउट्स, सलाद, एक मुट्ठी नट्स या बीज अपनी सुविधानुसार लेना न भूलें। रात आठ बजे के बाद केवल जूस या दूध लेना है। तली हुई चीज़ें, ब्रेड, पिज़्ज़ा, बर्गर, परांठे को यदि एकदम नहीं छोड़ सकते तो इनकी फ्रीक्वेंसी और मात्रा को कण्ट्रोल तो कर ही सकते हैं। महीने-दो महीने में एक-दो टुकड़े लेने की अनुमति है। फ्रिज़ में रखा खाने में न्युट्रिशनल वैल्यू नहीं होती इसे याद रखें और फ्रिज़ का पानी हमारे स्वास्थ्य के लिए अनुकूल नहीं है इसलिए गुनगुना पानी पियें और ताँबे के पात्र और मटके का पानी पीजिये। *भोजन का ग्यारहवां और सबसे महत्वपूर्ण नियम यह है कि किसी चीज़ को मुँह के अंदर डालने के पहले यह सोचें कि क्या यह पौष्टिक है।*

सेल्यूलर हेल्थ – हम में से प्रत्येक शरीर में अरबों-खरबों कोशिकाएं है। हम एकल-कोशिका से पैदा हुए थे और अब हमारा स्वास्थ्य एक-एक कोशिका के व्यक्तिगत स्वास्थ्य पर निर्भर करता है। यदि आप चाहते हैं कि आप स्वस्थ रहें तो अपनी सेल्यूलर हेल्थ के बारे में सोचिए क्योंकि दवाएं, क्रीम, गोलियाँ, और सभी बाहरी आवरण एक बैसाखी से ज़्यादा नहीं हो सकते।

आप दुनिया में सभी क्रीम, गोलियाँ और दवाएं ख़रीद सकते हैं लेकिन यदि आपकी माइटोकॉन्ड्रिया (सेल के पावरहाउस के रूप में जाना जाता है) सही तरीक़े से काम नहीं कर रहा है, आप तेज़ी से बूढ़े होंगे, आपकी त्वचा सुस्त दिखेगी, आप वज़न और बाल खो देंगे, थकावट महसूस करेंगे और अल्ज़ाइमर, पार्किंसंस, ऑटिज़्म जैसी बीमारियों, हृदय रोग, क्रोनिक थकान सिंड्रोम, डिमेन्सिया, मधुमेह, हंटिंग्टन रोग, माइग्रेन और कई अन्य रोगों से पीड़ित हो जायेंगे।

अपने फ़िटनेस रूटीन को फ़ॉलो करें – जो लोग नियमित रूप से कठिन व्यायाम नहीं कर पाते हैं उनके लिए भी बहुत सारे तरीक़े हैं जिनसे स्वस्थ रहा जा सकता है। शोध में पता चला कि छोटे-मोटे वर्कआउट जैसे कि चंद सेकंड सीढ़ियाँ चढ़ना, पैदल चलना और हो सके तो कुछ दौड़ना, अपने काम ख़ुद करने की आदत, बस पकड़ने के लिए भागने इत्यादि छोटे-छोटे व्यायामों से फ़िटनेस बेहतर होती है, बीमारी का ख़तरा कम होता है और उम्र बढ़ती है।

शोधकर्ताओं का कहना है कि 150-200 मिनट की साप्ताहिक कसरत के मुक़ाबले इन गतिविधियों को व्यस्त शेड्यूल में शामिल करना आसान है। उदाहरण के लिए इस शोध में 12 किशोरों को लिया गया, जो कि कसरत नहीं करते थे। उनसे हफ़्ते के तीन दिन, दिन में तीन बार सीढ़ियाँ चढ़ने (क़रीब 60) के लिए कहा गया। जब छह सप्ताह बाद उनके ऑक्सीजन ग्रहण करने की क्षमता के आधार पर मापा तो पाया कि उनकी एयरोबिक फ़िटनेस 5% बेहतर हुई। ये परिणाम बिल्कुल वैसे ही थे, जैसे हफ़्ते में तीन दिन 30 मिनट तेज़ चहल-क़दमी से परिणाम मिलते हैं। वे इस नए अभ्यास को 'एक्सरसाइज़ स्नैक्स' कहते हैं! इसका मतलब है अपने रूटीन को स्नैक्स जैसे छोटे-छोटे पार्ट्स में बाँटना। इसलिए जब जिम जाकर

एक्सरसाइज़ करना सम्भव न हो तो रस्सी कूदना, लटकना, छोटी–मोटी पहाड़ियों पर चढ़ने जैसी आदतें भी ज़बरदस्त बदलाव ला सकती हैं। *आप केवल इतना प्रयास करें कि स्वस्थ रहने के लिए कम से कम एक घंटे का मी टाइम आपके पास अवश्य हो जिससे आप प्रतिदिन एक्सरसाइज़ करके और अच्छे विचारों को पढ़कर अपने को तरोताज़ा रख सकें और आपका मी टाइम बाहर की नेगेटिविटी से आपको बचाए रखने में कवच की भूमिका भी निभाएगा।*

स्वस्थ रहने के लिए निरोग रहने और संतुलित भोजन करने के अलावा अपने मन को प्रसन्न रखना ज़रूरी है। हम ख़ुश होते हैं तो हँसते हैं कहना सही नहीं है बल्कि सही तो यह है कि हम हँसते हैं तो ख़ुश रहते हैं। याद रखें कि बाँटने वाले को कभी कम नहीं पड़ता। इस बात की चर्चा अगले अध्याय में हम विस्तार से करेंगे। इस अध्याय का समापन महान दार्शनिक वोल्तेयर के शब्दों से करना चाहूँगा–

मैने ख़ुश रहना इसलिए चुना है
क्योंकि यह मेरे स्वास्थ्य के लिए अच्छा है।

25

ख़ुशी सर्वोपरि

सफलता ख़ुशी की कुंजी नहीं है।
ख़ुशी सफलता की कुंजी है। आप जो कर रहे हैं,
अगर आप उससे प्रेम करते हैं, तो आप सफल होंगे।

–ऐल्बर्ट श्वेट्ज़र

ख़ुशी क्या है–

ख़ुशी महसूस करने की चीज़ है, जब हम उत्साहित होते हैं, सफल महसूस करते हैं, जीतता हुआ महसूस करते हैं, वह काम करते हैं जिसमे हमारी रुचि है और किसी चुनौती का सामना करते हैं तो ख़ुश होते हैं। इसे आप तौल नहीं सकते। ख़ुश होने पर गुड हार्मोन्स रिलीज होते हैं।

ख़ुशी कहाँ से आती है–

यह आपके अंदर विद्यमान है, हर समय, हर दशा में, कस्तूरी कुंडल बसे मृग ढूंढे बन माहिं। अमीरों की संपत्ति का अध्ययन करने वाली ब्रिटिश संस्था नाइट फ्रैंक की रिपोर्ट के मुताबिक़ *दुनिया में 3 करोड़ डॉलर से अधिक की संपत्ति के मालिक सुपर रिच अमीरों की संख्या* पाँच लाख तेरह हज़ार से *अधिक है* इनमें 47 प्रतिशत अमरीका के, बारह प्रतिशत चीन के हैं। इस सूची में पिछले साल 31 हज़ार लोग नए जुड़े हैं। भारत में सुपर रिच क्लब में अभी छह हज़ार लोग शामिल है लेकिन अगले चार सालों में भारतीयों

की तादाद में 73 प्रतिशत बढ़ोतरी की संभावना है जो कि विश्व में सर्वाधिक है। लेकिन क्या इस संपत्ति को पाने वाले वास्तव में ख़ुश हैं? आप अपने आस-पास नज़र दौडाएं तो पाएंगे कि हो सकता है एक व्यक्ति तब भी ख़ुश हो जिसके पास केवल तीन दिन का खाना शेष है और दूसरा अरबों की संपत्ति के बाद भी दुखी हो सकता है। *ख़ुशी किसी चीज़ पर निर्भर नहीं होती है इसलिए यह कहना ग़लत है कि मेरे पास फलां चीज़ आ जायेगी तो मैं ख़ुश हो जाऊँगा।* हमें समझना होगा कि हमारी ख़ुशी क्षणिक क्यों है? हम अक्सर इस ग़लतफ़हमी में रहते हैं कि ख़ुशी पाने के लिए बड़े-बड़े काम करना ज़रूरी है। ख़ुशी का संबंध किसी बाहरी वस्तु से नहीं है। यह तो हमारे अंदर का मामला है और जब हम अंदर अच्छा महसूस करते हैं तब हम बाहर भी ख़ुश दिखते हैं। *ख़ुश रहने का सबसे अच्छा फ़ॉर्मूला यह है कि हम अपने से मिलने वाले हर व्यक्ति को ख़ुशी देने का प्रयास करें।*

ख़ुश रहने के लिए क्या करना चाहिए-

ग्लास आधा है, के स्थान पर अपना नज़रिया बदल कर गिलास को भरा देखने की आदत डालिये। दूसरों को ख़ुश रहने में सहयोग कीजिये क्योंकि *ख़ुशी संक्रामक होती है दूसरों को ख़ुश देखकर आप दुखी नहीं रह सकते।* अपनी आवश्यकताओं को कम कीजिये, भावनात्मक रूप से मज़बूत बनिए, अच्छा साहित्य पढ़िए, द्रष्टा साक्षी भाव को जागृत कीजिए, चीज़ों का उपयोग कीजिए उनसे जुड़ाव न रखिए, अपने काम में व्यस्त रहने की आदत डालिए, निडर होइए, और गीता सार को आत्मसात कर लीजिए।

इसके अलावा कुछ आधुनिक सलाह भी स्वीकार कीजिए जैसे कि हो सके तो दो तरह के इंश्योरेंस ज़रुर ले लीजिए - टर्म इंश्योरेंस और हेल्थ इंश्योरेंस, विपत्ति के समय के लिए अपनी आमदनी में से कम से कम दस प्रतिशत बचत कीजिए, खानपान में अनुशासित रहिए, ग्रीन टी पीने की और मसाज करवाने की आदत डालकर रिलेक्स रहना सीख लीजिए। आइये कुछ और उपायों पर ग़ौर करें-

- **अपनी समस्याओं को अपने आराध्य को सौंप देना स्वयं को तनाव मुक्त करने का सबसे अच्छा तरीक़ा है।** आप अपने आराध्य पर

उतना भरोसा रखिए जितना कि छोटे बच्चे को अपने माता पिता पर होता है। आपको याद होगा कि बचपन में जब आपके माता पिता आप को हवा में उछाल देते थे तो आपको बिलकुल भी डर नहीं लगता था क्योंकि आपको मालूम था कि वो आपको थाम लेंगे और गिरने नहीं देंगे। इसी प्रकार का भरोसा ईश्वर में रखिये।

- **अच्छे स्वास्थ्य की क़ीमत आज सब समझ रहे हैं, ख़ुशी इसकी नींव है।** ख़ुद में चंद व्यावहारिक बदलाव और अभ्यास से ख़ुशी हासिल की जा सकती है। कभी भी नकारात्मक विचारों को रोकने की कोशिश न करें, इससे ये ज़्यादा असर डालते हैं। इनकी जड़ यानी परेशानी को स्वीकार करें। इन्हें चुनौती दें। जैसे लग रहा है कि असफल हो गए हैं, तो कहें कि ये सिर्फ़ पड़ाव है। नकारात्मक विचारों को लिखकर उन्हें काउंटर करें।
- **ख़ुशमिज़ाज मित्र ख़ुशी नौ गुना बढ़ा देते हैं** – रिसर्च कहती है कि हमारी ख़ुशी दूसरों की ख़ुशी से जुड़ी होती है, ख़ुशमिजाज़ लोगों के साथ वक़्त बिताएं। ख़ुशी नौ गुना बढ़ जाएगी।
- **अपने दिमाग़ को मित्र की तरह सलाह दें** – मुश्किल हालात में ख़ुद को दोस्त की तरह सलाह दें। फ़र्ज़ करें कि किसी मित्र को राय दे रहे हैं, अब इसे अपने आप पर लागू करिए।
- **प्राणायाम करिए** – विज्ञान ने कई शोधों के बाद इसकी पुष्टि की है कि श्वास नियंत्रण की तकनीक यानी प्राणायाम से तनाव, अवसाद, अनिद्रा दूर होता है।
- **अपनी कहानी लिखें** – निजी अनुभव लिखने से व्यावहारिक बदलाव आते हैं। लिखकर ख़ुद को अभिव्यक्त करने से मूड ठीक होता है। अपने संघर्ष लिखें।
- **जितना संभव हो... चलें** – ज़रूरी नहीं भारी कसरत करें, छोटी से छोटी चहलक़दमी अच्छे मूड के लिए दिमाग़ को ख़ुशी देती है। जितना मुमकिन हो, चलें।
- **प्रकृति के पास जाएँ** – जब भी वक़्त मिले, बाहर मैदान में चले जाएँ।

पेड़ के नीचे बैठें, घास पर चलें। दिन में बिजली की लाइट से ज़्यादा रोशनी खिड़कियों से आने दें।

- **व्यवस्थित रहिए** – वस्तुओं का बोझ कम करिए। डिक्लटरिंग बेहद ज़रूरी है। अपना वर्क स्टेशन, घर, अपना पसंदीदा कोना हमेशा साफ़ रखिए।

- **छोटे काम तेज़ी से करिये**– 'हैप्पिनेस एट होम' की लेखिका मिस रूबिन एक मिनट वाला कारगर नियम बताती हैं। दिन में कुछ वक़्त निकालकर एक मिनट में पूरे हो जाने वाले काम करें जैसे कपड़े घड़ी कर दें, ज़रूरी मैसेज–मेल कर दें आदि। ये हैप्पिनेस के छोटे बूस्टर डोज़ आपकी ख़ुशी के स्तर को बढ़ाने के लिए पर्याप्त हैं। छोटी से छोटी उपलब्धि भी दिमाग़ को ख़ुशी देती है और ख़ुशी के लेवल को बढ़ाती है।

  दिनभर काम करने के बाद घर लौटकर आप चाहते हैं कि *सब कुछ व्यवस्थित* मिले। घर बिखरा है तो आपका मूड बिगड़ जाएगा। लेकिन निकलने से पहले घर को सुव्यवस्थित कर दें तो वापस आने पर थकान आधी होगी और परिवार के साथ समय बिता पाएंगे। वर्क मैनेजमेंट से ख़ुश और हेल्दी रह सकते हैं। इससे जीवन के सभी पहलुओं को संभाला जा सकता है।

- **मदद करने की आदत डालें** – हम मदद करने की आदत डालें। जब कोई मदद के लिए हाथ बढ़ाता है या हमें पता चलता है कि कोई मुश्किल दौर से गुज़र रहा है तो हमें लगता है कि हमारे पास विकल्प है कि हम उसकी मदद करें या न करें। लेकिन गंभीरता से विचार किया जाए तो *मदद करना एक विकल्प न होकर ज़रूरी है, केवल अपने आप को सामने वाले की स्थिति में रखकर विचार कर लीजिए तो आपकी समझ में स्वयं यह बात आ जाएगी। किसी की भी मदद करना एक तरह से ख़ुद की मदद करना ही है क्योंकि यह मन को, सोच को और नज़रिए को सकारात्मक बनाती है।* उदास इंसान के चेहरे पर मुस्कान लाना, टूट चुके को उम्मीद की किरण देना ख़ुशी का ऐसा ज़रिया है जैसे रेगिस्तान में झरने का मिलना।

- **ख़ुशी की तलाश करते रहें** – सबसे महत्वपूर्ण है यह जानना कि

जीवन में वे कौन से बिंदु और स्थितियाँ है, जहाँ ख़ुशी मिल सकती है, सब से पहले इन्हें तलाशिए, उसके बाद ख़ुशी का स्वागत कीजिए। तीसरी स्थिति है उसे बटोरिए और चौथी स्थिति में ख़ुशी को और बाँटिए। ख़ुशी का सिंपल फ़ॉर्मूला है-ख़ुश रहिए और ख़ुश रखिए क्योंकि ख़ुश रहना मनुष्य का मूल स्वभाव है।

अचानक कोई खोई हुई चीज़ मिल जाना। बारिश में भीगना। ग्राउंड फ्लोर पर ही लिफ़्ट का मौजूद रहना। बच्चे का छूकर सुबह आपको उठाना। अकेले में यूँ ही डांस करना। किताब को पढ़ते हुए ख़्यालों में खो जाना। भरी बस में किसी को अपनी सीट दे देना। अकेले में बैठकर बीते दिनों की तस्वीर देखना, ये ख़ुशी ही तो है, जो हमारे जीवन को सार्थक करती है।

बस इन्हें तलाशते रहिए... बच्चे का अचानक मुस्कुरा देना, अचानक दौड़कर लिपट जाना। बरसों बाद अचानक पुराने दोस्त का घर आ जाना। जो पसंद हो, वही करने को मिल जाना। यकायक किसी बात पर ठहाका मारकर हँस देना। यह ख़ुशी ही तो है, जो कई रूपों में हमारे इर्द-गिर्द है।

एक गीतकार ने लिखा है-गाना आए या न आए गाना चाहिए। उसी प्रकार चाहे ख़ुश होने का कोई कारण न हो तब भी ख़ुश होने का बहाना ढूँढ़ना चाहिए। उदाहारण के लिए होली का त्योहार भारत में मनाया जाता है लेकिन पूरी दुनिया में किसी न किसी रूप में रंगों का त्योहार लोग ख़ुशी से मनाते हैं। यह उत्सव दक्षिण कोरिया में धूल-मिट्टी से मड फ़ेस्टिवल, इटली में संतरे फेंककर औरेंज बैटल, स्पेन में टमाटरों से ला टोमाटीना, थाईलैण्ड में पानी से सॉन्गकरन, ग्रीस में रंगीन आटे से फ़्लोर वार कार्निवल, यूनान में लकड़ियाँ जलाकर तथा पोलैंड और चेकोस्लोवाकिया में भारत की तरह रंग से मनाते हैं।

- **दोस्ती बड़े काम की चीज़ है** – दोस्तों के बारे में लिखिए हर रिश्ते को पहचानिए आपके कई दोस्तों में किसके साथ आप व्यक्तिगत बातें साझा कर सकते हैं? किस पर आपको सबसे ज़्यादा भरोसा है? कौन-सा दोस्त है जो आपको हमेशा हँसाता है? आपको रिश्तों को परखना है। अपने दोस्तों की इन खूबियों को लिखना है। क्योंकि *हार्वर्ड*

की रिसर्च के अनुसार रिश्तों और ख़ुशियों में गहरा नाता है। रिश्ते और सामाजिक जुड़ाव हमें तनाव, अवसाद से बचाते हैं। लंबे समय तक जीवित रखते हैं।

उस व्यक्ति को फ़ोन कीजिए, जिससे कई दिनों से नहीं मिले हैं, लेकिन उससे हमेशा जुड़े रहना चाहते हैं। आज उसे अपने बारे में बताइए, उसके बारे में पूछिए। साथ ही तय कीजिए कि अगली बार कम से कम आठ मिनट की यह बात कब होगी। क्योंकि *रिसर्च कहती है कि जो लोग सप्ताह में एक-दो बार परिचितों और दोस्तों से कम से कम 8 मिनट बात करते हैं, उनमें अवसाद, अकेलापन और चिंता कम होती है। वे ज़्यादा ख़ुश रहते हैं।*

- **किसी अनजान से बात कीजिए।** वह वॉचमैन हो या फिर राह में मिला कोई व्यक्ति। दरअसल अनजान व्यक्ति की आपके प्रति कोई धारणा नहीं होती। वह आपको जैसे आप हैं, वैसे ही स्वीकार करता है। वो आपको आपके बैकग्राउंड से जज नहीं करता, क्योंकि 1970 के दशक से जारी एक शोध के अनुसार *अक्सर अजनबियों से बात करने वाले ज़्यादा लोकप्रिय होते हैं।* वे ख़ुशमिज़ाज बने रहते हैं। परिस्थितियों में जल्दी ढलते हैं।

- **थैंक यू नोट लिखिए** – लिखकर शुक्रिया कहिए, बीते पलों को फिर जिएं। उस व्यक्ति को धन्यवाद कहिए, जिसने आपके जीवन में कोई अहम काम किया है। उसे ईमेल, मैसेज या चिट्ठी लिखकर बताइए कि वो कितना महत्वपूर्ण है। चिट्ठी में उदाहरण, घटना या क़िस्सा भी लिखिए। उसे अपनी अहमियत का पता चलेगा, क्योंकि प्रशंसा करने वाले और पाने वाले दोनों को ख़ुशी होती है। यह भावनाओं को गहराई देती है। जो लोग रिश्तों को बचाए रखते हैं वे ज़्यादा ख़ुशहाल जीवन जीते हैं।

कैलिफ़ोर्निया विश्वविद्यालय के सैन डिएगो स्कूल ऑफ़ मेडिसिन के एक अध्ययन में पाया गया है कि *आभार मानने वाले लोग अधिक ख़ुश रहते हैं, बेहतर नींद लेते हैं, अधिक ऊर्जावान होते हैं।* अपने साथ एक *आभार पत्रिका* रखें। हर दिन के अंत में ऐसी तीन चीज़ें लिखें,

जिनके लिए आप आभारी हैं। इससे स्वास्थ्य में सुधार होता है और तनाव भी बहुत कम हो जाता है।

- **ख़ुशी छोटी, सामान्य चीज़ों में तलाशें... मिल जाएगी–** जब हम किसी शिशु को गोद में उठाते हैं, दूर देश से, या किसी अन्य प्रदेश से आए हुए किसी प्रियजन, परिजन और किसी आत्मीय को यकायक आलिंगन में भरते हैं, तो जिस 'प्रसन्नता' का अनुभव करते हैं, वही प्रसन्नता की सर्वोच्च दशा है।

  गिनीज़ बुक ऑफ़ वर्ल्ड रिकॉर्ड्स द्वारा वर्ष 2020 में घोषित दुनिया के सबसे उम्रदराज़ व्यक्ति जापान के *चितेत्सू वातानाबे* का 112 वर्ष की आयु में निधन हो गया। *उन्होंने गुस्सा न करने और मुस्कुराहट को अपनी लंबी उम्र का राज़ बताया था। उनके परिवार के लोगों का कहना है कि चाहे कुछ भी हो जाए उन्होंने मुस्कुराना कभी नहीं छोड़ा।*

  पुराने ज़माने में खदान में जाते वक़्त मज़दूर पिंजरे में *केनारी चिड़िया* साथ ले जाते थे। यदि खदान में मीथेन या कार्बन डाइऑक्साइड का स्तर ज़्यादा होता था तो इंसानों के लिए वह गैस ख़तरनाक स्तर पर पहुँचे इससे पहले ही केनारी चिड़िया मर जाती थी और मज़दूर खदान से सुरक्षित बाहर निकल आते थे। क्या हम अपने मन के किसी कोने में कोई संकेत विकसित नहीं कर सकते हैं जो हमें चिंता, निराशा, अवसाद की स्थिति में संकेत देकर मन को नुक़सान होने से बचा ले।

- **यदि ख़ुश रहना चाहते हैं तो कुछ समय योग को दीजिए** – योग का मतलब है जुड़ना। आप अपने आराध्य से जुडें जिससे आप शरीर और आत्मा का अंतर महसूस कर सकें। जैसे-जैसे आप अपनी आत्मा के माध्यम से शरीर को देखना शुरू करेंगे वैसे वैसे-वैसे यह अंतर बढ़ता जाएगा और *आप मानने लगेंगे कि आप आत्मा हो और अभी इस शरीर में हो।* आप देख पाएंगे कि काम शरीर कर रहा है, देख आत्मा रही है इससे आप धीरे धीरे अशांति से शांति की ओर बढ़ने लगेंगे। यही *दृष्टा साक्षी भाव* है।

- हमारा जीवन धीरे धीरे रोबोटिक होता जा रहा है। भारत में हर 10,000 कर्मचारी पर तीन रोबोट हैं जबकि चीन में उनचास, जर्मनी में

301 और दक्षिण कोरिया में 531 हैं। अपनी भावनाओं को रोबोटिक यानि मशीनी होने से बचाइये। जिस दिन हम अपनी भावनाओं को खो देंगे उस दिन हमारी प्रगति निरर्थक हो जायेगी।

पूर्व अमेरिकी राष्ट्रपति **बराक ओबामा** ने निराशा से बचने और ख़ुश रहने के कुछ सूत्र अपनी पत्नी मिशेल ओबामा के पॉडकास्ट पर साझा किए–

1. **ज़िंदगी में ख़ुशी कभी भौतिक सुखों से नहीं मिल सकती।** यह परिवार और हमारे विश्वास में है। वास्तविक ख़ुशी यह है कि हमने जीवन में जो कहा, जो माना, जीने के जिस तरीक़े पर विश्वास किया, अंत तक हम उसपर क़ायम रहे। यही सच्ची ख़ुशी है। निराशा ख़ुशी को ख़त्म करती है और इससे बचने का यही तरीक़ा है कि सिर्फ़ आज की नहीं, दूर की स्थिति कैसी होगी, यह भी सोचें। इससे उम्मीद मिलेगी और यह ख़ुशी देगा।

2. **पैसों से आगे है ज़िंदगी...** सिर्फ़ लक्ष्यों के बॉक्स पर टिक लगाते रहना ही ज़िंदगी नहीं है। मेरा जीवन ग़रीबी में बीता तो मुझे लगा पैसों से ख़ुशी मिलेगी। लेकिन *जब पैसा कमाया तो ख़ुद को अकेला ही पाया। पैसे ने मुझे मेरे अपनों से दूर कर दिया था।*

3. **नाराज़गी से बचा जा सकता है...** दुःखी होना, नाराज़ होना स्वाभाविक है। अन्याय देखकर लोगों को ज़िम्मेदारी से भागता देखकर मुझे गुस्सा आता है। लेकिन *मैं शायद इसलिए निराश नहीं होता क्योंकि मैं यह देखता हूँ कि चीज़ें लंबे समय में कैसी होंगी?*

4. **असफलता के सही मायने जानें...** अगर आप सिर्फ़ 'मैं' के बारे में सोचेंगे, यह सोचेंगे की मैं और मेरा परिवार आत्मनिर्भर हो जाए, यही सफलता है, तो यह सफलता आपको ख़ुशी नहीं दे पाएगी। सबको साथ लेकर चलना ही सच्ची सफलता है।

5. **आपका विश्वास ही ख़ुशी देगा...** मैं अक्सर सोचता हूँ कि ज़िंदगी में जब मैं पीछे मुड़कर देखूंगा, तो क्या याद आएगा। *मैं यह सोचूंगा कि*

क्या मैं जीवनभर उसपर चला, जिसपर मुझे विश्वास था। अगर हां, तो यह संतुष्टि ही मुझे बहुत ख़ुशी देगी।

इस ग्रह पर आप थोड़े समय के लिए हैं आपके प्रीपेड प्लान की एक्सपायरी डेट निश्चित है लेकिन एक्सीडेंट या अच्छे तरीक़े से अपना ध्यान न रखने पर यह कभी भी ख़त्म हो सकती है।

हम ख़ुश होने के लिए बड़े सपनों को पूरा होने का इंतज़ार करते रहते हैं और जब वो सपने पूरे हो जाते हैं तो हमारे सपने बदलकर और बड़े हो जाते हैं और देखते ही देखते पूरी ज़िंदगी हमारी आँखों के सामने रेत की तरह फिसल जाती है और हम क़ब्र में पहुँच जाते हैं। हम अक्सर जीना, जीवन के आख़िरी दिनों में सीख पाते हैं या फिर तब सीख पाते हैं, जब हमें कोई ऐसी असाध्य बीमारी हो जाए जिसमें ज़िंदगी ख़त्म होने की संभावना हो। और जब हमें जीवन की क़ीमत समझ में आती है, हम भगवान से प्रार्थना करते हैं कि प्रभु हमें जीने के लिए एक वर्ष, एक महीना या सप्ताह दे दो और जो पूरा जीवन छोटी-मोटी चीज़ों के लिए बर्बाद कर दिया उसका अफ़सोस करते हैं लेकिन एक बार हाथ से फिसला समय किसी भी क़ीमत पर वापस नहीं आ सकता।

मैं आपको सफलता के उस मार्ग पर ले जाना चाहता हूँ जहाँ हर क्षण जीवन की छोटी छोटी ख़ुशियों को महसूस करते हुए, ईश्वर की दी हुई नियामतों पर धन्यवाद देते हुए और अपनी छोटी छोटी सफलताओं पर तालियाँ बजाते हुए आप आगे बढ़ें। मैं चाहता हूँ कि ज़िंदगी की आपाधापी में जब आप घूम रहे हैं, तो किसी गमले या क्यारी के रंगबिरंगे फूलों की ख़ुशबू आप महसूस करें, आपके आस-पास कोई शिशु खिलखिलाकर हँसे तो आप उसके साथ खिलखिलाकर हँसें और रास्ते पर चलते वक़्त कोई पसंदीदा गाना आप के कानों तक पहुँचे तो पूरे रास्ते गुनगुनाते हुए मंज़िल तक पहुँचें। जीवन के कोलाहल में आप इस तरह खो गए हैं कि झरने की आवाज़, नदियों की कल-कल और पक्षियों का कलरव न तो सुनाई देता है, न दिखाई देता है, महसूस करना तो दूर की बात है।

लोगों को अधिकांश समस्याएं चीज़ों और लोगों के प्रति उनके लगाव से होती है जिसे हम प्यार समझ लेते हैं जबकि सौ साल जीने वाला कछुआ

भी बच्चे के तैरना सीखने के बाद उसे छोड़ देता है। याद रखें लगाव या अटैचमेंट केवल सशर्त प्यार होता है जबकि प्रेमपूर्ण डिटैचमेंट सच्चे प्यार की भावना को बढ़ावा देता है। आनंद की तलाश में हम तब तक असफल रहेंगे जब तक कि हम अपने अंदर नहीं झांकते क्योंकि आनंद का सागर हम में से हर एक के अंदर ही है इसलिए कोई इस उम्मीद में भले ही दुनिया की ख़ाक छान ले कि उसे आनंद मिल ही जाएगा तो भी उसे अंत में निराशा ही हाथ लगेगी। चाहे पूरी दुनिया आपके क़दमों पर हो लेकिन नित नई इच्छाएँ पैदा होती ही रहेंगी। हमें मनुष्य के अनुभवों पर आधारित उपनिषद अवश्य पढ़ना चाहिए।

स्वामीजी विवेकानंद के जीवन के एक प्रसंग के अनुसार एक बार स्वामी विवेकानंद के आश्रम में एक दुखी व्यक्ति आया। वह स्वामीजी से बोला कि मैं बहुत दुखी हूँ, मैं बहुत मेहनत करता हूँ, लेकिन मुझे सफलता नहीं मिल रही है। मैं पढ़ा-लिखा हूँ और मेहनती हूँ, फ़िर भी कामयाब नहीं हूँ। कृपया कोई रास्ता बताएं, जिससे मैं भी सफल हो सकूँ।

स्वामीजी समझ गए कि व्यक्ति के दुखों की वजह क्या है। उस समय स्वामीजी के पास एक पालतू कुत्ता था, उन्होंने व्यक्ति से कहा कि तुम कुछ दूर तक मेरे कुत्ते को सैर करा लाओ। इसके बाद मैं तुम्हें तुम्हारे दुखों को दूर करने का रास्ता बताता हूँ।

ये सुनकर दुखी व्यक्ति हैरान हो गया। फिर भी स्वामीजी की बात मानकर कुत्ते को सैर कराने के लिए ले गया। कुत्ते को सैर कराकर व्यक्ति वापस पहुँचा तो स्वामीजी ने देखा कि कुत्ता थका हुआ था, लेकिन व्यक्ति थका नहीं था। स्वामीजी ने उससे पूछा कि ये कुत्ता इतना ज़्यादा कैसे थक गया, जबकि तुम तो बिना थके दिख रहे हो।

व्यक्ति ने जवाब दिया कि स्वामीजी मैं तो अपने रास्ते पर सीधे चल रहा था, लेकिन कुत्ता गली के सारे कुत्तों के पीछे भाग रहा था और लड़कर फिर वापस मेरे पास आ जाता था। इस कुत्ते ने मुझसे कहीं ज़्यादा दौड़ लगाई है, इस वजह से ये थक गया है।

स्वामीजी ने कहा कि यही तुम्हारे दुखों को दूर करने का रास्ता है। तुम्हारा लक्ष्य तुम्हारे सामने है, लेकिन तुम लक्ष्य तक पहुँचने से पहले ही दूसरों से होड़ करने लगते हो और अपनी मंज़िल से दूर होते चले जाते हो।

यही बात सभी लोगों पर लागू होती है। हम दूसरों के कामों में कमियाँ खोजते है, उनकी सफलता से जलते हैं। अपना ज्ञान बढाने की कोशिश नहीं करते और थोड़े से ज्ञान का घमंड करते हैं। ऐसी सोच की वजह से हम अपनी ऊर्जा व्यर्थ ही ख़र्च करते हैं। जबकि हमें सिर्फ़ अपने लक्ष्य पर ध्यान रखना चाहिए। दूसरों से होड़ करने के चक्कर में अपनी ऊर्जा व्यर्थ ख़र्च न करें। इन बातों का ध्यान रखने पर ही हमें सफलता मिल सकती है

मैं कुछ ऐसे लोगों को जानता हूँ जो हर चीज़ को परफ़ेक्ट तरीक़े से करने के चक्कर में अपनी ज़िंदगी को एन्जॉय करना भूल गये हैं क्योंकि पर्फ़ेक्शन एक ऐसी चीज़ है जो कभी नहीं आएगी। भगवान की बनायी गई प्रकृति के अलावा कोई भी स्ट्रक्चर, कोई भी संरचना पर्फ़ेक्ट नहीं है लेकिन हम इंसान पर्फ़ेक्शन के चक्कर में बीमार होकर पागलों की तरह घूमते फिरते हैं। मैं ये नहीं कहता कि आप चीज़ों को सुधारिए नहीं, यह ज़रूरी है, लेकिन पर्फ़ेक्शन को कभी अपने ऊपर हावी मत होने दीजिए क्योंकि कितनी भी परफ़ेक्ट चीज़ बना दी जाए, उसके सैकेंड वर्ज़न की गुंजाइश हमेशा रहेगी।

हमारे जीवन में औसतन तीस हज़ार दिन हैं और इसके बाद कोई जीवन है तो उसका स्वरूप अस्पष्ट है। इतना ज़रूर है कि जैसे-जैसे दिन कम होते जायेंगे वैसे-वैसे हमारे शरीर की बैटरी ऊर्जा के क्षय होने से डिस्चार्ज होती जायेगी इसलिए आज और अभी विचार करने की ज़रूरत है कि मरने से पहले क्या-क्या करना चाहोगे? इसकी एक विस्तृत सूची, कार्ययोजना और क्रियान्वयन की प्लानिंग कर लीजिए। यहाँ मेरा एक सुझाव है कि अपनी सूची में भूलकर भी उन कामों को शामिल नहीं करें जिन्हें आपकी अन्तरात्मा सही नहीं मानती क्योंकि हमारे शरीर में स्थापित दिशानिर्देशक कम्पास कभी भी किसी अनैतिक काम को सही नहीं ठहराता। दूसरे, हम इन्सानों से जाने-अनजाने में ही इतनी ग़लतियाँ हो जाती हैं कि अलग से प्लानिंग की ज़रूरत नहीं है। इसलिए अब तक आपसे कुछ ग़लत हुआ है तो प्रायश्चित कीजिए और भविष्य में ग़लत न करने का संकल्प लेकर जीवन में आगे बढ़ जाइए। सरल बनिए, कॉम्प्लेक्स नहीं।

ग्लोबल सिटिज़नशिप सर्वे के अनुसार भारत के युवाओं में कुल 80% युवा ख़ुश है, इसमें 29% बहुत ख़ुश हैं । इसके उलट दुनिया के लिए 68% युवा ही ख़ुश हैं। *सबसे कम ख़ुश युवा जापान में हैं।* यहाँ सिर्फ़ 45% ही

ख़ुश हैं। भारत में सिर्फ़ 8% युवा ख़ुश नहीं हैं, इसमें पाँच प्रतिशत ने कहा कि वे नाख़ुश हैं जबकि 3% ने कहा कि वे बहुत नाख़ुश हैं जबकि दुनिया भर में औसत 09 प्रतिशत युवा ख़ुश नहीं है।

प्रसन्नता का प्रकृति से गहरा नाता है। दुनिया के सबसे ख़ुशहाल देशों में से एक भूटान में पर्यावरण को सबसे अधिक महत्व दिया जाता है। भूटान के नरेश जिग्मे खेसर नामग्याल बांगचुक ने पिछले दिनों अपना 40वाँ जन्मदिन मनाते समय तीन काम करने के लिए कहा है। पहला, हर शख़्स अपने घर में एक पौधा लगाये। दूसरा, किसी आवारा पशु को गोद लेकर उसकी देखभाल करें और तीसरा काम, घर के आस पास ख़ाली जगह पर और पड़ोसी के घर के आस पास साफ़ सफ़ाई करने का संकल्प।

मेडिकल क्लाउनिंग – *ख़ुश रहने का मूल मंत्र है दूसरों को ख़ुश रखना। अमेरिका, ऑस्ट्रेलिया और ब्रिटेन जैसे 30 देशों में कॉमेडी, जादू, संगीत और कहानियाँ सुनाकर अस्पतालों में मरीज़ों को प्रसन्न रखा जाता है।* अमेरिका के पैच एडम्स दुनिया के पहले डॉक्टर माने जाते हैं जिन्होंने 1970 में मेडिकल क्लाउनिंग (अर्थात जोकर) की शुरुआत की थी। भारत में इसकी शुरुआत 2016 में दिल्ली की शीतल अग्रवाल ने कैंसर पीड़ित बच्चों को हँसाने से की और इसके लिए उन्होंने रिसर्चर की नौकरी छोड़ दी। वे पाँच लोगों की टीम के साथ जोकर बनकर न सिर्फ़ अस्पतालों बल्कि स्कूलों और वृद्धाश्रमों में जाकर बच्चों और बुजुर्गों को हँसा रही हैं।

मूड स्विंग – इस बायोलॉजिकल डिसऑर्डर में दिमाग़ रसायनिक असंतुलन का शिकार हो जाता है जिससे कभी बेहद ख़ुश और कभी बेहद उदास हो जाता है। इसका कारण है रक्त में स्ट्रेस हार्मोन कार्टिसोल का बढ़ना या थायरॉइड का असंतुलन। इसके लिए मैग्निसियम युक्त डाइट जैसे केला, विटामिन C के लिए ऑरेंज, आँवला नीबू के साथ-साथ हेल्दी चीज़ें जैसे डार्क चॉकलेट, बीन्स, हर्बल चाय, हरी सब्ज़ियाँ लें। रोज़ 8-10 ग्लास पानी पियें, एक्सरसाइज़ करें अच्छा म्यूज़िक सुनें और डांस करें।

हँसना ज़रूरी है – स्वस्थ रहने के लिए रोग प्रतिरोधक क्षमता मज़बूत करनी होगी जिसके लिए सिर्फ़ पौष्टिक खानपान ही काफ़ी नहीं है बल्कि *रोग प्रतिरोधक क्षमता ख़ुश और हँसते रहने से भी बढ़ती है।* इसके अलावा हँसने से तनाव दूर होगा, मन अच्छा रहेगा, हृदय स्वस्थ रहेगा, ब्लड प्रेशर

नियंत्रित रहेगा, सकारात्मक ऊर्जा बनी रहेगी और एंडोर्फ़िन हारमोन का स्राव बढ़ेगा। हँसने के लिए आप जोक्स या फ़नी वीडियो देख सकते हैं, कॉमेडी फ़िल्में और कॉमेडी शोज़ देख सकते हैं, हास्य योग कर सकते हैं,हँसने और हँसाने का प्रयास कर सकते हैं, उनसे बात कर सकते हैं जो बात-बात पर हँसते हैं और फनी वीडियो बना सकते हैं।

तो इस समय आप क्या सोच रहे हैं। *आपका आज का हैप्पीनेस प्लान क्या है?* अपने अगले हफ़्ते, अगले महीने और हो सके तो पूरे साल का हैप्पीनेस प्लान वैसे ही बनायें जैसे कि आपने अपनी छुट्टियों का प्लान बनाया है। किसी दोस्त से किया वादा पूरा कीजिए, या उस पसंदीदा व्यक्ति के साथ भोजन कीजिए, जिसने आपको हमेशा हँसाया है। अगर किसी से वादा किया था कि किसी दिन साथ में कॉफ़ी पीएंगे तो यह काम जरूर कीजिए। आज ऐसे किसी पेंडिंग काम को पूरा कीजिए। रिसर्च बताती है कि जो लोग किसी संस्था, संगठन जैसे मंदिर समुदाय, हॉबी ग्रुप, सहायता समूह या स्पोर्ट टीम से जुड़े होते हैं उनमें ख़ुशी का स्तर अधिक होता है।

बस एक बार फिर से बच्चे बन जाइए – बचपन में जलेबी दौड़ में हारने के बाद भी हमारे चेहरे पर मायूसी नहीं, बल्कि ख़ुशी के ही भाव होते थे। लेकिन क्या हम बड़े जो आगे बढ़ने की इस रेस में शामिल हैं, कभी इस बात को समझ सकते हैं? शायद नहीं। पता नहीं क्यों बचपन वाली यह रेस ज़िंदगी की इस रेस से इतनी अलग क्यों है? *यहाँ पर तो हम सभी भाग रहे हैं, किसके पीछे और किसको पीछे छोड़ते हुए, पता नहीं। एक ही बात – आगे बढ़ो, दौड़ो नहीं तो सबसे पीछे रह जाओगे।* हार-जीत के इस खेल में ज़िंदगी जीने का मज़ा तो पता नहीं कहाँ खो गया। जीतने के बाद भी जीत की ख़ुशी क्यों नहीं होती? *क्यों एक टारगेट पाने के बाद दूसरा टारगेट मुँह चिढ़ाता नज़र आता है? जैसे कह रहा हो, ये जो तुमने पाया है, बहुत छोटा-सा पड़ाव है। अब आएगा खेल का असली मज़ा। ज़िंदगी का यह खेल चुनौती क्यों बन गया? फिर कोई क्यों कहता है – 'ज़िंदगी ज़िंदादिली का नाम है। मुर्दा दिल क्या खाक जिया करते हैं।' अब तो आसपास देखकर लगता है, ज़िंदगी दौड़ने का नाम है।* जो सबसे तेज़ दौड़ेगा, वह जीतकर रहेगा। लगता है जैसे हम इंसान नहीं घोड़े हैं। कांपीटिशन के वे घोड़े, जिनमें दिमाग़ तो इंसानों वाले हैं, लेकिन उनका दिल, उनकी धड़कनें, उनके

अरमान रेस में कहीं दब गए। तभी तो हम कुछ भी पा लें, ख़ुशी होती ही नहीं। होंठ जैसे मुस्कराना भूल ही गए। वरना अगर मानो तो हर दिन दिवाली और हर रात ईद है। कितने अजीब हालात हैं। जीने की कला हम भूल गए और जीतने की कला में भी हम पारंगत नहीं हो पाए। हमसे अच्छे तो बच्चे हैं, जो अपनी पैसों वाली गुल्लक में कुछ सिक्के जमा कर समझते हैं, जैसे बहुत बड़ा खजाना उनके हाथ में है। और सच तो यह है कि वो खजाना कभी ख़त्म ही नहीं होता। बच्चे जो स्कूल की पिकनिक पर जाने से पहले ही पिकनिक का नाम सुनकर ही ख़ुश हो जाते हैं। और तो और, अगर माँ ने लंच में उनके लिए स्पेशल वनिला कस्टर्ड भी बना दिया तो बस पूरा दिन ही बन गया। और अगर नाराज़ हुए तो मम्मी के हाथों का बना चॉकलेट केक नाराज़गी दूर करने के लिए काफ़ी है। कभी सोचा है, हम क्यों नहीं ख़ुश हो पाते चॉकलेट केक से? घर के बगीचे में आई वो तितली हमें अपने पीछे दौड़ने को मजबूर क्यों नहीं करती? क्यों जब हवाई जहाज हमारे सिर के ऊपर से गुजर जाता है, हमें पता तक नहीं चलता? शायद ज़िंदगी की ये छोटी-छोटी ख़ुशियाँ हमारी बड़ी-बड़ी जीत से कहीं बड़ी हैं। कम से कम ये हमें ख़ुश और अच्छा इंसान तो बने रहने देती हैं। ख़ुशियाँ हमसे नहीं, हम ख़ुशियों से दूर हैं। बस एक बार फिर से बच्चे बन जाइए, फिर देखिए जलेबी रेस में चाहे जीतें या हारें, मज़ा तो सभी को आएगा। कामयाब भले ही न हो पाएं, लेकिन ख़ुश होने की गारंटी तो यहाँ है।

हँसते, मुस्कराते और खिलखिलाते चेहरे कितने अच्छे लगते हैं, तो क्यों न वैसा ही ख़ुद भी बना जाए– ख़ुशी कह लें या फिर आनंद, सुख या प्रसन्नता- इंसान की सबसे बड़ी चाह यही है। हम न सिर्फ़ अपने लिए, बल्कि सबके लिए यही चाहते हैं। आख़िर अपने आसपास दुखी, उदास और निराश लोग कौन देखना चाहता है! हमें चाहिए हँसते-मुस्कराते-खिलखिलाते चेहरे। तो क्यों न वैसा ही ख़ुद भी बना जाए!

आप ख़ुशी चाहते हैं या प्रसन्नता! ख़ुशी के लिए दूसरों की ज़रूरत है लेकिन प्रसन्नता अकेले भी मिल सकती है। दोनों शब्द पर्यायवाची ही तो हैं।...

हम मानव भावनाओं और भाव से जीने वाले प्राणी हैं। भाव स्थायी होते हैं, पर भावनाएं अस्थायी होती हैं। अच्छी भावना को हम स्थायी करना चाहते हैं, जैसे ख़ुशी। सभी चाहते हैं कि हम सदा ख़ुश रहें।

किसी व्यक्ति, परिस्थिति या प्रसंग से संबंध का एक पुल बनाए बिना हम प्रसन्नता का अनुभव कर ही नहीं सकते। यह हम पूरी सृष्टि के साथ हमारे संबंधों में देख सकते हैं। प्रकृति के विस्तार से संबंध बनाकर ही तो हम एक फूल, तितली, जलधारा, मेघ, कोयल, मोर, गिलहरी को देख-सुनकर प्रसन्न होते हैं। इनमें से सभी अपनी राह जाते हैं- वे अपनी राह, हम अपनी राह। आजकल एक-दूसरे के पास ठहरने के, रुकने के अवसर तो ज़्यादा आते नहीं हैं लेकिन जितनी देर के लिए भी हम प्रक्रृति के साथ होते हैं, प्रसन्न होते हैं। निकटता से ही यह प्रसन्नता पैदा होती है। संस्कृत के कवि कालिदास ने मेघ को एक व्यक्ति बना लिया था- एक दूत।अपने किसी लगाए हुए पौधे पर एक नयी कोपल, एक पत्ती, एक कली, एक फूल को देखकर हम प्रसन्न होते हैं तो इसीलिए कि भीतर एक भाव यह उपजता है कि हमारे सींचे हुए जल से, हमारी गोड़ी हुई मिट्टी से उपजकर इस फूल, इस पत्ती ने हमसे कुछ कहा है। हमने कुछ किया और उसका कुछ फल निकला यह संबंध तो है ही। हम गर्मियों में विशेष रूप से मिट्टी के बर्तन में पानी भरकर रखते हैं- पक्षियों के लिए। पानी पीते हैं। चक्कर लगाते हैं। अपने पर फरफराते हैं, उड़कर जाते हैं, उड़कर आते हैं - हम प्रसन्न होते हैं। यह परस्पर का एक संबंध ही तो है। तो प्रसन्नता का आधार है - संबंध। और पुलक है पहली सीढ़ी जो हमें प्रसन्नता की ओर ले जाती है। हम किसी चीज़ या व्यक्ति को देखकर पुलकित होते हैं, फिर प्रसन्न। और प्रसन्नता अपना प्रसार करती है 'आनंद' के रूप में। हां, प्रसन्नता का एक आधार मधुरता भी है। कटु बातों से, खट्टे प्रसंगों से तो प्रसन्नता की लहरें उपजती नहीं हैं। प्रसन्नता के साथ मधुरता का भाव तो अपने-आप ही जुड़ा हुआ है। प्रसन्न व्यक्ति मधुर भी प्रतीत होता है। प्रसन्नता कभी-कभी रुलाई की शक्ल में भी आ सकती है। अचानक अप्रत्याशित ख़ुशी से आँसू बहना तो सहज है। सच तो यह है कि ख़ुशी हर रूप में ख़ुश ही करती है।

जीवन की गुणवत्ता और ख़ुशी ही ज़िंदगी को लंबा बनाती है-शीर्ष अमेरिकी विद्वान डॉ. एफ़रेम चेंग ने 'जीवन-प्रत्याशा और रिटायरमेंट की उम्र' के संबंध पर आधारित अध्ययन किया था। रिपोर्ट में अमेरिका की कई पेंशन योजनाओं का अध्ययन किया गया था, जिसमें बोईंग, एटीएंडटी और फ़ोर्ड मोटर कंपनी की योजनाएँ शामिल थीं। इसमें पाया गया कि एक्ज़िक्यूटिव जितनी देर से रिटायर होते हैं, उनकी ज़िंदगी उतनी कम होती है।

इसमें आँकड़े दिए गए कि अगर कोई 49 की उम्र में रिटायर होता है तो वह 86 तक जीता है और इसी तरह यह सूची बताती जाती है कि 50, 51 आदि पर रिटायर होने पर कोई कितना जिएगा। अंततः यह बताती है कि अगर कोई 65 की उम्र में रिटायर होता है तो वह शायद 66.6 वर्ष तक जिए, यानी व्यक्ति अपने रिटायर्ड जीवन का सिर्फ़ 18 महीने आनंद ले पाएगा। डॉ चेंग का तर्क था कि आप जितनी जल्दी सत्ता और पैसे के चक्र से बाहर आ जाते हैं और लग्ज़री व लोकप्रियता के बंधन से छूट जाते हैं, आप उतना ख़ुश रहते हैं और लंबी मूलभूत ज़िंदगी जी पाते हैं लेकिन आप इस रिपोर्ट को झूठा साबित कर सकते हैं – तीस –चालीस मिनट की मॉर्निंग वॉक, कुछ समय सूर्योदय के समय शांति से बैठकर या ध्यान लगाकर, सात–आठ घंटे की बढ़िया नींद लेकर, कुछ नया सीखने की कोशिश करके, अपने नाते–पोतियों की बातें समझकर और उन्हें अपने अनुभव की कहानियाँ सुनाकर, आध्यात्म और प्रार्थना करके, नकारात्मक बातों से ख़ुद को अलग करके, छोटे–छोटे बच्चों के साथ खेलकर, खानपान में प्रकृति द्वारा प्रदान भोजन को अपनाकर और जीने के एक उद्देश्य को लेकर।

अर्ल नाइटिंगेल ने एक बार लिखा था, *'ख़ुशी किसी सार्थक आदर्श या लक्ष्य की क्रमिक प्राप्ति है।'* आप सच्ची ख़ुशी तभी महसूस करते हैं, जब आप किसी महत्वपूर्ण चीज़ की ओर क़दम–दर–क़दम प्रगति कर रहे होते हैं। लोगोथेरेपी के संस्थापक विक्टर फ़्रैंकल ने लिखा था कि इंसान की सबसे बड़ी ज़रूरत ज़िंदगी में अर्थ और उद्देश्य का एहसास होना है। यूनानी दार्शनिक अरस्तू की एक महत्वपूर्ण नसीहत यह थी कि इंसान एक उद्देश्यपूर्ण (teleological) प्राणी है। ग्रीक शब्द टेलियॉस का अर्थ है लक्ष्य। अरस्तू का निष्कर्ष था कि इंसान का हर काम किसी न किसी अर्थ में उद्देश्यपूर्ण होता है। आप सिर्फ़ तभी ख़ुश रहते हैं, जब आप कोई ऐसा काम कर रहे हों, जो आपको मनचाही चीज़ की ओर ले जा रहा हो। इंसान के हर काम का अंतिम उद्देश्य व्यक्तिगत ख़ुशी पाना है। उनके अनुसार आपके हर काम का मक़सद किसी न किसी तरह अपनी ख़ुशी बढ़ाना है। आप ख़ुशी पाने में सफल हों या असफल, ख़ुशी हमेशा आपका अंतिम लक्ष्य होती है।लक्ष्य तय करना, हर दिन उनकी दिशा में काम करना और अंततः उन्हें हासिल करना ज़िंदगी में ख़ुशी की कुंजी है।

दुनिया का सबसे ख़ुश इंसान माने जाने वाले **मैथ्यू रिचर्ड** ख़ुश रहने के लिए नियमित रूप से 5 प्रमुख एक्सरसाइज़ करते हैं जो उन्हें ख़ुश रखने में मदद करती हैं। मैथ्यू रिचर्ड्स का जन्म फ्राँस में हुआ था। वे पिछली बार 1991 में दुखी हुए थे। तब से लेकर आज तक वे दुखी नहीं हुए हैं। यह कोई हवा-हवाई बात नहीं है। उनके ख़ुश रहने की इस ख़ासियत से प्रभावित होकर अमेरिकी यूनिवर्सिटी ने शोध भी किया। उनके ख़ुशी के राज़ जानने के लिए 12 साल लंबा रिसर्च किया गया है। उनके दिमाग़ में कुल 256 सेंसर लगाकर उनके परिणाम देखे गए, जिसमें वे वाकई ख़ुश साबित हुए। इतना ही नहीं, यूनाइटेड नेशंस ने 2016 की अपनी हैप्पीनेस रिपोर्ट में उन्हें दुनिया का सबसे ख़ुश शख़्स घोषित किया था। अब ख़ुशी उनकी ज़िंदगी का केवल हिस्सा भर नहीं, बल्कि आदत बन चुकी है।

रिसर्च में देखा गया कि ख़राब से ख़राब परिस्थितियों में उनके दिमाग़ की प्रतिक्रियाएं क्या होती हैं। वह कैसे काम करता है। इन सभी को मिलाकर एक रिपोर्ट तैयार की गई। जिसमें उनके दिमाग़ में गामा तरंग की मौजूदगी दर्ज की गई। यह दुनिया के बेहद कम लोगों में पाई जाती है। गामा तरंग किसी भी परिस्थिति में ख़ुशी का स्तर बढ़ाने का काम करती है।

उनके दिमाग़ में मौजूद गामा तरंग के बारे में मैथ्यू का कहना है कि उन्होंने इस तरंग को ख़ुद डेवलप किया है। मैथ्यू के ऊपर की गई रिसर्च बताती है कि दिमाग़ के अंदर 4 ख़ास केमिकल्स की मौजूदगी से इंसान को ख़ुशी मिलती है। इस बारे में मैथ्यू का कहना है कि इंसान के दिमाग़ में ख़ुशी को लेकर एक विशेष सिस्टम होता है। यह हमारे दिमाग़ में माथे के आगे के हिस्से और कान के ठीक ऊपर दाहिनी ओर मौजूद होता है। इसका काम है ख़ुशी पैदा करना। ख़ुशी पैदा करने वाले चार ख़ास केमिकल्स हैं, डोपामाइन, ऑक्सीटॉसिन, सेरोटोनिन और एंड्रोफ़िन्स। ये अलग-अलग परिस्थितियों में दिमाग़ में मौजूद ख़ुशी के एरिया में मात्रा कम ज़्यादा करके ख़ुशी का स्तर घटाते बढ़ाते हैं।

मैथ्यू ख़ुश रहने के लिए नियमित रूप से 5 प्रमुख एक्सरसाइज़ भी करते हैं। जो उन्हें ख़ुश रखने में मदद करती हैं। सबसे पहले 1 से 2 मिनट तक पूरी आँखें खोलकर देखते हैं। उसके बाद नियमित रूप से हर घंटे 10 सेकंड की काइंडनेस एक्सरसाइज़ करते हैं। फिर, वे कहते हैं आपको अपने

बच्चों, पत्नी या माता पिता या जिससे सबसे अधिक प्रेम करते हैं। उसकी मुस्कराती हुई तस्वीर को 1 मिनट तक लगातार देखें। उसके बाद वे ज़रूरी मात्रा में चॉकलेट या अखरोट खाते हैं और खाने की सलाह देते हैं। वे कहते हैं कि हमें मुँह खोलकर पूरा मुस्कराना चाहिए। वे इन सभी एक्सरसाइज़ को नियमित रूप से अपनाते हैं और सलाह देते हैं।

अपने मस्तिष्क को युवा रखें – आमतौर पर हम जिसे अपनी उम्र मानते हैं वह हमारे शरीर की उम्र होती है। दिमाग़ की उम्र शरीर के बराबर ही हो यह ज़रूरी नहीं। कई बार अस्सी साल के लोगों के मस्तिष्क भी पच्चीस-तीस के लोगों के समान होते हैं वहीं ऐसा भी हो सकता है कि बीस बाईस साल के युवा का मस्तिष्क पचास-साठ के व्यक्ति जैसा हो। मस्तिष्क को अधिक से अधिक समय तक युवा बनाए रखने के लिए आप अपनी ओर से कई प्रयास कर सकते हैं।

सबसे महत्वपूर्ण बात यह है कि उम्र को लेकर हमेशा सकारात्मक रहें। अमूमन लोग उम्र बढ़ने या बूढ़ा होने से डरते हैं और उम्र बढ़ते ही सोचते हैं कि वे अब बीमार, कमज़ोर, असहाय हो जाएँगे तथा सब कुछ ख़त्म हो जाएगा। इस तरह की नकारात्मक सोच हमारे मस्तिष्क को अधिक जल्दी बूढ़ा कर देती है। शोधों में यह पाया गया है कि जो लोग उम्र को लेकर सकारात्मक रहते हैं वे अधिक समय तक मानसिक तौर पर युवा बने रहते हैं। हमें अपनी मेंटल हाइजीन का ख़्याल रखना चाहिए और चिंतन, मनन और ध्यान को अपनी रोज़मर्रा की ज़िंदगी का हिस्सा बनाना चाहिए।

सकारात्मक होने के साथ साथ यह भी ज़रूरी है कि आपके जीवन में जो भी सकारात्मक हुआ है या हो रहा है उसके प्रति कृतज्ञता महसूस करें। रिसर्च से पता चलता है कि कृतज्ञ होने तथा भविष्य के प्रति आशान्वित महसूस करने से हमारे मस्तिष्क की वायरिंग में परिवर्तन आता है जिसकी बदौलत आपको जो फ़ील गुड होता है वह आपके मस्तिष्क को युवा बनाए रखने में मदद करता है।

मस्तिष्क को युवा बनाए रखने के लिए मेडिटेशन एक नायाब नुस्ख़ा है। एक शोध में यहाँ तक पाया गया है कि *जो लोग नियमित रूप से मेडिटेशन करते हैं उनका मस्तिष्क उनकी वास्तविक आयु से 7 साल तक कम का हो जाता है।* बाक़ी सारे उपायों के अलावा युवा मस्तिष्क पाने

के लिए एक स्वस्थ जीवनशैली अपनाना भी ज़रूरी है। पौष्टिक भोजन लें, नियमित व्यायाम करें और सब प्रकार के व्यसन त्याग दें। इससे शरीर के साथ साथ दिमाग़ को भी स्वस्थ व युवा रखने में मदद मिलेगी।

पिछले दिनों ख़बर छपी थी जिसका शीर्षक था चौंतीस के **रोनाल्डो** की बायोलॉजिकल उम्र 23 वर्ष है। उनके शरीर पर सिर्फ़ सात प्रतिशत फ़ैट है जो कि पेशेवर खिलाड़ियों से तीन पर्सेंट कम है। ख़ुद को पॉज़िटिव रखने के लिए वे परिवार के साथ समय बिताते हैं और आम लोगों की तरह 8 घंटे की नींद लेने की जगह दिनभर में नब्बे-नब्बे मिनट की पाँच नींद लेते हैं। वे गर्भ में स्थित भ्रूण की स्थिति में सोते हैं, विशेषज्ञों का कहना है कि इससे दिमाग़ फ्रेस रहता है और एकाग्रता बढ़ती है । वे विशेष चैम्बर में क्रायोथैरेपी लेते हैं जिसका तापमान माइनस 130 डिग्री तक रहता है वे इसमें तीन मिनट तक रुकते हैं। इससे मांसपेशियों की चोटों की रिकवरी जल्द होती है।

डिजिटल कोकीन – स्मार्टफ़ोन चलाना लत बनती जा रही है इसलिए अमेरिकन एकेडमी ऑफ़ पेडियाट्रिक्स ने पेरेंट्स से अपील की है कि 2 से 5 साल के बच्चों का स्क्रीन टाइम 1 घंटे से ज़्यादा न होने दें। अभी 8 साल तक के 98% बच्चों में यह दो घंटे से ज़्यादा है। नेशनल इंस्टीट्यूट्स ऑफ़ हेल्थ के अध्ययन में पता चला है कि जो बच्चे रोज़ 7 घंटे टेक्नोलॉजी पूल जैसे मोबाइल, लैपटॉप, टीवी में डूबे रहते हैं, उनमें सोचने और तर्क करने की क्षमता का विकास नहीं हो पाता। उनकी भाषा सीखने की रफ़्तार भी कम रहती है। उनका आत्मविश्वास कम हो जाता है। इससे अनिद्रा, मोटापे के साथ-साथ उनमें आत्मविश्वास की कमी हो जाती है। उनका स्वभाव चिड़चिड़ा हो जाता है और वे ज़्यादा गुस्सा करने लगते हैं। डिजिटल स्वास्थ्य विशेषज्ञ स्क्रीन को इलेक्ट्रॉनिक कोकीन का दर्जा देते हुए कहते हैं कि हमारे बच्चे ओवरडोज़ ले रहे हैं। मनोवैज्ञानिक कहते हैं कि फ़ोन बच्चों का सबसे ज़्यादा ध्यान आकर्षित करता है। किताब पढ़ने में बच्चे आनाकानी करते हैं, लेकिन वीडियो वे घंटों देख सकते हैं। स्मार्ट क्लास में बच्चे डिजिटल बोर्ड से लैपटॉप या आईपैड पर पढ़ाई करते हैं। फिर किताबों की जगह ईबुक्स ने ले ली है। घर में होमवर्क भी डिजिटल डिवाइस पर किया जा रहा है। इन सबके बीच मोबाइल, स्मार्ट वाच और टीवी की स्क्रीन बच्चों को बीमार बना रही है। बच्चों का स्क्रीन टाइम घटाने के लिए

कई स्कूलों ने स्क्रीन फ्री फ्राइडे की शुरुआत की है। क्लासरूम में हर हफ़्ते स्क्रीन टाइम कम करने की प्रतियोगिताएँ शुरू की गई हैं। अमीर और गरीब में टेक्नोलॉजी के हिसाब से सबसे बड़ा अंतर यह है कि अमीर टेक्नोलॉजी का उपयोग समय बचाने के लिए करते हैं जबकि गरीब बचे हुए महत्वपूर्ण समय को रील्स देखने में बिताते हैं। लोग बिना किसी काम के भी मोबाइल फ़ोन का दिनभर प्रयोग करते रहते हैं। एक शोध के अनुसार इसका असर उनकी नींद पर पड़ रहा है। हम सभी के जीवन में स्मार्टफ़ोन काफ़ी अहम हो गया है। एक नए अध्ययन में सामने आया है कि डिजिटल सेवाएँ नींद में बाधा बनकर उभरी है जो लोगों के स्वास्थ्य पर प्रतिकूल प्रभाव डाल रही हैं। ग्रेट इंडियन स्लीप स्कोर कार्ड 2020 ने कहा है कि अध्ययन के लिए एकत्र की गई 50 हज़ार प्रतिक्रियाओं में से 54 प्रतिशत ने स्वीकार किया कि उन्होंने देर रात सोशल मीडिया और ओवर द टॉप प्लेटफॉर्मों में शामिल होकर अपनी नींद ख़राब की। अध्ययन में शामिल लगभग एक तिहाई ने स्वीकार किया कि डिजिटल उपकरणों से बचने से उनकी नींद की गुणवत्ता में सुधार हुआ है।

भारत में जहाँ हर माँ-बाप अपने बच्चे को हाईटेक स्कूलों के स्मार्ट क्लास में बैठकर पढ़ते देखना चाहते हैं, वहीं अमेरिका में उल्टा चलन चल रहा है। यहाँ पेरेंट्स ज़्यादा हाईटेक स्कूलों से बच्चों को निकालकर कम डिजिटल तकनीक का इस्तेमाल करने वाले छोटे स्कूलों में एडमिशन करवा रहे हैं या फिर छोटी क्लास के बच्चों को घर पर ही पढ़ा रहे हैं। इसकी वजह बच्चों के स्क्रीन टाइम का बढ़कर 5 घंटे तक हो जाना है, जबकि 8 साल से ऊपर के बच्चों में यह रोज़ दो घंटे से ज़्यादा नहीं होना चाहिए। स्क्रीन टाइम से मतलब मोबाइल, टीवी या लैपटॉप जैसे डिजिटल डिवाइस पर बिताया जाने वाला समय है। *फ्राँस और इटली जैसे देशों में तो राइट टू डिस्कनेक्ट क़ानून भी बनाया जा चुका है जिससे वहाँ के नागरिक अपनी मनमर्जी से इंटरनेट से दूरी रख सकें।*

घर पर अपने और बच्चों के लिए डिजिटल अनुशासन का पालन करें-

- घर में नो टेक ज़ोन बनाएं, जैसे बेडरूम- किचन में डिजिटल डिवाइस का प्रयोग न करें

- बच्चे के स्क्रीन टाइम के बारे में पूरी जानकारी रखें।
- बच्चों को पूरा समय दें। जब बच्चों के साथ रहें तो मोबाइल का इस्तेमाल न करें।
- बच्चों को सिर्फ़ व्यस्त रखने के लिए डिजिटल डिवाइस न दें।
- ध्यान दें आपका बच्चा मोबाइल या लैपटॉप पर क्या देख पढ़ रहा है।
- निश्चित समय के लिए घर का वाई-फ़ाई बंद रखें। ज़रूरत पर ही बच्चों को पासवर्ड दें।
- नियम तोड़ने पर 24 घंटे तक डिजिटल डिवाइस से दूर रहने की सज़ा दें।

युवाओं में नींद की समस्या सबसे अधिक – वेक फ़िट के सह संस्थापक और निदेशक चैतन्य रामलिंग गौड़ा ने कहा कि *जीवन शैली के दबाव के कारण लोगों की नींद प्रभावित हो रही है* जिसके चलते प्रतिरक्षा, चयापचय (मेटाबोलिक) और मनोदशा प्रभावित हो रही है,जबकि मोटापा, मधुमेह और उच्च रक्तचाप जैसी बीमारियों की संभावना बढ़ रही है। पिछले साल के सर्वेक्षण की तुलना में अपने बेड पर देर से आने वाले लोगों की संख्या में 80% की वृद्धि हुई है। अध्ययन के अनुसार 25-34 वर्ष के बीच आयु वर्ग के लोगों में नींद से संबंधित समस्याओं के अधिकतम लक्षण दिखाई दिए हैं।नींद की समस्या को दूर करने के लिए कुछ गैज़ेट अपनाए जा सकते हैं जिनमें लैम्प की तरह ही काम करने वाला वाइटिंग ऑरा, साउंड और टेम्परेचर के साथ साथ कमरे की रोशनी को भी नियंत्रित करता है। वेकअप लाइट सुबह की शुरुआत के समय सूर्य की पहली किरण की तरह रोशनी बिखेरता है । व्हाइट नॉइज़ एप म्यूज़िक थैरेपी की तर्ज़ पर आपके मस्तिष्क को आराम पहुँचाता है और बेड डिट गैज़ेट सोते समय आपकी हृदय गति तथा साँस लेने के पैटर्न को रिकॉर्ड करता है।

इस अध्याय का समापन करने के लिए मुझे भारत के प्रधानमंत्री रहे भारतरत्न **अटलजी** की कविता याद आ रही है। जब भी जीवन में निराशा बढ़े तो उन्हें याद करते ही समस्याएं छोटी दिखने लगती हैं –

टूटे हुए तारों से फूटे वासंती स्वर
पत्थर की छाती में उग आया नव अंकुर
झरे सब पीले पात, कोयल की कुहुक रात
प्राची में अरुणिमा की रेख देख पाता हूँ
गीत नया गाता हूँ
टूटे हुए सपनों की कौन सुने सिसकी
अंतर की चीर व्यथा पलकों पर ठिठकी
हार नहीं मानूँगा, रार नई ठानूँगा
काल के कपाल पे लिखता मिटाता हूँ
गीत नया गाता हूँ

26

सेकंड हाफ में पालन योग्य सिद्धांत

अगर आप कारपेंटर हैं और सुंदर अलमारी बना रहे हैं,
तो आप पीछे की तरफ़ प्लाईवुड का इस्तेमाल नहीं करते हैं,
हालाँकि वह हिस्सा दीवार की तरफ़ रहता है और किसी को भी
नहीं दिखेगा। मगर आपको पता होगा कि यह वहाँ है, इसलिए
आप पीछे की तरफ़ भी सुंदर लकड़ी का ही इस्तेमाल करेंगे।

–स्टीव जॉब्स

जीवन के पहले हाफ में आप दौड़े तो बहुत लेकिन किसी ख़ास मंज़िल तक नहीं पहुँच पाए उसका कारण यह है कि आपने कुछ प्राकृतिक नियमों की अनदेखी की। मैं चाहता हूँ कि इस बार वह ग़लती न दोहराई जाए। सेकंड हाफ में कुछ पालन योग्य अनुशासन निम्न हैं–

1. **फोकस करना सीखें** – माइक्रोसॉफ़्ट ने एक अध्ययन में पाया कि औसतन हर इंसान आठ सेकेंड के लिए ही अपने आप को कंसन्ट्रेट कर पाता है ऐसा इसलिए भी है कि हमारा ब्रेन हर समय कुछ नया और अलग जानने को उत्सुक रहता है लेकिन डिजिटल जुड़ाव के कारण यह समय लगातार घटता जा रहा है। फोकस करने के किसी बड़े उदाहरण की बात करें तो कहा जाता है कि *लिओनार्दो दा विंची को अपनी विश्व प्रसिद्ध पेंटिंग मोनालिसा के होंठ बनाने में बारह वर्ष लगे थे।*

ऐसे में बहुत से तरीक़े हैं जिनके इस्तेमाल से हम फ़ोकस करने की अपनी क्षमता को बढ़ा सकते हैं।

1. जब भी काम करें फ़ोन या लैपटॉप पर आने वाले *डिजिटल नोटिफ़िकेशन* को बंद कर दें।
2. न्यूयॉर्क यूनिवर्सिटी के प्रोफ़ेसर वेंडी सुज़ुकी के अनुसार *एक सिंगल वर्क आउट भी हमारे फोकस करने की क्षमता को बढ़ा देता है।* उनके अनुसार लगातार फिज़िकल एक्सरसाइज़ करते रहने से आप अपनी अटेंशन बढ़ा सकते हैं।
3. कोई भी काम करने से पहले *प्रारंभिक तैयारी पूरी कर लें* तथा आवश्यक सामग्री इकट्ठी कर लें इससे आप उस काम में पूरा ध्यान लगा पाएंगे। किसी भी काम को करने के दौरान छोटे ब्रेक लेने से आपकी ऊर्जा और रुचि दोनों बनी रहती है। अपने दिमाग़ को डिएक्टिवेट और रिएक्टिवेट करने की आदत डालें।

2. **अपस्किलिंग** – पिछले कुछ वर्षों में यह ट्रेंड उभरकर आया है किसी की योग्यता बहुत जल्दी पुरानी पड़ जाती है। ऑक्सफ़ोर्ड यूनिवर्सिटी की एक स्टडी के अनुसार *जॉब स्किल्स की हाफ़ लाइफ़ 1984 में तीस साल से घटकर 2014 में सिर्फ़ पाँच साल रह गई है और यह लगातार घट रही है।* इससे यह पता चलता है कि सफल एंप्लॉयीज़ वे नहीं हैं जिन्होंने एक ही स्किल को मास्टर करने में कई साल बिताए हैं बल्कि कंपनी ऐसे एम्पलॉइज़ को पसंद करती हैं जो अपने पूरे करियर के दौरान नई चीज़ें सीखने के लिए उत्सुक रहें और आगे बढ़ें। अपस्किलिंग को पहले कंपनी की ज़रूरत के तौर पर देखा जाता था लेकिन अब एम्पलॉइज़ ख़ुद ही अपनी क्षमता को बढ़ाने की ओर ध्यान दे रहे हैं ताकि वे कंपनी को अधिक सेवाएँ दे सकें और ग्रो करते रहें। इसकी एक वजह यह भी है कि जॉब मार्केट में टेक्नोलॉजी तेज़ी से बदल रही है और नई स्किल्स सीखकर ही आप ख़ुद को जॉब के लिए उपयुक्त बनाए रख सकते हैं।

3. **सफलता के पाँच जापानी कॉन्सेप्ट** – दुनिया भर में जापानियों को उनके ऐसे कांसेप्टस के लिए जाना जाता है जिनकी सहायता से वे एक

सरल व सार्थक ज़िंदगी जीने में विश्वास रखते हैं। ये कॉन्सेप्ट जीवन के विभिन्न क्षेत्रों में गाइडेंस पाने और सही फ़ैसले लेने में उनकी मदद करते हैं। करियर के विभिन्न अवसरों जैसे – अपना करियर चुनना, गैर ज़रूरी बातों से ख़ुद को दूर रखना, करियर में लगातार ग्रो करते जाना, शॉर्ट टर्म गोल को लॉन्ग टर्म गोल बनाना, अन प्रोडक्टिविटी से दूरी बनाना और डिस्ट्रक्शन फ्री होना आदि बातों में आप इन कॉन्सेप्ट से लाभ ले सकते हैंऔर अपने करियर को मैनेज कर सकते हैं।

1. **इकीगाई –** इकीगाई का अर्थ है–आपके अस्तित्व की वजह। यह जापानी कॉन्सेप्ट उस एक चीज़ पर फ़ोकस करता है जिसके लिए आप इतने पैशनेट हों कि वह हर सुबह आँख खुलते ही आपको बिस्तर से उठ खड़े होने के लिए प्रेरित करे। इसकी मदद से आप अपने लिए बेस्ट करियर का चुनाव कर सकते हैं। इस अप्रोच में आप पहले यह पता करते हैं कि क्या चीज़ आपको ख़ुशी या उद्देश्य देती है और फिर आप उसके चारों ओर अपने करियर का निर्माण करते हैं। उदाहरण के लिए अगर आपको दूसरों की मदद करके ख़ुशी मिलती है तो आप हेल्थ केयर में करियर बना सकते हैं। अपना पसंदीदा काम करना आपको स्ट्रेस से दूर रखता है इसलिए इकिगाई आपको तनाव और बेचैनी से मुक्ति भी देता है।

वैज्ञानिकों का मानना है कि धरती पर केवल 10% इसान ऐसे हैं जिनकी लंबी उम्र का कारण उनके जींस हैं बाक़ी 90% लोगों की उम्र के पीछे उनकी जीवन शैली की बड़ी भूमिका है। एक औसत इंसानी शरीर में नब्बे वर्ष तक जीवित रहने की क्षमता है लेकिन दुनिया के सबसे अमीर देश अमेरिका जैसे देशों में भी लोग औसतन 78 वर्ष तक ही जीवित रहते हैं। जीवन की इसी खोज में वैज्ञानिकों ने धरती पर कुछ ऐसे ब्लू जोन ढूंढ निकाले हैं जहाँ रहने वाले लोग 90 वर्ष या इससे ज़्यादा समय तक जीवित रहते हैं। सार्डिनिया उन्हीं में से एक है। यहाँ औसत आयु 102 वर्ष है। यह देश इतालवी प्रायद्वीप के पश्चिम में स्थित है। इसके ईको सिस्टम की विविधता में पहाड़ी वन, मैदान निर्जन प्रदेश, नदियाँ, चट्टानी तट और लंबे रेतीले समुद्र तट शामिल हैं। यहाँ

के निवासियों की ज़िंदगी की सबसे अच्छी बात है सेहतमंद रहने के लिए वे अलग से किसी तरह की कसरत नहीं करते। वे ऊँचे खड़े घरों में रहते हैं ताकि उन्हें दिन-भर में कई बार ऊपर से नीचे होना पड़े। वे कम से कम सुविधाजनक साधनों का इस्तेमाल करते हैं। घर का लगभग हर एक काम वे अपने हाथों से करते हैं। उनकी ओकीनावन भाषा में रिटायरमेंट के लिए कोई शब्द नहीं है। यहाँ सौ वर्ष के लोग भी साईकिल या बाइक चलाते नज़र आएंगे। इस उम्र में भी वे हँसिया लेकर कटाई करने से नहीं बचते। इस उम्र में वो हर वह काम करते हैं जिन्हें हम 60 की उम्र के बाद करने से बचते हैं। वे ख़ुद को तेज़ तर्रार बनाए रखते हैं और एक ख़ास बात यह है कि जब उनका पेट लगभग दो तिहाई भर जाता है तो वे खाना खाना बंद कर देते हैं।

उनके जीवन की सबसे महत्वपूर्ण बात यह है कि वे एक उद्देश्य के साथ जीते हैं। इसके लिए उनकी भाषा में एक ख़ास शब्द है इकिगाई इसका अनुवाद करें तो मोटा मोटा मतलब निकलता है वह कारण जिसके लिए आप हर सुबह उठते हैं

2. **काइजेन** – काईजेन का अर्थ है-बेहतरी के लिए बदलाव। अपने करियर में आप इसे लगातार ग्रो करने के लिए आज़मा सकते हैं। इसके दो प्रकार है-प्वाइंट काइज़ेन व सिस्टम काईजेन। प्वाइंट काईजेन में आप अपनी ज़िंदगी के ऐसे क्षेत्रों की पहचान कर परिवर्तन लाते हैं जो सिंगल स्टेप एक्शन में पूरे किए जा सकते हैं जैसे अपने लैपटॉप को अपग्रेड करना या अपने ऑफिस में प्रकाश व्यवस्था को दुरुस्त करना। वहीं सिस्टम काईजेन में आप एक गोल तक पहुँचने के लिए मेन इवेंट्स को एक साथ जोड़कर एक लांग टर्म प्लान बनाते हैं। इस तरह कहा जा सकता है कि करियर में आपको लॉन्ग टर्म में सिस्टम काईजेन व शॉर्ट टर्म में प्वाइंट काईजेन पर फ़ोकस करना चाहिए।

3. **मुदा, मुरा और मुरी** – तीन प्रकार के बेकार कार्य हैं जो वर्कफ़्लो, उत्पादकता और अंततः, ग्राहक संतुष्टि पर नकारात्मक प्रभाव डालते हैं। शब्द जापानी हैं और टोयोटा कारपोरेसन में एक महत्वपूर्ण भूमिका निभाते हैं, जो द्वितीय विश्व युद्ध के बाद मांग पर ऑटोमोबाइल बनाने के लिए ताइची ओहनो द्वारा विकसित एक प्रबंधन दर्शन है। इन तीन

प्रकार की अक्षमताओं को पहचानने से समय, सामग्री, उत्पाद और मानव प्रयास की बर्बादी से बचने में मदद मिलती है।

मुदा का अर्थ है फिजूलख़र्ची। वह कार्य जो मूल्य नहीं जोड़ता है, उसे दो श्रेणियों में विभाजित किया गया है: वह कार्य जो आवश्यक है लेकिन ग्राहक द्वारा मूल्य जोड़ने के रूप में मान्यता प्राप्त नहीं है - और वह कार्य जो बिल्कुल आवश्यक नहीं है। दूसरे प्रकार के मुदा को पहचान कर ख़त्म किया जाना चाहिए। मुदा में सात कचरे पहचाने गए हैं।

Mura का अर्थ है अनियमितता या एकरूपता का अभाव। मुरा को मुदा का कारण माना जाता है। उत्पादन में अनियमितता के परिणामस्वरूप उत्पाद की हानि हो सकती है और समय की बर्बादी हो सकती है। टोयोटा प्रोडक्शन सिस्टम और लीन प्रोडक्शन दोनों के तहत, मुरा को चुनिंदा क्षमता जोड़ने या अन्यथा उत्पादन लाइन में काम के बोझ को बराबर करने से बचना चाहिए।

मुरी का अर्थ है अधिक काम करना। तर्कसंगत कार्यभार से परे धकेलना, मुरा के कारण या मुदा के अत्यधिक निष्कासन के कारण हो सकता है। जब लोगों या उपकरणों पर अत्यधिक काम किया जाता है, तो उनके विफल होने की संभावना अधिक होती है। अधिक काम करने वाले कर्मचारियों के मामले में, इसके परिणामस्वरूप उत्पादकता में कमी, अनुपस्थिति और मंथन हो सकता है।

परफॉर्मेंस सुधारने के लिए तीनों M को हटाना ज़रूरी होता है।

4. **हो-रेन-सो**-यह कॉन्सेप्ट वर्क प्लेस पर कम्युनिकेट करना सिखाता है। यह तीन जापानी शब्दों होकोकू (रिपोर्ट), रेन्काकू (इन्फ़ॉर्म) एवं सोडान (कंसल्ट) का शॉर्ट फ़ॉर्म है। इसके अनुसार आप अपने मैनेजर को प्रोग्रेस या ग़लतियों के बारे में रिपोर्ट करें ताकि अच्छे डिसीजन्स लिए जा सकें, अपने कलीग को फ़ैक्ट्स व डेटा के बारे में इन्फॉर्म करें ताकि समय पर एक्शन्स लिए जा सकें और साथ ही कोई भी फ़ैसला लेने से पहले सभी से कंसल्ट करें ताकि बेस्ट आइडियाज़ को एक्ज़ीक्यूट किया जा सके। इस तरह रिपोर्टिंग, इन्फॉर्मिंग और कंसल्टिंग को आप करियर का कम्युनिकेशन मंत्र बना सकते हैं।

5. **इचिगो इची** – इसका मतलब है एक समय पर एक काम। वर्कप्लेस पर इसका अर्थ है मल्टीटास्किंग ना करना और अपने काम में डूब जाना। चाहे आप डेटा स्टडी कर रहे हों या किसी साथी से बात कर रहे हों। इसलिए डिस्ट्रेक्सन फ्री होकर और भविष्य के बारे में चिंता करना छोड़ के केवल अपने पास मौजूद वर्तमान टास्क पर फ़ोकस करें और अपना बेस्ट दें। इचिगो इची आपको कॉम्पिटिशन से अलग हटकर बेचैनी और तनाव से बचाता है ताकि आप अपने अद्वितीयता को सेलिब्रेट कर सकें।

जैक मा ने एन्टरप्रेन्योर बनने का सपना देखने वाले लोगों के लिए कुछ सलाहें दी हैं जो बड़े काम की हैं। आइए जानते हैं वों बाते–

(क) जैक के अनुसार, कोई भी ग़लती आपके लिए एक शानदार रिवेन्यू है। 20 साल की उम्र तक एक अच्छे स्टूडेंट बनो। एन्टरप्रेन्योर बनने के लिए आपको थोड़ा अनुभव लेना ज़रूरी है।

(ख) 25 साल की उम्र तक आपको पर्याप्त गलतियाँ करनी चाहिए। बार-बार गिरो और हर बार उठो। जीवन के इस शो को एंजॉय करों।

(ग) 30 साल की उम्र तक आपको किसी को फ़ॉलो करना चाहिए। छोटी कंपनी में काम करो। बड़ी कंपनी में प्रोसेसिंग अच्छे से सीख सकते हैं लेकिन यहाँ आप एक बड़ी मशीन का हिस्सा बनकर रह जाएँगे। छोटी कंपनी में काम करते हुए आप पैशन सीखेंगे। कई काम एक साथ करना सीखेंगे।

    इस समय ये ज़्यादा मायने नहीं रखता कि आप किस कंपनी में काम करते हो बल्कि यह महत्वपूर्ण है कि आपका बॉस कौन है। एक अच्छे बॉस को फ़ॉलो करना फ़ायदेमंद होगा। एक सफल एन्टरप्रेन्योर बनना चाहते हैं तो 30 से 40 साल की उम्र तक आपको ख़ुद के लिए काम करना चाहिए।

(घ) 40 से 50 साल की उम्र तक आपको उन चीज़ों पर काम करना चाहिए जिसमें आप दक्ष हों। नई चीज़ें ट्राय न करें। इसलिए उन चीज़ों पर फोकस करें जिसमें आप एक्सपर्ट हों।

(ड) 50 से 60 साल की उम्र तक आपको युवा लोगों के लिए काम करना चाहिए। युवाओं पर विश्वास करें, उन पर निवेश करें। वे आपसे ज़्यादा अच्छा काम कर सकते हैं। इस उम्र में इंसान को ट्रेनिंग और युवाओं यानी नई जनरेशन को डेवलप करने में वक़्त देना चाहिए।

(च) 60 साल की उम्र के बाद ख़ुद के लिए समय देना चाहिए।

जैक मा हमेशा ख़ुद से ज़्यादा स्मार्ट लोगों की तलाश करते हैं और दूसरों को भी यही सलाह देते हैं। दरअसल उनका मानना है कि स्मार्ट लोग आपके लिए चीज़ों को आसान बना देते हैं।

नेल्सन मंडेला के नेतृत्व करने के सिद्धांत–

1. लीड फ्रॉम द बैक अर्थात पीछे से नेतृत्व करो और दूसरे लोगों को महसूस होने दो कि वे सामने से लीड कर रहे हैं। वे दूसरों को लीडर बनाने पर फ़ोकस करते थे।
2. जो नियम आपने बनाए हैं यदि वे अब अपने उद्देश्यों को पूरा नहीं कर पा रहे हैं तो उन्हें बदलने के लिए तैयार रहें।
3. कोई भी लीडर हमेशा सही नहीं हो सकता इसलिए विरोध या असहमति का मतलब दुश्मनी नहीं होना चाहिए।
4. निंदा या आलोचना के डर से काम करना बंद न करें
5. सामने वाले से चर्चा करते समय सहमति के मुद्दों की तलाश कीजिए और उन पर आगे बढ़ जाइए।

आगे बढ़ने के लिए रिस्क लेना ज़रूरी है– यह रिस्क ही है जो आपको रिइन्वेंट करेगी और औरों से अलग करेगी। यह आपकी यू एस पी है।यदि आप रिस्क नहीं लेंगे तो कहीं नहीं पहुँच पाएंगे लेकिन अहम फ़ैसला लेते समय ज़रूरी होता है कि आपके मन में स्पष्टता हो। आप ख़ुद को लेकर जितने स्पष्ट होंगे, फ़ैसला लेने में उतनी ही आसानी होगी।

डिज़्नी कंपनी के CEO बॉब आईगर के तीन सिद्धांत – पिछले 15 साल से डिज़्नी के CEO का पद संभाल रहे हॉलीवुड के सबसे शक्तिशाली इंसान

कहे जाने वाले बॉब आइगर ने अपनी सफलता के तीन रहस्य बताए हैं- उनका पहला ज़ोर प्रोडक्ट की क्वालिटी पर रहता है। दूसरी बात है कि वे जब कोई नई कम्पनी ख़रीदते हैं तो उसकी उपलब्धियों को बनाए रखते हैं और कंपनी की प्रतिभा पर भरोसा रखते हैं। उनका तीसरा और सबसे महत्वपूर्ण सिद्धांत है- जो भी काम करो, आत्मविश्वास के साथ करो।

प्रोजेक्ट ऑक्सीजन – गूगल ने अपने प्रोजेक्ट ऑक्सीजन के तहत पिछले एक दशक में कंपनी में सबसे अच्छा परफ़ॉर्मेंस देने वाले मैनेजर्स के टॉप 10 उच्च व्यवहारों की स्टडी की है। इस स्टडी में सामने आए परिणामों से आप यह जान सकते हैं एक प्रभावशाली नेतृत्वकर्ता की मैनेजमेंट टेक्नीक क्या होती है।

गूगल के एक सफल मैनेजर को कर्मचारी एक अच्छा कोच समझते हैं जो उन्हें काम सिखाते हैं और रचनात्मक फ़ीडबैक भी देते हैं।

गूगल के मैनेजर अपने एंप्लॉयीज़ को माइक्रो मैनेज नहीं करते बल्कि वे ज़्यादा दखलंदाज़ी किए बिना अपनी टीम को अपने काम और प्रोजेक्ट ख़ुद कंट्रोल करने के लिए तैयार करते हैं।

वे टीम को साथ लेकर चलते हैं और तरक़्क़ी का सोचते हैं। वे समझते हैं कि एम्प्लॉइज़ को उसकी प्रशंसा की ज़रूरत होती है इसलिए काम के साथ वह उनके व्यक्तिगत स्तर, सक्सेस और ख़ुशी का भी ध्यान रखते हैं।

लगातार रिज़ल्ट देते रहने के लिए अपनी टीम के लिए स्पष्ट गोल्स का निर्धारण करते हैं। नेतृत्वकर्ता मैनेजर की अच्छी कम्युनिकेशन स्किल ज़रूरी होती है साथ ही वे इस बात का भी ध्यान रखते हैं कि अपनी टीम की बात सुनें और उनके साथ इन्फ़ॉर्मेशन भी शेयर करें। वे किसी भी महत्वपूर्ण फ़ैसले को टालते नहीं है बल्कि मज़बूती से निर्णय लेकर समय को बर्बाद होने से बचाते हैं ।

प्रैक्टिस मेक्स अ मैन परफ़ेक्ट – अक्सर कहा जाता है कि अभ्यास ही गुरु है और मुझे अभ्यास के सम्बन्ध में ब्रूस ली की कही गई बात सदैव याद रहती है –

मैं उस आदमी से नहीं डरता जिसने 10 हज़ार किक्स की प्रैक्टिस की हो, मैं उस आदमी से डरता हूँ जिसने एक किक की प्रैक्टिस दस हज़ार बार की हो।

प्रतिदिन पाँच हज़ार पंच का अभ्यास करने वाले और सिर दर्द की बीमारी से केवल 32 वर्ष की आयु में दुनिया को अलविदा कहने वाले इस *लीजेंड के एक्शन की रफ़्तार को कैमरा भी नहीं पकड़ पाता था जिससे स्क्रीन पर दिखाने के लिए स्लो मोशन का प्रयोग करना पड़ता था।* बचपन में शरीर से बहुत कमज़ोर रहे ब्रूस ली को जब पैसे की तंगी रही तो रेस्त्रां में वेटर का काम भी किया। कॉलेज की फ़ीस चुकाने के लिए वे मार्शल आर्ट्स सिखाने लगे थे लेकिन 1964 में लॉन्ग बीच अंतर्राष्ट्रीय कराते चैम्पियनशिप में उनके प्रदर्शन ने सबको चौंका दिया और वे देखते ही देखते सुपर स्टार बन गए। उनकी सात फ़िल्मों ने उन्हें एक्शन किंग बना दिया। उनकी मल्टी टास्किंग की आदत हमें सोचने पर विवश कर देती है। वे एक साथ कवि, स्केच कलाकार और किताबों के शौकीन व्यक्ति थे। उनके निजी पुस्तकालय में 2000 किताबें थीं।

ब्रूस ली कहा करते थे कि परफ़ेक्शन का इन्तज़ार मत करो–

यदि आप किसी चीज़ के बारे में सोचने में बहुत समय लगाएंगे,तब निश्चित जानिये आप उसे कभी पा नहीं सकेंगे।

गुड टू ग्रेट बनने की कला– हम अक्सर किसी काम में अच्छा होने को अपने लिए अंतिम उपलब्धि मान कर प्रयास करना बंद कर देते हैं। जिम कॉलिन्स अपनी पुस्तक गुड टू ग्रेट में विस्तार से बताते हैं कि हमें आगे बढ़ने से रोकने में बुरी चीज़ों से ज़्यादा योगदान अच्छी चीज़ों का है क्योंकि हम 'अच्छे' से संतुष्ट होकर 'बेहतर' बनना छोड़ देते हैं। यह बात कंपनियों और इंसानों दोनों पर लागू होती है।

महत्वपूर्ण मैनेजमेंट टिप्स

1. अगर कोई कर्मचारी कमज़ोर प्रदर्शन कर रहा है तो कुछ बोलने पर वो अपना बचाव करने लगेगा। आप उसे अपने काम का स्व मूल्यांकन करने के लिए कहिए। उसे उदाहरण देकर भी समझा सकते हैं कि कहाँ कमी दिखाई दे रही है और यदि वो कुछ बोलता है, उसकी बात पर भी ध्यान दीजिए।

2. मीटिंग में हर सदस्य को बोलने की पूरी आज़ादी होनी चाहिए। इससे मैनेजर्स को यह जानने का मौक़ा मिलता है कि उनकी टीम क्या सोचती है। लीडर्स स्पष्ट बातचीत करने के लिए दो तरीक़े अपना सकते हैं पहला लोगों को बोलने के लिए इजाज़त दें और दूसरा यह कहें कि हरेक व्यक्ति की बात सुनी जाएगी। कर्मचारियों को खुलकर बात करने का मौक़ा दीजिये। जब भी मीटिंग करें तो यह निर्धारित कर लीजिये कि किन मुद्दों पर चर्चा होनी है और किस-किस की उपस्थित ज़रूरी है। मीटिंग की समयसीमा का पालन भी सबके लिए अनिवार्य होना चाहिए।

3. इंजन की क्षमता से तय होता है कि डब्बे कितनी तेज़ गति से चलेंगे। एक बहुत बड़े विमान को किस गति और किस ऊँचाई पर उड़ना है, यह सिर्फ़ कॉकपिट में बैठा पायलट तय करता है, ठीक इसी तरीक़े से किसी संस्थान, दल, परिवार का भविष्य क्या होना चाहिए यह एक लीडर की सोच पर निर्भर करता है।

4. किसी को समस्याएं बताने पर रोकने की बजाय प्रोत्साहित करना चाहिए और उनकी तारीफ़ करनी चाहिए कि उन्होंने बोलने का साहस दिखाया

5. कुछ नया जानने या सीखने पर कर्मचारियों को प्रोत्साहित कीजिए और उनके साथ जश्न मनाइए।

6. **थ्री मोर रूल तकनीक** – जब भी काम ख़त्म करने की सोच रहे हों तो थोड़ा और परिश्रम की आदत डालें मतलब जब दौड़ते समय थक रहे हों तो तीन मिनट और दौड़ें, यदि पढ़ते-पढ़ते थक जाएँ तो तीन पेज़ और पढ़ें।

7. तीन कड़वी बातें हमेशा याद रखें। दुनिया में सिर्फ़ उनसे सलाह लें जो बहुत सफल हुए हैं या जो बहुत असफल हुए हैं क्योंकि जिनकी मानसिक हैसियत सलाह देने की नहीं है उनकी सलाह आपके किसी काम की नहीं है। दूसरी बात यह है कि जो व्यक्ति आपकी योजना या शेड्यूल की राह में व्यवधान डालता है वह आपका शुभचिन्तक नहीं है। याद रखें कि यदि आपने अपने जीवन को अपनी योजनाओं के अनुसार नहीं जिया तो आपको किसी और की योजना के लिए उसके

अनुसार जीना पड़ेगा। इसलिए जो काम ज़रूरी न हों उन्हें न कहने की आदत डालें। तीसरी बात यह है कि हम में से अधिकांश लोग इसलिए औसत रह जाते हैं क्योंकि हम अनिर्णय की स्थिति में रहते हैं। हम पार्टी करने, मूवी जाने, या गप्पें मारने का निर्णय तो तत्काल ले लेते हैं लेकिन ऐसे निर्णय जिनसे हमारी ज़िंदगी की दिशा बदलने वाली है उन्हें टालते जाते हैं। उदाहरण के लिए हम हर साल पहली जनवरी को अपने स्वास्थ्य की देखभाल करने के लिए योग, मेडिटेशन और मॉर्निंग वॉक का संकल्प लेते हैं लेकिन यह संकल्प महीने-पंद्रह दिन से ज़्यादा नहीं चलता। इसलिए सफल होने की आपकी प्लानिंग में जो भी निर्णय आवश्यक हैं उन्हें तत्काल ले लीजिए और उन पर तब तक लगातार अमल कीजिए जब तक कि आप सफल नहीं हो जाते ।

8. परिस्थितियाँ कभी भी आपके हाथ में नहीं होंगी लेकिन किसी भी परिस्थिति पर प्रतिक्रिया सदैव आपके हाथ में होती है। तनाव से बचने के लिए ओवरथिंकिंग की आदत छोड़कर लेट- गो को अपना मूलमंत्र बनाना अच्छा है। रॉकेट को ऊपर उठने के लिए लगातार वज़न कम करना होता है। ज़िंदगी में भी आगे बढ़ने का यही फ़ॉर्मूला है-बीती ताहि बिसार दे, आगे की सुधि लेय। देवानंद के बड़े बेफ़िक्र अंदाज़ में जीने का फ़लसफ़ा फ़िल्म 'हम दोनों' से सीखा जा सकता है – मैं ज़िंदगी का साथ निभाता चला गया, हर फ़िक्र को धुएं में उड़ाता चला गया।

9. कम्फर्ट जोन एक छलावा है। मनुष्य की कोई सीमा नहीं है। सीमाहीन बनने के लिए लगातार प्रयास करके प्रतिदिन अपने आप से 'थोड़ा और' करवाना ज़रूरी है।

(क) **सीखना/प्रशिक्षण लेना कभी बंद न करें** क्योंकि आप किसी कम्पनी के लिए तभी तक उपयोगी हो जब तक कि आप इतने मूल्यवान न हो जाओ कि आपकी अनुपस्थिति से कम्पनी पर फ़र्क़ पड़ता हो। अपनी स्किल को बढ़ाने का प्रयास कभी बंद न करें।

(ख) **कभी भी अपनी रूचि के क्षेत्र के बाहर नौकरी स्वीकार न करें** क्योंकि जिस क्षेत्र में आपके पास विशेषज्ञता है है और यदि वह क्षेत्र

आपकी रूचि का है तब आप बिना तनाव लिए स्वाभाविक रूप से प्रगति करते रहेंगे अन्यथा की स्थिति में आप सिरदर्द, चिड़चिड़ापन और तनाव के साथ नौकरी करेंगे। इसलिए अपनी रूचि को करियर में सर्वोच्च प्राथमिकता दें।

(ग) **नियोक्ता जितनी तनख्वाह दे उससे ज़्यादा का फ़ायदा कम्पनी को आपके काम के कारण होना चाहिए** क्योंकि यदि ऐसा नहीं होगा तो देर-सबेर आपका कम्पनी से फ़ायर होना तय है। आपको समर्पित भाव से लगन के साथ अतिरिक्त उत्तरदायित्व लेते हुए कम्पनी की प्रगति में योगदान देने के लिए तैयार रहना चाहिए जिससे मैनेजमेंट भी आपको आपके काम से पहचाने। किसी ने सच ही कहा है - *'जब किसी काम को करना ही है तो दिल लगाकर क्यों न किया जाये।'*

(घ) **अपना बैक अप प्लान हमेशा तैयार रखें** जिससे विपरीत परिस्थिति आने पर बिना किसी अड़चन जीवन में नए सिरे से सेकंड हाफ़ शुरू कर सकें। उदाहरण के लिए बैंकों से लोन के लिए अपना सिबिल स्कोर हमेशा अच्छा रखें, अपनी विशेषज्ञता बढ़ाने के लिए सर्टिफ़िकेट कोर्स करते रहें, अपने साथियों के संपर्क में रहें और नयी राह/नए अवसर खोजते रहें।

स्मृति बढ़ाना - आजकल के समय स्मृति की क्षमता सफलता का एक महत्वपूर्ण पैमाना है। एक मेमोरी एथलीट और चार बार US मैमोरी चैंपियन रह चुके नेल्सन डेलिस मेमोरी सुधारने के लिए निम्न सुझाव देते हैं -

1. **दिन में कम से कम एक घंटे तक टेक्नोलॉजी से ख़ुद को पूरी तरह डिस्कनेक्ट कर लें** - आपका ब्रेन एक प्रोसेसिंग यूनिट है। यदि आपका ध्यान मोबाइल के कारण भटका हुआ है तो वह किसी भी इन्फ़ॉर्मेशन पर फ़ोकस नहीं कर पाएगा इसलिए याद रखना मुश्किल होगा। यदि आप चीज़ों को फ़ोकस करना सीख लें तो आपकी नेचुरल मेमोरी बहुत ताक़तवर हो जाएगी। 2017 में यूनिवर्सिटी ऑफ़ टेक्सस में की गई एक स्टडी के मुताबिक़ स्मार्टफ़ोन की आपके आस पास मौजूदगी से भी आपकी काग्निटिव कैपेसिटी घटती है जिससे ब्रेन

की डेटा को होल्ड व प्रॉसेस करने की क्षमता पर नकारात्मक प्रभाव पड़ता है।

2. **याद करने के लिए शब्दों के स्थान पर पिक्चर्स का सहारा लें** इसके लिए आप वास्तविक के स्थान पर अज़ीबो ग़रीब इमेज को भी मेंटल पिक्चर बना सकते हैं। इमेज़ जितनी अज़ीबो ग़रीब होगी उतना ही उसे याद रखना आसान होगा। इस तकनीक का उपयोग कर आप पहली मुलाक़ात में ही लोगों के नाम याद रख सकते हैं। किसी घटना को या शब्द को या व्यक्ति को याद रखना हो तो उसके साथ मनगढ़ंत, उल्टी सीधी कोई पिक्चर को दिमाग़ में जोड़ दीजिए।

3. **एक मेमोरी पैलेस बनाइये** – जिस तरह रसोई में खाने का हर सामान अलग अलग डिब्बों में रखा होता है उसी प्रकार अपने दिमाग़ में एक मेमोरी पैलेस स्थापित कीजिए और उसके अलग-अलग खानों में अलग-अलग तरह की चीज़ों को स्टोर करने की आदत डालिये। आप आश्चर्य करेंगे कि आप अपने दिमाग़ में हज़ारों लाखों खाने क्रिएट कर सकते हैं इसका सबसे बड़ा फ़ायदा यह होगा कि आपके दिमाग़ के उन हिस्सों का भी आप उपयोग कर पाएँगे जिनसे आज तक आपने कोई काम नहीं लिया था। शुरुआत मैं खानों का आकार बड़ा रखें और फिर उन्हें सूक्ष्म से सूक्ष्म करते जाएँ।

4. चीज़ों को रिवाइज़ करने के साथ साथ लगातार टेस्ट दीजिए।

5. अपने मटेरियल को लंबे समय तक याद रखने के लिए अनयूज़ुअल और अनोखे फ़ॉन्ट्स का प्रयोग कीजिए।

5. चीज़ों को देर तक याद रखने के लिए बोल बोल कर पढ़ना उपयोगी है।

6. **शब्दों को उल्टा लिखकर दर्पण लेखन** करके, दिमाग़ पर ज़ोर डालकर गाने के बोल याद करके, प्रतिदिन कुछ कठिन शब्द याद कर बिना देखे लिखने का अभ्यास करके अथवा किसी वस्तु को नए नज़रिये से देखकर कल्पना करके (उदाहरण के लिए किसी खाली गिलास में पानी के स्थान पर पौधा निकलने की कल्पना करके) आप अपने दिमाग़ को सक्रिय रख सकते हैं।

हमेशा याद रखें कि आपका दिमाग़ भी एक मांसपेशी जैसा है यदि आप इसका इस्तेमाल नहीं कर रहे हैं तो आप इसे कमज़ोर कर रहे हैं और आपको इतना बता दूँ कि भूलने की बीमारी यानी डिमेंशिया की अब तक कोई दवा नहीं बन पाई है। दुनिया में पाँच करोड़ लोग इस बीमारी से पीड़ित हैं एवं ऑस्ट्रेलिया में लोगों की मौत का दूसरा सबसे बड़ा कारण डिमेंशिया है।

अध्ययन बताते हैं कि दो भाषाओं में बोलकर डिमेंशिया की रोकथाम की जा सकती है। इसके पीछे कारण यह है कि दो या कई भाषाएँ बोलने से दिमाग़ की सोचने-समझने की क्षमता बढ़ती है जिससे डिमेंशिया के लक्षण 5 साल देर से आते हैं। अल्ज़ाइमर रिसर्च UK के मुताबिक़ कई जगहों की यात्रा के दौरान या किसी अवसर विशेष पर ही अलग अलग भाषाएं इस्तेमाल करने की बजाय रोज़ कई भाषाएँ बोलना ज़्यादा अच्छा है। इसलिए अब अपने कंफ़र्ट ज़ोन से बाहर आकर कुछ और भाषाएँ बोलना सीखिए ताकि बुढ़ापे में याददाश्त ज़्यादा लंबी चले। डिमेंशिया से बचने के लिए इंटरनेशनल जर्नल ऑफ़ पब्लिक हेल्थ में प्रकाशित एक रिसर्च के अनुसार हरी सब्ज़ियाँ, फल और वानस्पतिक प्रोटीन (जैसे दालें, सोयाबीन, राजमा) भरपूर मात्रा में खाने से याददाश्त तेज़ होती है।

कोलोराडो यूनिवर्सिटी ने 2 हज़ार लोगों पर सर्वे के बाद निष्कर्ष निकाला है कि *पढ़ते समय संगीत सुनने वालों का परफ़ॉर्मेंस ज़्यादा अच्छा रहता है।*

जो लोग पढ़ाई करते समय गाने या संगीत सुनते हैं उनका पढ़ाई में प्रदर्शन और मार्क्स (ग्रेड पॉइंट एवरेज) ज़्यादा होता है। सर्वे में 60% लोगों ने कहा कि उन्होंने पढ़ाई के दौरान संगीत के साथ बेहतर तालमेल बिठाया। इससे उन्हें समझने में और एकाग्रता लाने में आसानी हुई। 64% लोगों ने कहा कि संगीत सुनने से उनके लिए परीक्षा देना आसान रहा और 80% लोग नियमित रूप से क्लास के लिए ज़्यादा तैयार महसूस करते थे। सर्वे में संगीत के साथ स्टडी करने वालों में 58% 18 से 25 साल के युवा थे। शायद आप भी इस सर्वे से सहमत होंगे क्योंकि 18-25 आयु वर्ग के युवाओं के जीवन में ही सबसे ज़्यादा डिस्ट्रैक्शन होता है। इस अध्याय को हेनरी फ़ोर्ड के कथन के साथ समाप्त करना चाहूँगा –

जो भी सीखना छोड़ देता है, वह बूढ़ा है,
चाहे उसकी उम्र बीस हो या अस्सी। जो भी सीखता रहता है,
वह युवा बना रहता है। जीवन में सबसे बड़ी चीज़
अपने दिमाग़ को युवा रखना है।

27

सफलता के उस पार

अपने क्षेत्रों में शिखर पर पहुँचने की इच्छा रखने वाले
हममें से ज़्यादातर लोग दरअसल यह विचार नहीं करते हैं
कि शिखर पर बने रहने के लिए कितनी सारी मेहनत
की ज़रूरत होती है।

–एल्थिया गिब्सन

जब तक हम सफल नहीं होते हैं तब तक शिक्षण के शुरुआती चरण की तरह एक विद्यार्थी जैसा कठोर परिश्रम करते हैं ताकि हम अपने काम में कुशल बन सकें। सफल होने के लिए हम जी तोड़ मेहनत करते हैं, फिर एक दिन हम अपने प्रयास में सफल हो जाते हैं और देखते हैं कि दुनिया ताली बजा रही है लेकिन ताली की यह आवाज़ हमें मोहित कर देती है, इतनी कि हम अब सिर्फ़ और सिर्फ़ तालियाँ सुनने की ख़ातिर गाने लगते हैं, खेलने लगते हैं, अभिनय करने लगते हैं और तालीम हासिल करना भूल जाते हैं। सफलता अपने साथ धन (लक्ष्मीजी), शान और शोहरत लेकर आती है जिस कारण सफल होने के बाद हम सरस्वती को भूलकर केवल शान और शोहरत के लिए जीने लगते है और लक्ष्मी, सरस्वती पर हावी होती चली जाती है। देखते ही देखते आपकी प्रतिभा केवल प्रतिष्ठा और प्रचार प्राप्त करने के लिए एक पेशे में बदल जाती है।

स्टीफ़न कवी ने एक बार कहा था, *'सफलता की सीढ़ी पर चढ़ते वक़्त यह ज़रूर सुनिश्चित कर लें कि यह सही इमारत से टिकी हो।'*

बाइबल में मैथ्यू 16:26 में लिखा है, *'अगर इंसान सारी दुनिया हासिल कर ले, लेकिन अपनी आत्मा गँवा दे, तो क्या फ़ायदा?'* आज दुनिया में सबसे ख़ुशहाल वे हैं, जो अपने सबसे अंदरूनी विश्वासों और जीवनमूल्यों के सामंजस्य में जी रहे हैं। सबसे दुखी लोग ऐसी ज़िंदगी जीने की कोशिश कर रहे हैं, जो उनके महत्वपूर्ण विश्वासों और जीवनमूल्यों के सामंजस्य में नहीं होती। आत्मविश्वास महानता की नींव है। यह अंतर्बोध (intuition) की आवाज़ - आपके अंदर से निकली धीमी आवाज़ - सुनने से मिलता है। *लोग महान बनना तब शुरू करते हैं, जब वे अपनी अंदरूनी आवाज़ सुनने लगते हैं और उन्हें पूरा भरोसा होता है कि कोई ज़्यादा ऊँची शक्ति हर क़दम पर उनका मार्गदर्शन कर रही है।* सच्चे जीवनमूल्यों के तालमेल में जीना आत्मविश्वास, आत्मसम्मान और गर्व का शाही मार्ग है। दरअसल इंसान की लगभग हर समस्या जीवनमूल्यों के अनुरूप जीकर सुलझाई जा सकती है। जब भी आपको किसी तरह का तनाव महसूस हो, अपने भीतर झाँकें और पूछें, मैं इस वक़्त में अपने सबसे अंदरूनी जीवनमूल्यों से किस तरह समझौता कर रहा हूँ? आपके सच्चे जीवनमूल्य हमेशा आपके कामों में झलकते हैं, ख़ास तौर पर दबाव में किए गए कामों में। आप सचमुच कौन हैं और वाक़ई क्या चाहते हैं, यह तय करने के लिए आप एक बहुत महत्वपूर्ण अभ्यास यह कर सकते हैं कि अपने जीवनमूल्यों को प्राथमिकता के आधार पर क्रम से जमा लें।

डेल कारनेगी ने लिखा है, *'अगर आप मुझे यह बता दें कि किसी व्यक्ति को महत्व का सबसे ज़्यादा एहसास किस चीज़ से होता है, तो मैं आपको उसका पूरा जीवनदर्शन बता दूँगा।'*

दरअसल सफलता के मायने हर व्यक्ति के लिए अलग-अलग हैं। किसी को अपार धन-सम्पदा में आकर्षण होता है तो कोई रूप-रंग और नाम के पीछे भागता है लेकिन मुझे अब तक सफलता की सम्पूर्ण अभिव्यक्ति थिंक एन्ड ग्रो रिच पुस्तक से अच्छी कहीं नहीं मिली। इस पुस्तक के लेखक महान विचारक नेपोलियन हिल जब अमीरी की बात कर रहे होते हैं तब वे सफलता को ही परिभाषित कर रहे थे। उनका अमीरी से

मतलब केवल आर्थिक न होकर शारीरिक, मानसिक, आध्यात्मिक और रिश्तों में अमीरी (सफलता) से है। यदि सफल होते-होते आपने अपना चरित्र, स्वास्थ्य, परिवार, मन की सुख-शांति गँवा दी तो सफलता दो कौड़ी की है। *पिछले दिनों विश्व के सर्वाधिक धनवान लोगों के बारे में एक सर्वे प्रकाशित हुआ जिससे पता चलता है कि अधिकांश लोगों का तलाक़ हो चुका है, उन्हें गंभीर बीमारियाँ हैं, उन्हें नींद नहीं आती है और वे मानसिक रूप से परेशान हैं। ऐसी दशा में सब कुछ दान करके वे अपनी पहले की दशा में पहुँचकर शांति पाना चाहते हैं। उन्हें सफलता की सीढियाँ चढ़कर भी आनंद नहीं मिल सका है। इससे सहज ही यह अंदाज़ लगाया जा सकता है कि एक दिशा में प्राप्त सफलता तब तक खोखली है जब तक कि जीवन के अन्य आयाम इससे परिपूर्ण न हो रहे हों।*

टाइगर वुड्स – फ़ोर्ब्स के अनुसार, टाइगर वुड्स अपनी जीवन भर की कमाई के आधार पर कम से कम 1 बिलियन की कुल संपत्ति तक पहुँच चुके हैं, और यह उन्हें केवल लेब्रोन जेम्स और माइकल जॉर्डन के साथ तीन एथलीटों के ग्रुप में शामिल करता है जिन्होंने एक बिलियन का आँकड़ा छुआ है। उन्होंने 2003 या 2004 में कोई मेजर नहीं जीता और पीजीए टूर में अर्जित धन की दृष्टि से 2003 में दूसरे और 2004 में चौथे स्थान पर लुढ़क गए। सितम्बर 2004 में, ड्यूश बैंक चैम्पियनशिप में उनका रिकॉर्ड 264 सप्ताह तक विश्व में शीर्ष रैंकिंग पर रहने का क्रम टूट गया, जब *फिजी के विजयसिंह* ने चैंपियनशिप जीत कर वुड्स से आधिकारिक विश्व गोल्फ़ रैंकिंग छीन ली।

11 दिसम्बर 2009 को, वुड्स ने अपनी बेवफ़ाई स्वीकार करने के बाद घोषणा की कि वे आपनी शादी पर ध्यान केंद्रित करने के लिए पेशेवर गोल्फ़ से अनिश्चितकालीन अवकाश लेंगे। एक दर्जन से अधिक महिलाओं द्वारा दुनिया भर के मीडिया स्रोतों के माध्यम से उनकी कई बेवफ़ाइयाँ उजागर की हैं। 20 सप्ताह के अवकाश के बाद वुड्स 8 अप्रैल 2010 को 2010 मास्टर्स के लिए प्रतियोगिता में लौट आए।

जुलाई 2010 में फ़ोर्ब्स ने वुड्स को दुनिया का सबसे अमीर खिलाड़ी घोषित किया, उनके अनुसार उनकी आय 10.5 करोड़ डॉलर थी और स्पोर्ट्स इलस्ट्रेटेड के अनुसार 9.05 करोड़ डॉलर थी।

31 अक्टूबर 2010 को, वुड्स ने अपनी नंबर 1 रैंकिंग, ली वेस्टवुड के हाथों गवाँ दी। टाइगर वुड्स अकेले नहीं हैं। दुनिया में कई महत्वपूर्ण व्यक्ति ऐसे रहे जिन्होंने सफलता के शिखर पर पहुँचकर अपने प्रेम प्रसंगों, विवाहेतर संबंधों और चारित्रिक कमियों के कारण जीवन भर की अपनी इज्जत दाँव पर लगा दी। मोनिका लेविंस्की-बिल क्लिंटन,जेफ़ बेजोस-मेकेंजी स्कॉट तलाक़, सर्गेई ब्रिन - निकोल शानहन तलाक़ जैसे सैकड़ों प्रकरण हमें सुनने को मिल जाते हैं। हमें यह समझना होगा कि जैसे ही कोई व्यक्ति सफल होता है वह सबके आकर्षण का केंद्र बिंदु बन जाता है और उसके हर काम पर समाज की नज़र पीछा करने लग जाती है। ऐसे में अपने चरित्र और संबंधों को संभालना अपने धन को सँभालने से ज़्यादा महत्वपूर्ण हो जाता है क्योंकि एक ग़लती से पूरा कॅरियर, प्रतिष्ठा और वर्षों की मेहनत पर पानी फिर सकता है।

- **अकेलापन** – जब हम सफलता के रास्ते पर आगे बढ़ रहे होते हैं तब अक्सर हम अपने माता-पिता, भाई-बहन, दोस्त और साथियों को पीछे छोड़ते चले जाते हैं और कई बार तो ऐसा होता है कि शिखर तक पहुँचने तक हम अपनी पत्नी और बच्चों को भी खो चुके होते हैं। उस दशा में शराब और शबाब के सहारे खोखली सफलता को लेकर आगे बढ़ रहे व्यक्ति से अगर कोई व्यक्ति अकेले में पूछे तो उसका उत्तर अक्सर यह होता है कि काश मेरे साथ मेरे अपने होते। शिखर पर आप अकेलापन महसूस न करें इसके लिए तैयारी सफलता की सीढियाँ चढ़ते समय ही करना पड़ेगी।
- **घमंड** – अक्सर सफलता सर चढ़कर बोलती है। सफल होने के बाद सचिन तेंदुलकर, विराट कोहली और महेंद्र सिंह धोनी बने रहना मुश्किल है। अमिताभ बच्चन और शाहरुख़ खान आज भी अपने फैंस से मिलते हैं लेकिन हम में से अधिकांश लोग सफल होने के बाद घमंड से भर जाते हैं और आसपास के लोगों को तुच्छ समझने लगते हैं। साथियों, सफलता से आगे यदि याद रखे जाने योग्य बनना चाहते हो तो विनम्रता को अपना आभूषण बनाने की आदत अभी से डालना शुरू कर दो क्योंकि जिस जगह आप इस समय खड़े हो उस ज़मीन के नीचे भी कोई न कोई इंसान कब्र में दबा है और उसे कोई नहीं जानता।

- **आत्म सम्मोहन** – समाज में जैसे-जैसे कोई व्यक्ति सफल होता जाता है वैसे-वैसे वह अपनी एक नई दुनिया, एक अपना संसार विकसित करता चला जाता है और वह सोचने लगता है कि केवल वही सच कह रहा है, उसका दर्शन ही सत्य है और बाक़ी कोई उसे समझ नहीं पा रहा है। जबकि सच्चाई यह होती है कि उसे अपने अलावा किसी की बात समझ नहीं आती।
- **विवाद** – कई बार सफल होने के बाद हम अपनी सीमाओं को भूल जाते हैं और अनावश्यक विवादों में उलझ जाते हैं इसलिए सफलता की मंज़िल तक पहुँचने के लिए अपनी सम्पूर्ण ऊर्जा अपने प्रयासों पर लगाने की आदत सबसे महत्वपूर्ण है। इस किताब के लिखते समय मेरे दो आदर्श व्यक्तित्व *संदीप माहेश्वरी और विवेक बिंद्रा* जिस तरह एक-दूसरे पर कीचड़ उछाल रहे हैं उसे देखकर बिल्कुल नहीं लगता कि ये दोनों व्यक्ति क्या वही हैं जो लाखों लोगों को रास्ता दिखाते हैं। इसलिए सफल होने के बाद सबसे महत्वपूर्ण बात यह है कि अनावश्यक विवादों से बचने का हरसंभव प्रयास करें।
- **क़र्ज़** – कॉफ़ी कैफ़े डे के सीईओ वी जी सिद्धार्थ ने कर्नाटक के मंगलुरु स्थित नेत्रवती नदी में कूदकर जब आत्महत्या की तो पूरी दुनिया में हड़कंप मच गया। वे कर्नाटक के मुख्यमंत्री रहे एस एम कृष्णा के दामाद थे। बाद में पता चला कि उनपर भारी क़र्ज़ था जिसके कारण उन्होंने इतना बड़ा क़दम उठाया लेकिन 2019 में घटी इस घटना ने सबको सोचने पर विवश कर दिया कि चकाचौंध के पीछे घने अँधेरे भी हैं। हाल ही में डिजिटल एजुकेशन के क्षेत्र में सक्रिय बायजूस की विफलता भी उसी बात को दोहराती है कि रजाई से ज़्यादा लम्बे पैर पसारने से केवल दुर्दशा हो सकती है जिसे ज़्यादा दिन तक छुपाया नहीं जा सकता।

सफलता की चोटी बहुत छोटी होती है उस पर टिके रहना बहुत मुश्किल काम है –

लगातार सफल बने रहने के लिए अपने अंदर तथा अपने प्रोडक्ट, विचार या स्किल में निरंतर परिवर्तन करने की आवश्यकता पड़ती है अन्यथा दुनिया में बहुत सारे सफल व्यक्ति हुए हैं जिनका आज कोई नाम लेने वाला नहीं है।

वक़्त के साथ अपने अंदर बदलाव लाना सफलता को स्थायी बनाये रखने के लिए आवश्यक है। उदाहरण के लिए कैमरा और लेंस बनाने में दुनिया की सबसे बड़ी कम्पनी निकॉन, स्मार्टफ़ोन के दौर में भी कैमरे की उपयोगिता बनाए हुए है। कभी डिजिटल कैमरे को ना समझने वाली कोडक की तबाही के बाद निकॉन ने तेज़ी से नई टेक्नोलॉजी अपनायी। जब स्मार्टफ़ोन का दौर शुरू हुआ तो लोगों को बताया कि केवल मेगापिक्सल बढ़ने से तस्वीरों की क्वालिटी अच्छी नहीं होती है। 103 साल पुरानी इस कंपनी ने मिररलैस टेक्नोलॉजी लाकर एक बार फिर दूसरी कंपनियों को पीछे छोड़ दिया है। इससे कैमरे भी स्मार्टफ़ोन की तरह हल्के हो सकेंगे। इस तरह DSLR कैमरे की अहमियत बरकरार रख इसने लोगों को प्रोफ़ेशनल कैमरे और स्मार्टफ़ोन के अंतर को समझाया है।

यदि आपका पेशा आपकी रुचि से जुड़ा हुआ है तो आपको कभी रिटायरमेंट लेने की आवश्यकता नहीं होगी बल्कि आप अनुभवी होने पर लगातार इनोवेशन करते रहेंगे। उदाहरण के लिए **पृथ्वीराज कपूर** से रणबीर कपूर तक कई फ़िल्मी सितारों के डॉक्टर ओ पी कपूर 1986 में जे जे हॉस्पिटल से रिटायर हो गए थे लेकिन उसके बाद उन्होंने मेडिकल छात्रों को ठहाकों और गानों से डॉक्टरी सिखाना शुरू कर दिया जिससे मेडिकल साइंस जैसा जटिल विषय आसान लगने लगा। वे 90 साल की आयु में अपने आप को 35 से ज़्यादा का नहीं मानते हैं और सबका दर्द दूर करने वाले डॉक्टरों का तनाव दूर कर रहे हैं।

लंकापति रावण के बारे में कहा जाता है–

इक लख पूत सवा लख नाती, ता रावण के दिया न बाती।

मतलब साफ़ है कि समय लगातार बदलता रहता है। आज आपका ख़राब समय है, तो कल अच्छा समय भी आएगा और यदि आपका अच्छा समय चल रहा है तो घमंड मत कीजिए क्योंकि बुरा वक़्त कभी भी आ सकता है। जब भी आपका समय बदल रहा हो तो बदलावों का सामना सावधानी से कीजिए और किसी भी स्थिति में स्वयं पर, अपने परिवार पर और ईश्वर पर भरोसा बनाए रखिए।

लगातार सफल बने रहने के लिए अपनी प्रोफ़ाइल में *स्किल और विविधता जोड़ते रहना ज़रूरी है।* उदाहरण के लिए अमेज़न ने किताबें बेचने से अपना कारोबार शुरू किया था और देखते ही देखते करोड़ों प्रोडक्ट्स ऑनलाइन बेचने के लिए अपनी लिस्ट में शामिल कर लिए। अब उनका अगला काम ऑनलाइन फूड मार्केट की तरफ़ बढ़ना है।

1975 में पॉल एलन के साथ मिलकर माइक्रोसॉफ़्ट की स्थापना करने वाले **बिल गेट्स** आज दुनिया के छठवें सबसे अमीर व्यक्ति हैं। पिछले दिनों वे माइक्रोसॉफ़्ट के चेयरमैन पद से इस्तीफ़ा देकर एवं बोर्ड ऑफ़ डायरेक्टर का पद छोड़कर तकनीकी सलाहकार बन गए हैं ताकि समाज सेवा कर सकें, स्वास्थ्य और शिक्षा के क्षेत्र में काम कर सकें। 2008 में उन्होंने बिल एंड मिलिंडा गेट्स फाउंडेशन की स्थापना की थी। स्पष्ट है कि अब वह अपना ज़्यादा समय लोगों की भलाई के काम में देंगे।

आप ने मेहनत, लगन और हिम्मत से सफलता प्राप्त तो कर ली है लेकिन आप जहाँ हैं, वहाँ बने रहने के लिए आपको कुछ सिद्धांत, अनुशासन और दिनचर्या अपने जीवन में लागू करनी होगी क्योंकि किसी भी क्षेत्र में पहुँचना आसान है लेकिन शीर्ष पर बने रहना मुश्किल।

इलियड किपचोगे और मेवेदर – यदि मैराथन का जिक्र होगा तो कीनिया के किपचोगे और मुक्केबाज़ी की चर्चा हो तो अमेरिकन मुक्केबाज़ फ़्लायड मेवेदर को कौन भूल सकता है। किपचोगे ने अब तक 17 में से 15 मैराथन जीती हैं जबकि मेवेदर को 29 साल लम्बे करियर में पिछले छब्बीस साल से कोई हरा नहीं पाया है। मेवेदर आख़िरी बार 1996 के ओलम्पिक में हारे थे। किपचोगे ने दो घंटे से कम समय में मैराथन दौड़कर मेन्टल बैरियर को उसी प्रकार तोडा है जैसे कि रोज़र बैनिस्टर ने 6 मई 1954 को ऑक्सफ़ोर्ड में तीन मिनट 59.4 सेकेंड के समय में एक मील की दौड़ पूरी कर चार मिनट के मेन्टल बैरियर को तोडा था।

सफलता को पचाना आसान नहीं होता इसका एक उदाहरण भारत के पहले सुपरस्टार गायक–अभिनेता कुंदन लाल सहगल का जीवन है। उन्हें सफल होने के बाद सिगरेट और शराब की इतनी लत लगी कि वे बिना शराब पिए गाना नहीं गा पाते थे। प्रसिद्ध संगीतकार नौसाद ने अपनी आत्मकथा *जर्रा जो आफ़ताब बन गया* में लिखा है कि एक बार फ़िल्म शाहजहाँ के गाने

रिकॉर्ड करने के लिए वे डी एन मधोक के साथ इन्तज़ार ही करते रहे और सहगल साहब रात 02 बजे तक सामने तख़्त पर बैठकर शराब पीते रहे। इसी फ़िल्म का एक गाना *जब दिल ही टूट गया* नौशाद साहब ने ज़िद करके बिना शराब पिए गंवाया था और जब सहगल नहीं माने तो दूसरी रिकॉर्डिंग उन्होंने शराब पीकर की जो स्वयं कुंदन को भी पसंद नहीं आयी। लेकिन अब बहुत देर हो चुकी थी और शराब उन्हें पी चुकी थी। इसी प्रकार फ़िल्म अभिनेत्री परबीन बॉबी का जीवन भी दुर्भाग्यपूर्ण तरीक़े से अंत हुआ। *फ़िल्मकार बीआर इशारा की नज़र जब स्टाइल में सिगरेट का कश लगाती परवीन बॉबी पर पड़ी तो उन्होंने परवीन को अभिनेत्री बनाने का सोच लिया* लेकिन सफल होने के बाद वो भी अपनी सफलता को संभाल नहीं पायीं।

लोग अक्सर सफल होकर अकेले होते चले जाते हैं और सामान्य व्यक्ति की ज़िंदगी में आसानी से मिलने वाली पति, पत्नी, बच्चों के ख़ूबसूरत परिवार जैसी साधारण चीज़ें भी उनके नसीब में नहीं हो पातीं। **मर्लिन मुनरो** को जेम्स डोहर्टी, जो डीमेगो और आर्थर मिलर से विवाह के बाद भी शांति नहीं मिली और दो गर्भपात के बाद भी वे माँ नहीं बन सकीं और रहस्मय तरीक़े से ड्रग के ओवर डोज़ के कारण 36 वर्ष की आयु में अपने घर में मृत पायी गयीं। झोपड़पट्टी में ग़रीबी में पले–बढ़े फ़ीफ़ा प्लेयर ऑफ़ द सेंचुरी पुरुष्कार के लिए महान खिलाडी पेले के साथ सम्मानित अर्जेंटीना के डियेगो मेराडोना ने अपने खेल से अर्जेंटीना को विश्व कप जिताकर फुटबॉल में स्थापित कर दिया लेकिन मादक पदार्थों (कोकीन और शराब) के सेवन के कारण *इटली में कोकीन के लिए डोपिंग परीक्षण में विफल होने के कारण 1991 में उन्हें 15 महीनों के लिए निलंबित कर दिया गया और US– में चल रहे 1994 के वर्ल्ड कप के दौरान एफ़ेड्रीन का उपयोग करने के कारण उन्हें अर्जेंटीना की टीम से बाहर कर दिया गया। मादक पदार्थों के कारण इस महान खिलाडी का जीवन कई बार अपमानित हुआ और अंततः बीमारी से साठ वर्ष की आयु में देहांत हो गया।*

मेरे फ़ेवरिट कलाकार **गुरुदत्त** जीनियस से कम नहीं थे लेकिन 39 साल की आयु में असामयिक मृत्यु ने उनके चाहने वालों को रुला दिया और उनकी मृत्यु के 09 साल के बाद उनकी पत्नी गीतादत्त ने 41 साल की आयु में शराब के नशे में डुबो कर अपनी ज़िंदगी ख़त्म कर ली।

जब भी हम सफलता की ओर चढ़ रहे हों तो मेरा पाठकों से अनुरोध है कि वे बसंत कुमार शिवशंकर पादुकोण **गुरुदत्त और गीता दत्त** की कहानी न केवल पढ़ें बल्कि याद भी रखें –

उनकी बहन ने एक इंटरव्यू में बताया कि आपको यह जानकार आश्चर्य होगा की मैट्रिक की परीक्षा उन्होंने अपनी माँ के साथ दी थी और दोनों पास हुए थे। घर की आर्थिक स्थिति ठीक नहीं होने से 16 वर्ष की आयु में *गुरु दत्त ने कुछ समय कलकत्ता जाकर लीवर ब्रदर्स फ़ैक्ट्री में टेलीफ़ोन ऑपरेटर की नौकरी की जिसमे उन्हें 30 रूपये महीना तनख्वाह मिलती थी।* लेकिन जल्द ही वे वहाँ से इस्तीफा देकर बी बी बेनेगल के सहयोग से 1941 में पूरे पाँच साल के लिये 75 रुपये वार्षिक छात्रवृत्ति पर अल्मोड़ा जाकर नृत्य, नाटक व संगीत की तालीम लेने में जुट गए परन्तु 1944 में जब द्वितीय विश्वयुद्ध के कारण उदय शंकर इण्डिया कल्चर सेण्टर बन्द हो गया तो गुरु दत्त वापस मुंबई लौट आये। उनके चाचा ने उन्हें प्रभात फ़िल्म कम्पनी पूना में तीन साल के अनुबन्ध के तहत फ़िल्म में असिस्टेंट डांस डायरेक्टर का काम करने भेज दिया। यहीं रहते हुए गुरु दत्त की मुलाक़ात फ़िल्म अभिनेता रहमान और देव आनन्द से हुई जो आगे जाकर उनके बहुत अच्छे मित्र बन गये। हम एक हैं फ़िल्म के निर्माण के समय वे धोबी की ग़लती से फ़िल्म के हीरो देव आनंद की शर्ट पहनकर सेट पर पहुँच गए थे और इसके बाद देव आनंद ने वह शर्ट उन्हें गिफ़्ट कर दी थी। यह अनुबन्ध 1947 में ख़त्म हो गया। उसके बाद उनकी माँ ने बाबूराव पै, जो प्रभात फ़िल्म कम्पनी व स्टूडियो के सी.ई.ओ. थे, के साथ एक स्वतन्त्र सहायक के रूप में उन्हें फिर से नौकरी दिलवा दी। *वह नौकरी भी छूट गयी तो लगभग दस महीने तक गुरु दत्त बेरोज़गारी की हालत में माटुंगा बम्बई में अपने परिवार के साथ रहते रहे। इसी दौरान, उन्होंने अँग्रेज़ी में लिखने की क्षमता विकसित की और इलस्ट्रेटेड वीकली ऑफ़ इण्डिया नामक एक स्थानीय अँग्रेजी साप्ताहिक पत्रिका के लिये लघु कथाएँ लिखने लगे।*

देखा जाये तो उनके संघर्ष का यही वह समय था जब उन्होंने लगभग आत्मकथात्मक शैली में *प्यासा फ़िल्म की पटकथा लिखी। मूल रूप से यह पटकथा कश्मकश के नाम से लिखी गयी थी* जिसका हिन्दी में अर्थ संघर्ष होता है। बाद में इसी पटकथा को उन्होंने प्यासा के नाम में बदल दिया। यह पटकथा उन्होंने माटुंगा में अपने घर पर रहते हुए लिखी थी।.

गुरु दत्त को प्रभात फ़िल्म कम्पनी ने बतौर एक कोरियोग्राफ़र के रूप में काम पर रखा था लेकिन वे जल्द ही एक अभिनेता और एक सहायक निर्देशक के रूप में भी काम करने लगे। गुरु दत्त द्वारा निर्देशित पहली फ़िल्म थी नवकेतन के बैनर तले बनी बाज़ी जो 1951 में प्रदर्शित हुई। इसी फ़िल्म के दौरान उन्हें गीता दत्त से प्यार हुआ और घर वालों की मर्ज़ी के ख़िलाफ़ 1953 में दोनों ने शादी कर ली। उनके तीन बच्चे हुए-तरुण, अरुण और नीना। पति, पत्नी की ग़लतफ़हमियों के कारण पहले गुरुदत्त की मौत हुई और फिर लीवर की बीमारी से गीता दत्त की। इसके बाद बड़े लड़के तरुण ने भी आत्महत्या कर ली।

मीना कुमारी वह एक्ट्रेस थीं जो नाज नाम से ग़ज़लें लिखने और गाने के लिए मशहूर थीं। इसमें उनकी सबसे फ़ेमस ग़ज़ल थी, *चांद तनहा है आसमां तन्हा, दिल मिला है कहाँ-कहाँ* तन्हा... *बुझ गई आस, छुप गया तारा... थरथराता रहा धुआं तन्हा,* ज़िंदगी क्या इसी को कहते हैं, जिस्म तन्हा है और जां तन्हा... इसके माध्यम से उन्होंने अपनी ज़िंदगी का नज़रिया पेश किया था।

सुना है कि *शादी के बाद कमाल ने मीना कुमारी पर शक करना शुरू कर दिया और कई पाबंदियां लगा दी। जैसे-तैसे इन दोनों का यह रिश्ता चलता रहा।* 1964 में दोनों का तलाक़ हो गया। पति कमाल अमरोही से अलग होने के बाद अपने अकेलेपन के ग़म को दूर करने के लिए उन्होंने शराब पीना शुरू कर दिया था। वो दिन रात नशे में डूबी रहती थीं। वह रातभर सोती नहीं थीं। इस वजह से उन्हें लिवर सिरोसिस बीमारी हो गई थी। ज़्यादा बीमार रहने से उनकी हालत बद से बदतर हो गई थी और उन्होंने महज 39 साल की उम्र में दुनिया को अलविदा कह दिया था। 31 मार्च, 1972 को उनका निधन हो गया था।

ज़्यादातर सफल लोग अपने अंतिम समय में यह दुःख प्रकट करते रहे हैं कि वे जीवन में स्वयं को और परिवार को पर्याप्त समय नहीं दे पाए। हालाँकि कोरोना कालखंड में अपने संबंधों को समय देने का हमें एक बेहतरीन अवसर प्राप्त हुआ। रिसर्च बताती है कि हम *जितना ज़्यादा सामाजिक होते जायेंगे हमारे जीवित रहने की सम्भावना उतनी ही बढ़ती जाएगी।*

इस पुस्तक को अंतिम रूप देने के दौरान भारत के वारेन बफ़े कहे जाने वाले दिग्गज निवेशक और छियालीस हज़ार करोड़ की अकूत दौलत के स्वामी **राकेश झुनझुनवाला** के 62 वर्ष की आयु में निधन की सूचना मिली है। वे लम्बे समय से बीमार थे और कई वर्षों से व्हील चेयर पर थे। *मेरी आँखें उनकी इस बात को पढ़कर नम हो गयीं कि वे अपने जुड़वां बच्चों को पच्चीस वर्ष की आयु का होते हुए देखना चाहते थे जो कि अभी केवल बारह वर्ष के हो पाए हैं* – 'मैंने एहसास किया है कि मुझे कड़े अनुशासन का पालन करना होगा। मैं डायबिटिक हूँ और मछली की तरह शराब पीता हूँ। मैं मेरे जुड़वां बच्चों को 25 साल का होता देखना चाहता हूँ।' साल 2010 में फ़ाइनेंशियल एक्सप्रेस से बातचीत में शेयर मार्केट के बिग बुल राकेश झुनझुनवाला ने ये बात कही थी। शराब और सिगार की आदतों पर बात करते हुए झुनझुनवाला ने कहा था कि उन्हें एहतियात बरतने की ज़रूरत है। इस तरह 'बिग बुल' की एक ख्वाहिश अधूरी रह गई है। इकोनॉमिक टाइम्स को दिए एक इंटरव्यू में झुनझुनवाला ने कहा था कि मुझे जीवन में कोई पछतावा नहीं है। मेरी एक ही तमन्ना रही कि मुझे अपनी पर्सनल आदतें सुधारनी चाहिए थी और ज़्यादा एक्सरसाइज़ करना चाहिए था।

किस का जन्म कब होगा और किसकी मृत्यु कब, कहाँ और किस रीति से होगी यह ईश्वर की विराट योजना का हिस्सा है। लेकिन मैं यह सोचता हूँ कि भले ही इन घटनाओं पर हमारा वश न हो तब भी *जिस तरह दीपक को बुझने से बचाने के लिए हथेली की ओट लगाना पड़ती है उसी तरह लाइफ़ स्टाइल बीमारियों से अपने जीवन को बचाने के लिए सतत प्रयास करना चाहिए।* क्या कोई बीमारी एकाएक पैदा हो जाती है? नहीं, यह धीरे-धीरे अपने विराट रूप में आती है। इसलिए अपने जीवन में खानपान, व्यायाम और सद्विचारों को निरंतर संतुलित रखना ज़रूरी है। *मैं यह नहीं कह रहा हूँ कि किसी की सफलता का पैमाना लम्बी उम्र है लेकिन यदि आप अपनी सफलता का आनंद नहीं ले पाए तो उस सफलता की आपके लिए क्या तुक है।* हमें जीवन के हर पक्ष में संतुलन रखना ज़रूरी है जिसे मेरे आराध्य गौतम बुद्ध ने 'सम्यक भाव' कहा है। मैंने अक्सर देखा है कि कठोर परिश्रम करके जब हम एक मुक़ाम हासिल करते हैं तो रास्ते में अपना कुछ न कुछ खोते चले जाते हैं और जब मंज़िल हमारे क़रीब होती है तब हमें पता चलता है कि हमने अपना परिवार, स्वास्थ्य या चरित्र जैसी कोई

बड़ी चीज़ खो दी है जिससे हमारी सफलता अंततः खोखली साबित होती है। उदाहरण के लिए अमेरिकी राष्ट्रपति बिल क्लिंटन-मोनिका लेविंस्की का प्रकरण आपको याद होगा जिसके कारण क्लिंटन साहब की गरिमा और ख्याति धूमिल हो गयी। इसी प्रकार दुनिया की सबसे युवा प्रधानमंत्री (फ़िनलैंड) सना मरीन की शराब पार्टी के वायरल वीडियो ने भी उनके व्यक्तित्व की ख़ामियों को उजागर करके उन्हें युवाओं का आदर्श मानने पर प्रश्न चिन्ह लगा दिया है।

आजकल सोशल मीडिया भी आपकी सफलता में निर्णायक है। *सफल होने के उपरांत आपकी एक हरकत या एक ग़लती आपके पूरे जीवन को बर्बाद करने के लिए पर्याप्त है।* अब वक़्त आ गया है जब हम 'तोल मोल के बोल' और 'देखभाल के फ़ोटो खिंचाओ' की कहावत को जीवन में लागू करें क्योंकि आज का जीवन कैमरे की आँख के सामने का जीवन है और आपकी एक लापरवाही आपकी पद-प्रतिष्ठा को तहस-नहस कर सकती है। ख़ास बात यह है कि सोशल मीडिया पर कई साल पहले कही गयी बात भी आपके करियर के आड़े आ सकती है जैसा कि फ़िल्म अभिनेता आमिर खान के लिए 'लाल सिंह चड्ढा' प्रकरण में हुआ। याद रखें कि इंटरनेट पर आपके फुटप्रिंट कभी नष्ट नहीं होते और एक बार दर्ज होने के बाद वो आपके नियंत्रण में भी नहीं रहते इसलिए सोच-समझ कर ही सफल व्यक्ति को जीवन में आगे बढ़ना होगा क्योंकि हो सकता है आपकी सफलता कुछ लोगों को न सुहाए। सफल होते जाओ तो *संभव है आप कुछ लोगों की आँखों में खटकने लगो। उदाहरण के लिए अल्बर्ट आइंस्टीन* की सफलता हिटलर को खटकने लगी थी। 1932 में आइंस्टीन के अमेरिका चले जाने के बाद 1933 में जर्मनी पर हिटलर की तानाशाही शुरू हो गयी। 10 मई 1933 को उसके प्रचारमंत्री योज़ेफ़ गोएबेल्स ने हर प्रकार के यहूदी साहित्य की सार्वजनिक होली जलाने का अभियान छेड़ दिया। आइंस्टीन की लिखी पुस्तकों की भी होली जली। 'जर्मन राष्ट्र के शत्रुओं' की एक सूची बनी, जिसमें *उस व्यक्ति को पाँच हज़ार डॉलर का पुरस्कार देने की घोषणा भी की गयी,* जो *आइंस्टीन की हत्या कर देगा।*

मेरा यह मानना है कि जिस तरह सफल होना कठिन है
उसी तरह सफलता को संभालना भी मुश्किल है।

28

आपकी धरोहर क्या है?

जीवन में चाहे कुछ भी हो, लोगों के साथ अच्छा व्यवहार करें। लोगों के प्रति अच्छा होना अपने पीछे छोड़ने के लिए एक अद्भुत विरासत है।

–टेलर स्विफ़्ट

ज़िंदगी में कौन सी ऐसी चीज़ है, जो आप अपने दिल की गहराई से सबसे ज़्यादा बनना, पाना या करना चाहेंगे? जैसा मेरा एक दोस्त कहता है, आप किस चीज़ के लिए मशहूर होना चाहते हैं? अपनी ग़ैर-मौजूदगी में आप लोगों से अपना वर्णन किन शब्दों में करवाना चाहेंगे? आप अपनी अंत्येष्टि में किसी के मुँह से अपने बारे में क्या कहलवाना चाहेंगे? आप अपने परिवार, दोस्तों और बच्चों के मन में कैसी यादें छोड़ना चाहेंगे? आप लोगों से अपने बारे में कैसी बातें करवाना चाहेंगे? आज आपकी छवि कैसी है? आप भविष्य में कैसी छवि बनाना चाहेंगे? अपनी मनचाही छवि बनाने के लिए आप आज से ही क्या कर सकते हैं?

दुनिया के सबसे अमीर लोगों में से एक **जेफ़ बेजोस** ने कुछ दिन पहले एक पोस्ट शेयर करते हुए अपना फ़ेवरेट कोटेशन बताया था, जिससे उन्हें प्रेरणा मिलती है। बेजोस ने 4–5 लाइन के एक कोटेशन की फ़ोटो शेयर की थी और साथ में लिखा था कि – इस कोटेशन से मुझे बहुत प्यार है। मैंने इसे अपने फ़्रिज़ पर टांग रखा है, ताकि जब भी फ़्रिज़ खोलूँ तो मुझे ये पोस्ट दिखे। *राल्फ़ वॉल्डो इमरसन का प्रेरणदायक वह कोटेशन यह रहा–*

अक्सर हँसना और खुलकर हँसना, बुद्धिमान लोगों और कर्मचारियों का सम्मान प्राप्त करना, बच्चों का प्यार पाना, ईमानदार आलोचकों की सराहना पाना, झूठे मित्रों के छल से बचना, सुंदरता की प्रशंसा करना, दूसरे लोगों में बेहतरी तलाशना, दुनिया को कुछ बेहतर देना, ये जानना कि कम से कम कोई तो ऐसा है जिसकी ज़िंदगी आपकी वजह से कुछ आसान हुई है... ये सफलता है।

सफलता तभी सार्थक है जब वह आपमें विनम्रता और संसाधनों का सदुपयोग करने की आदत लाए -

ये कहानी अपने ज़रूर सुनी होगी। बहुत समय पहले की बात है कि एक अत्यंत ही युवा राजा था जिसे अपनी प्रजा व राज्य की बहुत चिंता रहती थी इसलिए वह वेश बदलकर अपने राज्य में घूमा करता था और लोगों से उनकी तकलीफ़ों के बारे में जाना करता था ताकि वह उनकी समय पर मदद कर सके। एक दिन दोपहर में जब वह घोड़े पर सवार होकर एक गाँव से गुज़र रहा था तो उसने देखा कि एक बुजुर्ग व्यक्ति तपती धूप में फलों के पौधे रोप रहा है। राजा उस बुजुर्ग के पास गया और उसने उसकी उम्र पूछी। बुजुर्ग ने कहा कि महाराज मुझे सही तो नहीं पता पर नब्बे साल से अधिक की उम्र होगी। राजा ने उससे कहा कि महाशय आप जिन फलों के पौधों को लगा रहे हैं, उन पर फल आने में ही कम से कम चार-पाँच साल का वक़्त लग जाएगा। क्या आप इनका सेवन करने के लिए जीवित रह पाएंगे। *बुजुर्ग ने कहा कि महाराज हमने बचपन से लेकर अब तक जो फल खाए, उन पेड़ों को किसी और ने लगाया था।* अगर उन्होंने यह सोचा होता कि इसके फल तो कोई और खाएगा तो वे भी शायद ही पेड़ लगाते। इसलिए जिस तरह से हमारे बुजुर्गों ने पेड़ लगाये थे वैसे ही मैं भी अपनी आने वाली पीढ़ी के लिए इन पौधों को लगा रहा हूँ। शायद मेरे ही जीवन में इन पर फल भी आ जाएँ। इसलिए आप जीवन में जो भी काम कर रहे हैं, अपने मन में सदैव यह विचार रखें कि आपके जाने के बाद, आपके किए हुए काम कितने लोगों के उपयोग में आने वाले हैं और यही आपकी वास्तविक धरोहर है जो आपने अपनी ज़िंदगी में कमाई है।

दुनिया में अमीरों के छह प्रकार बताए गए हैं। इनमें **पहला** है, ख़ानदानी अमीर मतलब जिनके बाप-दादा छोड़कर गए। **दूसरे** वे अमीर होते

हैं जो पहले अमीर थे, लेकिन अब नहीं है। अमीरों का **तीसरा** प्रकार उन लोगों का है जो नए-नए अमीर बने हैं, भोग-विलास के अलावा इनको कुछ दिखता ही नहीं है। **चौथे** वो होते हैं जो भविष्य में अमीर होने की तैयारी में लगे हैं और ख़ूब मेहनत कर रहे हैं। **पाँचवें** जो अमीर होने का केवल सपना देखते हैं लेकिन करते कुछ नहीं है और **छठे** प्रकार के अमीर वो लोग हैं जो ऐश्वर्य, वैभव या धन संपत्ति से नहीं बल्कि सेहत, संबंध, व्यवहार और चरित्र से अमीर हैं। अब आप ही तय कीजिए कि आपको इन छह में से किस प्रकार का अमीर होना है। मनुष्य अपने जीवन में कभी न कभी इन छह स्थितियों से गुज़रता है लेकिन *मेरे विचार से हमें छठे क़िस्म के अमीर होने की कोशिश करना चाहिए ताकि जीवन में मरने के बाद सार्थक धरोहर छोड़कर जायें।*

आप सब मेरी इस बात से सहमत होंगे कि चाहे बिल गेट्स, वारेन बफ़े, नारायणमूर्ति अज़ीम प्रेमजी, टाटा, बिरला या कोई और उद्योगपति या सफल व्यक्ति हो अंत में अपनी संपत्ति दान कर एक धरोहर के रूप में छोड़ने का प्रयास करते हैं।

अभी हाल ही में तीन बार ऑस्कर जीत चुके हॉलीवुड स्टार 103 साल के **कर्क डगलस** ने मृत्युपूर्व अपनी पूरी संपत्ति दान कर दी है और रोचक बात यह है कि उन्होंने इस संपत्ति में एक पाई भी अपने बेटे और सुपर स्टार माइकल डगलस को नहीं दी है। इसके पीछे उनका कहना है कि उसे मेरे पैसों की ज़रूरत नहीं होगी। कमोबेश ऐसे ही विचार बिल गेट्स ने भी व्यक्त किए हैं। सच्ची बात तो यह है कि आपकी सफलता का तब तक कोई अर्थ नहीं है जब तक कि यह परिवार, समाज और देश के हित में न हो।

ज़िंदगी ना मिलेगी दुबारा – अक्सर जब हम रिटायर हो जाते हैं तो हमें एहसास होता है कि हम अपने जीवन में क्या कर पाए और किन चीज़ों को हमने हमेशा के लिए खो दिया है। मुझे बुज़ुर्ग और गंभीर रूप से बीमार लोगों के साथ बातचीत के माध्यम से जो बातें पता चलीं उनका सार आगे बताया गया है ताकि आपको अफ़सोस न हो–

यदि उन्हें दुबारा अपना जीवन जीने का मौक़ा मिले तो ग़लतियाँ करने से नहीं डरेंगे, ज़्यादा जोखिम लेंगे, आराम से जीवन जीने को ही जीने का सही तरीक़ा मानेंगे, छोटे-मोटे तनाव नहीं लेंगे, ज़िंदगी में बहुत कम चीज़ों

को ही गंभीरता से लेंगे, तनाव मुक्त और ख़ुश रहने के लिए ज़्यादा यात्राएं करेंगे, बड़ी चीज़ों के बजाय छोटी छोटी चीज़ों को ज़्यादा महत्व देंगे।

लेकिन ईश्वर किसी को भी दुबारा जीवन जीने का अवसर नहीं देता इसलिए आज ही तय कर लें कि जीवन के हर पल को पूरे उत्साह के साथ जीएंगे, जिससे की बाद में अफ़सोस ना हो।

जापान के ज़्यादातर लोग 100 साल से अधिक जीते हैं। बेहतर दिनचर्या की वजह से वे दूसरे देशों के लोगों के मुक़ाबले कम बीमार होते हैं। सबसे ज़्यादा उम्रदराज़ बुजुर्गों का रिकॉर्ड अभी भी जापान के नाम है। इस वजह से यह जापान की एक समस्या भी बन गई है। खानपान के मामले में जापानी टेंपुरा, टोंकात्सु, क्रोक्यूटेस के फ़ॉर्मूले पर चलते हैं। इसका मतलब है खाने को खूब स्टीम और ग्रिल करो। देर तक पकाओ फिर चबाकर खाओ। ये जापानियों की लम्बी उम्र का राज़ है। जापान की कुल आबादी में से 0.048 प्रतिशत 100 साल से ऊपर की है। इनमे 61,545 महिलाएँ और 8,331 पुरुष हैं। यह संख्या दुनिया में सबसे अधिक है।

देश की सबसे सीनियर कथक गुरु **कुमुदिनी लाखिया** के द्वारा दी गयी एक सलाह बड़े काम की है। अपनी लम्बी उम्र का राज़ बताते हुए एक इंटरव्यू में उन्होंने बताया-

आप लाइफ़ से क्या चाहते हैं, इस बात को हमेशा क्लियर रखें।
उम्र को भूलना है तो बाँटिए, चाहे वो नॉलेज हो या दिल की बातें।

आइये सच्ची धरोहर के रूप में प्रयास करें कि
जब इस ग्रह से विदा लें तो हमारे जाने के बाद यह और ज़्यादा
ख़ूबसूरत हो जाए। अपने जीवनकाल में जितना हो सके अपने
मिलने वालों के जीवन में प्रेम की मिठास घोलने का प्रयास करें
जिससे जीवन थोड़ा और सार्थक हो जाए।

29

निष्कर्ष

अब आप इस पुस्तक के आख़िरी चरण में पहुँच गए हैं लेकिन मुझे लगता है कि किताब को पढ़कर आप अपने जीवन के सेकंड हाफ के किसी न किसी चरण में जरूर पहुँचे होंगे। आइये मैं आपको संक्षेप में सेकंड हाफ के सात स्टेप्स से परिचय करवाता हूँ :

पहला स्टेप–साधारण से आगे बढ़ने की ओर – आप अपने वातावरण के अनुसार अपने जीवन में आगे बढ़ते हैं और जीवन के सामान्य स्तर को दौड़-धूप करके प्राप्त कर लेते हैं। अपनी आजीविका, टीवी, मोबाइल और दोस्त-यारी में अपना समय, श्रम और धन का उपयोग करते हैं। मन में कोई प्रश्न नहीं होता और न कोई बड़ा स्वप्न होता है। बस जीवन से इतना चाहते हैं कि बच्चे पढ़ लिखकर कोई मेहनत-मजदूरी या नौकरी ढूँढ़ लें, सबकी शादी हो जाए, कुछ बचत हो जाए तो बुढ़ापा अच्छे से कट जाए और हो सके तो अंतिम समय में कुछ तीर्थ घूमने को मिल जाएँ। दो तिहाई लोगों की ज़िंदगी यही सोचते-विचारते और दुखते-पिसते हुए कट जाती है।

दूसरा स्टेप–प्रज्वलन की ओर – लेकिन एक तिहाई लोगों को अपनी रोज़मर्रा की ज़िंदगी को व्यतीत करते हुए एक दिन बेचैनी होती है। क्या यही जीवन है? और अपने आप से यह प्रश्न पूछते हैं कि क्या भगवान ने मुझे यही करने के लिए जन्म दिया था? आप या तो यह प्रश्न स्वयं पूछते हैं या फिर कोई ऐसी घटना, किसी से मिलना, किसी का भाषण या सीख, कोई पछतावा, किसी अपने की मृत्यु, कोई चोट या ऐसी ही कोई परिस्थिति

आप के अंदर छिपी हुई आग को धधका देती है जिससे आप कहने लगते हैं - बहुत हो गया, अब और नहीं। लेकिन ज़्यादातर लोगों का जीवन केवल सोचने-विचारने तक सीमित रह जाता है और वे अपने जीवन को बदलने के लिए कोई क़दम नहीं उठाते।

तीसरा स्टेप-कर्मक्षेत्र की दिशा की ओर - दूसरे चरण में पहुँचे क़रीब दस प्रतिशत लोगों के मन में आगे बढ़ने की चाह होती है और वे संकल्प लेते हैं - मैं अपने जीवन को बदल के रहूँगा। उनके सामने अब यक्ष प्रश्न खड़ा होता है - कैसे? वे अपनी बुद्धि, विवेक और आत्मबल के अनुसार छोटी-मोटी ट्रेनिंग या थोड़ा-बहुत सीख-साखकर हाथ-पैर मारते हैं और शुरुआत की दो-चार असफलताओं के बाद अपने आप को क़स्बा, ज़िला या संभाग स्तर तक ले आते हैं।

चौथा स्टेप-पुनर्निर्माण की ओर - तीसरे चरण में ही कुछ लोग विधिवत प्लानिंग और ट्रेनिंग करते हैं और अपने जीवन को महान बनाने के बारे में सोचते हैं। दिन-रात एक करते हुए आगे बढ़ते हैं। जिस चीज़ की कमी होती है उसे जुटाते हैं। अपनी टीम में विभिन्न क्षेत्रों के विशेषज्ञों को शामिल करते हैं और अवसरों को भुनाते हैं। अवसर न मिल रहा हो तब भी चुनौतियों को स्वीकार करके अवसर खोजते हैं। वे देश-दुनिया में घूमकर अपने क्षेत्र में हो रही प्रगति को जानने-समझने की कोशिश लगातार करते हैं।

पाँचवा स्टेप-सफलता की ओर - जब चौथे स्टेप में आप आगे बढ़ रहे होते हैं तब आपके ही क्षेत्र के किसी व्यक्ति या फिर दूसरे शब्दों में किसी बड़े मार्गदर्शक, राजनेता, उद्योगपति, प्रोड्यूसर, डायरेक्टर, संगीतकार, समाचार-पत्र, सोशल मीडिया या अन्य प्रचार माध्यम की निगाह आप पर पड़ती है और आप का काम, आपका उत्पाद, आपकी कला या आपका विचार देश-दुनिया का ध्यान खींचता है और आप मशहूर हो जाते हैं।

छठवाँ स्टेप-प्रसिद्धि की ओर - आप का नाम लगातार ऊँचाइयाँ छू रहा होता है लेकिन बहुत सारे लोग सफलता को संभाल नहीं पाते हैं और जीवन के उन्हीं आकर्षणों में फँस जाते हैं जो कि पहले स्टेप पर भी उपलब्ध थे। याद रखिए जब आप इतनी ऊँचाई पर पहुँच जाते हैं तो आपका जीवन

सार्वजनिक हो जाता है। चारों तरफ़ लोगों की निगाहें, कैमरे और मीडिया आपके पल-पल का हिसाब रखती है। आप का एक स्टेटमेंट, एक फ़ोटो या एक कृत्य आपको साँप सीढ़ी के खेल की तरह शिखर से शून्य तक ले जाने के लिए पर्याप्त होता है।

सातवाँ स्टेप-महानता की ओर – यह स्टेप शायद दशमलव एक प्रतिशत से भी कम लोगों के जीवन में आ पाता है क्योंकि जब आप सफलता से महानता की दशा में पहुँचते हो तब आप पूरी मानवता को प्रभावित करके पीढ़ियों को बदलने की स्थिति में आ जाते हो। आपकी कही गयी बात अब कुटेशन कहलाती है और आपके द्वारा छोड़ी गयी धरोहर का उद्देश्य केवल और केवल लोगों की भलाई और जन कल्याण होता है।

अंत में राष्ट्रकवि मैथलीशरण गुप्त की **मनुष्यता** शीर्षक की इस कविता से आप सभी को भविष्य के लिए शुभकामनाएं देते हुए विराम लेना चाहूँगा-

विचार लो कि मर्त्य हो न मृत्यु से डरो कभी,
मरो परन्तु यों मरो कि याद जो करे सभी।

हुई न यों सु-मृत्यु तो वृथा मरे च वृथा जिये,
मरा नहीं वही कि जो जिया न आपके लिए।

यही पशु-प्रवृत्ति है कि आप आप ही चरे,
वही मनुष्य है कि जो मनुष्य के लिए मरे।।

मेरी आगामी कृति 'अमीरों से बेहतर जीवन जीने की कला' का आपके साथ-साथ मुझे भी इंतज़ार है। हो सका तो साल 2024 में ही दोबारा आपसे फिर बात करूँगा। इसमें मैं आपको बताऊँगा कि अमीरी का जीवन जीने में धन उतना महत्वपूर्ण नहीं है। एक सामान्य और औसत कमाई करने वाला भी अमीरों जैसी ज़िंदगी जी सकता है। फिर मिलेंगे, जय हिंद...